IMPROBIDADE ADMINISTRATIVA
Prescrição e outros prazos extintivos

O GEN | Grupo Editorial Nacional – maior plataforma editorial brasileira no segmento científico, técnico e profissional – publica conteúdos nas áreas de concursos, ciências jurídicas, humanas, exatas, da saúde e sociais aplicadas, além de prover serviços direcionados à educação continuada.

As editoras que integram o GEN, das mais respeitadas no mercado editorial, construíram catálogos inigualáveis, com obras decisivas para a formação acadêmica e o aperfeiçoamento de várias gerações de profissionais e estudantes, tendo se tornado sinônimo de qualidade e seriedade.

A missão do GEN e dos núcleos de conteúdo que o compõem é prover a melhor informação científica e distribuí-la de maneira flexível e conveniente, a preços justos, gerando benefícios e servindo a autores, docentes, livreiros, funcionários, colaboradores e acionistas.

Nosso comportamento ético incondicional e nossa responsabilidade social e ambiental são reforçados pela natureza educacional de nossa atividade e dão sustentabilidade ao crescimento contínuo e à rentabilidade do grupo.

JOSÉ DOS SANTOS CARVALHO FILHO

IMPROBIDADE ADMINISTRATIVA
Prescrição e outros prazos extintivos

3ª edição revista e atualizada

- A EDITORA ATLAS se responsabiliza pelos vícios do produto no que concerne à sua edição (impressão e apresentação a fim de possibilitar ao consumidor bem manuseá-lo e lê-lo). Nem a editora nem o autor assumem qualquer responsabilidade por eventuais danos ou perdas a pessoa ou bens, decorrentes do uso da presente obra.
- Nas obras em que há material suplementar *on-line*, o acesso a esse material será disponibilizado somente durante a vigência da respectiva edição. Não obstante, a editora poderá franquear o acesso a ele por mais uma edição.
- Todos os direitos reservados. Nos termos da Lei que resguarda os direitos autorais, é proibida a reprodução total ou parcial de qualquer forma ou por qualquer meio, eletrônico ou mecânico, inclusive através de processos xerográficos, fotocópia e gravação, sem permissão por escrito do autor e do editor.

  Impresso no Brasil – *Printed in Brazil*

- Direitos exclusivos para o Brasil na língua portuguesa
  Copyright © 2019 by
  EDITORA ATLAS LTDA.
  Uma editora integrante do GEN | Grupo Editorial Nacional
  Rua Conselheiro Nébias, 1384 – Campos Elíseos – 01203-904 – São Paulo – SP
  Tel.: (11) 5080-0770 / (21) 3543-0770
  faleconosco@grupogen.com.br / www.grupogen.com.br

- O titular cuja obra seja fraudulentamente reproduzida, divulgada ou de qualquer forma utilizada poderá requerer a apreensão dos exemplares reproduzidos ou a suspensão da divulgação, sem prejuízo da indenização cabível (art. 102 da Lei n. 9.610, de 19.02.1998).

  Quem vender, expuser à venda, ocultar, adquirir, distribuir, tiver em depósito ou utilizar obra ou fonograma reproduzidos com fraude, com a finalidade de vender, obter ganho, vantagem, proveito, lucro direto ou indireto, para si ou para outrem, será solidariamente responsável com o contrafator, nos termos dos artigos precedentes, respondendo como contrafatores o importador e o distribuidor em caso de reprodução no exterior (art. 104 da Lei n. 9.610/98).

- Capa: Danilo Oliveira

- Data de fechamento: 03.05.2019

- **CIP – BRASIL. CATALOGAÇÃO NA FONTE.
  SINDICATO NACIONAL DOS EDITORES DE LIVROS, RJ.**

  C323i
  Carvalho Filho, José dos Santos

  Improbidade administrativa: prescrição e outros prazos extintivos / José dos Santos Carvalho Filho. – 3. ed. – São Paulo: Atlas, 2019.

  Inclui bibliografia
  ISBN 978-85-97-02176-9

  1. Direito administrativo – Brasil. 2. Corrupção administrativa – Brasil. 3. Crime contra a administração pública – Brasil. I. Título.

  19-56763   CDU: 342.98(81)

  Vanessa Mafra Xavier Salgado – Bibliotecária – CRB-7/6644

*À Shirlei (Tuca), pelo amor, carinho,
solidariedade e compreensão.*

"Semper in conjunctionibus non solum quid liceat considerandum est sed et quod honestum sit."

("Sempre se deve considerar nas convenções não somente o que seja lícito, quanto o que seja honesto.")

"Um povo corrompido não pode tolerar um governo que não seja corrupto."
(Marquês de Maricá – 1773/1848)

PREFÁCIO

> "É do seio de uma Humanidade Diacrônica que se desprende a nossa Humanidade Singular; é no centro de uma Comunidade Transtemporal que se experimentam os nossos direitos e deveres; é a partir de uma perspectiva intergeracional que se coloca a questão do justo e do direito."
> (François Ost. *O tempo do direito*. Lisboa: Ed. Instituto Piaget, 1999, p. 433)

Honra-me o ilustre Professor José dos Santos Carvalho Filho com o convite para prefaciar a sua mais recente obra doutrinária denominada *Improbidade administrativa: prescrição e outros prazos extintivos*, em que o renomado jurista dedica-se ao estudo da influência do tempo nas relações privadas, na persecução criminal e na seara administrativa, detendo-se com maior percuciência no objeto primaz do trabalho que vem a ser o fenômeno da prescrição em sentido lato no âmbito da improbidade administrativa.

O livro tem a salutar e elevada ousadia de tratar do tempo e de sua influência, no caso, deletéria para a pretensão de sanção aos atos de improbidade, na forma disciplinada pelo art. 23 da Lei nº 8.429/1992.

A repressão aos atos de improbidade administrativa, naquilo que tem de mais importante, veio disciplinada pela Lei nº 8.429/1992, cumprindo o comando da lei fundamental da República previsto no *caput* do art. 37, que arrola o dever de moralidade administrativa como princípio cardeal da Administração Pública, e no parágrafo quarto, que de modo específico prescreve que tais atos ímprobos podem acarretar ao agente público a suspensão dos direitos políticos, a perda da função pública, a indisponibilidade dos bens e o ressarcimento dos danos causados ao erário.

Aprende-se com o autor que as condutas apontadas pela lei de regência como ímprobas podem ser divididas entre aquelas que provocam enriquecimento ilícito, lesão ao erário ou mesmo a violação a princípios de ordem moral, ainda que não haja prejuízo econômico ao Estado (arts. 9º, 10 e 11 da Lei nº 8.429/1992). Tais comportamentos devem ser pronta e energicamente repelidos, exatamente pelo grave objeto de que se revestem ao tocar profundamente no sentido da forma de governo republicana (*res publica* – coisa pública), em que o agir do agente público é exercido por delegação do povo, do qual se origina o verdadeiro Poder Político (art. 2º da CRFB).

Em razão da perspectiva multifacetada do conceito de "agente público", legitimado passivo da ação de improbidade administrativa, o livro, de modo abrangente e pioneiro na doutrina pátria, esmiúça as diversas possibilidades apresentadas, dividindo-as entre: (a) "situações funcionais transitórias", tais como os detentores de mandato político ou titulares de cargo ou função de confiança; (b) "situações funcionais permanentes", que envolvem os titulares de cargo ou emprego efetivos. Aborda ainda o comportamento de terceiro que, mesmo não sendo agente público, induza ou concorra para a prática da improbidade, consoante o disposto no art. 3º da Lei nº 8.429/1992.

Quanto ao pleito específico de ressarcimento de dano causado ao erário em caso de pedido específico nesse sentido formulado pelo Ministério Público ou pelo ente estatal legitimado para tanto, chega o autor à feliz conclusão de sua imprescritibilidade e, para tanto, esmera-se no cuidado de previamente traçar alentado estudo sobre a distinção entre a "perda do direito material" e "perda da pretensão", fundamentando com muita propriedade e profundidade a jurisprudência que já vem se formando acerca dessa temática na jurisprudência do Superior Tribunal de Justiça.

A obra é inovadora em nossa doutrina, enfrentando questões que não encontramos em outros livros, como, por exemplo, a responsabilidade patrimonial do incapaz (terceiros) trazida no art. 928 do Código Civil e a responsabilidade indireta dos pais pelos atos dos filhos menores que estejam sob sua autoridade e em sua companhia, na forma dos arts. 932 e 933 do mesmo corpo de leis.

Antônio Luiz da Câmara Leal, em sua insuperável obra intitulada *Da prescrição e da decadência* (Rio de Janeiro: Forense, 2. ed., 1959, p. 27-33), aponta vários fundamentos para a prescrição, dentre os quais se destacam a própria ação destruidora do tempo (Coviello), punição à inércia (Savigny), proteção do infrator (Carvalho Santos e Spencer Vampré) e o interesse público na estabilização das relações jurídicas em razão do decurso de tempo, parecendo ser realmente esta a preferência da doutrina nacional, estrangeira e a do autor.

Ainda que na qualidade de cidadãos, tutelados em última análise pela lei de improbidade administrativa, fiquemos perplexos com o "perdão" que o tempo confere àqueles que faltaram com o dever de bem administrar a coisa pública, a prescrição envolve matéria de ordem pública, inderrogável pela vontade das partes, incluindo, obviamente, o próprio Estado. Creio que, no recôndito de nosso ser, sejamos operadores do direito ou não, o reconhecimento da prescrição em favor do lesante sempre nos deixa uma impressão desconfortável de injustiça, mormente quando isso ocorre alforriando aqueles que desonraram o mister público com alguma das nefastas condutas tipificadas na lei de improbidade administrativa.

Talvez seja por isso que o tempo tenha sido apontado como a própria divindade em algumas religiões de matriz africana e na mitologia grega, como o Titã Cronos, filho de Urano (Céu) e Gaia (Terra), aquele que eliminando deuses castrou e destronou Zeus e este somente a duras penas e com a sabedoria de sua mãe conseguiu expulsá-lo, fazendo-o devolver os deuses que devorara.

Conta-se que um sábio chinês resolveu presentear o imperador e o fez dando-lhe um livro que continha apenas duas páginas. A primeira deveria ser lida quando o império ou o próprio monarca enfrentasse algum revés, e a segunda, quando o presenteado experimentasse algum momento de alegria. Diante de uma grave crise no império, lembrou-se de seu sábio amigo e leu a primeira página do livro que dizia: "Isso vai passar". Confiante e laborioso conclamou o povo para auxiliá-lo, enfrentando todos os problemas com destemor; sua filha casou-se com o imperador vizinho, unindo os reinos, e o soberano experimentou um momento de rara felicidade e completude, e lá foi ele abrir a segunda página de seu precioso livro, encontrando a curta frase: "Isso também vai passar".

A prescrição da pretensão de responsabilizar os agentes públicos faltosos dá-se na forma do art. 23 da Lei nº 8.429/1992, com as inúmeras reflexões e conclusões que aprendemos com o Professor José dos Santos Carvalho Filho, pois, afinal de contas, tudo passa.

Contudo, há algo imperecível e que deveria figurar como a terceira página do livro de ouro do imperador: "as boas ideias não passam". E provam isso os ensinos contidos no Evangelho de Jesus Cristo ou, por exemplo, nas lições de Sócrates, Confúcio, Buda, Platão, Rui Barbosa, Hermes Trismegisto e tantos outros luminares que neste plano deixaram como legado seus estudos e exemplos.

Eis que, curiosamente, este novo trabalho de José dos Santos Carvalho Filho, que pude estudar nos originais e não consegui parar de ler, é obra que trata da prescrição e, ao contrário do instituto, não vai passar. A obra perpetuar-se-á imorredoura em nossas letras jurídicas como trabalho que vencendo a inércia, os estudiosos do direito serão compelidos a ler e reler sempre com espírito crítico e livre de preconceitos.

Por fim, parabenizo a Editora Atlas | Grupo GEN por contribuir para o aprimoramento do estudo do Direito no País, concitando os alunos do professor José dos Santos Carvalho Filho, contados aos milhares pelo Brasil afora, a se debruçarem nesta obra. Com certeza, desfrutarão do mesmo deleite intelectual que tanto me felicitou.

Marco Aurélio Bezerra de Melo
Desembargador do Tribunal de Justiça do Estado do Rio de Janeiro e
Mestre em Direito pela Universidade Estácio de Sá.

NOTA À 3ª EDIÇÃO

Ao esgotar-se a 2ª edição deste estudo, diligenciei no sentido de proceder à sua revisão e atualização, a fim de que os leitores possam defrontar-se com os aspectos mais recentes que dizem respeito aos atos de improbidade e aos fenômenos extintivos da pretensão punitiva deles decorrentes.

Já afirmei, por mais de uma vez, que as notícias diuturnas denunciam, claramente, que quaisquer estudos sobre condutas de improbidade continuam atuais, na mesma medida em que a sociedade deve prosseguir no enfrentamento dessa endemia que assola o país.

No processo de revisão, foram atualizados os dispositivos relacionados ao vigente Código de Processo Civil. Por outro lado, incluíram-se os pertinentes comentários sobre a alteração da Lei nº 8.429/1992 (LIA) pela Lei Complementar nº 157, de 29.12.2016, que, entre outras modificações, criou mais uma categoria de atos de improbidade no art. 10-A. Foi feita, ainda, menção ao Decr.-lei nº 4.657/1942 (LINDB – Lei de Introdução às Normas do Direito Brasileiro), com as alterações sofridas em virtude da Lei nº 13.655, de 25.4.2018.

Em sede jurisprudencial, foi inserida e comentada a decisão final proferida pelo Plenário do STF sobre a imprescritibilidade da pretensão ressarcitória nos casos de danos provocados por atos de improbidade administrativa, na qual foram travados acirrados debates, que evidenciaram grande divergência existente na Corte, haja vista a maioria apertada de votos para a fixação da respectiva tese.

Por último, uma vez mais, agradeço a generosa receptividade demonstrada pelos estudiosos relativamente à obra – que, embora voltada para estudo tão específico, resultou de cuidadoso e ingente esforço para oferecer o melhor possível para os leitores.

Abril de 2019
José dos Santos Carvalho Filho
Mestre em Direito pela UFRJ. Professor de Direito Administrativo. Procurador de Justiça do MP/RJ (aposentado).

TRABALHOS DO AUTOR

I – LIVROS

Manual de Direito Administrativo, Atlas, 32. ed., 2018.
Improbidade Administrativa – Prescrição e outros Prazos Extintivos, Atlas, 2. ed., 2016.
Processo Administrativo Federal, Atlas, 5. ed., 2013.
Comentários ao Estatuto da Cidade, Atlas, 5. ed., 2013.
Consórcios Públicos, Atlas, 2. ed. 2013.
Ação Civil Pública. Comentários por Artigo, Lumen Juris, 7. ed., 2009.

II – OBRAS COLETIVAS

1. O Princípio da Efetividade e os Direitos Sociais Urbanísticos (*A Efetividade dos Direitos Sociais*, obra coletiva, coord. por Emerson Garcia, Lumen Juris, 2004).
2. Processo Administrativo (*Direito Administrativo*, obra coletiva, série *Direito em Foco*, Impetus, 2005, coord. por Marcelo Leonardo Tavares e Valter Shuenquener de Araújo).
3. A Discricionariedade: Análise de seu Delineamento Jurídico (*Discricionariedade Administrativa*, obra coletiva, coord. de Emerson Garcia, Lumen Juris, 2005).
4. O Direito de Preempção do Município como Instrumento de Política Urbana. Novos Aspectos (*Arquivos de Direito Público*, obra coletiva, Método, 2007, org. por Adriano Sant'Anna Pedra).
5. Políticas Públicas e Pretensões Judiciais Determinativas (*Políticas Públicas*: Possibilidades e Limites, obra coletiva, coord. por Cristiana Fortini, Júlio César dos Santos Esteves e Maria Tereza Fonseca Dias, Fórum, 2008).

6. O Ministério Público e o Combate à Improbidade Administrativa (*Temas Atuais do Ministério Público*, coord. por Cristiano Chaves de Faria, Nelson Rosenvald e Leonardo Barreto Moreira, Lumen Juris, 2008).
7. A Sobrevivente Ética de Maquiavel (*Corrupção, Ética e Moralidade Administrativa*, coord. por Luis Manuel Fonseca Pires, Maurício Zockun e Renata Porto Adri, Fórum, 2008).
8. Políticas Públicas e Pretensões Determinativas (*Grandes Temas de Direito Administrativo*, org. por Volnei Ivo Carlin, Conceito, 2009).
9. Terceirização no Setor Público: Encontros e Desencontros (*Terceirização na Administração*, obra em homenagem ao Prof. Pedro Paulo de Almeida Dutra, Fórum, 2009).
10. O Processo Administrativo de Apuração da Improbidade Administrativa (*Estudos sobre Improbidade Administrativa em Homenagem ao Prof. J. J. Calmon de Passos*, obra coletiva org. por Alexandre Albagli Oliveira, Cristiano Chaves e Luciano Ghigone, Lumen Juris, 2010).
11. Interesse Público: Verdades e Sofismas (*Supremacia do Interesse Público*, obra coletiva, coord. por Maria Sylvia Zanella di Pietro e Carlos Vinicius Alves Ribeiro, Atlas, 2010).
12. Ação Civil Pública e Ação de Improbidade Administrativa: Unidade ou Dualidade? (*A Ação Civil Pública após 25 Anos*, obra coletiva, coord. por Édis Milaré, RT, 2010).
13. O Formalismo Moderado como Dogma do Processo Administrativo (*Processo Administrativo. Temas Polêmicos da Lei nº 9.784/99*, obra coletiva, coord. por Irene Patrícia Nohara e Marco Antônio Praxedes de Moraes Filho, Atlas, 2011).
14. O Estatuto da Cidade (*Tratado de Direito Administrativo*, coord. por Adilson Abreu Dallari, Carlos Valder do Nascimento e Ives Gandra Silva Martins, Saraiva, 2013).
15. A desapropriação e o princípio da proporcionalidade (*Leituras complementares de Direito Administrativo*, org. por Fernanda Marinela e Fabrício Bolzan, Podivm, 2. ed., 2010).
16. Plano diretor e inconsciência urbanística (*Direito e Administração Pública*, obra coletiva, org. por Floriano de Azevedo Marques Neto et al., Atlas, 2013).
17. Transformação e efetividade do Direito Administrativo (*Direito Administrativo*, obra coletiva, org. por Thiago Marrara, Almedina Brasil, 2014).
18. Controle da Administração Pública (*Tratado de Direito Administrativo*, Coord. Maria Sylvia Zanella Di Pietro, RT, v. 7, 2014).
19. Tutela da ordem urbanística (*Ação civil pública*, Coord. Édis Milaré, RT, 2015).
20. Discricionariedade técnica e controle judicial (*Problemas emergentes da Administração Pública*, Coord. Valmir Pontes Filho e Emerson Gabardo, Fórum, 2015).
21. Regime jurídico dos termos de colaboração, termos de fomento e acordos de cooperação (*Parcerias com o terceiro setor*, coord. Fabrício Motta, Fernando Borges Mânica e Rafael Arruda Oliveira, Fórum, 2017).

22. Magistratura, Ministério Público e Conselhos Nacionais (*Administração Pública. Desafios para a transparência, probidade e desenvolvimento*, XXIX Congresso Brasileiro de Direito Administrativo, Fórum, 2017).
23. Constituição Federal Comentada (comentários aos arts. 37, 38 e 175 da CF, GEN/Forense, 2018).
24. Ação de improbidade administrativa e o regime no novo Código de Processo Civil (*Temas de direito administrativo contemporâneo*, Lumen Juris, 2018).

III – TRABALHOS PREMIADOS

1. "O Ministério Público no Mandado de Segurança" (monografia premiada por sua classificação em 1º lugar no 1º Concurso "Prêmio Associação do Ministério Público" do Estado do Rio de Janeiro – publicado na *Revista de Direito da Procuradoria-Geral de Justiça do RJ*, v. 13, 1981).
2. "A Exaustão da Via Administrativa e o Controle Jurisdicional dos Atos Administrativos" (Prêmio "San Thiago Dantas" – VI Encontro do Ministério Público do Rio de Janeiro, Cabo Frio, 1985 – publicado na *Revista de Direito da Procuradoria-Geral de Justiça*, nº 22, 1985).
3. "O Ministério Público e o Controle do Motivo dos Atos Administrativos à luz da Constituição de 1988" (Trabalho apresentado no XII Encontro do Ministério Público do Rio de Janeiro, outubro/91 – Prêmio "Mariza Perigault" pelo 1º lugar na área cível).

IV – ARTIGOS JURÍDICOS

1. O Contencioso Administrativo no Brasil (*Revista de Direito da Procuradoria-Geral de Justiça do Rio de Janeiro*, nº 8, 1979).
2. A Responsabilidade Civil das Entidades Paraestatais (*Revista de Direito da Procuradoria-Geral de Justiça*, nº 9, 1980, e Revista *Jurisível*, nº 100).
3. Da Avaliação Penal na Pena Acessória de Perda de Função Pública (Tese de Mestrado – aprovada, UFRJ, 1981).
4. A Extinção dos Atos Administrativos (Revista *Jurisível*, nº 117 – 1982, e *Revista de Direito da Procuradoria-Geral de Justiça do Rio de Janeiro*, nº 16, 1982).
5. O Fato Príncipe nos Contratos Administrativos (*Revista de Direito da Procuradoria-Geral de Justiça do Rio de Janeiro*, nº 23, 1986).
6. O Ministério Público e o Princípio da Legalidade na Tutela dos Interesses Coletivos e Difusos – Tese aprovada no VIII Congresso Nacional do Ministério Público, Natal – 1990 (*Revista de Direito da Procuradoria-Geral de Justiça do Rio de Janeiro*, nº 32, 1990).
7. As Novas Linhas do Regime de Licitações (*Revista do Tribunal de Contas do RJ*, nº 25 – set. 93, e *Livro de Estudos Jurídicos*, nº 7, 1993).
8. Extensibilidade dos Direitos Funcionais aos Aposentados (*Revista do Ministério Público do Rio de Janeiro*, v. 1, 1995, e *Revista do Tribunal de Contas do RJ*, nº 26, 1994).

9. Os Interesses Difusos e Coletivos e o Princípio da Legalidade (*Livro de Estudos Jurídicos*, nº 3, 1992).
10. Exame Psicotécnico: natureza e condições de legitimidade (*Livro de Estudos Jurídicos*, nº 9, 1994).
11. Observações sobre o Direito à Obtenção de Certidões (*Livro de Estudos Jurídicos*, nº 5, 1992).
12. Responsabilidade Civil do Estado por Atos Legislativos (*Livro de Estudos Jurídicos*, nº 6, 1993).
13. O Novo Processo Expropriatório para Reforma Agrária (*Revista do Ministério Público do Rio de Janeiro*, v. 2, 1995, e *Livro de Estudos Jurídicos*, nº 8, 1994).
14. A Eficácia Relativa do Controle da Constitucionalidade pelos Tribunais Estaduais (*Livro de Estudos Jurídicos*, nº 10, 1995).
15. A Contradição da Lei nº 8.987/95 quanto à Natureza da Permissão de Serviços Públicos (*Revista Arquivos do Tribunal de Alçada*, v. 21, 1995, e *Livro de Estudos Jurídicos*, nº 11, 1995).
16. Regime Jurídico dos Atos Administrativos de Confirmação e de Substituição (*Revista Doutrina*, v. 1, 1995, e *Revista Arquivos do Tribunal de Alçada*, v. 24, 1996).
17. A Prescrição Judicial das Ações contra o Estado no que Concerne a Condutas Comissivas e Omissivas (*Revista Doutrina*, v. 2, 1996).
18. Aspectos Especiais do Mandado de Segurança Preventivo (*Revista Doutrina*, v. 3, 1997).
19. Acumulação de Vencimentos com Proventos da Inatividade (*Revista Doutrina*, v. 4, 1997).
20. A Nova Limitação do Efeito *erga omnes* na Ação Civil Pública (*Revista Doutrina*, v. 5, 1998).
21. As Novas Agências Autárquicas diante da privatização e da Globalização da Economia (*Revista Doutrina*, nº 6, 1998).
22. O Controle Autárquico no Processo de Desestatização e da Globalização da Economia (*Revista do Ministério Público* [RJ], nº 8, 1998).
23. O Controle da Relevância e Urgência nas Medidas Provisórias (*Revista Doutrina*, nº 7, 1999, e *Revista do Ministério Público* [RJ], nº 9, 1999).
24. A investidura em Cargos em Comissão e o Princípio da Moralidade (*Revista Doutrina*, nº 8, 1999).
25. O Futuro Estatuto das Empresas Públicas e Sociedades de Economia Mista (*Revista Doutrina*, RJ, nº 9, 2000, e *Revista do Ministério Público* [RJ], nº 11, 2000).
26. O Pregão como Nova Modalidade de Licitação (*Revista Doutrina*, nº 10, 2000).
27. Regime Especial dos Servidores Temporários (*Revista Ibero-Americana de Direito Público*, v. III, 2001).
28. Ação Civil Pública e Inconstitucionalidade Incidental de Lei ou Ato Normativo (*Revista do Ministério Público* [RJ], nº 12, jul. dez. 2000).

29. O Direito de Preempção do Município como Instrumento de Política Urbana (*Revista Doutrina*, nº 12, 2001).

30. O Controle Judicial da Concretização dos Conceitos Jurídicos Indeterminados (*Revista Forense*, nº 359, 2002, e *Revista da Procuradoria-Geral do Estado do Rio de Janeiro*, nº 54, 2001).

31. A Responsabilidade Fiscal por Despesas com Pessoal (*Revista do Ministério Público do RJ*, nº 14, 2001).

32. Personalidade Judiciária de Órgãos Públicos (*Revista da EMERJ – Escola da Magistratura do RJ*, nº 19, set. 2002).

33. Autorização de Uso de Bem Público de Natureza Urbanística (*Revista Ibero-Americana de Direito Público*, nº VII, 2002).

34. Autorização e Permissão: a Necessidade de Unificação dos Institutos (*Revista do Ministério Público do RJ* nº 16, 2002; *Revista Ibero-Americana de Direito Público*, nº VIII, 2003).

35. Os Bens Públicos no Novo Código Civil (*Revista da EMERJ – Escola da Magistratura do ERJ*, nº 21, 2003).

36. Propriedade, Política Urbana e Constituição (*Revista da EMERJ – Escola da Magistratura do ERJ*, nº 23, 2003).

37. A Deslegalização no Poder Normativo das Agências Reguladoras (*Revista Interesse Público*, nº 35, Notadez (RS), 2006.

38. O Novo Regime Funcional de Agentes Comunitários de Saúde e Agentes de Combate às Endemias (*Revista Gestão Pública e Controle*, Trib. Contas do Estado da Bahia, nº 2, 2006).

39. Operações Urbanas Consorciadas (com a Profª Cristiana Fortini, *Revista da Procuradoria-Geral do Município de Belo Horizonte*, ano 1, nº 1, 2008).

40. Regularização Fundiária: Direito Fundamental na Política Urbana (*Revista de Direito Administrativo*, nº 247, Atlas, jan./abr. 2008).

41. A Desapropriação e o Princípio da Proporcionalidade (*Revista do Ministério Público do Estado do Rio de Janeiro*, nº 28, 2008; *Revista Interesse Público*, Fórum, nº 53, 2009).

42. Estado Mínimo vs. Estado Máximo: o Dilema (*Cadernos de Soluções Constitucionais*, Malheiros, nº 3, 2008).

43. A Concessão de Uso Especial para Fins de Moradia como Instrumento de Regularização Fundiária (*Direito Administrativo*, obra em homenagem ao Prof. Francisco Mauro Dias, coord. por Marcos Juruena Villela Souto, Lumen Juris, 2009).

44. *Comentários à Constituição Federal de 1988* (coord. por Paulo Bonavides, Jorge Miranda e Walber de Moura Agra, comentários aos arts. 39 a 41 da CF, Forense, 2009).

45. Precatórios e Ofensa à Cidadania (*Revista do Ministério Público do Rio de Janeiro*, nº 33, jul./set. 2009).

46. A Sobrevivente Ética de Maquiavel (*Revista do Ministério Público do Estado do Rio de Janeiro*, nº 34, out./dez. 2009).

47. Servidor Público: Elementos das Sanções (*Informativo COAD* nº 28, 2010; *RBDP – Revista Brasileira de Direito Público*, Fórum, nº 32, jan./mar. 2011).
48. Conselhos Nacionais da Justiça e do Ministério Público: Complexidades e Hesitações (*Revista Interesse Público*, Fórum, nº 63, set./out. 2010; *RBDP – Revista Brasileira de Direito Público*, Fórum, nº 31, out./dez. 2010; *Revista do Ministério Público* (RJ), nº 36, abr./jun. 2010).
49. Coisa julgada e controle incidental de constitucionalidade (*RDA – Revista de Direito Administrativo*, FGV, nº 254, maio/ago. 2010).
50. A autoexecutoriedade e a garantia do contraditório no processo administrativo (*RTDP – Revista Trimestral de Direito Público*, nº 53, Malheiros, 2011).
51. Rescisão do contrato administrativo por interesse público: manifestação do contratado (*ADV-COAD – Seleções Jurídicas*, jan. 2011).
52. Responsabilidade trabalhista do Estado nos contratos administrativos (*COAD – Doutrina e Jurisprudência – CT – Consult. Trabalhista*, nº 7, fev. 2011).
53. Imprescritibilidade da pretensão ressarcitória do Estado e patrimônio público (*RBDP – Revista Brasileira de Direito Público*, Fórum, nº 36, jan./mar. 2012).
54. Distribuição dos *Royalties* e Marco Regulatório (*COAD – Seleções Jurídicas* – mar. 2012).
55. Terceirização no setor público: encontros e desencontros – *Revista da Procuradoria-Geral do Município de Belo Horizonte*, ano 4, nº 8, jul./dez. 2011.
56. Estado mínimo × Estado máximo: o dilema – *Revista da Procuradoria-Geral do Município de Juiz de Fora*, nº 1, jan./dez. 2011.
57. Crença e descrença na reserva do possível (*Seleções Jurídicas*, ADV-/COAD, abr. 2013).
58. O Município e o enigma da competência comum constitucional (*Revista Fórum Municipal & Gestão das Cidades*, ano I, nº 1, set./out. 2013 e *Revista da ESMESC – Escola da Magistratura do Estado de Santa Catarina*, v. 20, nº 26, 2013).
59. Federação, eficiência e ativismo judicial (*Revista Interesse Público*, Fórum, nº 81, set./out. 2013).
60. Propriedade, política urbana e Constituição (*Revista Brasileira de Direito Municipal*, Fórum, ano 15, nº 54, out./dez. 2014).
61. O novo regime jurídico das parcerias (*Revista Fórum de Contratação e Gestão Pública*, Fórum, ano 13, n. 155, nov./2014).
62. Eficácia repressiva da improbidade administrativa nas esferas penal e cível (www.genjuridico.com.br – 26.11.2015).
63. Mandatos sucessivos com interrupção: prescrição da ação de improbidade (www.genjuridico.com.br – 10.12.2015).
64. Distorções no regime jurídico das entidades privadas da administração indireta (www.genjuridico.com.br – 14.1.2016).
65. Breves considerações sobre as alterações da Lei Anticorrupção (www.genjuridico.com.br – 26.1.2016).

66. Adicional de 1/3 de férias e incidência do imposto de renda (www.genjuridico.com.br – 8.2.2016).
67. O declínio e o descrédito das organizações sociais (www.genjuridico.com.br – 29.2.2016).
68. "Compliance" no setor privado: compromisso com a ética e a lei (www.genjuridico.com.br – 17.3.2016).
69. Investidura sem fim público (www.genjuridico.com.br – 18.3.2016).
70. Extinção do direito de preferência no tombamento (www.genjuridico.com.br – 11.4.2016).
71. Membros do Ministério Público: investidura em cargos e funções no poder executivo (www.genjuridico.com.br – 3.5.2016).
72. A anomalia do regime de precatórios para sociedades de economia mista (www.genjuridico.com.br – 25.5.2016).
73. Coercitividade no exercício do poder de polícia (www.genjuridico.com.br – 7.6.2016).
74. O confuso regime de subsídio remuneratório (www.genjuridico.com.br – 22.8.2016).
75. Direito de informação e desvio de poder retaliatório (www.genjuridico.com.br – 6.9.2016).
76. Estatuto das empresas públicas e sociedades de economia mista: abrangência e unidade normativa (www.genjuridico.com.br – 20.9.2016).
77. A estranha limitação dos convênios (www.genjuridico.com.br – 4.10.2016).
78. "Contratos de parceria" e impropriedade semântica (sítio *genjuridico*, out/2016).
79. Teste de integridade: afronta à dignidade da pessoa humana (sítio *genjurídico*, nov/2016).
80. Litígios da OAB: competência da justiça federal (sítio *genjurídico*, nov/2016).
81. Vaquejada e conflito de princípios (sítio *genjurídico*, dez/2016).
82. Auxílio-moradia: legitimidade e dissimulação (sítio *genjurídico*, jan/2017).
83. O procedimento de manifestação de interesse social (sítio *genjurídico*, jan/2017).
84. Prescrição da improbidade administrativa: nova hipótese (sítio *genjurídico*, fev/2017).
85. Elemento subjetivo na nova categoria de atos de improbidade (sítio *genjuridico*, jan/2017).
86. STF e agentes políticos: nepotismo e insegurança (sítio *genjuridic*o, mar/2017).
87. Precatórios e créditos prioritários (sítio *genjurídico*, mar/2017).
88. Concessão e permissão de serviços públicos: dicotomia inócua (sítio *genjurídico*, abr/2017).
89. Doações eleitorais com desvio de finalidade (sítio *genjuridico*, abr/2017).
90. Greve do servidor público: vergonhosa omissão (sítio *genjuridico,* maio/2017).
91. Indenização pelo Estado e superpopulação carcerária (sítio *genjuridico,* maio/2017).
92. Ação anulatória de ato do CNJ (sítio *genjuridico*, jun/2017).

93. Responsabilidade subsidiária da administração nos contratos (sítio *genjuridico*, jun/2017).
94. Crimes comuns de Governador: inexistência de simetria (sítio *genjuridico*, jul/2017).
95. Crueldade com animais: retrocesso da EC 96/2017 (sítio *genjuridico*, ago/2017).
96. Competência do Município para legislar sobre meio ambiente (sítio *genjuridico*, ago/2017).
97. A eficácia da norma superveniente no mandado de injunção (sítio *genjuridico*, set/2017).

SUMÁRIO

1 CONSIDERAÇÕES INTRODUTÓRIAS 1
  1.1 O tempo e os direitos 1
  1.2 Prescrição e decadência 3
  1.3 Origem histórica e evolução 3
  1.4 Natureza dos institutos 4
  1.5 Fundamentos 5
  1.6 Outros fatos extintivos 6
      1.6.1 Caducidade 7
      1.6.2 Perempção 8
      1.6.3 Preclusão 9

2 PRESCRIÇÃO E DECADÊNCIA NO CÍVEL 11
  2.1 Prescrição 11
      2.1.1 Base legal 11
      2.1.2 Direito subjetivo, pretensão e ação 12
      2.1.3 Teorias 13
      2.1.4 Conceito 14
      2.1.5 Doutrina de Câmara Leal 15
      2.1.6 Prescrição aquisitiva e prescrição extintiva 16
      2.1.7 Impedimento, suspensão e interrupção 18
      2.1.8 Imprescritibilidade 19
      2.1.9 Outros aspectos 21
            2.1.9.1 Renúncia 21

		2.1.9.2	Prescritibilidade da exceção	21
		2.1.9.3	Arguição da prescrição	22
		2.1.9.4	Alterabilidade de prazos	24
		2.1.9.5	Decretação *ex officio*	24
		2.1.9.6	Continuidade do curso da prescrição	26
		2.1.9.7	Direito intertemporal	27
2.2	Decadência			28
	2.2.1	Base legal		28
	2.2.2	Conceito		29
	2.2.3	Direitos potestativos		29
	2.2.4	Distinção entre prescrição e decadência segundo a doutrina clássica		30
	2.2.5	A teoria de Agnelo Amorim Filho		32
	2.2.6	Decadência legal e convencional		34
	2.2.7	Outros aspectos		34
		2.2.7.1	Suspensão, interrupção e impedimento	34
		2.2.7.2	Renúncia à decadência	35
		2.2.7.3	Decretação *ex officio*	35

3 PRESCRIÇÃO E DECADÊNCIA NA ESFERA CRIMINAL 37

3.1	Prescrição			37
	3.1.1	Introdução		37
	3.1.2	Evolução histórica		38
	3.1.3	Base legal		39
	3.1.4	Fundamentos		40
	3.1.5	Direito, pretensão e ação penal		40
	3.1.6	Pretensões no campo penal		42
	3.1.7	Objeto da prescrição penal		42
	3.1.8	O pressuposto da inércia		44
	3.1.9	Prescrição da pretensão punitiva		45
	3.1.10	Prescrição da pretensão executória		46
	3.1.11	Prescrição e pena em concreto		46
	3.1.12	Impedimento, suspensão e interrupção		48
	3.1.13	Outros aspectos		50
		3.1.13.1	Imprescritibilidade	50
		3.1.13.2	Prescrição da multa	50
		3.1.13.3	Pena restritiva de direitos	51
		3.1.13.4	Medida de segurança	52
		3.1.13.5	Concurso de crimes	52
		3.1.13.6	Redução de prazos	53

		3.1.14	Conclusão	54
3.2	Decadência			54
	3.2.1	Base legal		54
	3.2.2	Decadência e interesse privado		55
	3.2.3	Objeto da decadência		56
	3.2.4	Pretensão condenatória e executória		57
	3.2.5	Impedimento, suspensão e interrupção		57
	3.2.6	Renúncia		58
	3.2.7	Redução de prazo		59

4 PRESCRIÇÃO E DECADÊNCIA NO DIREITO ADMINISTRATIVO 61

4.1	Prescrição			61
	4.1.1	Introdução		61
	4.1.2	Prescrição da pretensão do administrado em face da Fazenda Pública		62
		4.1.2.1	Sentido	62
		4.1.2.2	Fazenda Pública	62
		4.1.2.3	Base legal	63
		4.1.2.4	Objeto da prescrição	64
		4.1.2.5	Pretensões sujeitas à prescrição	65
		4.1.2.6	Prazo	66
		4.1.2.7	Impedimento, suspensão e interrupção	67
		4.1.2.8	Pretensão originária (de fundo) e pretensões derivadas	68
	4.1.3	Prescrição da pretensão da Fazenda Pública em face do administrado		70
		4.1.3.1	Sentido	70
		4.1.3.2	Pretensões no Direito Administrativo	70
		4.1.3.3	Relações jurídicas externas e internas	71
		4.1.3.4	Competência legislativa	72
		4.1.3.5	Fontes normativas	72
	4.1.4	Poder de polícia e atividade punitiva		74
	4.1.5	Poder punitivo interno		76
	4.1.6	Prescrição intercorrente		77
	4.1.7	Prescrição administrativa		79
4.2	Decadência			81
	4.2.1	Introdução		81
	4.2.2	Decadência do direito do administrado a ser exercido em face da administração		81
		4.2.2.1	Introdução	81
		4.2.2.2	Relações jurídicas externas	82

		4.2.2.3	Relações jurídicas internas	83
	4.2.3	\multicolumn{2}{l}{Decadência do direito do Estado a ser exercido em face do administrado ....}	85
		4.2.3.1	Introdução	85
		4.2.3.2	Relações jurídicas externas	85
		4.2.3.3	Relações jurídicas internas	86
	4.2.4	\multicolumn{2}{l}{Autotutela e decadência ....}	87
		4.2.4.1	Decadência da autotutela	87
		4.2.4.2	Natureza do prazo extintivo	88
	4.2.5	\multicolumn{2}{l}{Eficácia extrínseca ....}	89
	4.2.6	\multicolumn{2}{l}{Atos nulos, anuláveis e inexistentes ....}	90
	4.2.7	\multicolumn{2}{l}{Outros aspectos da decadência ....}	93
		4.2.7.1	Suspensão, interrupção e impedimento	93
		4.2.7.2	Renúncia	94
		4.2.7.3	Decretação *ex officio*	94

5 PRESCRIÇÃO DA IMPROBIDADE ADMINISTRATIVA 95

5.1	Improbidade administrativa	95
5.2	Fontes normativas	96
5.3	Atos de improbidade	97
5.4	Sujeitos da improbidade	98
5.5	Sanções de improbidade	100
5.6	Processos de improbidade	101
5.7	Ação de improbidade administrativa	102
5.8	Improbidade e prescrição	104
5.9	Disciplina da prescrição	105
5.10	Ação e pretensão	106
5.11	Pretensão genérica e pretensões específicas	107
5.12	Prescrição *ex officio*	109
5.13	Renúncia da prescrição	111
5.14	Prescrição e exceção	112
5.15	Legitimação para arguir a prescrição	113
5.16	Alterabilidade de prazos	114
5.17	Sucessão e prazo prescricional	114
5.18	Prescrição intercorrente	115
5.19	Prescrição da execução	117
5.20	Prescrição e decadência	117

6 SITUAÇÕES FUNCIONAIS TRANSITÓRIAS 119

6.1	Norma Prescricional	119
6.2	Prazo e termo inicial da contagem	119

6.3	Mandato		121
	6.3.1 Sentido		121
	6.3.2 Investidura a termo		122
	6.3.3 Mandatos sucessivos		124
	6.3.4 Desincompatibilização		127
	6.3.5 Mandato e cargo em comissão		127
	6.3.6 Mandato e cargo efetivo		128
	6.3.7 Mandato e emprego público		129
	6.3.8 Mandato e servidor temporário		129
	6.3.9 Mandato e entidades administrativas		130
	6.3.10 Mandato e outras entidades privadas		131
	6.3.11 Perda do mandato		131
	6.3.12 Cassação do mandato		132
	6.3.13 Extinção do mandato		133
	6.3.14 Sucessão de mandato e ministério		134
	6.3.15 Renúncia ao mandato		135
	6.3.16 Outros afastamentos		136
	6.3.17 Mandato e ordem urbanística		138
6.4	Cargo em comissão e função de confiança		140
	6.4.1 Cargo em comissão		140
	6.4.2 Função de confiança		141
	6.4.3 Prazo e contagem da prescrição		141
	6.4.4 Cargos em comissão sucessivos		142
	6.4.5 Cargo em comissão ocupado por servidor de carreira		143
	6.4.6 Cargo em comissão e cargo efetivo subsequente		145
	6.4.7 Cargo em comissão e emprego público subsequente		145
	6.4.8 Cargo em comissão e regime especial subsequente		145
	6.4.9 Sucessão de cargo em comissão e mandato eletivo		146
	6.4.10 Cargo em comissão e função de confiança		146
	6.4.11 Função de confiança e cargo efetivo subsequente		147
	6.4.12 Exoneração *ex officio* e a pedido		148
	6.4.13 Destituição de cargo em comissão		148
	6.4.14 Licenças e afastamentos		149
7	**SITUAÇÕES FUNCIONAIS PERMANENTES**		**151**
7.1	Cargo efetivo		151
	7.1.1 Cargo efetivo		151
	7.1.2 Prescrição		152
	7.1.3 Faltas disciplinares		152
	7.1.4 Demissão		154

		7.1.5	Demissão a bem do serviço público	154
		7.1.6	Interpretação da norma prescricional	155
		7.1.7	Lei específica	157
		7.1.8	Pluralidade normativa	157
		7.1.9	Prazos diferenciados	158
		7.1.10	Prazo no estatuto federal	159
		7.1.11	Diversidade de prazos penal e administrativo	159
		7.1.12	Pena *in abstracto*	160
		7.1.13	Demissão simples e demissão a bem do serviço público	161
		7.1.14	Contagem do prazo	162
		7.1.15	Cargos vitalícios	164
		7.1.16	Interrupção da prescrição na via administrativa	166
		7.1.17	Limite temporal do processo disciplinar	167
		7.1.18	Militares	169
		7.1.19	Cargo efetivo e funções subsequentes	170
		7.1.20	Pareceres	171
	7.2	Emprego e emprego público		173
		7.2.1	Sentido	173
		7.2.2	Regimes jurídicos e regime único	174
		7.2.3	Emprego público nas pessoas públicas	175
		7.2.4	Emprego nas pessoas privadas da administração	176
		7.2.5	Emprego em entidades não administrativas	177
		7.2.6	Prazo da prescrição	178
		7.2.7	Contagem da prescrição	180
		7.2.8	Emprego e funções subsequentes	181
	7.3	Servidores temporários		181
		7.3.1	Configuração jurídica	181
		7.3.2	Servidor temporário e improbidade	182
		7.3.3	Servidor temporário e prescrição	183
		7.3.4	Servidor temporário e funções subsequentes	184
8	ENTIDADES NÃO ADMINISTRATIVAS COM MENOR SUPORTE			185
	8.1	Fonte normativa		185
	8.2	Entidades não administrativas		186
	8.3	Destinatários da norma		186
	8.4	Agentes empregados		187
	8.5	Prestação de contas		188
	8.6	Termo inicial da contagem		189
	8.7	Atos de improbidade anteriores		190
	8.8	Rescisão contratual		191
	8.9	Emprego e funções subsequentes		192

9	**TERCEIROS**	**193**
9.1	Sentido	193
9.2	Incidência normativa	194
9.3	Pressuposto de incidência	194
9.4	Condutas do terceiro	195
9.5	Prescrição	196
9.6	Terceiro e função pública sucessiva	198
9.7	Terceiros incapazes	199
	9.7.1 Imputabilidade	199
	9.7.2 Prescrição	202
9.8	Pessoa jurídica	203
10	**INCIDENTES DA PRESCRIÇÃO DE IMPROBIDADE**	**205**
10.1	Ação de improbidade administrativa	205
10.2	Ação de improbidade, pretensão e prescrição	206
10.3	Interrupção da prescrição	207
	10.3.1 Introdução	207
	10.3.2 Sentido	207
	10.3.3 Interrupção na improbidade	207
	10.3.4 Causas de interrupção	208
	10.3.5 Interrupção por despacho do juiz	210
	10.3.6 Citação válida	214
	10.3.7 Julgamento sem resolução do mérito	215
	10.3.8 Reinício da contagem do prazo	216
	10.3.9 Prescrição intercorrente	217
	10.3.10 Terceiro interessado	218
	10.3.11 Inquérito civil	219
10.4	Impedimento e suspensão	221
	10.4.1 Noções iniciais	221
	10.4.2 Suspensão e interrupção	221
	10.4.3 Razões inspiradoras	222
	10.4.4 Causas de suspensão e impedimento	222
	10.4.5 Aplicabilidade no campo da improbidade	223
	10.4.6 Absolutamente incapazes	223
	10.4.7 Ausentes do país	224
	10.4.8 Serviço nas Forças Armadas	226
	10.4.9 Fato apurado no juízo criminal	227
11	**PRECLUSÃO E PEREMPÇÃO**	**231**
11.1	Preclusão	231
	11.1.1 Introdução	231

		11.1.2	Modalidades	232
		11.1.3	Preclusão, prescrição e decadência	232
		11.1.4	Preclusão na ação de improbidade	233
		11.1.5	Preclusão temporal	233
		11.1.6	Preclusão lógica	235
		11.1.7	Preclusão consumativa	235
	11.2	Perempção		236
		11.2.1	Introdução	236
		11.2.2	Base normativa	236
		11.2.3	Perempção e preclusão	237
		11.2.4	Perempção, prescrição e decadência	238
		11.2.5	Perempção na ação de improbidade	238
		11.2.6	Concorrência de legitimação	240
		11.2.7	Efeito da perempção	241
		11.2.8	Pretensão indenizatória	242
12	IMPRESCRITIBILIDADE DA AÇÃO RESSARCITÓRIA			245
	12.1	Introdução		245
	12.2	Fonte constitucional		246
	12.3	Duplicidade normativa		246
	12.4	Ação ressarcitória		247
	12.5	Fundamento da imprescritibilidade		248
	12.6	Requisitos da imprescritibilidade		249
	12.7	Hipóteses estranhas à imprescritibilidade		250
	12.8	Ressarcimento e outros efeitos da improbidade		251
	12.9	Prejuízo e dano		252
	12.10	Doutrina dominante		254
	12.11	Doutrina divergente		255
	12.12	Jurisprudência		257

REFERÊNCIAS BIBLIOGRÁFICAS	263
ÍNDICE ALFABÉTICO-REMISSIVO	269

CONSIDERAÇÕES INTRODUTÓRIAS

1.1 O TEMPO E OS DIREITOS

Sem qualquer dúvida, o *tempo* é um elemento indissociável do homem. Na verdade, o homem sujeita-se a uma inevitável regência por parte do fator *tempo*, e este o acompanha na vida biológica, na vida social, na vida privada e nas relações jurídicas em geral.[1] Por isso, inteiramente compreensível a exclamação de que "*a influência do tempo sobre os direitos é considerável e variadíssima*".[2]

Na doutrina italiana, foi Ruggiero quem melhor apresentou a exclamação sobre os efeitos do tempo. Disse o grande civilista: "*A influência que o tempo exerce sobre as relações jurídicas é tão intensa como aquela que exercita sobre todas as coisas humanas.*" E consigna que, dada a grande variedade de situações, ficaria impossível oferecer uma regra universal que inspirasse o tratamento dado a esse elemento pelas leis em geral.[3]

Já de início, a influência temporal se faz presente nas leis, principalmente no que concerne à sua vigência e eficácia. Há leis cuja vigência é imediata, bastando que seja publicada; em outras, o início da vigência é fixado para momento ulterior. No caso de silêncio normativo, a lei começa a vigorar 45 dias a partir de sua publicação oficial.[4] Em outra vertente, ao lado de leis definitivas podem encontrar-se (embora mais raramente)

---

[1] CAIO MÁRIO DA SILVA PEREIRA, *Instituições de direito civil*, Forense, v. I, 23. ed., 2010, p. 581.
[2] CLÓVIS BEVILÁQUA, *Teoria geral do direito civil*, Livr. Francisco Alves, 7. ed., 1955, p. 267 (atualizada por Achilles Beviláqua e Isaias Beviláqua).
[3] ROBERTO DE RUGGIERO, *Istituzione di diritto civile*, Casa Edit. Giuseppe Principato, Messina, v. I, 6. ed., § 33, p. 303-304.
[4] Art. 1º, Lei de Introdução às Normas do Direito Brasileiro (Decr.-lei nº 4.657, 4.9.1942).

leis temporárias, funcionando o tempo como agente limitador da vigência. As medidas provisórias, editadas com força de lei pelo Chefe do Executivo (art. 62, CF), assim o são – provisórias – porque o tempo limita a sua duração; daí um dos seus efeitos: a vigência temporária.[5] Não se pode negar, por conseguinte, a importância do tempo no regime da função legiferante.

Nas relações jurídicas, o tempo exerce todas as suas potencialidades quanto aos direitos. Consolida a aquisição de direitos e decreta a extinção de outros. Convalida situações jurídicas eivadas de irregularidades ou vícios e pereniza relações jurídicas em virtude de eventual desinteresse do titular do direito para exercê-lo ou preservá-lo. Direitos existem cujo exercício está sujeito a prazos legais ou decorrentes de convenção e, se não exercidos nesses prazos, desafiam sua irremediável extinção.

A cada momento, o Direito se vale do tempo para regular determinadas relações jurídicas. No direito contratual, por exemplo, doutrina e jurisprudência se têm socorrido de institutos que indicam essa regulação. É o caso da *suppressio*, pela qual, em atenção à boa-fé objetiva nos contratos, cria-se limitação ao direito subjetivo, com paralisação da pretensão, quando este deixa de ser exercido por longo período de tempo, com indícios de que o titular não mais o fará.[6] Assemelhado ao instituto, invoca-se, ainda, a *surrectio*, em que um dos contratantes aceita, por certo tempo, comportamento do outro, convalidando-se situação jurídica dissonante do termo contratual.[7] Assim, novas situações acabam surgindo e sofrendo a influência do tempo.[8]

Até mesmo os delitos, que afetam, além de suas vítimas, toda a sociedade, já que ultrapassam as fronteiras dos interesses privados para agredir o próprio interesse público, podem apagar-se em função do elemento *tempo*, seja porque a demora de sua apuração ou da execução da respectiva penalidade já tenha minorado os seus efeitos antissociais, seja porque, em certo momento, a sociedade dispense o interesse na aplicação das penas em face do desaparecimento do *strepitus judicii*.

Por causa dos inúmeros efeitos produzidos pelo tempo em relação aos direitos, alguns deles não são bem assimilados pelos leigos ou desinformados, desconhecedores que são de certos princípios que o Direito não pode postergar. Fica a certeza, como proclama jurista de reconhecida autoridade, de que *"o direito é um mistério, o mistério do princípio e do fim da sociabilidade humana"*.[9]

O fator tempo envolve algumas perplexidades e mistérios acerca dos direitos, mas uma coisa é inquestionável: aquisição, preservação e extinção de direitos são fatos que reclamam constantemente a presença da temporalidade.

---

[5] PINTO FERREIRA, *Comentários à Constituição Brasileira*, Saraiva, v. 3, 1992, p. 290.
[6] Como exemplo, vide voto do Min. RUY ROSADO DE AGUIAR, do STJ, no REsp 207.509, em 27.11.2001.
[7] Vide TJMG, 16ª Câm. Cív., ACi nº 1.0024.03.163299-5/001-BH, MG, Rel. Des. MAURO SOARES DE FREITAS, em 7.3.2007.
[8] Veja-se o artigo de LUÍS FERNANDO PEREIRA FRANCHINI, *Suppressio e Surrectio*, de 13.7.2007, no sítio: <http://www.grupos.com.br/blog/direito dos contratos/permalink/15894.html>. Acesso em: 16 fev. 2011.
[9] TÉRCIO SAMPAIO FERRAZ JUNIOR, *Introdução ao Estudo do Direito*, Atlas, 6. ed., 2008, p. 1.

1.2 PRESCRIÇÃO E DECADÊNCIA

A prescrição e a decadência são dois dos mais conhecidos e controversos institutos jurídicos que denunciam a influência do tempo sobre os direitos. Seu objetivo precípuo consiste na necessidade de atender ao *princípio da segurança jurídica*, evitando que certas situações permaneçam por tempo indeterminado sujeitas a mutações e imponham surpresas inesperadas às pessoas, quando o passar do tempo já tenha sedimentado situações contrárias.

Entretanto, os institutos não dependem apenas do decurso do tempo. Além deste, constitui fator fundamental a inércia do titular do direito, quer porque deixa de protegê-lo ante a violação cometida por aquele que tem um dever jurídico, quer porque simplesmente queda inerte quando a lei exige que o exerça dentro de determinado período. Daí o conhecido brocardo romano: *dormientibus non succurrit jus*.[10] Tempo e inércia – eis aí os elementos sempre existentes na configuração da prescrição e da decadência.

Cumpre, porém, advertir que os elementos *tempo* e *inércia* precisam ser interpretados em consonância com os fins dos institutos. Primeiramente, não exercer um direito de imediato espelha a existência do próprio direito do titular, eis que não é obrigado a fazê-lo. Em segundo lugar, a inércia só é assim considerada se o não exercício se prolongar por um período irrazoavelmente longo, numa demonstração de presumido desinteresse do titular. Desse modo, os elementos, além de cumulativos, submetem-se a aspectos específicos para que possam configurar-se como causadores da prescrição ou da decadência.

1.3 ORIGEM HISTÓRICA E EVOLUÇÃO

Não é escopo deste estudo o desenvolvimento do processo histórico completo da prescrição e da decadência. Em nosso entender, contudo, vale a pena recapitular, numa breve síntese, a sua gênese, principalmente porque o uso contínuo dos institutos nas diuturnas operações jurídicas acaba por distanciá-los de seu nascedouro.

O vocábulo *prescrição* origina-se do termo latino *praescriptio*, que, por sua vez, encontra sua base etimológica no verbo *praescribere*, composto do prefixo *prae*, que significa *antes*, *momento anterior*, e *scribere*, indicativo do verbo *escrever*. Assim, o termo *prescrição* tinha originariamente o sentido de *escrever antes*.[11]

No direito romano honorário (*ordinaria judicia*), em que vigorava o sistema formulário, o pretor, ao nomear o juiz incumbido de decidir o litígio, já o orientava através de uma fórmula, composta dos elementos da *actio*. A partir do ano 520, foi conferido ao pretor o poder de criar ações não previstas no sistema jurídico e, ao fazê-lo, passou a fixar um prazo de duração para as novas ações, que, assim, vieram a compor o grupo das *ações temporárias*, em contraposição às já previstas, que eram as *perpétuas*.

---

[10] Em tradução livre: "*O direito não socorre a quem dorme.*"
[11] ANTÔNIO LUÍS DA CÂMARA LEAL, *Da prescrição e da decadência*, Forense, 3. ed., 1978, p. 3 (atualizada por José de Aguiar Dias), invocando QUICHERAT (*Dictionnaire Latin-Français*).

Quando a ação era temporária, o pretor antecipava uma fórmula introdutória na qual recomendava ao juiz, de antemão, que o réu deveria ser absolvido no caso de ter sido ultrapassado o prazo fixado para a duração da ação. A essa recomendação inicial é que se denominava *praescriptio*, indicando um alerta escrito logo no começo. Sendo assim, o instituto da prescrição nasceu atrelado apenas à ação, e assim mesmo quando esta tinha duração limitada; não correspondia, na verdade, ao conteúdo da determinação do pretor, mas somente à advertência inicial e preliminar para o juiz verificar a extinção ou não do prazo de duração da *actio*.[12]

O termo *decadência* tem como radical o verbo latino *cadere*, significando *cair*, e o precede o prefixo *de*, indicativo da locução *de cima de*. Unindo-se tais elementos, é possível encontrar o seu sentido: *cair de cima de*. O sufixo *entia*, ou seja, *ência* em nosso vernáculo, reflete *estado, situação*. Decadência, pois, em sentido literal, seria *o estado daquilo que caiu*. Na evolução semântica, passou a ter o sentido de *queda* ou *perecimento* de um direito.[13]

A evolução de ambos os vocábulos sofreu diversos percalços quanto ao sentido, e isso porque os institutos se apresentam com os mesmos elementos básicos: o tempo e a inércia do titular do direito.

No direito clássico, sempre dominou o entendimento de que a prescrição afeta a ação e indiretamente o direito, ao passo que a decadência ataca o direito em si e indiretamente a ação para sua tutela. A despeito dessa aparente clareza na linha demarcatória, os institutos evoluíram cercados de muitas controvérsias. Até hoje, os juristas são sinceros em apontar muitos problemas para identificá-los em determinadas situações de maior complexidade.

Para demonstrar a dificuldade no delineamento dos institutos, Câmara Leal esclarece que a escola ítalo-francesa concebe a prescrição como fato que pode extinguir direitos, e não somente ações, com isso transmitindo inevitável confusão com a decadência, esta, sem dúvida, extintiva de direitos.[14]

O que se pretende mostrar, neste momento, é que a própria evolução dos institutos se apresentou controvertida em certos aspectos. Os pontos diferenciais, todavia, serão apontados com maior detalhamento em item próprio mais adiante.

1.4 NATUREZA DOS INSTITUTOS

Não existem direitos subjetivos e obrigações sem que estejam fundados em *pressupostos jurídicos* (*tatbestand*). O pressuposto jurídico necessário dos direitos e obrigações são os *fatos jurídicos*. A clássica definição do fato jurídico considera-o aquele em virtude do qual nascem e se extinguem os direitos (*ex facto oritur jus*).

---

[12] CÂMARA LEAL, ob. cit., p. 4.
[13] Do mesmo radical são os vocábulos *decadenza* e *déchéane*, respectivamente dos idiomas italiano e francês.
[14] Ob. cit., p. 100.

Por força desse conceito, alguns estudiosos preferem denominá-los *fontes de direitos e de obrigações*, para acentuar a sua função dentro do cenário jurídico.[15] Com efeito, os fatos jurídicos não apenas dão ensejo à criação e extinção dos direitos e das obrigações, mas constituem pressupostos para outras situações a eles pertinentes, como a modificação, preservação e transferência de relações jurídicas.

Os fatos jurídicos podem ser *naturais* ou *voluntários*: os primeiros decorrem de fenômenos naturais, que independem da vontade humana, como é o caso das catástrofes naturais, o nascimento e a morte; os últimos são oriundos da vontade do homem, expressa justamente para permitir a criação, modificação e extinção dos direitos, e nesse caso estão os atos e os contratos. O certo então é que quando nasce um direito ou uma obrigação, ou quando se extinguem, teremos fatalmente que inferir que tais situações ocorreram em função de determinados fatos jurídicos. Veja-se, pois, a importância do instituto para o Direito.

A prescrição e a decadência, como já antecipamos, acarretam a extinção de pretensões (ou de ações, para outra doutrina) e de direitos pela inércia do titular em determinado prazo, fixado em lei ou em convenção. A extinção do direito do titular, a seu turno, provoca o nascimento de um direito em favor daquele que tem um dever jurídico. São, assim, situações paralelas na relação jurídica: perece um direito e ao mesmo tempo se cria um outro.

Diante desses aspectos, não parece difícil concluir que a prescrição e a decadência têm a natureza de *fatos jurídicos*, porquanto são instrumentos idôneos para extinguir direitos e, por via de consequência, para criá-los em favor do outro sujeito da relação jurídica. Como o objetivo básico é extinguir direitos ou pretensões, caracterizam-se como *fatos jurídicos extintivos*.

Assinale-se, apenas à guisa de análise, que tais fatos jurídicos extintivos são parcialmente *voluntários*, porque reclamam a inércia do titular, esta resultante de sua própria vontade, e parcialmente *naturais*, já que também exigível o fator tempo para a sua configuração.

1.5 FUNDAMENTOS

Ao consolidar situações jurídicas, normalmente provocando a extinção de direitos, os institutos têm recebido, ao longo do tempo, variados fundamentos, conforme a visão que tenha o intérprete. Ao contrário da opinião de alguns autores, que criticam acerbamente fundamentos invocados por outros, parece-nos que, de alguma forma, há sempre uma dose de razão para justificar o fundamento, sendo mais razoável admitir que um deles se sobreponha aos outros em termos de importância, sem, contudo, excluí-los peremptoriamente. Vale mesmo é agrupá-los num só conjunto para a análise global de todas as linhas dos institutos.

Ao adotar um fundamento para explicar determinado instituto jurídico, o intérprete se socorre de princípios lógicos e deles extrai seu argumento dedutivo, assim con-

---

[15] PAULO DOURADO DE GUSMÃO, *Introdução ao estudo do direito*, Forense, 42. ed., 2010, p. 281.

siderado como aquele *"cujas premissas fornecem provas decisivas para a verdade de sua conclusão".*[16] A conclusão, decerto, consiste na imprescindibilidade dos instrumentos extintivos, enquanto as premissas são os fatos propositivos que conduzem à conclusão. Se (a) toda ordem jurídica e social precisa de institutos extintivos em razão do tempo, (b) a prescrição e a decadência neles se enquadram, e (c) a conclusão será, de fato, a de que são eles necessários à ordem jurídica e social.

Câmara Leal, em sua clássica obra sobre prescrição e decadência, enumera vários desses fundamentos e seus respectivos autores: (1) castigo à negligência (Savigny); (2) presunção de abandono ou renúncia do titular (Carvalho de Mendonça); (3) efeito destruidor do tempo (Coviello); (4) presunção da extinção do direito (Colin e Capitant); (5) proteção ao devedor em função do decurso do tempo (Spencer Vampré); (6) redução de demandas (Savigny); (7) interesse social e estabilização das relações jurídicas (Planiol e Ripert, Laurent, Barassi, Ruggiero, entre outros).[17]

Observa-se que, embora uma causa possa ser considerada como principal, é temerário rechaçar as demais: estas apresentam-se como inevitáveis concausas para o fenômeno extintivo. E sempre haverá ao menos uma parcela de contribuição para o delineamento do fenômeno.

Atualmente, mesmo considerando viáveis as justificativas invocadas pelos diversos estudiosos, parece realmente predominar a que reside na necessidade de *estabilização das relações jurídicas*, inegável corolário do princípio da segurança jurídica, que busca impedir um indesejável processo de instabilidade e mutação das situações criadas pelo Direito por períodos extremamente longos, depois dos quais ficam atenuados a necessidade e o interesse de proteção do direito.

Nesse passo, vale lembrar a sempre atual lição de Ruggiero, ao afirmar que o ordenamento jurídico não oferece a sua tutela a quem não exercita o seu direito, por negligência ou desinteresse.[18]

Ao longo do presente estudo, procuraremos desenvolver a matéria concernente aos fundamentos, aliando-a aos diversos aspectos que gravitam em torno dos institutos, tanto na área cível, quanto nas áreas penal e administrativa, culminando com o enfoque específico concernente aos atos de improbidade administrativa.

1.6 OUTROS FATOS EXTINTIVOS

Como a prescrição e a decadência constituem o foco central de nossas considerações, serão elas a todo momento examinadas e diferenciadas no decorrer da obra. Dentro dessas observações preliminares, todavia, já se torna oportuno traçar-lhes a linha demarcatória distintiva, apontando-se o fim a que se preordena cada uma delas.

---

[16] IRVING M. COPI, *Introdução à lógica*, Edit. Mestre Jou, trad. de Álvaro Cabral, 3. ed. (inglês), 1968, p. 140.
[17] CÂMARA LEAL, ob. cit., p. 13-14.
[18] RUGGIERO, *Istituzione*, cit., v. I, § 34, p. 308. Vale a pena ver a precisão do grande jurista: *"l'ordinamento non presta la sua tutela a chi del suo diritto non fa esercizio e mostra anzi col negligerlo di non volerlo conservare [...]".*

Já antecipamos que ambas ostentam os fatores básicos em comum: o tempo e a inércia do titular. Da mesma forma, ambas apresentam como fundamento a necessidade de consolidar no tempo certas situações jurídicas, em homenagem ao princípio da segurança jurídica.

Mas a *prescrição* recai sobre *a pretensão* do titular do direito, para alguns autores, ou sobre *a ação*, para outros. Significa que o direito já existe, assim como também já existe a pretensão de tutelá-lo quando hostilizado por algum fato violador ou ameaçador de violação. A inércia para exercitar a pretensão em determinado lapso de tempo conduz diretamente à sua extinção e indiretamente à perda do próprio direito, ficando este sem a possibilidade de proteção por falta da ação judicial.

A *decadência*, ao contrário, incide diretamente sobre o direito e indiretamente sobre a ação. Na verdade, esse fato extintivo vem à tona nas hipóteses em que a lei ou a convenção subordina a eficácia do direito ao seu exercício em determinado período de tempo, de modo que, não o fazendo, o titular acaba por vê-lo extinto.

Essa é a linha básica da distinção, embora, todos o sabem, haja inúmeras controvérsias em torno dos institutos. Não obstante, há outros fatos jurídicos que também provocam o fenômeno extintivo, surgindo, porém, em situações diversas e oferecendo, por isso, efeitos diversos. Certamente, não haverá absoluta concordância quanto às suas linhas conceituais, mas nosso objetivo é o de possibilitar a reflexão e o debate, procurando o caminho interpretativo de maior precisão.

1.6.1 CADUCIDADE

Comecemos pelo instituto da *caducidade*. Perpassando a opinião dos especialistas, infere-se que a caducidade apresenta mais de um significado; em todos, porém, está presente o seu caráter de fato extintivo. Consideramos que caducidade é o fato jurídico superveniente que provoca a extinção da eficácia do ato ou do contrato. Cuida-se de fenômeno vinculado ao *plano da eficácia* e, por tal motivo, esta é que é diretamente atingida por ele.

É fato jurídico porque enseja a extinção da relação jurídica e, por via de consequência, do direito dela decorrente. Superveniente, porque pressupõe que o ato ou o contrato esteja em vigor e produzindo seus efeitos, até que, em dado momento, surge o fato novo que causa a extinção da eficácia. Exemplo: o advento de nova legislação que, por seu teor, impede a continuação dos efeitos do ato.[19] Também se enquadram como caducidade os casos de *extinção natural* (ex.: o término do prazo do ato ou contrato),[20] *subjetiva* (ex.: falecimento do contratado para a prestação de serviço artístico personalíssimo) e *objetiva* (*v. g.*: o desaparecimento de imóvel objeto de ato de interdição).[21]

---

[19] O exemplo é de DIÓGENES GASPARINI, *Direito administrativo*, Saraiva, 11. ed., 2006, p. 103.
[20] JOSÉ CRETELLA JUNIOR refere-se à *"caducidade do decreto expropriatório"*, pelo decurso do tempo (*Dicionário de direito administrativo*, Forense, 3. ed., 1978, p. 116).
[21] Em nosso *Manual de direito administrativo* (Atlas, 30. ed., 2016, p. 158-159), catalogamos como espécies diversas de extinção dos atos administrativos que independem de manifestação da vontade a extinção natural, a subjetiva, a objetiva e a caducidade. Entretanto, considerando como foco especificamente a

Costuma-se empregar o termo *caducidade* em outro sentido, de maior extensão, qual seja, indicando o fato de o contratado não cumprir cláusulas estipuladas em contrato de concessão de serviços públicos, o que determina a cessação de sua vigência, como diz Marcelo Caetano,[22] ou ainda a prática de falta grave pelo concessionário, causando a rescisão do contrato, na visão de José Cretella Junior.[23] Em nosso entender, contudo, essas hipóteses não retratam fielmente o instituto da caducidade, posto que o fato novo atinge o plano da *validade* dos atos, e não diretamente o de sua *eficácia*.

A Lei nº 8.987, de 13.2.1995 (Estatuto das Concessões e Permissões de Serviços Públicos), prevê a caducidade como forma extintiva de concessões e permissões (art. 35, III). O art. 38 desse diploma prevê a declaração de caducidade como efeito da inexecução do contrato.[24] Aqui, no entanto, a caducidade retrata nada mais do que uma forma de rescisão contratual causada por inadimplemento culposo do concessionário.[25] Ressalte-se, entretanto, que a Lei nº 8.666, de 21.6.1993 (Estatuto de Contratos e Licitações), não empregou tal denominação, tendo adotado corretamente o instituto da *rescisão* para esse tipo de desfazimento contratual.[26] Conclui-se que essa caducidade em nada se aproxima daquela de que estamos tratando.

Por fim, encontra-se ainda o emprego da caducidade como figura sinônima da própria decadência. Com a devida vênia, porém, trata-se de fatos jurídicos diferentes. A caducidade não se confunde nem com a decadência nem com a prescrição. Nestas últimas estão presentes os fatores tempo e inércia do titular, ao passo que na primeira tais fatores não são determinantes: pode ocorrer a caducidade do ato sem que tenha havido a inércia do titular do direito, assim como pode ocorrer sem que o fator tempo lhe tenha dado causa.

Desse modo, quando se dá o título de caducidade a uma hipótese de decadência, deve interpretar-se a denominação no sentido de que a decadência, por extinguir o direito, afeta também a eficácia do ato que lhe serviu de fonte, numa incidência reflexa. A caducidade, no entanto, atinge diretamente a eficácia, ou seja, os efeitos advindos do ato, e isso independentemente do decurso do tempo ou da inércia do titular do direito.

1.6.2 PEREMPÇÃO

Perempção é a perda do direito de ação em virtude de o processo ter sido extinto por três vezes, face ao abandono da causa pelo autor, que deixa de promover os atos e diligências processuais a seu cargo.[27]

---

eficácia, nada impede que todas essas formas extintivas se caracterizem como espécies de caducidade, já que afetam a eficácia dos atos.

[22] *Princípios fundamentais de direito administrativo*, Forense, 1977, p. 257.
[23] *Direito administrativo brasileiro*, Forense, v. I, 1983, p. 450.
[24] "Art. 38. A inexecução total ou parcial do contrato acarretará, a critério do poder concedente, a declaração de caducidade da concessão ou a aplicação das sanções contratuais, respeitadas as disposições deste artigo, do art. 27, e as normas convencionadas entre as partes."
[25] MARCOS JURUENA VILLELA SOUTO, *Direito administrativo contratual*, Lumen Juris, 2004, p. 418.
[26] Art. 79, I c/c art. 78, I a XII.
[27] NELSON NERY JUNIOR e ROSA MARIA DE ANDRADE NERY, *Código de Processo Civil comentado*, Revista dos Tribunais, 10. ed., 2008, p. 503.

Conforme lição de Moniz de Aragão,[28] há três modelos que se podem configurar como perempção. Pelo primeiro, oriundo do direito romano, há a fixação de prazo de duração do processo, extinguindo-se este se não for concluído nesse prazo. O segundo, modelo europeu, de inspiração francesa, é o que decorre da inércia das partes durante certo tempo prefixado na lei. E o terceiro, nascido nas Ordenações Manuelinas e confirmado nas Ordenações Filipinas, é o efeito de o autor dar causa à extinção do processo por três vezes consecutivas. Este último foi o adotado na legislação pátria.

A perempção está prevista no art. 486, § 3º, do Código de Processo Civil, em cujos termos se estabelece que o autor não poderá intentar nova ação com o mesmo objeto se der causa, por três vezes, ao julgamento sem resolução do mérito na hipótese do art. 485, III, do mesmo Código. Esse dispositivo, por sua vez, impõe o julgamento do processo sem resolução do mérito quando o autor não promover os atos e diligências que lhe competem, abandonando a causa por mais de 30 dias.

Ocorrendo a perempção, uma *"quarta ação objetivando a mesma pretensão tem de ser extinta sem julgamento do mérito".*[29] A única chance do autor desidioso, nesse caso, é a de alegar o seu direito em defesa, conforme previsto no referido art. 486, § 3º, do CPC, porquanto a perempção terá inibido *"a eficácia do direito subjetivo, a sua exigibilidade e acionabilidade".*[30]

A linha conceitual da perempção, por conseguinte, a distancia dos demais institutos extintivos. Enquanto a decadência, como visto, extingue o direito, a prescrição extingue a pretensão e a caducidade faz perecer o direito em razão de fato superveniente, a perempção espelha instrumento de eminente *índole processual*, ocasionando a perda do direito de *ação*, assim considerada como o direito abstrato de invocar a prestação jurisdicional. Se é verdade que tem a inércia como pressuposto, não menos verdadeiro é o fato de que sua ocorrência não tem qualquer relação com o fator tempo; o aspecto primordial é, isto sim, a reiteração do presumido desinteresse do autor.

Em outra ótica, se é verdade que a perempção tem a inércia como um de seus pressupostos, não menos verdadeiro é o fato de que sua ocorrência não tem qualquer relação com o fator *tempo* – este inafastável na prescrição e na decadência. Trata-se, portanto, de figuras jurídicas inconfundíveis em sua essência.

1.6.3 PRECLUSÃO

Preclusão é o impedimento para a prática de ato processual em decorrência de fato superveniente à instauração do processo. Na síntese da doutrina clássica de Frederico Marques, é *"um fato processual impeditivo".*[31]

O conceito também não é absolutamente unívoco. Respeitável doutrina alinhava conceito mais restritivo, considerando que a preclusão *"é a perda de uma oportunidade*

---

[28] *Comentários ao Código de Processo Civil*, v. II, Forense, 1974, p. 426.
[29] NELSON NERY JUNIOR e ROSA MARIA DE ANDRADE NERY, ob. e loc. cit.
[30] LUIZ GUILHERME MARINONI e DANIEL MITIDIERO, *Código de Processo Civil comentado artigo por artigo*, Revista dos Tribunais, 2008, p. 263.
[31] JOSÉ FREDERICO MARQUES, *Manual de direito processual civil*, Saraiva, v. 2, 1974, p. 169.

processual [...] pelo decurso do tempo previsto para seu exercício".[32] Semelhante conceito – infere-se de suas linhas – leva em conta que a preclusão deriva apenas do fator *tempo*, sobrevindo a perda da oportunidade de praticar o ato por não tê-lo sido no período previamente estabelecido.

Parece-nos, todavia, que a perda da oportunidade da prática do ato não se origina somente do seu não exercício no prazo fixado. Numa análise global, é lícito admitir três categorias de preclusão: (a) a *preclusão temporal*, quando o decurso do tempo forma o fato impeditivo;[33] (b) a *preclusão lógica*, quando o impedimento provém de um ato já praticado, impeditivo que outro, de natureza incompatível, seja produzido;[34] e (c) a *preclusão consumativa*, aquela que provém de decisão irrevogável.[35] O sentido aqui é mais amplo: a perda da oportunidade de praticar o ato resulta de fatos supervenientes de *diversa natureza*, sendo o decurso do tempo apenas um desses fatos.[36]

Diante de tais elementos, pode observar-se que a preclusão não se confunde com os fatos extintivos anteriores. Da prescrição, decadência e caducidade ela se distingue porque, diversamente daquelas, não atinge elementos extrínsecos ao processo, como o direito subjetivo, o direito potestativo e a pretensão.

Difere da perempção porque nesta ocorre a perda da própria ação, ao passo que a preclusão acarreta tão somente a perda da oportunidade de praticar determinado ato do processo, em nada afetando o direito de ação, que pode ser renovado em outro processo. Além disso, a perempção penaliza apenas o autor, enquanto a preclusão pode alcançar ambas as partes do processo.

---

[32] CELSO ANTÔNIO BANDEIRA DE MELLO, *Curso de direito administrativo*, Malheiros, 27. ed., 2010, p. 1055.
[33] Um exemplo é o do art. 223 do CPC: *"Decorrido o prazo, extingue-se o direito de praticar ou de emendar o ato processual, independentemente de declaração judicial, ficando assegurado, porém, à parte provar que não o realizou por justa causa".*
[34] Serve como exemplo o art. 952 do CPC: *"Não pode suscitar conflito a parte que, no processo, arguiu incompetência relativa".*
[35] É o caso do impedimento oriundo de sentença com eficácia de coisa julgada (art. 502, CPC).
[36] É classificação adotada por JOSÉ FREDERICO MARQUES, ob. e v. cit., p. 169-170.

2

PRESCRIÇÃO E DECADÊNCIA NO CÍVEL

2.1 PRESCRIÇÃO

2.1.1 BASE LEGAL

O diploma preponderante regulador da prescrição na área cível é o Código Civil. É claro que outras leis podem prever determinadas situações jurídicas sujeitas à prescrição, pois afinal se trata de instituto aplicável a qualquer ramo do Direito e a qualquer pretensão que o legislador considere passível de extinção pelo decurso do tempo e pela inércia do titular.

O Código Civil de 1916, ora revogado, concentrava nos arts. 177 e 178 todos os casos de extinção de pretensões e de direitos por ação do tempo, reservando à doutrina e aos Tribunais a delicada missão de distinguir as hipóteses de prescrição e as de decadência, fato que ensejou, obviamente, profundas dissenções sobre a matéria.[1]

O Código vigente,[2] no entanto, conferiu maior sistematização à matéria e, desse modo, ofereceu maior precisão para identificar a linha diferencial entre os institutos. O novel legislador trilhou o princípio da operacionalidade, para permitir a aplicação mais fácil e lógica dos institutos.

A prescrição foi disciplinada entre os arts. 189 e 206 e, no respectivo capítulo, o Código tratou das disposições gerais, das causas impeditivas, suspensivas e interruptivas e dos prazos prescricionais.

---

[1] CAIO MÁRIO DA SILVA PEREIRA, ob. e v. cit., p. 581.
[2] O Código Civil foi posto em vigor pela Lei nº 10.406, de 10.1.2002.

A decadência teve menor espaço, sendo regulada entre os arts. 207 e 211, embora o art. 208 faça remissão a alguns dispositivos relacionados à prescrição (arts. 195 e 198, I).

Na atualidade, tem-se verificado um inegável crescimento da importância do Código de Defesa do Consumidor (CDC),[3] aplicável às relações de consumo em geral, relações essas de grande intensidade no mundo hodierno dos negócios e também integrante da área cível. No CDC, a prescrição e a decadência estão delineadas nos arts. 26 e 27.

2.1.2 DIREITO SUBJETIVO, PRETENSÃO E AÇÃO

Já antecipamos que o que não falta na literatura jurídica são controvérsias a respeito da linha conceitual, objeto e natureza da prescrição. Não pretendemos, neste trabalho, detalhar todas essas divergências; não é o escopo das presentes considerações. Entretanto, parece-nos conveniente assentar um ponto de partida para o lineamento básico do instituto, tal qual entendido por eminentes doutrinadores.

Nesse enfoque, imperioso se torna comentar três elementos fundamentais pertinentes à prescrição: o direito subjetivo, a pretensão e a ação.

Direito subjetivo é o poder jurídico atribuído ao indivíduo em virtude da incidência da norma sobre determinado fato. Esse poder não traduz um comportamento compulsório, mas, ao contrário, aponta para uma faculdade de agir – ou *facultas agendi*, na etimologia latina. Tendo em vista que não implica conduta obrigatória, o direito subjetivo caracteriza-se por ser uma categoria estática, muito embora integre o patrimônio jurídico do respectivo titular.

Quando o direito subjetivo propicia a oportunidade de exigir uma obrigação a ser cumprida por aquele que tem o dever jurídico, nasce a *pretensão*. O sentido de pretensão, portanto, indica *poder de exigir, pretender, querer*. No caso de o devedor cumprir sua obrigação, poder-se-á dizer que a pretensão do titular do direito subjetivo foi devidamente atendida e extinta a pertinente relação jurídica.

Pode o devedor, contudo, não satisfazer voluntariamente a pretensão do titular do direito. Se não o faz, torna-se necessário um comportamento positivo por parte do titular, ou seja, espera-se dele um agir, independentemente da vontade do devedor: é a *ação*. A ação, assim, é *"o agir do titular do direito para a sua realização, independentemente do comportamento do obrigado"*.[4] Tal ação – é bom sublinhar – é de direito material e não se confunde com o direito de ação processual. A acepção, no caso, é a de *providência, diligência* do titular para concretizar a satisfação de sua pretensão. A ação no sentido processual reflete o direito abstrato de invocar a prestação jurisdicional. Por tal motivo, o titular da pretensão pode valer-se de outra ação de direito material (providência) que não seja da ação no sentido processual. É o caso, por exemplo, da providência de notificação extrajudicial do devedor.

---

[3] Lei nº 8.078, de 11.9.1990.
[4] CHARLES ANDRADE FROEHLICH, *Prescrição e decadência no novo Código Civil* (2002) (em: <http://jus2.uol.com.br/doutrina/texto.asp?id=4895>. Acesso em: 12 mar. 2011).

Hipótese oferecida por Ovídio Baptista da Silva bem esclarece os referidos momentos. O titular de um crédito não vencido ostenta a qualidade de credor e tem um direito subjetivo, mas seu crédito não é ainda exigível. Quando ocorrer o vencimento da obrigação, o titular do direito passa a ter o direito de exigir o seu cumprimento. O direito subjetivo, então, que estava em estado de latência, assume papel dinâmico, daí nascendo a pretensão. A satisfação desta, todavia, reclama um agir voluntário do devedor, de modo que, recusando-se este a fazê-lo, cumpre ao titular da pretensão diligenciar para obter o cumprimento da obrigação, o que fará por meio da ação de direito material.[5]

2.1.3 TEORIAS

Apesar das fundas controvérsias acerca da matéria, existem duas teorias dominantes construídas para explicar o fenômeno da prescrição.

A primeira é a teoria da *prescrição da ação* – teoria clássica – e por ela se considera que o fato prescricional incide sobre a ação, aqui vista como o instrumento necessário à tutela do direito.

Explicam os partidários dessa teoria que a ação é o instrumento tutelar que a sociedade insere em cada direito, interpondo-se entre o titular do direito e seu ofensor. Mas se o titular, por longo tempo, não reage às investidas deflagradas contra o seu direito, a ação se extingue, ou, nas palavras de Clóvis Beviláqua, que se filia ao presente entendimento, "*este tegumento protetor do direito se adelgaça e desfaz*".[6]

A segunda é a teoria da *prescrição da pretensão*, de caráter mais moderno e adotada pelo direito alemão, que tem como fundamento principal a distinção entre a pretensão e o direito de ação, sendo este considerado o instrumento de que se vale a pessoa para instaurar um processo e permitir a solução de um litígio.

De fato, com a evolução da teoria sobre a ação, que passou a ser caracterizada como um direito autônomo e abstrato pelo qual o autor invoca a tutela jurisdicional, ainda que não seja titular do direito subjetivo posto no processo, o foco de incidência da prescrição recaiu sobre a pretensão, que, como adiantamos, indica o poder de exigir do devedor o cumprimento de sua obrigação.

Assim, se houver o decurso do tempo aliado à inércia do titular do direito, extinguir-se-á sua pretensão pelo fenômeno prescricional, mas subsistirá a ação como direito autônomo e abstrato. Todavia, proposta a ação pelo credor, cabe ao réu-prescribente suscitar a ocorrência da prescrição em sua peça de defesa. Pode ocorrer, porém, que o devedor não queira fulminar a pretensão: nesse caso, deixará incólume o direito subjetivo do credor.[7]

---

[5] OVIDIO BAPTISTA DA SILVA, *Curso de direito processual civil*, Revista dos Tribunais, v. I, 1998, p. 76.
[6] *Teoria geral*, cit., p. 268. À mesma corrente pertence MARIA HELENA DINIZ, *Teoria geral do direito civil*, Saraiva, v. 1, 18. ed., 2002, p. 36.
[7] Foi a teoria defendida por SAVIGNY, que diferenciava a ação de direito material e a ação de caráter processual.

Essa última corrente foi a adotada pelo vigente Código Civil. Dita o art. 189 do Código: "*Violado o direito, nasce para o titular a pretensão, a qual se extingue, pela prescrição, nos prazos a que aludem os arts. 205 e 206.*"

Ao dizer o Código Civil que, com a ofensa ao direito, nasce a pretensão, resulta claro que o poder atribuído ao titular consiste na faculdade de exigir do devedor o cumprimento de sua obrigação. Ao mesmo tempo, indicando que a pretensão se extingue com o decurso dos prazos estabelecidos na lei, o legislador pretendeu expungir do titular o poder de exigir o cumprimento da obrigação, mas não se lhe confiscou o direito à ação processual – do qual poderá socorrer-se, em que pese o quase certo desfecho de rejeição a que se sujeitará a ação.

Outros ângulos interpretativos são defendidos pela doutrina. Fábio de Oliveira Azevedo exemplifica com o entendimento de que a prescrição acarretaria a perda do próprio direito subjetivo, visão sustentada pelo direito italiano e por Orlando Gomes e San Tiago Dantas.[8] Ruggiero, por exemplo, afirma que a prescrição "*pode produzir a extinção de um direito como consequência da inércia do titular prolongada por certo tempo*".[9] Idêntica ideia é defendida por Colin e Capitant, que se referem à extinção de direitos do patrimônio.[10]

Uma outra corrente sustenta que a prescrição atribui ao devedor um mecanismo de defesa – a *objeção* – e, uma vez consumada, se extingue automaticamente, abrindo-se àquele, contudo, "*apenas o direito de paralisar a eficácia da pretensão*".[11] Tratar-se-ia, segundo os estudiosos que aderem a essa doutrina, de verdadeiro direito potestativo do devedor por meio do qual poderia opor-se ao credor. Vale dizer: exercido o direito pelo devedor, ficaria o credor inarredavelmente sujeito a seus efeitos.

Reiteramos que não é nosso propósito redesenhar detalhadamente todas as linhas que, conforme os diversos estudiosos sobre o tema, revestem a prescrição. Por tal motivo, deixamos anteriormente, ao menos, algumas das diversas óticas que se desenvolveram sobre a matéria, o que já nos parece suficiente para o prosseguimento do presente estudo.

2.1.4 CONCEITO

O conceito de prescrição – o fato fica claro pelo que já se mencionou anteriormente – não pode deixar de considerar os elementos básicos de que se compõe. Entretanto,

---

[8] *Direito civil. Introdução e teoria geral*, Lumen Juris, 2009, p. 461.
[9] ROBERTO DE RUGGIERO, *Istituzione di diritto civile*, Casa Edit. Giuseppe Principato, Messina, v. I, 6. ed., § 34, p. 307. Em suas palavras, a prescrição "*può produre l'estinzione di un diritto como consequenza dell'inerzia del titolare prolungata per un certo tempo [...]*".
[10] AMBROISE COLIN e H. CAPITANT, *Cours élémentaire de droit civil français*, Libr. Dalloz, Paris, t. 2, 8. ed., 1935, p. 339 ("*La prescription [...] est un mode d'extinction des droits du patrimoine, résultant du non-exercice de ces droits par leur titulaire pendant un certain laps de temps [...]*").
[11] FÁBIO DE OLIVEIRA AZEVEDO, ob. cit., p. 463, que participa desse entendimento, ao lado de GUSTAVO TEPEDINO (*Código civil interpretado conforme a Constituição da República*, coautoria com Heloisa Helena Barboza e Maria Celina Bodin de Moraes, Renovar, v. I, 2. ed., 2007, p. 354-355), JOSÉ CARLOS BARBOSA MOREIRA e HUMBERTO THEODORO JUNIOR.

a despeito da variedade de enfoques, a prescrição deve ser conceituada de acordo com aquilo que hoje está no direito positivo, no caso, o Código Civil.

Sendo assim, podemos dizer que *prescrição é o fato jurídico que extingue a pretensão, retirando do titular do direito subjetivo o poder de exigibilidade em face de quem tenha o respectivo dever jurídico, em virtude de sua inércia dentro de determinado prazo fixado em lei.*

Cuida-se de fato jurídico, porque, como visto, tem o condão de, indiretamente, extinguir, modificar e criar direitos, ainda que a pretensão é que seja diretamente atingida.

O fato extingue a pretensão, e não o direito subjetivo ou a ação de direito processual: a extinção recai sobre o poder de exigibilidade da obrigação assegurado ao titular do direito. A exigibilidade do cumprimento do dever jurídico direciona-se àquele que, por lei ou contrato, seja por ele responsável.

Por fim, a prescrição se materializa pela inércia do titular em exercitar sua pretensão no prazo determinado em lei, o que revela presumido desinteresse na proteção do direito subjetivo de que é titular.

As linhas conceituais foram oferecidas dentro do atual cenário jurídico, hoje representado pelo art. 189 do Código Civil, que seguiu a teoria alemã a respeito da matéria.

Relembre-se, por oportuno, que, na clássica doutrina da prescrição como instrumento de perda da ação, o conceito tem diferente foco central. Comumente repetida, por exemplo, é a conceituação de Clóvis Beviláqua: "*Prescrição é a perda da ação atribuída a um direito, e de toda a sua capacidade defensiva, em consequência do não uso delas, durante um determinado espaço de tempo.*"[12] Como se pode verificar, os termos do conceito do grande civilista encontram seu fundamento principal na ação processual – esta o objeto sobre o qual recairia a prescrição.

2.1.5 DOUTRINA DE CÂMARA LEAL

Câmara Leal, sem dúvida alguma, é o doutrinador mais citado entre os autores, dentre aqueles que se dedicaram à prescrição e à decadência. De fato, sua obra contempla minucioso estudo sobre esses prazos extintivos, e nela o autor procura traçar, com a maior precisão possível, a linha demarcatória distintiva entre os institutos, muito embora confesse as dificuldades que o intérprete precisa sobrepujar para poder identificá-la.

Depois de informar que dois são os grupos de divergência sobre a prescrição, sendo um deles formado pelos autores alemães, segundo os quais o instituto recairia sobre as ações, e o outro partilhado pelos autores franceses e italianos, filiados à doutrina que considera as obrigações como objeto da prescrição e, por via de consequência, os direitos a elas correlatos, Câmara Leal deixa explícita sua adesão ao primeiro grupo.[13]

Defende o grande jurista que a prescrição não pode ter por objeto imediato o direito, porquanto este, em si, não se extingue em virtude da inércia de seu titular. Na

---

[12] *Teoria geral*, cit., p. 268.
[13] *Prescrição e decadência*, cit., p. 8.

verdade, o não exercício é apenas uma exteriorização da faculdade de agir (*facultas agendi*) oriunda do direito. E essa potencialidade somente se sujeita a algum risco, ou só pode atrofiar-se, no caso de alguém oferecer algum embaraço ou impedi-la por ameaça ou violação.[14]

Indica quatro *condições* integrantes da prescrição: (1ª) existência de uma ação exercitável (*actio nata*); (2ª) inércia do titular da ação pelo seu não exercício; (3ª) prolongamento da inércia pelo tempo fixado na lei; (4ª) ausência de fato impeditivo, suspensivo ou interruptivo do curso da prescrição.

De sua ótica, definiu a prescrição como sendo "*a extinção de uma ação ajuizável, em virtude da inércia de seu titular durante um certo lapso de tempo, na ausência de causas preclusivas de seu curso*".[15]

Semelhante doutrina, entretanto, é criticada por muitos autores modernos, que invocam, para tanto, a visão atual do direito de ação processual, segundo os ditames do Código de Processo Civil. De fato, o art. 487, II, do CPC, decreta a extinção do processo *com resolução do mérito* na hipótese de ser verificada a prescrição e, dessa maneira, permite que o órgão jurisdicional reconheça o legítimo exercício da ação, muito embora venha a rechaçar a pretensão deduzida em juízo (*res in judicium deducta*). Está, portanto, o estatuto processual em conformidade com as linhas do vigente Código Civil.[16]

A doutrina de Câmara Leal, de concepção idêntica à de Clóvis Beviláqua, tinha compatibilidade com o Código Civil revogado, em cujo art. 75 se afirmava que "*a todo o direito corresponde uma ação que o assegura*", numa clara adesão do Código à doutrina civilista (ou imanentista), pela qual a ação processual estava indissociavelmente atrelada ao direito material. Modernamente, contudo, num vigoroso processo evolutivo, formou-se no campo processual a *teoria abstrata da ação* (ou direito abstrato de agir), que desvincula a ação do direito material, deixando sem ressonância o referido art. 75 do Código Civil revogado.[17] A teoria, inclusive, foi consolidada pelo estatuto processual em vigor.

2.1.6 PRESCRIÇÃO AQUISITIVA E PRESCRIÇÃO EXTINTIVA

Funda controvérsia paira entre os estudiosos a respeito da prescrição aquisitiva e da prescrição extintiva. Sobre esta última, a rigor, inexiste dúvida quanto à sua existência: afinal, a figura em si da prescrição é muito mais associada à extinção – de pretensão, de ação ou de direito – do que à aquisição. O problema surge quando se trata da prescrição aquisitiva.

Conforme entendimento de alguns autores, a *prescrição aquisitiva* consubstancia o instituto do *usucapião* e traduz "*a aquisição do direito real pelo decurso do tempo e é ins-

---

[14] CÂMARA LEAL, ob. cit., p. 10.
[15] CÂMARA LEAL, ob. cit., p. 12.
[16] A correta observação é de FÁBIO DE OLIVEIRA AZEVEDO, que realça, ainda, o caráter autônomo do direito de ação processual, em face da pretensão do titular do direito (ob. cit., p. 460).
[17] A evolução do sentido de ação é bem delineada por ALEXANDRE FREITAS CÂMARA, *Lições de direito processual civil*, Lumen Juris, v. I, 20. ed., 2010, p. 115-120.

tituída em favor daquele que tiver, com ânimo de dono, o exercício de fato das faculdades inerentes ao domínio, ou a outro direito real, relativamente a coisas móveis ou imóveis, por um período prefixado pelo legislador", nas palavras de Caio Mário da Silva Pereira, partidário da corrente que prega a admissibilidade desse tipo de prescrição (teoria dualista).[18] No direito italiano, a prescrição aquisitiva é também aceita por Ruggiero.[19]

Para os que a admitem, a prescrição aquisitiva é fenômeno ligado à aquisição de direito real, ao passo que a prescrição extintiva se concentra sobre determinada pretensão. No usucapião, a ação prolongada no tempo funciona como uma energia positiva, enquanto na prescrição extintiva atua com força negativa.[20] Em outra visão, a posse prolongada, juntamente com a inércia e o decurso do tempo, acaba por gerar uma situação contrária à que resulta do direito do dono, ao mesmo tempo em que cria situação jurídica legítima em favor do titular da posse.

O usucapião, como forma de prescrição aquisitiva, reclama os mesmos pressupostos da prescrição em geral, quais sejam, o decurso do tempo e a inércia do *dominus* relativamente à coisa. Todavia, deve ser-lhes acrescentado outro pressuposto, indispensável para a configuração do fenômeno aquisitivo: a *posse* da coisa. É esta que cria estado de fato que acaba por redundar numa situação jurídica protegida na lei.[21]

Numa outra vertente, há autores que rechaçam a teoria dualista, recusando-se a aceitar que o usucapião emane da prescrição e considerando que a única prescrição é a extintiva (teoria monista).

Um dos mais enfáticos defensores do monismo é o saudoso ORLANDO GOMES, que aprega: "*A prescrição é um modo de extinguir pretensões. A usucapião, um modo de adquirir a propriedade e outros direitos reais, conquanto acarrete, por via de consequência, a extinção do direito para o antigo titular.*"[22]

Continua o grande civilista: "*A prescrição opera com base na inércia do sujeito de direito durante certo lapso de tempo. A usucapião supõe a posse continuada. A prescrição extingue as pretensões reais e pessoais, tendo largo campo de aplicação, enquanto a usucapião restringe-se aos direitos reais, dos quais é modo de aquisição*". E conclui peremptoriamente: "*Não há que falar, por conseguinte, em prescrição aquisitiva*".[23]

Outros civilistas afirmam não ser possível aludir à prescrição aquisitiva sob o manto do vigente Código Civil: esse diploma, com efeito, só se teria referido à prescrição como fato extintivo, nunca aquisitivo. A prescrição foi regulada na Parte Geral do Código, ao passo que o usucapião o foi na Parte Especial, dentro do direito das coisas.[24]

---

[18] *Instituições*, cit., v. I, p.582.
[19] *Istituzioni*, cit., p. 307.
[20] MARCO AURÉLIO BEZERRA DE MELO, *Direito das coisas*, Lumen Juris, 2007, p. 106, com a informação de que esse é também o critério adotado no direito francês.
[21] SÍLVIO DE SALVO VENOSA, *Direito civil*, Atlas, Parte Geral, 3. ed., 2003, p. 613.
[22] ORLANDO GOMES, *Direitos reais*, Forense, 16. ed., 2000, p. 161.
[23] ORLANDO GOMES, ob. cit., p. 162.
[24] É o entendimento de FÁBIO DE OLIVEIRA AZEVEDO, *Direito civil*, cit., p. 458. Apesar de sua posição, o autor informa que as legislações francesa, espanhola e argentina aludem expressamente às duas categorias de prescrição.

Esse fato levaria, inclusive, à conclusão de que a teoria dualista só deve ser vista como referência doutrinária fundada no direito comparado, mas sem ressonância no direito pátrio, por não ser a adotada no Código Civil.[25]

Reconhecemos que a matéria é realmente de grande complexidade, assim como são fundados os argumentos dos estudiosos de cada uma das correntes doutrinárias.

Mas vale a pena ponderar que, levando-se em conta as relações jurídicas e os sujeitos que as compõem, a extinção de um direito há de provocar a correspondente criação de outro. A perda e a aquisição do direito são, portanto, faces da mesma moeda. Quando o credor, por causa da prescrição, perde sua pretensão – que era o de exigir o cumprimento de uma obrigação –, o fato enseja a aquisição de um direito pelo devedor – que é o de estar imune à exigibilidade de que aquele era titular anteriormente, ou seja, o credor.

Desse modo, a afirmação de que o usucapião retrata prescrição aquisitiva em favor do possuidor corresponde à afirmação de que ocorreu a prescrição extintiva contra o *dominus*. O mesmo se pode dizer da prescrição extintiva: assim como esta se revela extintiva para o titular da pretensão, caracteriza-se como aquisitiva para o responsável pela obrigação – este o outro sujeito da relação jurídica.

Dentro desses enfoques, aderimos a esta última doutrina, mediante a percepção de que a prescrição reflete fato jurídico que conduz à extinção de um direito, seja ele representado pela pretensão, pelo direito subjetivo ou pela ação processual. Assim, a considerar-se o usucapião como decorrente do fenômeno prescricional, seu efeito imediato será a perda, e não a aquisição, da propriedade ou outro direito real, o que apontaria para o caráter extintivo da prescrição – a qual, como vimos, redundaria também, de modo mediato, na aquisição pelo outro sujeito da relação jurídica.

De qualquer modo, o alvo central do presente estudo, a ser desenvolvido mais adiante, é realmente o da prescrição extintiva da pretensão condenatória por ato de improbidade administrativa, matéria que em nada se relaciona com a prescrição de pretensões ligadas ao direito das coisas.

Portanto, ater-nos-emos ao fato prescricional que extingue a pretensão, assim vista como o poder de exigibilidade dirigido a quem tenha como encargo o cumprimento de determinada obrigação.

2.1.7 IMPEDIMENTO, SUSPENSÃO E INTERRUPÇÃO

Tendo em vista que a prescrição implica a perda da pretensão, causada pela inércia do titular do direito e pelo decurso do prazo legal, torna-se imperioso que alguns fatos impeçam a contagem desse prazo ou que o paralisem temporariamente, numa demonstração de que o curso do prazo não pode ser inexorável. Esses fatos são o *impedimento*, a *suspensão* e a *interrupção*.

---

[25] FÁBIO DE OLIVEIRA AZEVEDO, ob. cit., p. 459, invocando o autor afirmação de HUMBERTO THEODORO JÚNIOR no mesmo sentido.

Impedimento é o fato que decorre de uma situação jurídica que impede seja iniciado o prazo prescricional. Ocorre, portanto, antes da *actio nata*, isto é, antes do momento de violação do direito. O Código Civil prevê os casos de impedimento nos arts. 197 a 199, indicando que neles "*não corre a prescrição*". Exemplo: não corre a prescrição entre ascendentes e descendentes. Se um filho ofende um direito do pai, o prazo deste para exercer sua pretensão contra aquele sequer se inicia. A relação familiar, desse modo, traduz um fato impeditivo da contagem do prazo.

A *suspensão* resulta de um fato que paralisa o curso do prazo prescricional, mas, uma vez exaurido o fato, o prazo ensejará a sua *continuidade*, recomeçando a contagem *de onde havia parado*. Por sua natureza, a suspensão pressupõe que o prazo da prescrição já se tenha iniciado; por isso, ela é sempre superveniente.[26] Sua fonte legal também está nos arts. 197 a 199 do Código Civil. Para exemplificar: se, num prazo de três anos de prescrição, o sujeito fica incapaz, a contagem do prazo, já tendo decorrido um ano, se reiniciará para alcançar os dois anos restantes, no caso de cessar a incapacidade.[27] No art. 200 é prevista, ainda, mais uma hipótese de impedimento, relativa a fato que reclame, previamente, apuração na esfera criminal.

Por fim, dá-se a *interrupção* "*quando ocorre um fato hábil a destruir o efeito do tempo já decorrido, e em consequência anular a prescrição iniciada*", como define Caio Mário da Silva Pereira.[28] As causas de interrupção da prescrição estão enumeradas no art. 202 do Código Civil. Como exemplo: se, após dois anos de um prazo prescricional de três, houver o protesto por parte do titular do direito,[29] o novo prazo será novamente contado por inteiro, ou seja, por três anos.

A diferença principal entre a suspensão e a interrupção é que naquela a prescrição continua a correr, incluindo-se o prazo já decorrido anteriormente, enquanto nesta se inicia nova contagem do prazo, desconsiderando-se o anterior.

2.1.8 IMPRESCRITIBILIDADE

É praticamente uníssona a ideia de que a regra geral na ordem jurídica é a prescritibilidade e que a imprescritibilidade é a exceção. A razão, já assinalamos em outra passagem: a perpetuidade de direitos retrata fator de incongruência com os princípios da estabilidade das relações jurídicas e da segurança jurídica.

O instituto da prescrição veio exatamente para consolidar situações que o tempo sedimentou, mormente quando o próprio titular do direito abdicou de sua tutela, numa demonstração de presumido desinteresse. A mutabilidade das relações jurídicas por imposição do fenômeno prescricional atende ao dinamismo que deve impulsioná-las, bem como à própria vida social. Com base em tal fundamento é que cabe ao titular do direito diligenciar no sentido de proteger o seu direito, impedindo sua extinção e a aquisição de direito antagônico pelo outro sujeito da relação jurídica.

---

[26] FÁBIO DE OLIVEIRA AZEVEDO, *Direito civil*, cit., p. 474.
[27] A hipótese do incapaz está prevista no art. 198, I, Código Civil.
[28] *Instituições*, cit., v. I, p. 598.
[29] Art. 202, II, Código Civil.

A despeito dessa irretorquível linha de fundamento, há algumas pretensões (ou ações, para alguns autores) protegidas pela imprescritibilidade, não sendo afetadas nem pelo decurso do tempo, nem pela eventual inércia do titular do direito. Tais situações, no entanto, devem ser tidas como exceções à regra geral da prescritibilidade.

É preciso sublinhar, porém, que as pretensões imprescritíveis, como regra, devem estar consignadas na lei, visto que é ao legislador que compete avaliar quais serão marcadas por tal garantia.

A vigente Constituição previu a existência de pretensões imprescritíveis. Primeiramente, considerou não sujeitos a prescrição os crimes de racismo (art. 5º, XLII). Imprescritíveis também foram considerados os crimes resultantes de ações de grupos armados, civis ou militares, contra a ordem constitucional e o Estado democrático (art. 5º, XLIV). Na primeira hipótese, a Constituição deseja marcar a existência do pluralismo étnico e social, repudiando o desrespeito às diferenças e preconizando a igualdade de todos os componentes da sociedade.[30] Na segunda, fica evidente o intuito do Constituinte de preservar a normalidade da vida constitucional contra ataques a ela desferidos por grupos armados; tem, portanto, inegável conteúdo político.

Além dessas hipóteses, a Constituição enunciou a imprescritibilidade dos atos ilícitos praticados por qualquer agente, servidor ou não, que causem prejuízos ao erário (art. 37, § 5º). Deduz-se, pois, que a pretensão ressarcitória das pessoas públicas – cada uma delas dotada de seu patrimônio próprio – é imprescritível, o que se justifica pela necessidade de proteção ao erário, como já registramos em outra oportunidade.[31] Há alguns entendimentos em contrário, inadmitindo essa imprescritibilidade, mas o tema será examinado em item específico, na parte final desta obra.

No Título VII, relativo à Ordem Econômica e Financeira, a Constituição considerou insuscetíveis de usucapião os imóveis públicos, tanto em áreas urbanas (art. 183, § 3º), como em regiões rurais (art. 191, parágrafo único). Infere-se que, para os que defendem a prescrição aquisitiva, é *imprescritível* a pretensão de titulares da posse no sentido de reivindicar os imóveis integrantes do acervo patrimonial dos entes públicos, seja qual for o tempo de duração da posse sobre eles. Cuida-se aqui de garantia constitucional relativa à propriedade dos bens públicos.

Não se sujeitam à prescrição os direitos da personalidade, como a vida, a honra, o nome, a liberdade e a nacionalidade. O mesmo ocorre com as ações de estado de família, como é o caso do divórcio e a investigação de paternidade.[32]

Escapam, ainda, à prescrição os *direitos potestativos* (ou *facultativos*), cujo exercício, como será detalhado adiante, sujeita aquele que lhe sofre os efeitos, independentemente de sua vontade.[33] Como exemplo, não prescreve a pretensão do condômino

---

[30] LUIZ GUILHERME ARCARO CONCI, *Comentários à Constituição Federal de 1988*, obra coletiva, Forense, 2009, p. 200-201. O autor invoca a apreciação da matéria pelo STF, no HC nº 82.424, Rel. Min. MAURÍCIO CORRÊA, julg. em 17.9.2003.
[31] JOSÉ DOS SANTOS CARVALHO FILHO, *Manual*, cit., p. 1.159.
[32] SÍLVIO DE SALVO VENOSA, *Direito Civil*, cit., Parte Geral, p. 617.
[33] CAIO MÁRIO DA SILVA PEREIRA, *Instituições*, cit., v. I, p. 588.

de dividir ou vender a coisa comum.[34] Nesses casos, o decurso do tempo e a inércia do titular do direito não se qualificam como pressupostos para configurar a prescrição extintiva. Em outra vertente, significa que a pretensão subsiste *ad infinitum*, salvo, é claro, nas hipóteses em que a lei prevê a sua extinção pela decadência.

2.1.9 OUTROS ASPECTOS

São inúmeros os aspectos que cercam o instituto da prescrição. Numa breve síntese, contudo, abordaremos os de maior relevância.

2.1.9.1 Renúncia

A prescrição pode ser objeto de *renúncia*, expressa ou tácita, sendo que esta última provém da prática de atos, pelo interessado, incompatíveis com o fato prescricional. O certo é que materializa a vontade do prescribente.[35] A renúncia, todavia, só é legítima se ocorrer após estar consumada a prescrição.[36] Antes do início do prazo, a renúncia desvirtuaria a finalidade da prescrição, que é a estabilidade das relações jurídicas, ao permitir que uma das partes imponha à outra o pacto renunciativo.[37]

Discute-se, porém, se a renúncia poderia ocorrer no curso do prazo prescricional. A seguir-se uma interpretação literal do art. 191 do Código Civil, seria ela inviável. Interpretação sistemática, no entanto, conduz a conclusão diversa. O Código Civil admite, como causa interruptiva da prescrição, a prática de *"qualquer ato inequívoco, ainda que extrajudicial, que importe reconhecimento do direito pelo devedor"* (art. 202, VI). Ato dessa natureza, como destaca Câmara Leal, espelha verdadeira renúncia tácita.[38] Ocorrendo essa interrupção renunciativa, o prazo prescricional recomeça sua contagem *ab initio*.

Não obstante, há outra condição para a validade da renúncia: esta só vale se não causar prejuízo a terceiro. Em consequência, a renúncia do devedor solidário ou codevedor de obrigação indivisível não pode ser oposta aos demais; com efeito, um devedor não pode oferecer liberalidades relacionadas a direitos que não lhe pertencem.[39]

2.1.9.2 Prescritibilidade da exceção

Segundo dispõe o art. 190 do Código Civil, *"a exceção prescreve no mesmo prazo em que a pretensão"*. A norma, sobre a qual era silente o Código revogado, estabelece o paralelismo entre a ação e a exceção ou, se assim se preferir, entre a pretensão deduzida na ação e aquela suscitada na exceção.

---

[34] Arts. 1.320 e 1.323, Código Civil.
[35] COLIN e CAPITANT, *Cours*, cit., § 371, p. 364 ("*L'application de la prescription résultant d'un acte de volonté du débiteur, il depend de lui de renoncer à la prescription, une fois celle-ci acquise*").
[36] Art. 191, Código Civil.
[37] SÍLVIO DE SALVO VENOSA, *Direito Civil*, cit., Parte Geral, p. 623.
[38] *Da prescrição e da decadência*, cit., p. 51, indicando que idêntica opinião é adotada pela doutrina estrangeira (Planiol e Ripert, Aubry e Rau, Coviello).
[39] É a correta anotação de GUSTAVO TEPEDINO et al., *Código Civil*, cit., p. 364.

O termo *exceção* é plurissignificativo, admitindo vários sentidos e interpretações. Os autores também divergem quanto à sua sistematização. Uma das classificações é a que divide a exceção em duas categorias: a *exceção em sentido processual* e a *exceção em sentido material*. A primeira representa o meio pelo qual o interessado se defende em juízo e concerne ao direito de defesa; a segunda correlaciona-se com a pretensão, sendo, pois, um direito por meio do qual o sujeito passivo da relação jurídica se opõe àquela pretensão, buscando neutralizar-lhe a eficácia.[40]

A exceção que prescreve juntamente com a pretensão é a exceção em sentido material, também intitulada de *exceção imprópria* ou *dependente*. De fato, se prescreveu a pretensão, não haverá como socorrer-se da exceção como mecanismo de oposição. A exceção aqui é a própria pretensão em sentido inverso: se alguém está impedido de oferecer a pretensão como ataque, também não poderá opô-la à guisa de defesa. Nesse sentido é que deve ser interpretado o referido art. 190 do Código Civil.

No que concerne ao sistema de *exceções* no sentido processual, vale dizer, as exceções *propriamente ditas*, como o considerava a doutrina, cumpre fazer algumas observações em virtude do advento do vigente Código de Processo Civil.

O CPC/1973 contemplava as exceções como uma das formas de resposta do réu, ao lado da contestação e da reconvenção, sendo apresentadas em autos apartados. Eram três as exceções: (a) de incompetência relativa; (b) de impedimento; (c) de suspeição.[41] O CPC em vigor, porém, eliminou o sistema de exceções, não mais aludindo a elas na disciplina de resposta do réu.[42] Entretanto, as matérias continuam suscetíveis de alegação pela parte. A incompetência relativa deve ser suscitada como preliminar da contestação (art. 64, CPC), enquanto que o impedimento e a suspeição devem ser alegados em petição específica dirigida ao juiz do processo, no prazo de quinze dias contados do conhecimento do fato (art. 146, CPC).

Cabe anotar, por oportuno, que tais alegações, seja qual for o nome que tenham, representam vetores do direito de defesa, de modo que sempre poderão ser oferecidas pelo interessado, sobre elas não incidindo a prescrição, ainda que possam ser rejeitadas pelo juiz. Por isso, a elas não se refere o art. 190 do Código Civil.[43]

2.1.9.3 Arguição da prescrição

A prescrição pode ser alegada em qualquer grau de jurisdição, pela parte a quem aproveita. É o que dispõe o art. 193 do Código Civil.

---

[40] A classificação é de FREDIE DIDIER JR., *Curso de direito processual civil*, Podivm, v. 1, 11. ed., 2009, p. 479.
[41] Art. 304 c/c arts. 112, 134 e 135, CPC/1973.
[42] TERESA ARRUDA ALVIM WAMBIER, MARIA LÚCIA LINS CONCEIÇÃO, LEONARDO FERRES DA SILVA RIBEIRO e ROGÉRIO LICASTRO TORRES DE MELLO, *Primeiros comentários ao novo código de processo civil*, RT, 2015, p. 286.
[43] FÁBIO DE OLIVEIRA AZEVEDO, *Direito Civil*, cit., p. 471. O autor, inclusive, aponta como exemplo a exceção de pagamento, que pode ser alegada no processo a qualquer tempo.

No Código revogado, o texto referia-se à arguição "*em qualquer instância*".[44] Sucede que o termo *instância* sempre deu margem a inúmeras controvérsias quanto ao seu alcance. Para Câmara Leal, entretanto, a instância seria "*sempre a permanência obrigatória das partes em juízo, qualquer que seja o grau de jurisdição do juiz que nele funciona*".[45] O Código em vigor, congruente com o atual Código de Processo Civil, que aboliu o emprego do instituto, mencionou "*qualquer grau de jurisdição*", dissipando, então, dúvidas que pairavam sobre o sentido do texto anterior.

Como o reconhece a doutrina mais especializada, o dispositivo autoriza que o prescribente suscite a prescrição não só em recurso processual, como também em qualquer estado da causa. É ampla, pois, a interpretação – que leva em conta o fato de que a prescrição é matéria de ordem pública, em que pese a irradiação de efeitos na esfera do direito privado. Trata-se, no caso, de *objeção substancial*, que o juiz pode conhecer de ofício, invocando-se aqui o art. 193 do Código Civil.[46]

Discute-se, todavia, se, ausente prequestionamento, pode a prescrição ser apreciada nos recursos especial e extraordinário. Segundo alguns autores, não mais caberia a alegação.[47] Para outros, uma vez superado o juízo de admissibilidade do recurso, mesmo que por outro fundamento, poderia o Tribunal apreciar a matéria, que, por ser de ordem pública, é passível, inclusive, de ser decidida *ex officio*.[48] Aliás, já se decidiu com base nessa linha de argumentação.[49] Ademais, o art. 342, II, do CPC, admite que o réu deduza novas alegações após a contestação, quando competir ao juiz conhecer delas de ofício.

Outra questão reside em saber quem pode arguir a prescrição, vez que o dispositivo em comento faz referência *à parte a quem aproveita*.

Não se pode interpretar a expressão *parte* de forma restritiva, em ordem a alcançar apenas os sujeitos da relação processual. Por outro lado, não se restringe ao prescribente – aquele que se encontra diretamente vinculado ao direito do titular. A melhor interpretação é a de que a possibilidade de arguição da prescrição se estende a terceiros favorecidos por ela. Tendo efeito liberatório, a prescrição tem conteúdo econômico, ou seja, representa "*um elemento do patrimônio*".[50]

Com semelhante qualificação, é de concluir-se que todo aquele que sofra reflexos de natureza econômica decorrentes da prescrição pode suscitá-la. Do ângulo processual, inclusive, revela-se dotado do interesse de agir para postular em juízo, conforme estabelece o art. 17 do CPC em vigor – interesse relacionado "*com a necessidade ou*

---

[44] Art. 162, Código Civil de 1916.
[45] Ob. cit., p. 70.
[46] TERESA ARRUDA ALVIM WAMBIER e outros, *Primeiros comentários*, cit., p. 598.
[47] SÍLVIO DE SALVO VENOSA, ob. e v. cit., p. 625. Também: STJ, Ag.Rg. no Ag. 862.742, Rel. Min. DENISE ARRUDA, 1ª Turma, em 6.12.2007.
[48] FÁBIO DE OLIVEIRA AZEVEDO, ob. cit., p. 468.
[49] Nesse sentido, a decisão do STJ no REsp 869.534, Rel. Min. TEORI ALBINO ZAVASCKI, julg. em 27.11.2007.
[50] CÂMARA LEAL, ob. cit., p. 65, que faz remissão a Colin e Capitant.

utilidade da providência jurisdicional solicitada e com a adequação do meio utilizado para obtenção da tutela".[51]

A prescrição, então, beneficia diretamente, por exemplo, os devedores solidários do prescribente, os coobrigados subsidiariamente e os herdeiros do devedor principal. Indiretamente, favorece o responsável pela evicção, o fideicomissário e os credores do prescribente insolvente.[52]

2.1.9.4 Alterabilidade de prazos

Como a prescrição se sujeita a prazos, é lícito indagar se estes podem ser alterados pela vontade dos sujeitos da relação jurídica.

O Código Civil revogado nada dispunha sobre a questão. O Código vigente, contudo, enunciou expressamente a vedação, como dita o art. 192: *"Os prazos de prescrição não podem ser alterados por acordo das partes".* O sentido da norma realça a prescrição como instrumento de ordem pública, cingindo-se ela apenas aos prazos estabelecidos pelo legislador, sem espaço para alterações convencionais (*privatorum pactis mutari non possunt*).[53]

Na verdade, a abreviação de prazos por vontade das partes retrataria a fixação de uma vida mais curta para a pretensão, reduzindo o poder de exigibilidade em detrimento do credor. A extensão, por outro lado, espelharia renúncia parcial, o que, como já vimos, é vedado quando expressa antes do início do prazo prescricional (art. 191, CC); ou seja: seria possível que, de alongamento em alongamento, se chegasse à renúncia da própria prescrição.[54]

2.1.9.5 Decretação *ex officio*

O Código Civil de 1916 estabelecia que *"o juiz não pode conhecer da prescrição de direitos patrimoniais, se não foi invocada pelas partes"* (art. 166). A lei referia-se à prescrição de direitos patrimoniais, excluindo, pois, outras categorias de direitos. Ao exigir a arguição das partes, vedava a decretação *ex officio* pelo juiz, quando se tratasse exclusivamente dos referidos direitos.

O CPC/1973, para coadunar-se com a lei civil, trilhou a mesma orientação em sua redação original: *"Não se tratando de direitos patrimoniais, o juiz poderá, de ofício, conhecer da prescrição e decretá-la de imediato"* (art. 219, § 5º).

Não obstante, o atual Código Civil não reproduziu exatamente tais normas, passando a estabelecer em sua primitiva versão: *"O juiz não pode suprir, de ofício, a alegação de prescrição, salvo se favorecer a absolutamente incapaz"* (art. 194). A exceção que permitia a decretação de ofício – direitos de caráter não patrimonial – transformou-se

---

[51] ELPÍDIO DONIZETTI, *Curso didático de direito processual civil*, Lumen Juris, 10. ed., 2008, p. 25.
[52] GUSTAVO TEPEDINO et al., ob. cit., v. I, p. 368.
[53] Em tradução livre: *(Instrumentos de ordem pública)* não podem ser alterados por convenções de particulares.
[54] CAIO MÁRIO DA SILVA PEREIRA. *Instituições*, cit., v. I, p. 596.

na hipótese de favorecimento de incapazes. Quer dizer: se o direito fosse de natureza patrimonial, mas favorecesse a incapaz, legítima seria a decretação *ex officio* da prescrição pelo juiz.

O efeito da norma do atual Código Civil – é fácil constatar – foi o de pôr-se em testilhas com o correspondente dispositivo do CPC/1973. Por tal motivo, a possibilidade de decretação da prescrição *ex officio* pelo juiz, sem precisar de arguição da parte, resultou notoriamente ampliada pelo Código Civil vigente.

A evolução dessa possibilidade prosseguiu com o advento da Lei nº 11.280, de 16.2.2006, que acenou com duas importantes modificações. Em primeiro lugar, revogou o art. 194 do Código Civil, banindo a restrição para ser decretada de ofício a prescrição. Depois, deu nova redação ao art. 219, § 5º, do CPC/1973, desta vez sendo o legislador peremptório: "*O juiz pronunciará, de ofício, a prescrição*". Ao fazê-lo, simbolizou a prescrição como matéria de ordem pública.

A alteração provocou algumas reações por parte dos estudiosos. Para alguns, a alteração teria *deformado* os contornos clássicos da prescrição.[55] Outros acusaram o legislador de permitir que o juiz proteja mais o interesse do Estado do que o interesse do particular no que concerne à alegação da prescrição.[56] Outros, ainda, foram mais longe e consideraram inconstitucional a nova norma, por violar a garantia da liberdade.[57]

Entretanto, a despeito de tais manifestações, parece que o legislador processual atendeu ao princípio moderno da celeridade processual, calcado, inclusive, no art. 5º, LXXVIII, da CF, que considera, como direito fundamental, a *razoável duração do processo*, motivo por que, em nosso entender, inexistiu inconstitucionalidade na alteração. De fato, eventual omissão ou retardamento da parte em suscitar a prescrição poderia ensejar o desfazimento de todo o processo e, por conseguinte, causar grande desperdício de tempo e dinheiro em desfavor da Justiça. Flagrante seria a ofensa à *efetividade* – diretriz hodierna que exige o *resultado* da ação jurisdicional, bem como a utilidade que o processo possa produzir para os jurisdicionados.[58]

Sob a égide do CPC anterior, lavrou grande controvérsia a respeito da obrigatoriedade, ou não, de serem ouvidas as partes, antes de ser decretada *ex officio* a prescrição. Para alguns, deveria o juiz ouvi-las, invocando o contraditório e a possibilidade de renúncia à prescrição.[59] Por outro lado, decidiu-se nesse sentido em razão da possibilidade de o réu adimplir a obrigação natural.[60] Outros sustentavam ser dispensável a prévia

---

[55] CAIO MÁRIO DA SILVA PEREIRA, *Instituições* cit., v. I, p. 586.
[56] FÁBIO DE OLIVEIRA AZEVEDO, *Direito civil*, cit., p. 472.
[57] É a opinião de ALEXANDRE FREITAS CÂMARA, *Lições*, cit., v. I, p. 322.
[58] FLÁVIO GALDINO, Acesso à justiça, em *Dicionário de princípios jurídicos*, obra coletiva, Elsevier, 2011, p. 22.
[59] Nesse sentido, ALEXANDRE FREITAS CÂMARA, ob. e v. cit., p. 322, e FÁBIO DE OLIVEIRA AZEVEDO, ob. cit., p. 472.
[60] STJ, AgRg no Ag 736.990-MG, Rel. Min. LUIZ FUX, em 3.5.2007.

manifestação, já que a lei nada dispusera a respeito, além do fato de que a prescrição seria matéria de ordem pública.[61]

Defendemos, na ocasião, que o juiz, *ad cautelam*, deveria abrir vista aos interessados para manifestar-se, muito embora a exigência não constasse na lei processual. Na verdade, o legislador de então teria criado novo caso de improcedência *prima facie* da ação, ao admitir o indeferimento da petição inicial, com resolução do mérito, sem a oitiva do demandado (art. 219, § 5º, c/c art. 295, IV, CPC/1973).[62]

O Código vigente alterou o conteúdo do art. 219, § 5º, do CPC/1973, passando a enunciar no art. 487, parágrafo único: *"Ressalvada a hipótese do § 1º do art. 332, a prescrição e a decadência não serão reconhecidas sem que antes seja dada às partes oportunidade de manifestar-se"*. O legislador, como se pode verificar, acrescentou um elemento à norma anterior, exigindo agora a prévia manifestação das partes.

Por outro lado, dita o art. 332, § 1º, referido na norma, o seguinte: *"O juiz também poderá julgar liminarmente improcedente o pedido se verificar, desde logo, a ocorrência de decadência ou de prescrição"*. O dispositivo reproduz o que rezava o art. 295, IV, do CPC/1973, que também permitia o julgamento de plano pelo juiz, quando fosse verificada a ocorrência da decadência ou da prescrição.

Para a melhor interpretação do novo sistema, é mister reconhecer que subsiste a possibilidade de serem decretadas *ex officio* a prescrição e a decadência. A diferença repousa apenas na exigência, agora feita pelo CPC, de ser dada às partes a oportunidade de manifestar-se sobre o fato extintivo, o que inexistia na lei anterior.[63] Em outro giro, tal oportunidade de manifestação fica dispensada no caso de o juiz verificar, desde logo, a ocorrência da prescrição ou da decadência; nesse caso, julga liminarmente a improcedência. Ou seja: há uma decretação *ex officio* com prévia oitiva das partes (art. 487, parágrafo único, CPC) e outra sem tal exigência (art. 332, § 1º, CPC).

2.1.9.6 Continuidade do curso da prescrição

Estabelece o art. 196 do Código Civil: *"A prescrição iniciada contra uma pessoa continua a correr contra o seu sucessor"*. É a adoção do princípio da continuidade do curso da prescrição (*accessio temporis*).

O Código de 1916 referia-se à continuidade do curso prescricional *"contra o seu herdeiro"* (art. 165), o que provocou uma série de controvérsias. Com a alteração pela lei nova, a continuidade do curso será admissível tanto na sucessão *causa mortis*, quanto na *inter vivos*.

Exemplo bem esclarecedor é o da cessão de crédito. Se o credor-cedente tem três anos para exercer a pretensão em face do devedor, e a cessão do crédito ocorre no se-

---

[61] É o registro de GISELE GÓES, no trabalho A prescrição e a Lei nº 11.280/2006, em *A nova reforma processual*, obra coletiva, Lumen Juris, 2006, p. 119-129.
[62] Foi o que consignamos na 1ª edição desta obra (p. 27). No mesmo sentido: FREDIE DIDIER JR, *Curso*, cit., v. 1, p. 457.
[63] CASSIO SCARPINELLA BUENO, *Novo código de processo civil anotado*, Saraiva, 2015, p. 323.

gundo ano, o cessionário do crédito, novo credor, só terá mais um ano para fazê-lo em face do devedor. Se não o faz, o devedor poderá opor a prescrição da pretensão ao valor do débito. Incidirá, portanto, o acesso temporal.

Não custa observar que, numa interpretação extensiva do dispositivo em tela, é de considerar-se que a prescrição iniciada também *em favor* do devedor continua a correr em benefício de seus sucessores. Aplica-se, assim, a *accessio temporis* em toda a sua extensão quanto ao prazo prescricional.[64]

2.1.9.7 Direito intertemporal

Ninguém desconhece as dificuldades que têm os intérpretes para estabelecer os paradigmas de aplicação da lei no tempo. A doutrina em si nunca se pacificou e até hoje se acha dividida nos que perfilham a *teoria subjetivista*, construída por Savigny, e naqueles que aderem à *doutrina objetivista*, desenvolvida por Paul Roubier. O conflito de leis no tempo está envolvido em tamanhas complexidades que – podemos afirmar sem receio de errar – dificilmente será solucionado por pensamento unânime.

Não é propósito deste trabalho a análise de tema tão complexo. Mas não custa relembrar que o fundamento básico da teoria objetivista se situa na distinção entre o *efeito imediato* e o *efeito retroativo* da lei. Se esta se aplica aos fatos já consumados (*facta praeterita*), terá caráter retroativo. Em se tratando de situações em curso (*facta pendentia*), ter-se-ia que distinguir as partes anteriores à nova lei, por esta não alcançadas, e as posteriores, estas, sim, sujeitas a seus efeitos. E, no caso de fatos futuros (*facta futura*), todos ficariam cobertos pela lei nova.[65]

O prazo prescricional se aloja na segunda dessas categorias. Com efeito, o fato gerador do prazo prescricional foi produzido sob o efeito da lei antiga, mas, como seu curso é protraído no tempo, pode muito bem ser apanhado pela lei nova – seja para ampliá-lo, seja para reduzi-lo. E foi exatamente o que ocorreu com os prazos de prescrição iniciados sob o manto do Código de 1916 e que continuaram a correr sob a égide do vigente Código.

Quando a lei nova amplia o prazo da prescrição, menor será a complexidade: o prazo já decorrido sob o império da lei antiga é aproveitado para a continuação de seu curso, mesmo com a perspectiva de o remanescente ter sido aumentado, em virtude da lei nova. Assim, (a) se o prazo anterior era de cinco anos e o novo passou a ser de sete, e (b) se já houve o transcurso de três anteriormente, o prescribente, que se beneficiaria com o remanescente de dois anos, terá agora que conformar-se em aguardar o novo lapso residual, qual seja, o de quatro anos.

O problema ocorre quando a lei nova reduz o prazo e, com isso, antecipa o lapso de expectativa do credor. Nesse caso, urge que a lei nova proclame alguma norma de direito transitório para regular a hipótese, e o vigente Código Civil não fugiu à regra.

---

[64] GUSTAVO TEPEDINO et al., ob. cit., p. 371.
[65] CAIO MÁRIO DA SILVA PEREIRA, *Instituições*, v. I, p. 132.

Dispõe o art. 2.028 do Código Civil: "*Serão os da lei anterior os prazos, quando reduzidos por este Código, e se, na data de sua entrada em vigor, já houver transcorrido mais da metade do tempo estabelecido na lei revogada.*"

Conforme o texto, a regra geral é a de que os prazos sejam regulados pela lei nova. Entretanto, incidirá a lei anterior quando, cumulativamente, tiver havido: (a) redução do prazo; (b) decurso de mais da metade do tempo anterior, ao entrar em vigor o novo Código. Decorre daí que se aplicará a lei nova quando: (a) o prazo anterior sofrer ampliação, independentemente do tempo já decorrido; (b) houver transcorrido menos da metade do prazo anterior, ainda que este tenha sido reduzido.

Como exemplo, (a) se o prazo prescricional anterior era de 20 anos e foi reduzido para cinco, e (b) se já haviam transcorrido 12 anos sob a égide da lei anterior, incidirá a lei antiga: a prescrição só vai consumar-se após o resíduo de oito anos. Na hipótese contrária, se tiverem decorrido apenas sete anos anteriormente, aplicar-se-á a lei nova, remanescendo, então, o período de cinco anos – que é o prazo fixado pela lei nova.

Alguma dúvida pairou sobre o termo *a quo* da contagem do novo prazo prescricional. O início da contagem, como regra, se dá com a violação ao direito (art. 189, CC). Todavia, a aplicação dessa norma poderia trazer resultado desastroso para o credor,[66] conforme se observa nos exemplos acima: como o prazo já decorrido anteriormente é maior do que o novo, a pretensão do titular já nasceria extinta com o advento do atual Código – se a contagem se iniciasse da violação do direito.

Por tal motivo, pacificou-se a jurisprudência no sentido de que, diante da norma de direito transitório, o novo prazo, quando reduzido pelo Código em vigor, deve iniciar-se a partir da vigência deste, ou seja, 11.1.2003.[67] Com essa orientação, preserva-se, ao menos, a legítima expectativa do titular do direito, ante a mudança legislativa que o desfavoreceu.[68]

2.2 DECADÊNCIA

2.2.1 BASE LEGAL

Já foi acentuado que, sob a égide do Código Civil de 1916, os casos de prescrição e de decadência estavam agrupados na mesma enumeração, causando esse fato uma série de dificuldades entre os juristas e Tribunais para identificar se ali a hipótese seria de um ou de outro instituto.

Semelhante imprecisão foi corrigida pelo Código vigente, que, com clareza, tratou dos institutos em normas diversas e específicas.

---

[66] FÁBIO DE OLIVEIRA AZEVEDO, *Direito civil*, cit., p. 501.
[67] Há uma corrente minoritária que considera a data de 12.1.2003, como de início de vigência do Código.
[68] Em tal sentido, decidiu o STJ no REsp 838.414, Rel. Min. FERNANDO GONÇALVES, em 8.4.2008.

Enquanto a prescrição foi regulada entre os arts. 189 e 206, a decadência teve a sua disciplina estabelecida entre os arts. 207 e 211, muito embora haja alguma remissão a normas que regem a prescrição.[69]

No Código de Defesa do Consumidor, a decadência está regulada no art. 26, segundo o qual o direito de reclamar pelos vícios aparentes ou de fácil constatação *caduca* em 30 dias para serviços e produtos não duráveis e em 90 para os duráveis. O legislador empregou o verbo *caducar*, que exprime a decadência, uma vez que, ao ocorrer, se consuma a extinção do próprio direito.[70]

2.2.2 CONCEITO

O conceito de decadência, tal qual sucede com o de prescrição, depende da corrente doutrinária de que participa o estudioso. Em comum a todos, o fato de que o instituto tem cunho *extintivo*.

Por outro lado, é imperioso observar que a decadência, da mesma forma que a prescrição, reflete um *fato jurídico* – que, afinal, constitui a sua natureza jurídica. É fato jurídico em razão do efeito que a decadência produz: a extinção de direitos, com a consequente aquisição de direito ou vantagem pelo outro sujeito da relação jurídica.

Para a teoria clássica, a decadência, diferentemente da prescrição, provoca a extinção do direito, enquanto esta última extingue a ação. O conceito de decadência para Câmara Leal tem os seguintes lineamentos: "*Decadência é a extinção do direito pela inércia de seu titular, quando sua eficácia foi, de origem, subordinada à condição de seu exercício dentro de um prazo prefixado, e este se esgotou sem que esse exercício se tivesse verificado.*"[71]

Modernamente, no entanto, com a adoção do sistema segundo o qual a prescrição extingue a pretensão, passou a entender-se, correlatamente, que a decadência é instituto que leva à extinção do *direito potestativo*.

Sendo assim, parece conveniente aprofundar a análise do direito potestativo e, ao final, oferecer o conceito de decadência na ótica dessas linhas. É o que faremos a seguir, no próximo item.

2.2.3 DIREITOS POTESTATIVOS

Direito potestativo é aquele que traduz uma situação jurídica subjetiva por meio da qual seu titular, ao exercê-lo, sujeita terceiro a seus efeitos, por sua exclusiva vontade. Significa, pois, que o titular do direito interfere na órbita jurídica alheia, sem que o alvo dessa interferência possa oferecer oposição.

---

[69] Como dissemos, o art. 208 faz remissão aos arts. 195 e 198, I.
[70] É também o entendimento de ZELMO DENARI, em *Código Brasileiro de Defesa do Consumidor*, obra coletiva, Forense Universitária., 7. ed., 2001, p. 203. O autor, contudo, entende que o art. 27, da mesma forma, cuida de decadência, apesar de referir-se à prescrição da pretensão à reparação de danos – pensamento com o qual, *concessa venia*, não comungamos.
[71] *Da prescrição*, cit., p. 101.

Tal categoria adveio da doutrina processualística de Chiovenda e passou a ser adotada por juristas de diversos países, integrando um novo sistema relativo aos direitos. Segundo essa teoria, ao lado dos *direitos potestativos* (também denominados de *formativos* ou *discricionários*), marcados pela ideia de que são *direitos sem prestação*, erige-se outra categoria: a dos *direitos com prestação*.

Os direitos potestativos, desse modo, refletem *um poder-sujeição*, e deste não pode refugir o sujeito passivo da relação jurídica. Difere dos direitos subjetivos pelo fato de estes terem um *dever jurídico* correlato. Direitos potestativos apenas submetem o titular da sujeição, não se dirigindo ao titular do dever, como sucede com os direitos subjetivos.[72]

Avulta notar, ainda, que os direitos potestativos tanto podem ser exercidos somente em juízo, como, por exemplo, o direito de anular determinada situação jurídica, quanto o podem também extrajudicialmente, que é o que se passa com o direito de o mandante revogar o mandato.[73]

O delineamento dessa categoria de direitos é de grande valia para perscrutar os casos de prescrição e de decadência: aquela volta sua incidência para os direitos subjetivos e esta para os direitos potestativos.

2.2.4 DISTINÇÃO ENTRE PRESCRIÇÃO E DECADÊNCIA SEGUNDO A DOUTRINA CLÁSSICA

Já antecipamos, embora sucintamente, o foco central da distinção entre prescrição e decadência, segundo os cânones da doutrina clássica. De qualquer modo, é oportuno retornar ao tema, procurando sistematizar as linhas diferenciais entre os institutos.

A prescrição tem por fim extinguir a ação, retirando ao titular o instrumento necessário à proteção de seu direito, vale dizer, "*é a perda da ação atribuída a um direito e de toda a sua capacidade defensiva*", na imortal lição de Clóvis Beviláqua.[74] Contrariamente, a decadência tem por objetivo extinguir o direito, como faculdade de agir outorgada ao titular.

Esclarecedoras são as palavras de Câmara Leal sobre a natureza dos prazos dos institutos: "*Se o prazo que se estabelece se refere à faculdade de agir, subordinando-a à condição de exercício dentro de determinado lapso de tempo, esse prazo é de decadência; mas, se o prazo se estabelece para o exercício da ação, uma vez ofendido o direito, esse prazo é de prescrição*".[75]

Alguns autores clássicos costumam usar a expressão *decadência* para certas *ações*, como Planiol e Ripert no direito francês e Barassi no direito italiano. Os primeiros, por exemplo, referem-se à decadência da ação de rescisão de venda de imóveis e da ação de nulidade de casamento. Ora, se a decadência incide sobre direitos, como justificar o uso do termo *decadência* para ações?

---

[72] CAIO MÁRIO DA SILVA PEREIRA, *Instituições*, cit., v. I, p. 30.
[73] São exemplos de FÁBIO DE OLIVEIRA AZEVEDO, ob. cit., p. 32.
[74] *Teoria geral*, cit., p. 268.
[75] *Da prescrição*, cit., p. 106.

Câmara Leal explica que aí se situa toda a dificuldade doutrinária em torno do assunto. Apregoa que, embora o direito e a ação sejam necessariamente distintos, em certos casos como que se identificam. Essa hipótese ocorre quando o direito do titular só se torna efetivo por meio da ação judicial. Prossegue sua linha de raciocínio mostrando que, usualmente, a ação visa à proteção de um direito anterior a ela, oriundo de fato diverso daquele de que se origina a ação. Mas, quando a ação tem por fim fazer valer um direito que nasce juntamente com ela, e do mesmo fato, o direito e a ação passam a confundir-se.[76]

Na hipótese de *decadência da ação rescisória* da venda de imóvel, citada por Planiol e Ripert, esclarece Câmara Leal que "*o direito de rescindir a venda e a ação para rescindi-la nascem, simultaneamente, do mesmo fato – a lesão*",[77] sendo, pois, a ação o meio exclusivo para exercer o direito à rescisão do negócio.

Conclui, então, sua teoria reafirmando que, se o exercício do direito consiste no próprio exercício da ação, o prazo prefixado para o exercício daquele caracteriza-se como um prazo a que se subordina o direito, de onde se infere que se trata de prazo de decadência, e não de prescrição.

Esclarecido o que se afigurava como imprecisão, aponta os elementos que marcam a distinção entre os institutos:

1º) a decadência produz, como efeito direto, a extinção do direito, ao passo que a prescrição provoca diretamente a perda da ação;

2º) a decadência extingue a ação indiretamente, ou seja, por via de consequência; a prescrição extingue indiretamente o direito, também por via de consequência;

3º) a decadência não se suspende nem se interrompe, mas a prescrição é passível de suspensão e interrupção, nos casos da lei;

4º) a prescrição não corre contra todos, fixando a lei isenção de seus efeitos relativamente a algumas pessoas; a decadência, ao contrário, corre contra todos, sem prevalecer aquela isenção, e isso porque se funda apenas no fato objetivo da inércia no prazo legal;

5º) a decadência não pode ser objeto de renúncia pelas partes, nem antes nem depois de sua consumação; a prescrição, como vimos, pode sê-lo, desde que consumada ou ao menos iniciado o seu curso;

6º) a decadência produz seus efeitos de modo absoluto, sendo incabível invocar utilmente o direito decadente por via de exceção; já a prescrição, em certos casos, não produz os seus efeitos relativamente à exceção, que, assim, poderia ser utilmente invocada.[78]

---

[76] Ob cit., p. 107.
[77] Ob. e loc. cit.
[78] Ob. cit., p. 115.

Na relação de elementos distintivos, o autor incluía, ainda, a impossibilidade de ser decretada *ex officio* a prescrição das ações patrimoniais, o que não ocorreria com a decadência. A vigente lei civil, entretanto, passou a admitir a decretação de ofício da prescrição desde o advento da Lei nº 11.280/2006, e com isso ficou prejudicado esse aspecto diferencial.

Além dessa teoria, uma outra tem sido sempre divulgada pelos autores e reconhecida pela excelência de seus fundamentos: é a da distinção entre os institutos com base na classificação das ações, teoria elaborada por Agnelo Amorim Filho, cujas linhas principais veremos a seguir.

2.2.5 A TEORIA DE AGNELO AMORIM FILHO

Em trabalho específico que escreveu sobre o tema,[79] Agnelo Amorim Filho, professor da Universidade Federal da Paraíba, encetou todo o seu esforço para estabelecer, cientificamente, um critério distintivo entre a prescrição e a decadência, depois de consignar as hesitações transmitidas por muitos civilistas sobre a matéria.

Referindo-se à teoria de Câmara Leal, o autor apontou duas críticas. Primeiramente, considerou empírico o critério por ele adotado, sendo despido de fundamento científico, sobretudo porque não teria explicado quando o direito nasce concomitantemente com a ação, um dos pilares de sua teoria. Em segundo lugar, o autor não teria fornecido dados suficientes para identificar as ações imprescritíveis.

O critério adotado por Agnelo Amorim Filho tem por fundamento inicial a classificação que Chiovenda advogou para os direitos: de um lado, *os direitos a uma prestação* positiva ou negativa, como são os direitos reais e pessoais, e, de outro, os *direitos potestativos*, pelos quais, como vimos, o titular é capaz de influir, com uma declaração de vontade, sobre situações jurídicas de outra pessoa – situação essa denominada de *sujeição*.

Esses direitos potestativos podem ser exercidos de três maneiras distintas:

1ª) o exercício se dá com a mera declaração de vontade do titular, sujeitando a outra parte, sem necessidade de recorrer à via judicial. Ex.: a revogação de um mandato, ou a aceitação de uma herança;

2ª) o titular exerce o direito potestativo, mas somente sujeita a outra parte se esta der a sua anuência; se a parte não a conceder, o titular terá que recorrer à via judicial. Ex.: o direito do condômino de dividir a coisa comum, ou o direito do doador de revogar a doação;

---

[79] Critério científico para distinguir a prescrição da decadência e para identificar as ações imprescritíveis, publicado na *RT*, Revista dos Tribunais, ano 86, v. 744, out./1997, p. 725-750. Originariamente, o artigo foi publicado na mesma Revista, no seu v. nº 300, em 1960.

3ª) o direito potestativo só pode ser exercido por meio de ação judicial.[80] É o caso do direito do cônjuge de invalidar casamentos nulos ou anuláveis, ou do direito do pai de contestar a legitimidade do filho de sua mulher.

Vejamos, em síntese, já que a mais não pode conduzir a natureza deste trabalho, as linhas fundamentais da teoria em função da classificação das ações.

No rumo da teoria de Chiovenda, existem três categorias de ação: as *condenatórias*, as *constitutivas* e as *declaratórias*.

As *ações condenatórias* são aquelas em que se pretende do réu a sua condenação ao cumprimento de uma *prestação*, positiva ou negativa. Essa pretensão nasce com a violação do direito, que dá origem ao início do prazo prescricional. Como somente os direitos a uma prestação rendem ensejo a uma pretensão, conclui-se que só as ações condenatórias podem ser sujeitas à prescrição, eis que apenas elas são idôneas para proteger direitos suscetíveis de lesão.

As *ações constitutivas*, a seu turno, visam à proteção dos direitos potestativos. Por estes, o titular não exige uma prestação, mas sim a criação, alteração ou extinção de uma relação jurídica. Como são direitos potestativos, não têm pretensão e, portanto, não comportam sofrer violação. Se assim é, tais ações não podem ser passíveis de prescrição. A conclusão, pois, do autor é a de que os únicos direitos sujeitos a prazos de decadência são os direitos potestativos, de onde resulta que, quando tais ações têm prazo fixado em lei, a hipótese nunca será a de prescrição, mas, sim, a de decadência.

Por fim, as *ações declaratórias* são aquelas que visam exclusivamente à declaração de existência ou inexistência do direito, ou de autenticidade ou falsidade de documento. Vale dizer: o autor pretende apenas situação de certeza jurídica. Por sua natureza, tais ações nem impõem prestações, nem provocam sujeições de terceiros. Não fazem mais do que produzir uma certeza jurídica e seu resultado em nada afeta a paz social, alvo da prescrição e da decadência. Chega, então, o autor à conclusão de que as ações declaratórias devem ser classificadas como ações imprescritíveis. Como existem algumas ações constitutivas não sujeitas a prazo legal, como é o caso das ações de divisão e de investigação de paternidade, estarão elas, do mesmo modo, incluídas entre as ações imprescritíveis.

Diante de toda essa análise, o autor oferece as seguintes inferências: (a) não há ações condenatórias imprescritíveis (ou *perpétuas*, como as denomina), nem sujeitas a decadência; (b) não há ações constitutivas sujeitas a prescrição: ou são sujeitas a decadência, ou são imprescritíveis; (c) não há ações declaratórias sujeitas a prescrição ou a decadência.

---

[80] Registra o autor que CALAMANDREI, em seus *Estudios sobre el proceso civil*, com tradução em espanhol, a incluiu no rol daquelas que cognominou de *ações necessárias*, dada a impossibilidade de ser o direito exercido por outra via.

2.2.6 DECADÊNCIA LEGAL E CONVENCIONAL

O Código Civil em vigor, embora de modo indireto (art. 211), distinguiu duas modalidades de decadência: a decadência legal e a convencional. O Código revogado não possuía norma correspondente.

Decadência legal é aquela em que a fixação do prazo é estabelecida na lei, nela não intervindo a vontade privada. A lei, nesse caso, já estabelece que, não exercido no prazo, o direito se extingue. *Decadência convencional* é aquela que resulta do acordo entre as partes, sendo estas livres para a fixação do prazo de extinção do direito, quando celebram negócio jurídico. O direito italiano também demarca tais categorias.[81]

A primeira é instituída por motivo de ordem pública, sobressaindo a necessidade de observar o princípio da estabilidade das relações jurídicas. A segunda é de caráter privado: sendo instituída em benefício das partes, pode a parte beneficiada optar por não pronunciá-la; deverá considerar-se, por conseguinte, que renunciou ao prazo convencional.[82] Inviável será o caso de simultaneidade dessas modalidades: se a lei fixa prazo para o exercício do direito, vedado será que as partes firmem convenção em sentido derrogatório do prazo legal.

2.2.7 OUTROS ASPECTOS

Assim como fizemos no tópico relativo à prescrição, apresentamos a seguir sucintos comentários sobre determinados aspectos da decadência.

2.2.7.1 Suspensão, interrupção e impedimento

Ao contrário do que sucede com a prescrição, não há suspensão, interrupção e impedimento na decadência. Diz o art. 207 do Código Civil: "*Salvo disposição legal em contrário, não se aplicam à decadência as normas que impedem, suspendem ou interrompem a prescrição.*"[83]

No que se refere à suspensão e à interrupção, a doutrina clássica já fazia o registro de sua impossibilidade na decadência.[84] O prazo decadencial, portanto, é fatal, não sendo suscetível de paralisação. Assim, não existe, na decadência, prosseguimento da contagem do prazo, nem reinício da contagem; uma vez iniciado, prolongar-se-á inexoravelmente até o seu final.

Quanto ao impedimento, é mister fazer uma breve observação. A despeito da referência legal, há uma possibilidade de impedimento da contagem do prazo decadencial, como assinalava Câmara Leal: o exercício do direito a ela sujeito.[85] Vale dizer: ao exercer

---

[81] RUGGIERO, *Istituzione*, cit., p. 322.
[82] CAIO MÁRIO DA SILVA PEREIRA, *Instituições*, cit., v. I, p. 591.
[83] Anote-se que não existia dispositivo correlato no Código de 1916.
[84] CÂMARA LEAL, *Da prescrição*, cit., p. 115.
[85] Ob. cit., p. 115.

o direito submetido à decadência, sequer pode iniciar-se o respectivo prazo extintivo; deduz-se, então, que o exercício constitui fato impeditivo.

A doutrina tradicional não abria exceção quanto à inviabilidade de incidir na decadência os fenômenos da suspensão, interrupção e impedimento. Todavia, a regra hoje não é mais absoluta e comporta exceção: a existência de lei em contrário, isto é, autorizadora da incidência. Por conseguinte, a lei pode estabelecer fatos impeditivos, suspensivos e interruptivos aplicáveis à decadência.[86] Como exemplo, o art. 208, do Código Civil, que, fazendo remissão ao art. 198, I, impede a contagem do prazo decadencial contra os absolutamente incapazes.

2.2.7.2 Renúncia à decadência

É bastante significativa a diferença entre a prescrição e a decadência quando se trata da possibilidade de renúncia. A prescrição, como vimos, pode ser objeto de renúncia após a sua consumação, ou, ao menos, após ter-se iniciado o seu curso (art. 191, CC). A decadência, ao contrário, não admite renúncia.

Dispõe o art. 209, do Código Civil, que é nula a renúncia à decadência fixada em lei. O dispositivo denuncia que a vedação não é absoluta: limita-se à decadência legal. O sentido reside em que, fixando a lei o prazo decadencial, não pode o beneficiário, ainda que o queira, dispensar os efeitos incisivos da decadência.

A decadência convencional, no entanto, não está sujeita à vedação. Se o interessado o desejar, pode deixar de exigi-la, afastando o titular do direito dos efeitos que o decurso do prazo decadencial produziria. Funda-se tal possibilidade na natureza dessa modalidade de decadência, formalizada como pacto tipicamente consensual e instituída em favor dos particulares.[87]

2.2.7.3 Decretação *ex officio*

Anteriormente, um dos aspectos que marcavam a diferença entre a prescrição e a decadência consistia na iniciativa para a decretação de sua ocorrência: enquanto na primeira o juiz tinha restrições para fazê-lo, dependendo às vezes da alegação do interessado, nesta última poderia sempre decretá-la.[88]

Contudo, a partir da revogação do art. 194, do Código Civil, pela Lei nº 11.280/2006, a diferença não mais subsiste. Sendo assim, é justificável afirmar que o art. 210, do Código Civil, perdeu sua carga de eficácia, ao enunciar que *"deve o juiz, de ofício, conhecer da decadência, quando estabelecida por lei"*. Em outras palavras, o sistema vigente admite que o juiz decrete de ofício tanto a prescrição quanto a decadência.

Domina o entendimento de que, a despeito desse mandamento, não pode a decadência ser alegada pela primeira vez em recurso especial ou extraordinário, e isso

---

[86] GUSTAVO TEPEDINO et al., *Direito Civil*, cit., p. 424.
[87] CAIO MÁRIO DA SILVA PEREIRA, *Instituições*, cit., v. I, p. 501.
[88] CÂMARA LEAL, ob. cit., p. 115.

porque os arts. 102, III, e 105, III, da CF, impõem que a admissibilidade desses recursos reclame prequestionamento, com a discussão da matéria em instância inferior.[89] Idêntico entendimento tem adotado a jurisprudência.[90] Todavia, aplica-se aqui o que já ocorre com a prescrição: se os recursos forem admitidos por outro fundamento, legítima será a decretação da decadência pelo Tribunal Superior, posto que, tal como acontece com aquele instituto, este também é de ordem pública.

Não custa salientar, porém, que o art. 210, do Código Civil, alude à decadência "*quando estabelecida por lei*", de modo que, *a contrario sensu*, no caso de decadência convencional, é vedado ao juiz decretá-la, sem que o interessado a argua. Como já consignado, trata-se de verdadeiro pacto negocial, não se caracterizando como matéria de ordem pública, mas sim como instrumento resultante da exclusiva vontade das partes. É o que dispõe o art. 211, do Código Civil – que dita, ainda, que a parte a quem aproveite pode alegá-la em qualquer grau de jurisdição.

---

[89] NELSON NERY JUNIOR e ROSA MARIA DE ANDRADE NERY, *Novo Código Civil e legislação extravagante anotados*, Revista dos Tribunais, 2002, p. 120.
[90] STJ, REsp 299.161, Rel. Min. JOSÉ ARNALDO DA FONSECA, em 6.6.2002.

3

PRESCRIÇÃO E DECADÊNCIA NA ESFERA CRIMINAL

3.1 PRESCRIÇÃO

3.1.1 INTRODUÇÃO

A prescrição na esfera criminal apresenta os mesmos pressupostos reclamados para a prescrição na área cível: o decurso do tempo e a inércia do titular do direito em exercer a sua pretensão.

Não obstante, é preciso tecer algumas considerações sobre a matéria, levando em conta que certos aspectos são singulares e, por isso, merecem análise, embora sucinta, compatível com suas particularidades.

A pena é um desses aspectos especiais, sendo inexistente na esfera cível. A prescrição da pretensão punitiva do Estado afeta a punibilidade e, pois, a aplicação da pena. Por conseguinte, quando prescreve a pretensão punitiva, a pena não pode ser executada. Esse tipo de exclusão de punibilidade é um dentre os diversos fatores que compõem os estudos da Criminologia, destinados a explicar o ambiente relativo aos crimes e às penas diante do homem e da sociedade. Os instrumentos, diretos ou indiretos, que visam a erradicar ou amenizar os delitos e as respectivas sanções, integram o fenômeno denominado de *profilaxia social*, e dentro deles está a prescrição.[1]

Outra consideração que nos parece pertinente reside no fato de que a prescrição, no campo penal, é uma das formas de *extinção da punibilidade*, previstas no art. 107 do

---

[1] HILÁRIO VEIGA DE CARVALHO, *Compêndio de criminologia*, Ed. José Bushatsky, 1973, p. 368-369.

Código Penal. Portanto, a lei penal realça com maior ênfase o fato jurídico de exclusão da pena do que propriamente a perda da pretensão punitiva do Estado pelo decurso de determinado tempo. Não há dúvida de que a prescrição afeta a punibilidade, mas é a extinção desta, de forma global, o fato que ostenta maior relevância na área penal.

Na extinção da punibilidade, como já asseverava a doutrina clássica, o acusado de infração à lei penal pode eximir-se da pena, e isso porque algumas ocorrências surgem após a prática do delito e, relativamente a elas, "*a lei reconhece eficácia excludente da pretensão punitiva do Estado*".[2] Desse modo, é ao legislador que cabe, no âmbito da política criminal, e de acordo com a ressonância social, enumerar esses fatos extintivos.

O elenco de fatos extintivos da punibilidade, constante do art. 107 do Código Penal, não é taxativo (*numerus clausus*), mas sim meramente exemplificativo (*numerus apertus*). Em outras normas penais dispersas em leis especiais podem ser encontrados fatos jurídicos da mesma natureza.[3] A doutrina costuma dividir os casos de extinção da punibilidade em dois grupos: primeiro, o das *causas gerais*, aplicáveis a todos os delitos; depois, o das *causas específicas*, que incidem apenas sobre alguns tipos de delito (como exemplo: a retratação, que só cabe nas hipóteses que a lei expressamente menciona).[4]

A prescrição, por aplicar-se a todas as modalidades de crime, está inserida entre as causas gerais. De fato, a variação ocorre somente no *quantum* fixado para a sua consumação, sendo mais amplo o prazo conforme mais grave tenha sido o delito e mais reduzido na hipótese contrária. Mas a carga de incidência é geral. Excluem-se, como já se antecipou, os casos constitucionais de imprescritibilidade, aos quais retornaremos mais adiante.[5]

Ainda é preciso atentar para o fato de que, diferentemente do que sucede no campo cível, a prescrição no direito penal comporta duas modalidades de extinção: a da *pretensão punitiva*, que se consuma antes da sentença transitada em julgado, e a da *pretensão executória*, posterior à mesma sentença.

3.1.2 EVOLUÇÃO HISTÓRICA

De acordo com os estudiosos, é a *lex Julia de adulteriis*, do ano 18 a. C., o texto mais antigo sobre prescrição penal. Posteriormente, a prescrição passou a incidir sobre os demais crimes, à exceção dos de parricídio, apostasia e parto suposto. Além disso, o

---

[2] BASILEU GARCIA, *Instituições de direito penal*, Max Limonad, v. I, t. II, 4. ed., 25ª tiragem, p. 657.
[3] Como exemplo, o art. 34 da Lei nº 9.249/1995, que dispõe sobre imposto de renda de pessoas jurídicas: "*Art. 34. Extingue-se a punibilidade dos crimes definidos na Lei nº 8.137, de 27 de dezembro de 1990, e na Lei nº 4.729, de 14 de julho de 1965, quando o agente promover o pagamento do tributo ou contribuição social, inclusive acessórios, antes do recebimento da denúncia*". A Lei nº 8.137/1990 define os crimes contra a ordem tributária, econômica e contra as relações de consumo. A Lei nº 4.729/1965 define o crime de sonegação fiscal.
[4] GUILHERME DE SOUZA NUCCI, *Manual de direito penal*, Parte Geral e Parte Especial, Revista dos Tribunais, 7. ed., 2011, p. 594.
[5] São os casos contemplados nos incisos XLII e XLIV, do art. 5º, da vigente Constituição.

instituto só se aplicava antes da condenação.[6] Na Idade Média, acentuou-se a redução dos prazos prescricionais e seguiu-se uma grande reação contra o desproporcional favorecimento à extinção da pena.

Foi na França, em 1791, que surgiu a prescrição da condenação, vindo os demais ordenamentos a admiti-la, ao lado da já tradicional prescrição anterior à sentença.

No Brasil, ainda na esteira da lição de Antônio Rodrigues Porto, a prescrição da ação foi regulada pelo Código de Processo Criminal de 1832, ao passo que a prescrição da condenação somente foi introduzida pelo Decreto nº 774, de 1890. O Código Penal de 1890, seguindo a tendência das legislações estrangeiras em geral, contemplou as duas modalidades de prescrição.[7]

Algumas legislações não estendiam a prescrição indistintamente a todos os casos: excluíam-na para certos crimes de extrema gravidade ou para determinados sujeitos ativos, marcados por algum tipo de singularidade especial (por exemplo, a reincidência). O Código brasileiro, todavia, não admitiu crimes imprescritíveis, embora algumas leis posteriores viessem a admiti-los.[8]

3.1.3 BASE LEGAL

Os fatos jurídicos que constituem as causas de extinção da punibilidade estão relacionados no art. 107 do Código Penal, e entre eles está incluída a prescrição, ao lado da decadência e da perempção (inc. IV).

Entre os arts. 109 e 118, o Código Penal estabelece as normas básicas que disciplinam a prescrição antes e depois da sentença transitada em julgado, a que incide sobre a multa e sobre penas restritivas de direitos, os prazos normais e os reduzidos, o termo *a quo* da contagem e as hipóteses de impedimento e interrupção.

No Código de Processo Penal, é mínima a referência à prescrição. O art. 336, parágrafo único, estabelece que o dinheiro ou objetos oferecidos como fiança servirão como pagamento (a) das custas, (b) da indenização do dano, (c) da prestação pecuniária,[9] e (d) da multa, no caso de ser condenado o réu, ainda que se tenha consumado a prescrição depois da sentença condenatória. Os arts. 366 e 368 tratam de hipóteses de suspensão do prazo prescricional.[10] Finalmente, no art. 581, VIII e IX, é previsto o cabimento de recurso em sentido estrito quando o juiz decretar a prescrição e quando indeferir o pedido que vise ao seu reconhecimento.

---

[6] ANTÔNIO RODRIGUES PORTO, *Da prescrição penal*, José Bushatsky Ed., 2ª tiragem, 1972, p. 25.
[7] Ob. cit., p. 26.
[8] ANTÔNIO RODRIGUES PORTO dá, como exemplos de imprescritibilidade, os crimes políticos e de moeda falsa, quando o réu fosse domiciliado ou estivesse abrigado em país estrangeiro (*Da prescrição*, cit., p. 26).
[9] Esse pagamento foi incluído pela Lei nº 12.403, de 4.5.2011, que alterou o art. 336 e parágrafo único do Código de Processo Penal.
[10] No primeiro caso, dá-se a suspensão quando o acusado é citado por edital e não comparece a juízo por si ou por seu advogado. No segundo, a suspensão decorre da citação por rogatória, quando o réu está no estrangeiro.

3.1.4 FUNDAMENTOS

Embora o fenômeno prescricional, como instituto de política legislativa, seja dotado da mesma essência em qualquer disciplina jurídica, é imperioso reconhecer que os fundamentos que lhe dão sustentação na esfera cível não são exatamente os mesmos que o amparam na seara penal.

Primeiramente, o delito, como fato antissocial, tem tão forte repercussão jurídico-social que alguns clássicos penalistas repudiaram e inadmitiram a prescrição, caso de Bentham, Beccaria e Henckel. Outros aceitavam a prescrição da ação, mas não da condenação, como Prins e Binding. Apesar desse pensamento, a maioria dos estudiosos entendeu admissível e conveniente tanto a prescrição antes da condenação, quanto depois dela.[11]

Não obstante, variados foram os fundamentos, devendo dar-se destaque aos seguintes, ainda conforme o magistério de Antônio Rodrigues Porto: (a) o esquecimento do crime pela sociedade;[12] (b) a dispersão das provas do fato delituoso;[13] (c) a expiação moral, pela qual o delinquente já teria sofrido a sanção pelo decurso do tempo;[14] (d) a reabilitação, considerando que, decorrido algum tempo, o sujeito se teria corrigido, aplicando-se aqui uma presunção *juris et de jure*;[15] (e) a teoria psicológica, tendo em vista que, com o tempo, se teria alterado a constituição psíquica do sujeito.[16]

Atualmente, a doutrina invoca, para a prescrição penal, os mesmos fundamentos básicos adotados para a prescrição cível. O mais relevante é o que repousa no princípio da estabilidade das relações jurídicas, que alguns preferem denominar de princípio da segurança jurídica. Por outro lado, não mais se tenta identificar um único fundamento, mas sim um conjunto deles, todos, de algum modo, concorrendo para justificar o instituto.

Habitualmente, os autores, além do citado princípio, sublinham outros fundamentos, como, por exemplo, o desaparecimento dos efeitos do delito e o esquecimento dos fatos. O mesmo se diga quanto ao interesse de agir do Estado, que desistiria de sua persecução criminal. Ainda, a desnecessidade da pena, considerando a reintegração social do infrator. E, também, a maior dificuldade para a apuração dos fatos, tendo em vista o decurso do tempo.[17]

3.1.5 DIREITO, PRETENSÃO E AÇÃO PENAL

Sendo uma categoria jurídica universal, aplicável a qualquer ramo do direito, a prescrição tem uma única espinha dorsal. A esta deverá recorrer o intérprete, modu-

---

[11] ANTÔNIO RODRIGUES PORTO, ob. cit., p. 11.
[12] Entre outros, Villeret, Manzini e Carrara.
[13] Thomazius foi o formulador dessa teoria, aplicável, aliás, apenas à prescrição da pretensão.
[14] Era a teoria de Le Sellyer e Hélie.
[15] O projeto de Ferri exigia que, além do decurso do tempo, o sujeito não mais tivesse periculosidade (ANTÔNIO RODRIGUES PORTO, ob. cit., p. 18).
[16] Todas as remissões foram enunciadas por ANTÔNIO RODRIGUES PORTO, ob. cit., p. 11-20.
[17] São fundamentos alinhados por SÍDIO ROSA DE MESQUITA JUNIOR, *Prescrição penal*, Atlas, 4. ed., 2007, p. 69-70.

lando o instituto mediante a adequação necessária em face das peculiaridades de cada ramo. No que concerne à esfera penal, não é diferente.

No âmbito do direito penal, o Estado é titular de um direito de dupla face: de um lado, um *direito originário* – o direito à manutenção da ordem social e à preservação dos indivíduos contra agressões tipificadas como delitos – e, de outro, um *direito intrinsecamente derivado* – o direito de punir, ou seja, o direito abstrato de aplicar as sanções previstas na lei (o *jus puniendi*).

A titularidade do direito, porém, reveste-se de singularidade própria, com perfil diverso da que tem a prescrição no cível. Nesta, o titular do direito é o interessado direto em exercê-lo e a prescrição o atinge diretamente. Na esfera penal, o Estado, como titular, representa a sociedade, de modo que, quando se consuma a prescrição, é a sociedade que direta e preponderantemente sofre os seus efeitos. O Estado é o instrumento jurídico para exercer o direito de punir, mas o faz em nome da sociedade que representa. Portanto, o titular último do *jus puniendi* é a sociedade.

Quando o delito é praticado, o direito originário do Estado é ofendido e o direito abstrato de punir converte-se em direito concreto (*jus punitionis*). Nesse momento, surge um conflito de interesses entre o direito de punir do Estado e o direito de liberdade do agente.[18] A violação do direito enseja o poder de exigibilidade que nele se contém e, a partir desse fato, o Estado passa a ter uma *pretensão*, consistindo esta no poder de invocar a tutela jurisdicional com o objetivo de punir o autor do delito.

Quanto à *ação de direito material*, é mister fazer uma observação, levando em conta a teoria da prescrição no cível. Nesse campo, a referida ação materializa-se por meio das providências alvitradas pelo titular do direito violado para a satisfação de seu crédito, o que pode ocorrer extrajudicialmente. Na área penal, inexiste esse fator eventual e previamente negocial, e isso porque o consenso das partes é ineficaz para realizar a pretensão. A consequência é que, no direito penal, *a ação de direito material se confunde com a ação de direito processual*, no caso a ação penal, já que essa é a única providência que o Estado pode adotar para deduzir a sua pretensão.[19]

Em suma, reiteramos a coluna vertebral do sistema, aplicável na área penal: (1) o Estado, como representante da sociedade, é titular do direito-base à ordem social e do direito derivado de punir quem o vulnera pela prática do crime; (2) a violação do direito pela prática do crime faz nascer a pretensão, que é o poder de o Estado exigir a satisfação de seu direito mediante a aplicação da pena; (3) a pretensão se concretiza pela instauração da respectiva ação penal, cujo objeto é a punição do infrator.

---

[18] É a correta observação de DAMÁSIO DE JESUS, *Direito Penal*, Saraiva, v. 1., 17. ed., 1993, p. 630.
[19] É oportuno lembrar que a conciliação existente nos juizados especiais criminais, cujo processo é regulado pela Lei nº 9.099, de 26.9.1995, pressupõe a propositura da ação penal (arts. 72 a 75), o que se revela diferente do que ocorre no cível, em que a pretensão pode ser satisfeita antes de proposta a ação. Na esfera penal, inexiste o prévio acertamento.

3.1.6 PRETENSÕES NO CAMPO PENAL

Peculiaridade na esfera penal, inexistente na área cível, é a duplicidade de pretensões do Estado. No campo cível, a pretensão reside na providência do autor no sentido da satisfação de seu direito violado, postulando na respectiva ação (condenatória) que o réu cumpra a prestação a que se obrigou.

Dentro do cenário penal, todavia, o Estado, num primeiro momento, oferece sua pretensão à condenação do réu e à aplicação da pena e, em momento subsequente, deduz a pretensão ao cumprimento da pena. Por isso, a doutrina, quase que unânime, divide a pretensão em duas categorias. Na voz de prestigiada doutrina, ficam bem indicadas tais espécies: *"Duas são as espécies de prescrição: prescrição da pretensão punitiva (ou da ação) e prescrição da pretensão executória (ou da condenação)".*[20] A doutrina clássica não destoava da classificação.[21]

Na verdade, a classificação adotada pelos doutrinadores calcou-se em fundamento de direito positivo. O Código Penal, com efeito, refere-se à prescrição antes de transitar em julgado a sentença (art. 109) e à prescrição depois do trânsito em julgado (art. 110). A primeira relaciona-se com a pretensão punitiva, ao passo que a segunda concerne à pretensão executória.

3.1.7 OBJETO DA PRESCRIÇÃO PENAL

Entre os diversos autores de direito penal, é extremamente variada a terminologia adotada para apontar o objeto da prescrição. Como já vimos no capítulo anterior, o objeto da prescrição, em conformidade com a visão moderna do instituto, é a pretensão, a despeito de parte da doutrina clássica considerar como objeto a ação.

A doutrina refere-se à *prescrição da ação* e à *prescrição da condenação*, expressões clássicas para exprimir, respectivamente, a prescrição ocorrida antes de transitar em julgado a sentença condenatória e a que se consuma posteriormente a essa decisão definitiva.

Entretanto, dentro da moderna teoria da ação, segundo a qual esta retrata um direito autônomo de invocar a tutela jurisdicional, independentemente do direito material em jogo, não é a ação penal que prescreve, mas sim a *pretensão punitiva do Estado*, que nasce com a prática do delito. A ação penal pode ser promovida mesmo se já tiver ocorrido a prescrição da pretensão punitiva. É claro que o órgão jurisdicional rejeitará a denúncia ou decretará a prescrição na sentença, mas é indiscutível que o autor, normalmente o Ministério Público, terá exercido seu direito de ação, invocando a tutela jurisdicional para seu pedido condenatório.

Por outro lado, também não é, a rigor, a condenação do réu que prescreve, mas sim a pretensão do Estado de aplicar ao réu determinada pena, tendo em vista o que foi decidido pelo órgão julgador. Quando, por exemplo, o réu se evade, o direito pu-

---

[20] PAULO QUEIROZ, *Direito penal*, Lumen Juris, 6. ed., 2010, p. 472.
[21] E. MAGALHÃES NORONHA, *Direito penal*, Saraiva, v. 1, 13. ed., 1976, p. 393.

nitivo estatal derivado da sentença (*jus punitionis*) sofre uma violação, gerando nova pretensão. Ultrapassado determinado período após o nascimento dessa pretensão, esta passa a ser suscetível de incidência da prescrição.

Na verdade, não prescreve nem a ação condenatória nem a ação executória, instrumentos autônomos que são para a postulação da tutela jurisdicional. Pode dizer-se que a prescrição de ambas as pretensões afeta o próprio direito de ação, tornando-o certamente inócuo e ineficaz, mas, sob a linha teórica do direito abstrato, não chega a suprimi-lo.

Da mesma forma, não é o *direito de punir* (*jus puniendi*) que se perde diretamente com a prescrição. Vale dizer: o direito não é o alvo *direto*. Como já adiantamos, esse direito é abstrato e converte-se em concreto no momento em que o crime é praticado. Ao consumar-se a prescrição da pretensão punitiva, o direito não mais pode ser exercido em decorrência do fato prescricional. Quer dizer: a prescrição incide *diretamente* sobre a pretensão e, ao fazê-lo, produz seus efeitos, *indiretamente*, sobre o direito de punir.

Infere-se daí que a conceituação de prescrição, considerando a perda do direito de punir do Estado, deve ser interpretada *cum grano salis*, em ordem a concluir-se ter a prescrição acarretado a perda da pretensão e só indiretamente a perda do próprio direito.[22]

Idêntica interpretação deve ser empregada quando a doutrina se refere à prescrição como sendo *"a renúncia do Estado a punir a infração, em face do decurso do tempo"*.[23] O Estado não renuncia a seu direito de punição; perde-o como consequência da prescrição da pretensão punitiva. Tecnicamente, a renúncia decorreria de manifestação volitiva, expressa ou tácita. Não é o caso. É a própria lei que impõe ao Estado-Administrador que não mais faça uso de seu poder punitivo, e isso ainda que, por suposição, tenha ele a intenção de continuar a usá-lo.

A ideia de *prescrição da pena* também merece interpretação modeladora. Embora, na Exposição de Motivos do Código Penal, o legislador, como explica Basileu Garcia,[24] tenha realçado que o que prescreve é a pena, quando já transitou em julgado a sentença, a incidência sobre a pena é, da mesma forma, indireta e consequencial: tendo em vista a perda da pretensão de executar a decisão definitiva, inviável será também a aplicação da pena.

De rigor técnico, a nosso ver, é o sistema de Damásio de Jesus. Definindo a pretensão, com base em Carnelutti, como *"a exigência de subordinação de um interesse alheio ao interesse próprio"*, o renomado penalista demonstra que a prescrição incide justamente sobre ela. Antes da sentença, o Estado tem a pretensão de punir (*jus puniendi*), calcada em seu direito punitivo abstrato, e, depois dela, tem a pretensão de executar a pena (*jus punitionis*), fundada no direito à aplicação efetiva da pena

---

[22] JULIO FABBRINI MIRABETE, p. ex., consigna: *"Prescrição é a perda do direito de punir do Estado pelo decurso do tempo"* (*Código Penal interpretado*, Atlas, 2. ed., 2001, p. 657).
[23] BASILEU GARCIA, *Instituições*, cit., v. I, p. 609.
[24] *Instituições*, cit., v. I, p. 702.

concretizada na sentença. O decurso do tempo, ensejando a prescrição, afetará tais pretensões, conforme o direito que estiver sendo exercido. Por isso, emprega, corretamente, as expressões *prescrição da pretensão punitiva* e *prescrição da pretensão executória*.[25]

3.1.8 O PRESSUPOSTO DA INÉRCIA

Haja vista a necessidade de estampar uma teoria geral da prescrição, vale a pena submeter à reflexão dos estudiosos a análise, ainda que breve, do elemento *inércia* na prescrição cível e na criminal.

No cível – já o vimos –, a inércia do titular do direito sempre é destacada como um dos pressupostos necessários à consumação da prescrição. Associado esse elemento ao decurso do tempo fixado na lei, perfaz-se a condição jurídica do fato prescricional.

Contudo, ao comparar-se o pressuposto da inércia na prescrição cível e na penal, é possível extrair da lição dos especialistas, e mesmo do direito positivo, algumas linhas que, conquanto ocasionalmente tênues, parecem indicar um fator psicojurídico de dimensões não exatamente idênticas.

Na esfera cível, a inércia apresenta quase sempre uma conotação de *desinteresse* do titular do direito em exercer as faculdades defensivas que lhe são atribuídas pela ordem jurídica. Ou seja: o titular, ao deixar transcorrer o tempo sem exercer sua pretensão, a despeito de violado o seu direito, entremostra estar despido do interesse em sua preservação. Afinal, não exercer a pretensão é o mesmo que não proteger o direito subjetivo. Segue-se, portanto, que a inércia no cível, sobre ser voluntária, tem natureza preponderantemente *subjetiva*, atribuída que é ao comportamento presumidamente desinteressado do titular. Pode até não haver um desinteresse, mas sim alguma impossibilidade material quanto ao exercício da pretensão. Mas a presunção será mesmo de desinteresse.

Ao contrário, no âmbito penal, a inércia não é associada ao desinteresse do Estado em exercer seu *jus puniendi* ou seu *jus punitionis*, mas sim ao simples decurso do tempo após a prática do crime ou após a decisão condenatória definitiva. O raciocínio aqui é inverso: pode ocorrer que, ocasionalmente, o Estado esteja desinteressado em exercer sua pretensão punitiva ou executória, mas essa hipótese será eventual. A ideia constante é a de que, decorrido o período legal sem que tenha sido exercida a pretensão penal, sujeitar-se-á esta à prescrição. Desse modo, a inércia, no campo penal, tem natureza preponderantemente *objetiva*, vale dizer, menos que voluntária, a inação traduz uma inércia legal.

Trata-se de breve constatação a respeito do elemento caracterizador da inércia, como um dos pressupostos da prescrição. Seja como for, no entanto, é preciso considerar que o intuito maior do instituto é a estabilidade das relações jurídicas e o repúdio às situações de pendência, independentemente do fator que justifique o comportamento omissivo do titular do direito.

---

[25] *Direito penal*, cit., p. 630-631.

3.1.9 PRESCRIÇÃO DA PRETENSÃO PUNITIVA

A prescrição da pretensão punitiva é a que se consuma antes de transitar em julgado a sentença. Como ainda não há a pena correspondente ao delito cometido, a prescrição é regulada pelo *máximo da pena privativa de liberdade* cominada ao crime, como averba o art. 109 do Código Penal – que, além disso, relaciona os prazos variados dentro de seis faixas temporais.[26]

A lei penal, na verdade, define, como base para a prescrição, o tempo atribuído à pena mais grave, ou seja, à pena máxima do crime. Na visão do legislador, então, o sujeito do delito merece, de antemão, a aplicação da penalidade mais grave, supostamente adequada ao delito praticado. Essa atribuição reflete verdadeira presunção *juris et de jure* da adequação punitiva em relação ao infrator.

Se o delito, por exemplo, é o de lesões corporais, cuja pena máxima é de um ano (art. 129, CP), a prescrição se consumará após quatro anos, máximo da pena em abstrato (art. 109, V, CP). Se já há denúncia, fato interruptivo da prescrição, mas não ainda a sentença condenatória, adotar-se-á o mesmo prazo durante o curso do processo.[27]

O termo *a quo* da prescrição da pretensão punitiva é variável, como se vê no art. 111 do Código Penal. A regra é que se conte a partir do dia em que foi consumado o crime. Tratando-se de tentativa, o início é o dia da cessação da atividade criminosa. Nos crimes permanentes, conta-se do dia em que parou a permanência.[28] Se o crime for o de bigamia[29] ou falsificação ou alteração de assentamento do registro civil,[30] a contagem se dará a partir do dia em que o fato se tornou conhecido.

Convém observar, como dado teórico no estudo da prescrição, que apenas na primeira dessas hipóteses – a consumação do delito – nasce efetivamente a pretensão, por ter sido violado o direito do Estado de manter a harmonia da ordem pública. Ocorre, pois, o *momento real* da violação ao direito do Estado. Nas demais, as situações apresentam-se com outras peculiaridades e, por essa razão, coube ao legislador definir os respectivos termos iniciais da contagem. Cada um desses momentos, então, corresponde a um *momento presumido* da violação.

---

[26] O prazo mínimo prescricional era de dois anos, para crimes com o máximo da pena inferior a um ano (art. 109, VI, CP). A Lei nº 12.234, de 5.5.2010, contudo, elevou o prazo para três anos. Este, portanto, passou a ser o prazo mínimo de prescrição da pretensão punitiva no Código Penal. Sendo lei penal mais grave, só se aplica aos crimes praticados a partir de sua vigência; aos praticados antes, aplicar-se-á o prazo anterior de dois anos (GUILHERME DE SOUZA NUCCI, ob. cit., p. 609). Incide aqui o art. 5º, XL, da CF, que veda a retroatividade da lei penal, salvo quando beneficiar o réu – princípio esse reproduzido no art. 2º, parágrafo único, do Código Penal.
[27] Os exemplos são de ROGÉRIO GRECO, *Curso de direito penal. Parte geral*, Impetus, 2002, p. 715.
[28] Como explica ANTÔNIO RODRIGUES PORTO, o crime permanente constitui fato único e indivisível que se prolonga no tempo sem interrupção, só podendo iniciar-se a prescrição quando cessa o estado de permanência (*Da prescrição*, cit., p. 60). Um exemplo é o crime de cárcere privado (art. 148, CP).
[29] Art. 235, Código Penal.
[30] Arts. 241 e 242, Código Penal.

3.1.10 PRESCRIÇÃO DA PRETENSÃO EXECUTÓRIA

Prescrição da pretensão executória é aquela que se perpetra depois de transitada em julgado a sentença condenatória, como registra o art. 110 do Código Penal.[31] Como, a essa altura, já foi fixada a pena em concreto, a prescrição regula-se pelo *quantum* da pena aplicada, recorrendo-se aos mesmos prazos estabelecidos para a prescrição da pretensão punitiva (art. 109, I a VI, CP). Cuidando-se de condenado reincidente, o prazo prescricional sofre o acréscimo de um terço. A ampliação do prazo, advinda de fatores de política criminal, justifica-se pela presunção de maior periculosidade do reincidente, o que torna necessário prazo maior para elidir o poder punitivo do Estado.

Quanto ao termo inicial da contagem do prazo, a regra geral é a de que se inicia no dia em que transita em julgado a sentença condenatória para a acusação (art. 112, I, CP). Quando ocorre o trânsito em julgado para a acusação, a pena não mais pode ser elevada, por ser inviável juridicamente a revisão *pro societate*.[32]

Outro momento de início da contagem é o que se refere à decisão que revoga a suspensão condicional da pena ou o livramento condicional (art. 112, I, CP). No primeiro caso, corre a prescrição entre a sentença e a audiência admonitória; iniciado o período de prova, o prazo prescricional fica suspenso; se revogado o benefício, o prazo se interrompe, devendo ser calculado com base no total da pena aplicada, sem que se desconte o período de prova cumprido.[33] No segundo, a decisão que revoga o livramento conduz à determinação da prisão, iniciando-se, nesse momento, a contagem do prazo prescricional, independentemente de a decisão revocatória ter ou não transitado em julgado.[34]

Novo termo *a quo* é previsto na lei penal: o dia em que se interrompe a execução, salvo quando o tempo da interrupção deva ser computado na pena (art. 112, II, CP). A interrupção poderá ocorrer por dois motivos: 1º) a fuga do condenado; 2º) a internação em hospital psiquiátrico (art. 41, CP). No primeiro caso, a contagem do prazo far-se-á a partir da data da evasão e a prescrição será contada com base no resto da pena (art. 113, CP). No segundo, em que há superveniência de doença mental no curso da execução, o tempo de internação deve ser computado na pena.[35]

3.1.11 PRESCRIÇÃO E PENA EM CONCRETO

No direito penal, embora a prescrição atinja a pretensão, o certo é que há uma inegável relação da pretensão com a punibilidade. Por isso mesmo, como já foi visto, o Código Penal incluiu a prescrição entre as causas de extinção da punibilidade.

---

[31] EUGENIO RAÚL ZAFFARONI e JOSÉ HENRIQUE PIERANGELI informam que o Código Penal, em sua redação primitiva, não se referia ao trânsito em julgado da sentença, o que gerava muitas divergências. A Lei nº 7.209, de 11.7.1984, porém, supriu a omissão e introduziu expressamente a referência (*Manual de direito penal brasileiro*, v. 1, Parte Geral, Revista dos Tribunais, 8. ed., 2009, p. 648).

[32] JULIO FABBRINI MIRABETE, *Código penal*, cit., p. 691.

[33] A observação é de SÍDIO ROSA DE MESQUITA JUNIOR, *Prescrição penal*, cit., p. 134.

[34] SÍDIO ROSA DE MESQUITA JUNIOR, ob. cit., p. 134. *Contra*, entendendo exigível o trânsito em julgado: DAMÁSIO DE JESUS, ob. cit., p. 635.

[35] PAULO QUEIROZ, *Direito penal*, cit., p. 482.

Considerando que a pena é instituto que afeta diretamente a garantia de liberdade dos indivíduos, a lei penal previu a *prescrição da pena em concreto*, denominada pela doutrina de *prescrição retroativa*. Esta ocorre quando, transitada em julgado a sentença para a acusação (Ministério Público ou querelante), "*o cálculo prescricional é refeito, retroagindo-se, partindo-se do primeiro momento para sua contagem, que é a data do fato, com algumas peculiaridades*", como ensina autorizado doutrinador.[36]

Nesse caso, aplicada a pena em concreto, ocorrerá a prescrição se em momento anterior à sentença já tiver decorrido o prazo correspondente ao *quantum* da pena.[37] Por exemplo: se a pena aplicada na sentença, com trânsito em julgado para a acusação, ou depois de improvido o seu recurso, for de seis meses, e, anteriormente à decisão, já houver decorrido o período de três anos, essa contagem retroativa renderá ensejo à decretação da prescrição. A base legal é o art. 110, § 1º, do Código Penal.

Anteriormente, a retroatividade era mais ampla, admitindo a lei penal que o termo inicial da contagem do prazo poderia ser anterior à denúncia ou queixa. Todavia, com a revogação do art. 110, § 2º, do Código Penal, pela Lei nº 12.234, de 5.5.2010, reduziu-se o âmbito da retroatividade, passando o dispositivo a estabelecer que, nessa hipótese, a prescrição não pode, em nenhuma hipótese, "*ter por termo inicial data anterior à da denúncia ou queixa*".

Significa, portanto, que não mais pode ser utilizado o período entre o crime e o recebimento da denúncia ou queixa.

A respeito dessa modificação legislativa, vale a pena fazer breve observação sobre o que a doutrina denomina de *prescrição virtual*. Alguns estudiosos consideravam que, para a prescrição da pretensão punitiva, deveria levar-se em conta a pena a ser *virtualmente* aplicada ao réu, por ocasião da futura sentença.

Assim, por exemplo, se, em inquérito para apurar o crime de lesão corporal leve dolosa, já houvesse decorrido período de três anos entre a data do fato e o oferecimento da denúncia, deveria considerar-se prescrita a pretensão punitiva porque, virtualmente, a futura pena a ser aplicada ao réu seria a mínima, ou seja, de três meses. A finalidade seria a de evitar todo o procedimento judicial para chegar-se à mesma conclusão na sentença, com aplicação da pena em concreto. Havia grande dissenso quanto à aceitabilidade da tese. Com a revogação do art. 110, § 2º, do Código Penal, no entanto, a discussão ficou prejudicada, sendo agora expressamente vedado considerar, para efeito de prescrição, período anterior à denúncia ou queixa.

Contudo, há uma questão de direito intertemporal que merece observação. A lei nova (Lei nº 12.234/2010), por ter desconsiderado certo período como incluído no prazo prescricional, caracteriza-se como *lei mais grave* em comparação com a lei antiga (no caso, o revogado § 2º do art. 110). Desse modo, não pode incidir sobre os crimes cometidos *antes de sua vigência*. Aplica-se, no caso, o princípio da ultra-atividade, segundo o qual continua aplicável a lei antiga por ser mais benéfica para

---

[36] ROGÉRIO GRECO, ob. cit., p. 718.
[37] GUILHERME DE SOUZA NUCCI, ob. cit., p. 612.

o autor do crime.[38] Emana daí que, se o delito ocorreu antes da lei nova mais gravosa, a sentença, proferida já sob seu império, deve considerar como termo inicial, para o efeito da prescrição, data anterior à do recebimento da denúncia ou da queixa, como admitia o dispositivo revogado.

Situação que também se reveste de alguma singularidade é a denominada *prescrição intercorrente* (ou *superveniente*, ou *subsequente*). Aqui, a perda é da pretensão executória e ocorre quando, já aplicada a pena em concreto e transitada em julgado a sentença para a acusação (ou improvido o seu recurso), transcorre o prazo legal no lapso percorrido entre a data da sentença e o momento do trânsito em julgado para a defesa.[39] Diferentemente da modalidade anterior, essa prescrição é proativa, e não retroativa, já que a contagem se inicia em momento posterior à sentença.

3.1.12 IMPEDIMENTO, SUSPENSÃO E INTERRUPÇÃO

Assim como sucede em qualquer área jurídica, a prescrição, no direito penal, também é suscetível de sofrer paralisação em seu curso. Surgem, então, as figuras do *impedimento*, da *suspensão* e da *interrupção* da prescrição. De forma sucinta nos referiremos ao tema, mais para indicar que a teoria da prescrição é una para o sistema jurídico.

O sentido de tais intercorrências é o mesmo já visto por ocasião dos comentários à prescrição no cível. No *impedimento*, o prazo prescricional sequer se inicia; na *suspensão*, o prazo já se iniciou e, após o período de paralisação, a contagem prossegue, com a utilização do prazo já decorrido anteriormente; e na *interrupção*, após a paralisação do curso, reinicia-se a contagem do início, ou seja, sem considerar o prazo já decorrido anteriormente à interrrupção.

O Código Civil alude a esses três fatos, mas o Código Penal refere-se apenas às "*causas impeditivas da prescrição*" (art. 116) e às "*causas interruptivas da prescrição*" (art. 117). Não obstante, os fatos impeditivos podem apresentar-se também como suspensivos, dependendo apenas do momento em que se consumam: se anteriores ao fato gerador da prescrição, impedem o curso desta e, se posteriores, o suspendem.[40]

No Código Penal, são três os fatos geradores do *impedimento* ou da *suspensão*. O primeiro é o que ocorre enquanto não resolvida, em outro processo, questão de que dependa o reconhecimento da existência do crime (art. 116, I): de fato, se ainda não há o reconhecimento da prática do delito, não pode mesmo o prazo prescricional iniciar-se ou prosseguir; trata-se, na verdade, de *questão prejudicial*, que pode ter reflexo direto na solução do processo penal.[41] Os outros dois fatos traduzem impossibilidade material de

---

[38] GUILHERME DE SOUZA NUCCI, ob. cit., p. 108-609.
[39] A observação ainda é de GUILHERME DE SOUZA NUCCI, ob. cit., p. 612.
[40] Por essa razão, a doutrina refere-se a causas suspensivas ou impeditivas (vide GUILHERME DE SOUZA NUCCI, ob. cit., p. 619).
[41] GUILHERME DE SOUZA NUCCI adverte, contudo, que a questão prejudicial deve estar conectada à prova da *existência do crime*, e não de meras circunstâncias de que se reveste. É o caso, *v. g.*, do processo criminal por bigamia, havendo no cível ação para anular um dos casamentos (ob. cit., p. 619).

contar-se a prescrição: um é aquele em que o sujeito cumpre pena no estrangeiro (art. 116, II) e o outro quando, após a sentença condenatória, o condenado estiver preso por motivo diverso (art. 116, parágrafo único).

A *interrupção* da prescrição tem inegável marca de fator de ordem pública, retratando a preservação da possibilidade de o Estado prosseguir em seu *jus persequendi*. Revela, ainda, a comprovação de que cada fato interruptivo representa uma diligência do Estado no sentido de exercer sua pretensão punitiva.[42]

Apenas à guisa de suplementação desses comentários, é de se observar que o Código Penal considera seis casos de interrupção. Diz o Código (art. 117) que o curso da prescrição se interrompe: (1º) pelo recebimento da denúncia ou da queixa;[43] (2º) pela pronúncia; (3º) pela decisão confirmatória da pronúncia; (4º) pela publicação da sentença ou acórdão condenatórios recorríveis; (5º) pelo início ou continuação do cumprimento da pena; e (6º) pela reincidência.

Lavra controvérsia acerca da hipótese de interrupção pela publicação da sentença ou acórdão condenatórios recorríveis (art. 117, IV, Código Penal). Anteriormente, o dispositivo referia-se tão somente à *"sentença condenatória recorrível"*, mas a Lei nº 11.596/2007, alterando o dispositivo, aludiu à *"sentença ou acórdão condenatórios recorríveis"*. Com isso, tornou sem efeito algumas controvérsias sobre a interpretação do dispositivo.

Ainda assim, perdura uma controvérsia. Alguns estudiosos distinguem *acórdão condenatório* e *acórdão confirmatório da condenação*: aquele seria o que reforma a sentença absolutória ou que decreta a condenação em caso de competência originária de Tribunal; este apenas ratificaria a sentença condenatória. Assim, considerando o texto legal, só o primeiro retrataria fato interruptivo.[44]

Outra corrente advoga interpretação contrária, concluindo que o acórdão que confirma a sentença condenatória também interrompe a prescrição. Argumentam seus simpatizantes que a lei não distinguiu os acórdãos, de modo que não o podem fazer os intérpretes. Depois, o acórdão que confirma a sentença condenatória a substitui. Ademais, a outra interpretação igualaria, para fins prescricionais, o acórdão confirmatório ao acórdão absolutório, o que seria um contrassenso.[45]

---

[42] É a observação, com amparo em sólida doutrina, de NEY FAYET JUNIOR, em Da interrupção do curso da prescrição penal, em *Prescrição penal. Temas atuais e controvertidos*, obra coletiva, Livraria do Advogado, v. 2, 2009, p. 20.

[43] O STF, porém, decidiu que o recebimento da denúncia por juiz absolutamente incompetente não tem o condão de interromper a prescrição, o que só ocorrerá com o recebimento pelo juiz competente (HC 104.907-PE, Rel. Min. CELSO DE MELLO, em 10.5.2011).

[44] É a opinião de GUILHERME DE SOUZA NUCCI (ob. cit., p. 622) e NEY FAYET (ob. cit., p. 45). Este último autor, porém, reconhece que, na justificativa do projeto que gerou a Lei nº 11.596/2007, alteradora do dispositivo, a intenção do legislador era a de incluir também, como interrupção, o acórdão confirmatório da condenação.

[45] Com esse entendimento, PAULO QUEIROZ, ob. cit., p. 485-486. O STF também adotou essa interpretação: vide HC 106.222, Rel. Min. RICARDO LEWANDOWSKI, julg. em 1º.3.2011.

3.1.13 OUTROS ASPECTOS

Assim como fizemos à ocasião dos comentários sobre a prescrição cível, apresentaremos, a seguir, de forma sintética, alguns aspectos singulares que cercam a prescrição no âmbito penal.

3.1.13.1 Imprescritibilidade

Embora já se tenha aludido à imprescritibilidade no capítulo anterior, parece conveniente reiterar brevemente algum comentário sobre o tema.

No Título relativo aos direitos e garantias fundamentais, e dentro do Capítulo dos direitos e deveres individuais e coletivos, a Constituição contemplou duas hipóteses de imprescritibilidade, uma no inciso XLII e outra no inciso XLIV. No primeiro caso, considerou imprescritível a prática do racismo; no segundo, a imprescritibilidade abrangeu os crimes perpetrados através da ação de grupos armados contra a ordem constitucional e o Estado democrático. Imprescritíveis são, ainda, certos crimes praticados contra a ordem internacional, como os de genocídio, contra a humanidade, de guerra e de agressão.[46]

Duas anotações se afiguram adequadas a essa previsão.

Uma delas descansa no fato de que a previsão de casos de imprescritibilidade na Constituição não exclui a inserção de algum outro caso em lei ordinária. A matéria relacionada à prescrição é de eminente caráter infraconstitucional, de modo que nada impede que o legislador, por razões de política criminal, preveja outras hipóteses de imprescritibilidade. A menção constitucional – é bom ressaltar – traduz mera escolha de ordem política.

A outra observação é a de que, apesar de graves os crimes imprescritíveis previstos na Constituição, há crimes que ensejam igual ou maior repúdio social, como crimes hediondos, de latrocínio, de estupro etc. Para alguns estudiosos, por isso mesmo, é injusto que a imprescritibilidade somente alcance os referidos delitos, deixando-se que outros, de natureza gravíssima, se apaguem pelo decurso do tempo – ponderação, aliás, que nos permitimos endossar.[47]

3.1.13.2 Prescrição da multa

Dita o art. 114 do Código Penal que a prescrição da multa ocorrerá: (1º) em dois anos, quando a multa for a única sanção cominada ou aplicada; (2º) no mesmo prazo da prescrição da pena privativa de liberdade, quando for alternativa ou cumulativamente cominada ou cumulativamente aplicada.

Sem embargo do emprego costumeiro da expressão *prescrição da multa*, inclusive no texto legal, cuida-se, na verdade, de prescrição da pretensão punitiva ou executória

---

[46] PAULO QUEIROZ cita, como fonte, o Estatuto de Roma, que criou o Tribunal Penal Internacional (ob. cit., p. 471).
[47] É a opinião de PAULO QUEIROZ, ob. cit., p. 471.

relativamente a esse tipo de sanção, considerando o escorço teórico uniforme da prescrição.

Sendo a única sanção cominada ou aplicada, a prescrição punitiva ou executória, como diz a lei penal, será de dois anos. O prazo não tem qualquer parâmetro previamente estabelecido e representa mera opção do legislador.

A segunda norma prevista para a prescrição em termos de multa apresenta parcial questionamento. No caso de a multa ser *cumulativamente* aplicada com a pena privativa de liberdade, justifica-se que o prazo prescricional seja o mesmo para ambas, visto que as penas mais leves prescrevem com as mais graves (art. 118, CP). Mas se for cominada e aplicada *alternativamente*, o julgador terá optado por ela em lugar da pena privativa de liberdade; nesse caso, deveria a multa, por questão de justiça, prescrever no prazo normal de dois anos, e não no prazo da pena privativa de liberdade preterida pelo julgador.[48]

Há mais uma questão que tem causado algum embaraço em sua interpretação, e diz respeito ao art. 51 do Código Penal. Reza o dispositivo, em sua redação atual, que, após o trânsito em julgado da sentença condenatória, a multa será considerada dívida de valor, sendo aplicável a legislação relativa à dívida ativa da Fazenda Pública, inclusive no concernente às causas interruptivas e suspensivas da prescrição.

Em função dessa nova redação,[49] alguns autores passaram a entender que desaparecera a prescrição da pretensão executória *penal* da multa, já que o seu valor seria inscrito como dívida ativa da Fazenda.[50] Em divergência, outros estudiosos entenderam que o prazo da prescrição teria sido convertido para o período de cinco anos.[51] Uma terceira corrente enveredou por caminho diverso: a conversão da multa em dívida ativa não lhe teria retirado o caráter de sanção penal, de modo que permanece o prazo de dois anos para a prescrição de tal penalidade; a execução da dívida é que teria que obedecer à Lei nº 6.830/1980 (Lei de Execução Fiscal), aplicando-se, então, as causas de interrupção e suspensão do prazo prescricional.[52]

3.1.13.3 Pena restritiva de direitos

O Código Penal ordena que se apliquem às penas restritivas de direitos os mesmos prazos previstos para as privativas de liberdade (art. 109, parágrafo único). Essa norma se coaduna com a do art. 118 do mesmo Código, de acordo com a qual as penas mais leves prescrevem com as mais graves.

Desse modo, se o réu praticou o delito de lesões corporais, cuja pena é de três meses a um ano de detenção (art. 129, *caput*, CP), a prescrição da pretensão punitiva (antes da condenação) é de quatro anos (art. 109, V, CP). Como a pena de detenção prescreve em quatro anos, esse é também o prazo aplicável à pena restritiva de direitos de presta-

---

[48] Abonamos aqui a opinião de PAULO QUEIROZ a respeito (ob. cit., p. 474).
[49] Essa nova redação do art. 51 do Código Penal foi introduzida pela Lei nº 9.268/1996.
[50] É o entendimento de DAMÁSIO DE JESUS, *Direito penal*, cit., 22. ed., 1999, p. 741.
[51] FERNANDO CAPEZ, *Direito penal. Parte geral*, Saraiva, 2006, p. 580.
[52] LUIZ CARLOS BETANHO e MARCOS ZILLI, *Código penal e sua interpretação*, obra coletiva, Revista dos Tribunais, 8. ed., 2007, p. 595. Também PAULO QUEIROZ, ob. cit., p. 474.

ção de serviços à comunidade (art. 43, IV, CP), na qual pode ser convertida a pena de detenção (art. 44, I, CP). Esse o sentido do art. 109, parágrafo único, do Código Penal.

Entretanto, se a pena restritiva de direitos for cominada de *forma autônoma*, desvinculada da pena privativa de liberdade, a prescrição da pretensão punitiva será calculada de acordo com a pena máxima atribuída ao delito. Por exemplo: o Código de Trânsito Brasileiro (Lei nº 9.503, de 23.9.1997) fixa a pena de suspensão da habilitação ou da permissão para dirigir veículos entre dois meses e cinco anos.[53] Resulta que, sendo pena autônoma, a prescrição considerará o máximo fixado, ou seja, cinco anos, e ocorrerá no prazo de 12 anos (art. 109, III, CP).

3.1.13.4 Medida de segurança

Não há no Código Penal norma expressa que regule a prescrição no caso de medida de segurança. Como não poderia deixar de ser, a matéria também se sujeita a dissenso.

De um lado, há os autores que sustentam que a prescrição da pretensão punitiva em abstrato deve regular-se pelo máximo da pena atribuída ao crime, adotando-se, assim, um método simétrico de cálculo do prazo prescricional.[54]

De outro, entendem alguns autores que a base de cálculo deve considerar o mínimo da pena atribuída ao delito, sob o argumento de que a medida de segurança seria uma pena mais branda.[55]

Como a hipótese tem por base a prescrição do *jus puniendi* do Estado, a repercussão social da conduta tem o mesmo efeito, seja ela passível de aplicação de pena ou de medida de segurança. Com esse fundamento, mais consentâneo, a nosso ver, se afigura o primeiro entendimento.

3.1.13.5 Concurso de crimes

Situação específica, no direito penal, é a que consiste no concurso de crimes. De acordo com o art. 119 do Código Penal, a extinção da punibilidade, incluída a prescrição, incidirá *"sobre a pena de cada um, isoladamente"*.

Significa, por exemplo, que, em caso de concurso material de crimes de homicídio e de lesões corporais, não se somam as penas para a formação da base de cálculo do prazo prescricional. A prescrição se consumará isoladamente em relação a cada um dos crimes e, obviamente, o prazo prescricional aplicável ao crime de lesão corporal será inferior ao que incide no caso do homicídio. Assim, a prescrição da pretensão relativa àquele crime se consumará antes da consumação da prescrição concernente a este último.

---

[53] Dispõe o art. 293 do Código de Trânsito Brasileiro: *"Art. 293. A penalidade de suspensão ou de proibição de se obter a permissão ou a habilitação, para dirigir veículo automotor, tem a duração de dois meses a cinco anos".*
[54] É o entendimento de PAULO QUEIROZ, ob. cit., p. 475.
[55] Assim entende FERNANDO CAPEZ, ob. cit., p. 574.

Idêntica interpretação deve adotar-se no que concerne ao concurso formal e ao crime continuado: o cálculo da prescrição considera cada delito.[56] O STF já se pacificou no sentido de que, no caso de crime continuado, a prescrição regula-se pela pena imposta na sentença e não se considera o acréscimo decorrente da conduta continuada.[57]

Na linha conceitual e teórica da prescrição, conclui-se que a lei penal leva em conta a pretensão punitiva e executória atinente a cada conduta delituosa, sem que as relações jurídicas se comuniquem. Por essa razão, é possível que, no concurso de crimes, algumas pretensões sejam prescritas e outras subsistam por terem prazo mais amplo.

3.1.13.6 Redução de prazos

Por razões de política criminal, dispõe o Código Penal serem reduzidos de metade os prazos de prescrição, quando o autor do crime era, ao tempo do cometimento do delito, menor de 21 anos, ou, ao tempo da sentença, maior de 70 (art. 115).

No caso, o legislador levou em consideração, de um lado, o fator relativo à imaturidade do criminoso, devendo agir-se com menor rigor em relação a ele, e, de outro, a idade avançada do autor do delito, fato que conduz à atenuação do prazo por razões piedosas. Contudo, se não há hesitações quanto a esta segunda hipótese, muitas críticas são desferidas contra a primeira, invocando-se o argumento de que já seria necessário reduzir o limite mínimo de idade, para adequação da política redutiva aos tempos atuais.

É oportuno mencionar que o sentido de *sentença* contido no texto merece interpretação extensiva, em ordem a alcançar também o acórdão condenatório proferido em ação penal originária ou em grau de apelação interposta pelo órgão de acusação. O benefício da redução, no entanto, não alcança o réu que completa 70 anos entre a data da sentença e a do acórdão que a confirma em grau de apelação: a aferição tem que ser feita ao momento da sentença.[58]

Por outro lado, a redução da maioridade civil para 18 anos em nada influi no limite mínimo de 21 anos estabelecido na lei penal para a redução do prazo de prescrição. O mesmo se deve concluir em relação à idade de 60 anos, que qualifica o idoso: para os fins penais de redução do prazo prescricional, prevalece a idade de 70 anos.[59]

Quid juris se, depois da sentença, se verifica que o agente não era menor de 21 ou maior de 70? Antes do trânsito em julgado, será possível corrigir o equívoco quanto ao prazo. Mas, depois de transitar em julgado a sentença, com o decreto de extinção da punibilidade, não mais será viável reacertar o prazo: o agente, pois, mesmo sem as idades legais, se terá beneficiado indevida e inexoravelmente com a redução do prazo prescricional.[60]

---

[56] JULIO FABBRINI MIRABETE, *Código Penal*, cit., p. 732.
[57] Súmula 497, STF.
[58] Essa a orientação do STF no HC 107.398-RJ, Rel. Min. GILMAR MENDES, em 10.5.2011.
[59] Também: PAULO QUEIROZ, ob. cit., p. 475.
[60] LUIZ CARLOS BETANHO e MARCOS ZILLI, ob. cit., p. 600.

3.1.14 CONCLUSÃO

Diante dessas brevíssimas linhas, não aprofundadas porque isso refugiria ao escopo do presente estudo, é lícito inferir que a prescrição, na esfera penal, tem a mesma estrutura básica verificada no instituto dentro da área cível, mesmo admitindo as singularidades próprias que marcam as relações jurídicas dentro do direito penal.

Reafirmam-se, pois, as premissas de que há um direito subjetivo do Estado, que, originariamente, consiste na preservação da ordem pública e, decorrentemente, no direito de sancionar a conduta que viole esse direito.

Quando o crime é praticado, surge a pretensão punitiva (o *jus puniendi*), que tem prazo para ser exercida, sob pena de sujeitar-se à prescrição. Por outro lado, quando a condenação se consuma, a pretensão estatal é a de executar a pena imposta (*jus punitionis*), de modo que, também ultrapassado certo prazo, como fixado na lei, sobre ela incidirá a prescrição da pretensão executória.

Enquanto no cível a ação de direito material (esta, indicativa da diligência exigida do titular do direito) tem fisionomia diversa da ação processual, na esfera penal é a ação processual – a ação penal – que materializa o exercício da pretensão, tanto da punitiva, quanto da executória. A diligência do titular, desse modo, é o próprio ajuizamento da ação.

Mas o fundamento básico do instituto perdura, na medida em que também aqui a análise tem por foco a base triangular *direito, pretensão* e *ação*.

3.2 DECADÊNCIA

3.2.1 BASE LEGAL

Tal como a prescrição, a decadência também constitui causa de extinção da punibilidade, como figura no art. 107, IV, do Código Penal. Significa que, consumada, a decadência opera a impossibilidade jurídica de alvejar-se a punição do autor do crime.

O art. 103 do Código Penal prevê a hipótese de decadência, estabelecendo que, ressalvadas disposições em contrário, o ofendido decai do direito de queixa ou de representação se não o exerce no prazo de seis meses, contado a partir do dia em que veio a saber quem é o autor do crime.

No mesmo dispositivo se prevê outra hipótese de decadência: o transcurso do mesmo prazo de seis meses, no caso de ação penal pública, iniciando-se a contagem a partir do dia em que se esgota o prazo legal para o Ministério Público oferecer a denúncia.[61]

---

[61] O art. 100, § 3º, do Código Penal, prevê a ação penal privada subsidiária, ou seja, a que é proposta quando, em casos de ação pública, o Ministério Público não oferece a denúncia no prazo legal. Esta deve ser oferecida em cinco dias, no caso de réu preso, contado o prazo da data em que o Ministério Público receber o inquérito policial, ou de quinze dias, quando o réu estiver solto ou afiançado (art. 46, CPP).

Com o mesmo conteúdo do art. 103 do Código Penal apresenta-se o art. 38 do Código de Processo Penal.

É esse o quadro normativo penal e processual penal sobre a decadência.

3.2.2 DECADÊNCIA E INTERESSE PRIVADO

Não se pode fazer uma análise científica sobre a decadência no âmbito penal sem perscrutar o tipo de interesse que está em jogo nas hipóteses em que a lei penal a admite.

Primeiramente, o direito de queixa é exercido no caso de *ação penal privada*, indiscutível exceção no sistema penal, cuja regra primacial é a ação penal pública. Nela, como é fácil deduzir, o interesse privado sobreleva ao interesse público, fato evidenciado pela possibilidade oferecida pela lei de a ação penal ser deflagrada pelo particular, e não pelo órgão acusatório natural, o Ministério Público.

Com efeito, nos casos de ação penal privada, a ofensa veiculada pela conduta do agente atinge muito mais diretamente a esfera jurídica do indivíduo, isoladamente considerado, do que o sentimento da sociedade. Exemplo marcante desse aspecto encontra-se nos crimes contra a honra em geral: o crime de injúria, previsto no art. 140, do Código Penal, agride direta e imediatamente o injuriado e só muito remotamente se reflete no contexto social.

É marcante, assim, a diversidade entre os tipos de interesse gerador da propositura da ação penal.

Quando se trata de ação penal pública, o legislador a sujeitou ao *princípio da obrigatoriedade*, não deixando ao Estado, por meio do Ministério Público, qualquer alternativa que não seja a de propor a respectiva ação penal, sede de sua pretensão punitiva, de caráter condenatório. Aqui não há espaço para o órgão acusatório "*adotar critérios de política ou de utilidade social*", como afirma reconhecido doutrinador.[62] A exceção corre por conta do *princípio da insignificância*, aplicável quando o bem jurídico atingido é inexpressivo e a punição pode retratar ofensa ao princípio da proporcionalidade. Mas – enfatize-se – cuida-se de exceção, que não infirma a regra geral.

De outro lado, incide, ainda, sobre os crimes de ação penal pública, o *princípio da indisponibilidade*. Inegável corolário do anterior, esse princípio impede que o Ministério Público desista da ação penal ou admita transação sobre o seu conteúdo. É claro que a legislação apresenta algumas exceções, mas essa é a regra geral, expressa, inclusive, no art. 42 do Código de Processo Penal.[63]

Conclui-se, portanto, que, na hipótese de ação penal pública, *o interesse público prepondera sobre o interesse privado*, obstando a que a pretensão condenatória do Estado tenha desfecho outro que não seja veiculá-la por meio da respectiva ação penal.

Não é isso, contudo, o que se passa com a ação penal privada. Sobre esta se aplica (inversamente) o *princípio da disponibilidade*, já que "*ao seu titular é dado a qualquer*

---
[62] FERNANDO CAPEZ, *Curso de processo penal*, Saraiva, 17. ed., 2010, p. 158.
[63] FERNANDO CAPEZ, ob. cit., p. 159.

tempo renunciar, perdoar, desistir da queixa etc.".[64] Significa, pois, que o titular pode não querer propor a ação penal, ou seja, pode não querer deduzir sua pretensão condenatória, conclusão a que chega por motivos próprios, de conveniência e oportunidade.

Resta evidente, portanto, que, na hipótese de ação penal privada, a lei deixou expressa *a prevalência do interesse privado sobre o interesse público*.

Essa distinção quanto à fisionomia dos dois tipos de ação penal culmina por produzir reflexos na questão da prescrição e da decadência e não pode ser relegada para o fim de sua identificação na lei penal, inclusive para explicar as razões de ambos os institutos. Esse o aspecto que se verá a seguir.

3.2.3 OBJETO DA DECADÊNCIA

Dos aspectos analisados acima resulta que o poder jurídico conferido pela lei ao interessado para a propositura da ação penal privada tem contorno e fundamento diferentes daquele que a lei atribui ao Estado, como *dominus litis*, nos casos de ação penal pública.

Quando se trata de ação penal pública, está bem presente a figura da pretensão do Estado com o objetivo de punir o transgressor da lei penal, fato que lhe permite ajuizar a devida ação penal condenatória.

Mas, em se tratando de ação penal privada, a pretensão condenatória do interessado pode ou não ser deduzida na ação. Ou seja: não está ele jungido ao princípio da obrigatoriedade. Contudo, se ajuizar a ação, sua pretensão condenatória sujeitará o réu às consequências do crime que praticou.

Significa dizer que, em termos penais, é possível afirmar que o interessado, no caso de ação penal privada, tem uma pretensão que caracteriza verdadeiro direito potestativo, ficando a cargo do titular a sujeição ou não do réu aos efeitos penais decorrentes do crime.

Parece-nos, pois, que, partindo-se dessa particularidade na esfera penal, é possível explicar a decadência da pretensão punitiva no caso de ação penal privada.

Trata-se de singularidade do direito penal, que não se enquadra, à perfeição, nos parâmetros normalmente utilizados para a configuração do instituto na esfera cível e já examinados linhas atrás.

Como vimos, segundo as duas grandes doutrinas que se dedicaram ao tema, a decadência, para uma, provoca a perda do próprio direito subjetivo, enquanto para a outra implica a perda de direito potestativo, não exercido no período temporal fixado na lei.

No âmbito penal, todavia, a ação penal privada é condenatória e, por isso, decorre de uma pretensão de caráter punitivo, mas essa pretensão equipara-se a um direito potestativo, já que cabe ao interessado sujeitar ou não o ofensor à punibilidade penal. Sendo um direito potestativo, pode ensejar a decadência, se não exercido no prazo legal.

Essa linha de argumentação alcança não somente a ação penal privada em si, mas também as demais hipóteses de decadência previstas na lei penal, que são: (1ª) o não

---

[64] PAULO QUEIROZ, *Direito penal*, cit., p. 463.

exercício, no prazo legal, do direito de representação; (2ª) o não exercício, também no prazo legal, do direito potestativo de ajuizar a ação penal privada subsidiária.

Ressalve-se, à guisa de mera recapitulação, que, em todos esses casos de decadência, não incide o princípio da obrigatoriedade, mas sim o da disponibilidade, que permite ao interessado atuar comissivamente ou simplesmente omitir-se.

Vale a pena registrar, por outro lado, que a decadência atinge diretamente a pretensão, aqui considerada um direito potestativo, e só indiretamente a ação penal ou a representação. Tanto é verdadeira a inferência, que, perpetrada a decadência, é possível a propositura da ação ou o oferecimento da representação, que espelham providências autônomas em relação à pretensão ou ao direito potestativo. É claro que tais providências culminarão por ser extintas em face da alegação do fato decadencial, mas, bem ou mal, chegaram a existir no mundo jurídico.

3.2.4 PRETENSÃO CONDENATÓRIA E EXECUTÓRIA

No caso da prescrição, deixamos consignada a dicotomia da pretensão no âmbito penal: a pretensão punitiva, anterior à sentença condenatória, e a pretensão executória, posterior à sentença. Vimos também que, havendo duas pretensões, necessária é a existência de duas modalidades de prescrição, uma para cada pretensão.

Não é, porém, o que sucede com a decadência. Com efeito, apenas a pretensão punitiva, no caso de ação penal privada, sujeita-se à decadência, caso não exercida no prazo legal.

Uma vez exercida a pretensão punitiva no prazo fixado na lei e julgada procedente a ação com a condenação do réu, o prazo dentro do qual deve ser exercida a pretensão executória sujeita-se à prescrição, e não à decadência. Conclui-se, pois, que, no concernente à extinção da pretensão executória, nenhuma diferença haverá entre a ação penal pública e a ação penal privada.

3.2.5 IMPEDIMENTO, SUSPENSÃO E INTERRUPÇÃO

As figuras do impedimento, da suspensão e da interrupção de prazos são aplicáveis na hipótese de prescrição, tanto na esfera cível, quanto na penal, o que já foi visto anteriormente.

A despeito do silêncio das leis penal e processual, incide, supletivamente, o art. 207 do Código Civil, que tem os seguintes dizeres: *"Salvo disposição legal em contrário, não se aplicam à decadência as normas que impedem, suspendem ou interrompem a prescrição."*

Câmara Leal já assinalava serem inadmissíveis a suspensão e a interrupção de prazos na hipótese de decadência.[65] Na verdade, o prazo decadencial é inexorável e não comporta sofrer paralisação de qualquer ordem. Na decadência, não há como vislumbrar que o prazo continue ou que se reinicie. Quando iniciado, estender-se-á até o seu final, afastada qualquer forma de paralisação.

---

[65] CÂMARA LEAL, *Da prescrição*, cit., p. 115.

Na esfera penal, é lícito reiterar a mesma observação que fizemos ao estudar a decadência no âmbito cível. Embora o citado dispositivo do Código Civil seja peremptório quanto à vedação da figura do impedimento relativamente ao prazo decadencial, o exercício do direito em si mesmo, a rigor, constitui fator de impedimento. Quando o titular do direito potestativo o exerce, ajuizando a queixa ou promovendo a representação, cria-se um fator impeditivo, de modo que o prazo sequer pode iniciar-se.

Já observamos, mas vale a pena enfatizar novamente, que, na visão tradicional, não se admitia exceção à regra da inviabilidade da suspensão, interrupção e impedimento no caso de decadência. O princípio, atualmente, não é mais inflexível: segundo o Código Civil, é possível a incidência de tais figuras, dependendo apenas de lei que as preveja.[66]

No âmbito do direito penal, não há espaço para a incidência de qualquer dos fenômenos paralisantes. Ao contrário, doutrina e jurisprudência se têm mostrado praticamente unânimes em considerar insuscetível a suspensão ou a interrupção em várias hipóteses, como no pedido de explicações (ou interpelação judicial),[67] no pedido de instauração de inquérito policial e na queixa inepta ou nula.[68]

Entretanto, se a queixa foi despachada antes do prazo, não ocorrerá decadência, pois que o interessado terá exercido a tempo sua pretensão punitiva. O mesmo se passa quando a queixa é apresentada em juízo incompetente: como só se invalidam os atos decisórios, é de considerar-se exercido tempestivamente o direito de instauração da ação penal privada.[69]

3.2.6 RENÚNCIA

O Código Penal admite que o direito de queixa seja objeto de renúncia expressa ou tácita (art. 104). A renúncia é tácita quando o interessado pratica atos incompatíveis com o intuito de exercer o direito de queixa (art. 104, parágrafo único).

Dois aspectos merecem breve observação sobre a renúncia.

Primeiramente, a renúncia do direito de queixa, que é o mesmo que renunciar à ação penal, incide exclusivamente sobre a ação penal privada. No caso de ação penal pública, é vedado que o órgão acusatório, no caso o Ministério Público, se socorra de tal mecanismo.

Essa distinção de tratamento demonstra a diversidade dos interesses em jogo nas referidas ações. Enquanto na ação penal privada prevalece o interesse privado, deixando-se ao interessado a disponibilidade de instaurá-la, na ação penal pública é o interesse público que sobreleva, incidindo no caso o princípio da obrigatoriedade, conforme já

---

[66] Art. 207, Código Civil. No art. 208, encontra-se exemplo de impedimento da contagem de prazo decadencial, fato que, como visto, reflete exceção.
[67] Art. 144, Código Penal.
[68] São observações de SEBASTIÃO OSCAR FELTRIN e PATRICIA CRISTINA KURIKI, em *Código Penal e sua Interpretação*, obra coletiva, Revista dos Tribunais, 8. ed., 2007, p. 506.
[69] JULIO FABBRINI MIRABETE aponta várias decisões nesse sentido (ob. cit., p. 616).

acentuamos anteriormente. A iniciativa do interessado, na ação penal privada, inclui-se no princípio da oportunidade ou conveniência.[70]

O outro aspecto diz respeito ao objeto da renúncia, considerando-se as linhas teóricas até aqui adotadas. A renúncia atinge diretamente a pretensão punitiva de que é titular o interessado na ação penal privada ou na representação. Só reflexamente a renúncia alcança o direito de ação, que é autônomo em relação ao direito material.

Quando a lei penal diz que, com a renúncia, o direito de queixa não pode ser exercido, quer dizer tão somente que o interessado em exercê-lo já desistiu previamente de sua pretensão punitiva. Como a ação penal privada iniciada pela queixa espelha um direito autônomo, conforme assente na moderna teoria do direito abstrato de ação, não pode a lei impedir o interessado de instaurá-la, ainda que, em última instância, seja ela extinta por decisão judicial em razão da renúncia. Como é sabido, o ajuizamento da ação se aloja no princípio do acesso judicial (art. 5º, XXXV, CF), não podendo ser postergado por lei ordinária.

Havendo coautoria, a renúncia do interessado relativamente a um dos autores do delito estender-se-á a todos os demais. Não é lícito, pois, que a ação penal seja promovida contra um e não o seja contra os outros, coautores. Aqui vigora o princípio da indivisibilidade, como o reconhece a doutrina[71] e a jurisprudência.[72]

3.2.7 REDUÇÃO DE PRAZO

Já vimos, anteriormente, que a lei penal admite a redução do prazo de prescrição em caráter excepcional, beneficiando o autor do delito, quando, ao momento de sua prática, tenha menos que 21 anos, e quando, à data da sentença, seja maior de 70 (art. 115, CP). Em tais situações, o prazo prescricional reduz-se de metade, permitindo ao autor do fato ver extinta a sua punibilidade em prazo bem menor do que o aplicável à regra geral.

Essa flexibilização do prazo prescricional não foi prevista para a decadência da pretensão punitiva na ação penal privada, ou do direito de representação, na ação penal pública condicionada. Infere-se, por conseguinte, que, na decadência, o prazo é fatal, ininterrupto e irreversível, sendo inviável a sua redução em qualquer hipótese.

O rigor com a decadência pode ser observado em vários aspectos relativos à contagem do prazo. Nesta, computa-se o dia de início e exclui-se o dia final, o que resulta da aplicação do art. 10 do Código Penal. Se o final do prazo recair em sábado, domingo ou feriado, não haverá prorrogação para o primeiro dia útil subsequente. Como advertem os estudiosos, deve o interessado valer-se do juiz de plantão; se aguardar o primeiro dia útil posterior, ter-se-á consumado a decadência.[73]

---

[70] FERNANDO CAPEZ, *Curso*, cit., p. 181.
[71] ROGÉRIO GRECO, ob. cit., p. 697.
[72] STJ, AP 560-RJ, Rel. Min. FELIX FISCHER, em 16.9.2009.
[73] FERNANDO CAPEZ, ob. cit., p. 186.

Divergem os autores sobre o prazo decadencial no caso em que o ofendido completa 18 anos no curso desse prazo. Como se sabe, antes dessa idade, o direito de queixa é atribuído ao representante legal. Se o crime ocorre quando o ofendido, por exemplo, tem 17 anos e 9 meses, surge a dúvida sobre se, ao completar 18 anos, terá ele o prazo por inteiro ou somente o prazo remanescente, que, na hipótese, seria de três meses. Para uns, o prazo é fatal e indivisível, de modo que o ofendido teria só o prazo residual. Para outros, o prazo se inicia por inteiro a partir da data em que alcançou 18 anos, já que se trata de prazos atribuídos a pessoas diversas, o representante e o próprio ofendido. Apesar das divergências, parece dominar esse último entendimento.[74]

---

[74] É a posição de GUILHERME DE SOUZA NUCCI, ob. cit., p. 602, e FERNANDO CAPEZ, ob. cit., p. 180. Os autores se fundam na Súmula 594, do STF, que diz: "*Os direitos de queixa e de representação podem ser exercidos, independentemente, pelo ofendido ou por seu representante legal.*"

4

PRESCRIÇÃO E DECADÊNCIA NO DIREITO ADMINISTRATIVO

4.1 PRESCRIÇÃO

4.1.1 INTRODUÇÃO

Se, nas esferas cível e penal, os temas da prescrição e da decadência suscitam numerosos conflitos de interpretação, como vimos em abreviada síntese, no Direito Administrativo as controvérsias apresentam-se ainda mais profundas, encontrando-se opiniões e julgados com visões inteiramente diversas sobre o assunto.

Algumas explicações podem ser apontadas como causadoras dessa ocorrência, embora nem de longe se pretenda esgotá-las. Uma delas é a pluralidade normativa: de fato, há grande variedade de diplomas legais que regem a matéria. O mesmo não ocorre, todavia, em sedes cível e penal, marcadas, em regra, pela unidade normativa, consubstanciada pela disciplina traçada nos respectivos códigos.

Outro ponto de dificuldade reside na duplicidade de vias em que o titular do direito pode apresentar sua pretensão ou exercer o seu direito potestativo. Há prazos extintivos tanto na via administrativa, em que a relação jurídica é direta entre a Administração e o administrado, quanto na via judicial, em que o conflito é dirimido por órgão jurisdicional.

O objetivo deste trabalho é o de adequar o sistema que rege a prescrição e a decadência, dentro do cenário em que tem sido analisado, aos princípios e regras do Direito Administrativo. Nem sempre – é oportuno esclarecer desde já – o sistema terá inteira adequação: afinal, não se podem ignorar as singularidades que marcam a matéria. Mas a tentativa é apenas a de manter a congruência, considerando os parâmetros anteriormente examinados.

4.1.2 PRESCRIÇÃO DA PRETENSÃO DO ADMINISTRADO EM FACE DA FAZENDA PÚBLICA

4.1.2.1 Sentido

À guisa de comentário prévio, comporta afirmar, sem qualquer receio de equívoco, que as linhas conceituais da prescrição não se alteram, relativamente ao que temos visto até agora, mesmo quando se trata de pretensão do administrado contra a Fazenda Pública.

Apenas para recapitular, o *direito subjetivo*, em certo momento, pode render ensejo a que a outra parte cumpra determinada obrigação. Se não há a satisfação dessa obrigação, o direito do titular é vulnerado, nascendo, então, a *pretensão*, que é o poder de exigibilidade do titular em relação ao devedor. Como consequência, o titular deve movimentar-se para exigir a satisfação da obrigação e, ao fazê-lo, socorre-se da *ação* em sentido material. Direito, pretensão e ação formam o tripé em que repousa a proteção do direito contra o fenômeno da prescrição.

Todos esses traços alinhavam também a prescrição contra a Fazenda Pública. Tendo o administrado um direito em face do Estado, se este o viola, nasce para aquele o poder jurídico de exigir seu cumprimento, ou seja, a pretensão. O titular, entretanto, tem um prazo para exercê-la, dado que o ordenamento jurídico não permite, em linha de princípio, pretensões perpétuas. Caso não o faça no prazo que a lei fixou, consumar-se-á a prescrição, o que o impedirá de agir para restaurar a ordem jurídica rompida pela violação do direito.

Diante dessa matriz, o sentido de prescrição contra a Fazenda não foge àquele sugerido para a prescrição no âmbito cível em geral, até porque aquela prescrição, embora específica, também se insere nesta última categoria, que é marcada por seu caráter genérico em relação à outra.

Procedendo-se à adequação do conceito geral, tem-se que *prescrição contra a Fazenda Pública é o fato jurídico que extingue a pretensão, retirando do administrado titular do direito subjetivo o poder de exigibilidade em face de pessoa jurídica de direito público a quem se atribui correspondente dever jurídico, em razão da inércia do titular dentro do prazo fixado em lei.*

4.1.2.2 Fazenda Pública

Parece oportuno fazer, desde já, um breve comentário sobre a clássica expressão *prescrição contra a Fazenda Pública*, encontrada habitualmente nos textos doutrinários e decisões judiciais.

Fazenda Pública não constitui uma categoria jurídica, mas mero cognome mencionado pelo vetusto Decreto nº 20.910, de 6.1.1932, que rege especificamente a prescrição contra o Estado. A expressão indica o próprio Estado em sua ótica financeira ou, em outras palavras, a soma dos interesses de ordem patrimonial ou financeira da União, dos Estados, do Distrito Federal e dos Municípios.[1]

O citado Decreto nº 20.910/1932 refere-se à União, Estados e Municípios, e alude também à Fazenda Federal, Estadual e Municipal. Por outro lado, o Decreto-lei nº 4.597, de 19.8.1942, estendeu a prescrição às autarquias e entidades e órgãos paraestatais.

Como se trata de legislação antiga, interpretaram-se tais dispositivos com o sentido de que a prescrição quinquenal favorece todas as pessoas jurídicas de direito público, que, em sentido lato, retratam o próprio Poder Público. Atualmente, o elenco de pessoas jurídicas de direito público consta do art. 41 do Código Civil: (a) a União; (b) os Estados, o Distrito Federal e os Territórios; (c) os Municípios; (d) as autarquias, incluindo-se as associações públicas; (e) outras entidades de caráter público criadas por lei.

Conclui-se, portanto, que, quando se empregar a expressão *prescrição contra a Fazenda Pública*, o sentido é o de que se trata de prescrição contra pessoa jurídica de direito público, seja ou não de caráter político-federativo.

É bem verdade que existem normas de caráter híbrido, ou seja, que fixam a prescrição para entes públicos e privados ao mesmo tempo. É o que acontece com o art. 1º-C da Lei nº 9.494, de 10.9.1997, que estabelece a prescrição quinquenal para a pretensão indenizatória no caso de danos causados por agentes de pessoas jurídicas de direito público e de pessoas privadas prestadoras de serviços públicos.[2] Os sujeitos passivos aqui são os mesmos mencionados no art. 37, § 6º, da CF, que prevê a responsabilidade civil objetiva dessas pessoas. Mas somente as pessoas de direito público se incluem no sentido de "*Fazenda Pública*"; não se incluem nessa categoria, contudo, as pessoas de direito privado, ainda que sejam prestadoras de serviços públicos. A identidade entre tais categorias, nessa hipótese, é a que resulta do prazo comum para a prescrição.

4.1.2.3 Base legal

O diploma legal básico que rege a prescrição contra a Fazenda Pública é o já citado Decreto nº 20.910/1932, que, considerando a época em que foi editado, tem força de lei, sendo que foi complementado, como dissemos acima, pelo Decreto-lei nº 4.597/1942.

Reza o art. 1º do Decreto nº 20.910/1932 que "*as dívidas passivas da União, dos Estados e dos Municípios, bem assim todo e qualquer direito ou ação contra a Fazenda Federal, Estadual ou Municipal, seja qual for a sua natureza, prescrevem em cinco anos contados da data do ato ou fato do qual se originarem*".

O Decreto-lei nº 4.597/1942 complementou esse diploma, ampliando seu campo de aplicabilidade. No art. 2º, dispôs: "*O Decreto nº 20.910, de 6 de janeiro de 1932, que regula a prescrição quinquenal, abrange as dívidas passivas das autarquias, ou entidades*

---

[1] CRETELLA JUNIOR, *Dicionário*, cit., p. 250. O autor, inclusive, invoca idêntico significado oferecido por PLÁCIDO E SILVA, expresso no seu clássico *Vocabulário jurídico*.
[2] O dispositivo foi introduzido pela MP nº 2.180-35, de 24.8.2001.

e órgãos paraestatais, criados por lei e mantidos mediante impostos, taxas ou quaisquer contribuições, exigidas em virtude de lei federal, estadual ou municipal, bem como a todo e qualquer direito e ação contra os mesmos."

O instituto da prescrição se situa no âmbito do direito material, ainda que provoque reflexos no direito processual. É à lei federal, pois, que incumbe regular a matéria tanto na esfera cível quanto na penal, aplicando-se, no caso, o art. 22, I, da vigente Constituição. Tendo em vista que se caracterizam como leis federais,[3] esses diplomas, por via de consequência, guardam consonância com o mandamento constitucional.

Há outras leis que tratam da prescrição contra a Fazenda Pública, como, por exemplo, a citada Lei nº 9.494/1997, mas a legislação básica continua sendo o Decreto nº 20.910/1932 e o Decreto-lei nº 4.597/1942.

4.1.2.4 Objeto da prescrição

Embora já se tenha antecipado o comentário sobre o objeto da prescrição contra a Fazenda, não custa remarcá-lo para deixar bem esclarecido o seu delineamento.

Tendo em vista que a prescrição contra a Fazenda se configura como subcategoria da prescrição na esfera cível, sua incidência, tal qual ocorre dentro desta última, recai sobre a *pretensão* do administrado em face de determinada pessoa jurídica de direito público.

Vale aqui, por conseguinte, toda a estrutura que temos adotado até o momento: (a) o administrado é titular de um *direito subjetivo*, sendo a Fazenda aquela que tem o dever jurídico correspondente na relação jurídica; (b) violado esse direito, nasce para o titular a *pretensão*, assim considerada como o poder de exigir o cumprimento da obrigação por parte da Fazenda; (c) para sair da inércia, deve o titular mobilizar-se, isto é, diligenciar para o fim de ver exercido o seu direito, surgindo, então, *a ação*, que tem prazo determinado para materializar-se.

A prescrição, como vimos, incide sobre a pretensão, se esta não for seguida da ação no prazo que a lei fixou. Ficando inerte o administrado titular, perderá ele a oportunidade de oferecer a pretensão para exigir o cumprimento da obrigação por parte da Fazenda.

Exatamente por esse motivo, é comum que o ente público, em ação ajuizada pelo administrado, suscite, como preliminar de sua contestação, a ocorrência da prescrição, com fundamento no Decreto nº 20.910/1932. A alegação decorre do fato de que, segundo a Fazenda contestante, já se terão passado mais de cinco anos a partir do nascimento da pretensão, exsurgindo daí a ocorrência da prescrição.

---

[3] O Decreto nº 20.910/1932 foi baixado, em momento de crise política, pelo Chefe do Governo Provisório da República, no uso das prerrogativas conferidas pelo Decreto nº 19.398, de 11.11.1930, em cujo art. 1º se estabelecia que *"o Governo Provisório exercerá discricionariamente, em toda sua plenitude, as funções e atribuições, não só do Poder Executivo, como também do Poder Legislativo, até que, eleita a Assembleia Constituinte, estabeleça esta reorganização constitucional do país".* Era, assim, um período de anormalidade constitucional.

4.1.2.5 Pretensões sujeitas à prescrição

Há grande controvérsia a respeito da natureza do direito (*rectius*: da pretensão) suscetível de incidência da prescrição contra a Fazenda. Isso se deve à imprecisão do texto do referido art. 1º do Decreto nº 20.910/1932, que alude a "*todo e qualquer direito ou ação*" contra a Fazenda dos entes federativos.

Vigorava, à época da promulgação desse diploma, o Código Civil de 1916, que distinguia duas categorias de direitos: a dos *direitos pessoais* e a dos *direitos reais*. Estes atribuem ao sujeito a dominação direta sobre a coisa (*iura in re*), tendo efeito *erga omnes*; aqueles implicam a exigibilidade de uma prestação relativamente a uma pessoa ou a um grupo de pessoas (*dare, facere* e *non facere*), ostentando natureza basicamente obrigacional.[4]

A discussão consistia em saber se na expressão *todo e qualquer direito ou ação*, prevista no Decreto nº 20.910/1932, deveriam estar incluídos também os direitos reais ou se, ao contrário, deveria interpretar-se a norma para considerar que abrangeria apenas os direitos pessoais (*rectius*: as pretensões relacionadas a direitos obrigacionais).

Prevaleceu o entendimento de que a prescrição quinquenal contra a Fazenda alcançaria exclusivamente os direitos pessoais, argumentando-se que a inclusão dos direitos reais indicaria, por linha transversa, a fixação do mesmo prazo para a aquisição da propriedade, o que implicaria expressiva modificação no sistema de usucapião contemplado no Código Civil, solução que não teria sido alvejada pelo legislador.[5]

O Código Civil em vigor, como já destacamos, não mais se refere a direitos pessoais e direitos reais ao cuidar da prescrição, como o fazia o art. 177 do Código revogado, consolidando o entendimento de que não há mais que falar em prescrição aquisitiva atualmente, mas só na prescrição extintiva. De qualquer modo, para a doutrina monista, que só admite mesmo esta última, o entendimento de que a prescrição contra a Fazenda só atingiria os direitos pessoais já se compatibilizava com os postulados que sustentava.

Não obstante, a inadmissibilidade da prescrição para aquisição da propriedade continua atual, e isso porque os bens públicos são imprescritíveis. Em outras palavras, não há como considerar a existência de pretensão do administrado à aquisição da propriedade pública e, se não pode haver semelhante pretensão, inviável será admitir-se a prescrição.

Conclui-se, destarte, que a prescrição do administrado contra a Fazenda é aquela que atinge precipuamente a pretensão nas relações obrigacionais ou, para reabilitar-se a antiga terminologia, a pretensão calcada em direitos pessoais.

---

[4] CAIO MÁRIO DA SILVA PEREIRA, *Instituições*, cit., v. I, p. 39. Registre-se que o autor considera imprópria a expressão *direitos pessoais*, porque todo direito é pessoal no sentido de exprimir uma faculdade atribuída ao titular, e prefere empregar as locuções *direitos de obrigação* ou *direitos de crédito*.

[5] Era a clássica posição de HELY LOPES MEIRELLES (*Direito administrativo brasileiro*, Malheiros, 29. ed., 2004, p. 703), que colacionava farta jurisprudência em favor desse pensamento.

4.1.2.6 Prazo

A regra geral é a que contempla o Decreto nº 20.910/1932: a prescrição se consuma em cinco anos. Essa a justificativa pela qual é tradicionalmente conhecida como *prescrição quinquenal* contra a Fazenda.

Ao momento em que foi instituída, a prescrição quinquenal das pretensões contra a Fazenda representou para esta expressiva vantagem. No antigo Código Civil, então em vigor, os prazos prescricionais entre particulares eram muito superiores, estabelecendo-se o de 20 anos para os direitos pessoais e os de 10 e 15 anos para as ações reais, no primeiro caso entre presentes e no segundo entre ausentes.[6]

No Código Civil vigente, entretanto, abolida a distinção entre direitos pessoais e direitos reais para efeito de prescrição, foi fixado o prazo geral de dez anos, quando a lei não houver previsto prazo menor (art. 205). E os prazos específicos, enumerados no art. 206, têm como limite o de cinco anos (art. 206, § 5º). Diante desse novo quadro normativo, a referida vantagem em favor da Fazenda sofreu indiscutível atenuação.

Justamente por causa da nova opção da lei civil, sobreveio uma questão relativa à prescrição de pretensões contra a Fazenda. O Código Civil em vigor estabeleceu que será de três anos a prescrição da pretensão de reparação civil (art. 206, § 3º, V). A reparação civil é o restabelecimento da situação jurídica rompida em virtude de determinado dano e se consubstancia pela indenização a ser paga ao lesado. Ou seja: sofrido o dano, tem o lesado o direito subjetivo e, consequentemente, a pretensão à devida reparação civil. Para que não sofra os efeitos da prescrição, precisa deduzir sua pretensão no prazo de três anos. É o que se infere do referido dispositivo.

Ocorre que essa modalidade de pretensão é comum e genérica, permitindo que um dano seja causado tanto por uma pessoa privada como por um ente público, situação que rende ensejo à pretensão indenizatória, ou seja, de reparação civil em face de qualquer delas. A divergência resultou da seguinte indagação: dirigindo-se essa pretensão contra um ente público, qual será o prazo de prescrição – de cinco anos, como registra o Decreto nº 20.910/1932, ou de três anos, como veio a assinalar o vigente Código Civil?

Alguns autores, sob o argumento de que o Decreto nº 20.910/1932 se caracteriza como lei especial, entendem que deve prevalecer o prazo de cinco anos fixado nesse diploma.[7] Não abonamos esse entendimento e, desde o primeiro momento, sustentamos que aplicável é o Código Civil, que fixa o prazo de três anos. Fundamo-nos em que as normas não poderiam ser interpretadas isoladamente, mas, ao contrário, deveria recorrer-se à interpretação lógica e sistemática para concluir que, se o sistema sempre privilegiou os prazos prescricionais em favor da Fazenda, não teria a menor lógica que, no caso de reparação civil, a prescrição em favor da Fazenda se consumasse em prazo mais amplo do que a prescrição dirigida aos particulares em geral.[8] Sendo assim, a prescrição da pretensão de reparação civil se consuma no prazo de três anos, seja qual for o sujeito

---

[6] Art. 177 do Código Civil de 1916.
[7] É a opinião de MARIA SYLVIA ZANELLA DI PIETRO, *Direito administrativo*, Atlas, 23. ed., 2010, p. 762.
[8] Veja-se nosso *Manual de direito administrativo*, cit., p. 610/611.

passivo da relação jurídica ou, se assim se preferir, o titular do dever jurídico indenizatório. A doutrina[9] e a jurisprudência[10] vinham consagrando essa linha de pensamento. Convém esclarecer, no entanto, que, posteriormente, já se julgou em sentido contrário.[11]

Advirta-se, porém, que o prazo trienal alcança apenas a pretensão de reparação civil, de modo que outras pretensões contra a Fazenda Pública, relacionadas a direitos pessoais, continuam sob a égide do Decreto nº 20.910/1932, que prevê a prescrição quinquenal.

4.1.2.7 Impedimento, suspensão e interrupção

O impedimento, a suspensão e a interrupção da prescrição de pretensões contra a Fazenda apresentam o mesmo conteúdo jurídico da prescrição em geral. O impedimento é fato impeditivo do início da contagem do prazo. A suspensão paralisa o prazo, que continua a fluir após o fato suspensivo. Na interrupção, após a paralisação, reinicia-se nova contagem do prazo, sendo desprezado o período pretérito transcorrido.

Da mesma forma, os fatos que acarretam o impedimento e a suspensão do prazo prescricional são os já mencionados anteriormente, todos eles enumerados no Código Civil.[12] É evidente que algumas dessas hipóteses não comportam aplicação quando se trata de pretensão contra a Fazenda.[13] As demais, todavia, incidem normalmente, com a mesma eficácia que incidem nas relações entre particulares.

A interrupção do prazo prescricional, no entanto, apresenta peculiaridade que merece comento.

Dita o art. 3º do Decreto-lei nº 4.597/1942: *"A prescrição das dívidas, direitos e ações a que se refere o Decreto nº 20.910, de 6 de janeiro de 1932, somente pode ser interrompida uma vez, e recomeça a correr, pela metade do prazo, da data do ato que a interrompeu, ou do último do processo para a interromper; consumar-se-á a prescrição no curso da lide sempre que a partir do último ato ou termo da mesma, inclusive da sentença nela proferida, embora passada em julgado, decorrer o prazo de dois anos e meio."*

Os benefícios da recontagem pela metade do prazo em prol da Fazenda e de uma única interrupção do prazo prescricional, garantidos por tal dispositivo, não mais se justificam em tempos atuais. A norma – pode-se afirmar sem receio de engano – tem cunho evidentemente autoritário. E o tem, a uma, porque não respeita a diligência do administrado em evitar a ocorrência da prescrição, fenômeno este que se funda exatamente na negligência do credor, e, a duas, porque agride o princípio da proporcionalidade, caracterizando-se os benefícios por serem muito superiores às reais dificuldades sabidamente existentes na função de defesa da Fazenda. Com efeito, a redução do pra-

---

[9] FLÁVIO DE ARAÚJO WILLEMAN, *Responsabilidade civil das agências reguladoras*, Lumen Juris, 2005, p. 42, e CARLOS ROBERTO GONÇALVES, *Responsabilidade civil*, Saraiva, 8. ed., 2003, p. 190.
[10] STJ, REsp 698.195, Rel. Min. JORGE SCARTEZZINI, em 4.5.2006, e REsp 1.137.354, Rel. Min. CASTRO MEIRA, em 8.9.2009.
[11] STJ, AgRg no AREsp 14.062, Min. ARNALDO LIMA, em 20.9.2012.
[12] Arts. 197 a 199.
[13] É o caso da relação entre cônjuges, ou entre ascendente e descendente (art. 197, I e II, CC).

zo prescricional já assegura, em favor do órgão fazendário, a extinção mais rápida da pretensão do administrado. O legislador, então, deveria repensar as citadas benesses. Enquanto isso, porém, *legem habemus*.

Aplicando-se a regra na prática, se o fato interruptivo se consumou quando já decorreram quatro anos do prazo prescricional, não se reinicia o prazo integral, ou seja, cinco anos, mas sim a metade, isto é, dois anos e meio. E mais: esse novo prazo não dá ensejo a nova interrupção. Destarte, se na nova contagem sobrevier outro fato interruptivo, terá ele o efeito meramente suspensivo, de forma que, uma vez cessado, o prazo continua (e não reinicia) a contagem.

Entretanto, a interpretação literal da norma gerou efeito não alvitrado pelo legislador: se a interrupção se desse na primeira metade do prazo, por exemplo, com um ano, esse período somado à metade subsequente (dois anos e meio) redundaria no total de três anos e meio e, portanto, inferior ao prazo normal de cinco anos. Para restabelecer a *ratio* da lei, o STF consagrou o entendimento de que o prazo total nunca poderá ser inferior a cinco anos, ainda que a interrupção ocorra na primeira metade do prazo. No exemplo acima, então, além dos três anos e meio, o administrado ainda terá a seu favor mais um ano e meio até que se possa consumar a prescrição.[14]

4.1.2.8 Pretensão originária (de fundo) e pretensões derivadas

Esse tema, que tem gerado inúmeras controvérsias, é estudado tradicionalmente sob a denominação de *prescrição da ação* e *prescrição das prestações*. Cuida-se de saber como opera a prescrição quando há um direito subjetivo originário e outros subsequentes e derivados.

Aplica-se a tal questão a espinha dorsal da prescrição, com as mesmas linhas traçadas até agora: em virtude de um direito subjetivo violado, nasce uma pretensão, concretizando-se esta por meio da ação de direito material, de modo que esta última culmina com a ação de direito processual, na qual o titular deduz a sua pretensão.

A singularidade consiste nos efeitos que derivam desse direito inicial. Além do direito subjetivo originário (*fundo do direito*), dele podem emanar outros direitos, que se vão irradiando sucessivamente: trata-se, pois, de *relações de trato sucessivo*. Significa dizer que, no caso de sua violação, temos uma pretensão originária e várias pretensões sucessivas. Dependendo da hipótese, a prescrição pode atingir todas elas ou somente as derivadas. Por esse motivo, melhor nos parecem as denominações de *prescrição da pretensão de fundo*, ou *originária* (prescrição do fundo de direito), e *prescrição das pretensões derivadas* (prescrição das prestações).

No caso da pretensão de fundo (ou fundo do direito), a prescrição atinge a própria pretensão originária e, por via de consequência, acaba abrangendo também as pretensões derivadas, ou seja, aquelas que constituem efeito da primeira. Como já averbamos,

---

[14] Súmula 383 do STF: "*A prescrição em favor da Fazenda Pública recomeça a correr, por dois anos e meio, a partir do ato interruptivo, mas não fica reduzida aquém de cinco anos, embora o titular do direito a interrompa durante a primeira metade do prazo.*"

a questão se relaciona com o tipo de conduta administrativa: se a Administração se manifestou expressamente, através de ato ou conduta administrativa, consumou-se a ofensa ao direito e, por conseguinte, o nascimento da pretensão.[15] Há, assim, um *comportamento comissivo* (ou *positivo*) da Administração.[16] Como bem assinala talentosa administrativista, "*se há qualquer comportamento em que esteja evidenciada a negativa pública, tem-se, aí, o início do prazo prescricional do fundo de direito (e não apenas das parcelas que possam do mesmo decorrer)*".[17]

Em outras situações, porém, nasce o direito, mas a Administração não dá ensejo a que seja ele exercido pelo respectivo titular; ocorre aqui um *comportamento omissivo* (ou *negativo*) da Administração. De qualquer modo, com a violação do direito nasceu a pretensão, no caso a pretensão originária. E, em vários momentos posteriores, vão surgindo novos direitos (derivados) e, consequentemente, novas pretensões. Desse modo, além da pretensão originária, surgem outras pretensões em ordem sucessiva, estas as pretensões derivadas, habitualmente nominadas de *prestações*.

Nessas hipóteses, não prescreve a pretensão originária (ou, como alude a doutrina, o fundo do direito), mas apenas as pretensões derivadas (ou prestações). A contagem, em tais situações, se inicia a partir de cada uma das pretensões, conforme já tivemos a oportunidade de consignar.[18] É certo, portanto, afirmar que "*o fundo do direito permanece incólume, sendo atingidas tão somente as prestações anteriores ao quinquênio que antecedeu o ajuizamento da ação*".[19]

É o caso em que o servidor, a partir de certo momento, passa a ter o direito a determinada vantagem pecuniária mensal e a Administração se omite na providência de concedê-la. A cada mês subsequente, sem o devido pagamento, nasce novo direito e também nova pretensão (que corresponde a uma prestação). Não incidirá a prescrição sobre a pretensão originária, só recaindo sobre as pretensões derivadas anteriores dentro do quinquênio prescricional. Se o servidor, por exemplo, ajuíza ação oito anos após o surgimento da pretensão originária, subsistem as pretensões derivadas até os cinco anos anteriores à propositura da ação e prescrevem as dos primeiros três anos.[20]

A jurisprudência já se consolidou com essa interpretação. O STF já assentou: "*A prescrição das prestações anteriores ao período previsto em lei não ocorre quando não tiver sido negado, antes daquele prazo, o próprio direito reclamado ou a situação jurídica de que ele resulta.*"[21]

O STJ, a seu turno, consagrou o mesmo entendimento: "*Nas relações jurídicas de trato sucessivo em que a Fazenda Pública figure como devedora, quando não tiver sido ne-*

---

[15] Para recapitular, essa é a norma do art. 189 do Código Civil.
[16] Nosso *Manual*, cit., p. 1.090.
[17] É a correta afirmação de RAQUEL MELO URBANO DE CARVALHO, *Curso de direito administrativo*, Ed. Podivm, 2008, p. 504.
[18] Nosso *Manual*, cit., p. 1.090.
[19] RAQUEL MELO URBANO DE CARVALHO, *Curso*, cit., p. 505.
[20] Exemplo similar oferece CELSO ANTÔNIO BANDEIRA DE MELLO, *Curso*, cit., p. 1057.
[21] Súmula 443, STF.

gado o próprio direito reclamado, a prescrição atinge apenas as prestações vencidas antes do quinquênio anterior à propositura da ação."[22]

Encerramos o presente tópico com a advertência de que essas peculiaridades não afastam a base teórica da prescrição até o momento examinada e adotada. A trilogia *direito-pretensão-ação* aplica-se da mesma forma, tanto quanto incide a prescrição, no caso de inércia do titular.

4.1.3 PRESCRIÇÃO DA PRETENSÃO DA FAZENDA PÚBLICA EM FACE DO ADMINISTRADO

4.1.3.1 Sentido

Assim como o administrado é titular de direitos e de pretensões dirigidas à Fazenda no caso de violação, o inverso também se revela plenamente possível, atribuindo-se à Fazenda direitos próprios e pretensões a serem deduzidas em face dos administrados.

Em semelhante seara, melhor do que aludir-se a pretensões *da Fazenda* é a menção a pretensões *do Estado*, considerando-se este como qualquer pessoa jurídica de direito público, visto que todas estas se alojam na noção de Estado-ente personificado.

Portanto, ao tratarmos desse tema, devemos atentar para o fato de que os entes públicos – União, Estados, Distrito Federal, Municípios, autarquias e fundações autárquicas – podem ser titulares de *direitos subjetivos* e, no caso de sua violação, de pretensões a serem direcionadas aos administrados. Vulnerado o direito do Estado pelo administrado, passa ele a ter o poder de exigibilidade em relação a este, e é justamente esse poder de exigibilidade que traduz *a pretensão*. Nascendo esta, cabe ao Estado-titular diligenciar para que seja observada, para tanto recorrendo à *ação* de direito material e, quando necessário, à *ação no sentido processual*.

Estão presentes, desse modo, os elementos que compõem o regime de prescrição no âmbito cível, com a ressalva, no entanto, de algumas particularidades de que se reveste a relação jurídica Estado-administrado – relação típica de Direito Administrativo –, as quais comentaremos adiante.

4.1.3.2 Pretensões no Direito Administrativo

A questão concernente à pretensão no Direito Administrativo oferece peculiaridades não encontradas nas esferas jurídicas cível e criminal. Tais singularidades, como é óbvio, refletem-se no regime da prescrição, pois que afinal esta implica a perda da pretensão.

O ponto nuclear dessa especificidade encontra-se no sistema de *instrumentalização da pretensão*, vale dizer, no procedimento adotado para que o titular deduza a sua

---

[22] Súmula 85, STJ.

pretensão. De fato, o titular da pretensão não é livre para buscar a satisfação de seu intento e, por esse motivo, deve observar as exigências formais previstas em lei.

Nas esferas cível e criminal, o titular, ante a inobservância voluntária de sua pretensão pelo titular da obrigação, não tem alternativa: deve apresentá-la perante o Poder Judiciário. Somente assim, pode conseguir a satisfação de sua pretensão e a preservação de seu direito subjetivo, resultado da atuação coercitiva do órgão jurisdicional. Unicamente a este cabe o poder decisório relacionado ao exame da pretensão do titular.

No Direito Administrativo, todavia, há um dado diferencial. Sendo o Estado o titular da pretensão, pode ocorrer que esta seja deduzida na via judicial ou na via administrativa. O fundamento reside em que a Administração Pública também tem poder decisório em determinadas situações, fato que lhe permite uma atuação unilateral e direta, marca da prerrogativa conhecida como *autoexecutoriedade*. Diante disso, será possível, dependendo da hipótese, que o Estado possa satisfazer a sua pretensão dentro da própria via administrativa, ou que tenha que oferecê-la compulsoriamente perante o Poder Judiciário para obter a satisfação de seu interesse.

A conclusão, pois, é a de que, dentro do Direito Administrativo, podemos vislumbrar a ocorrência tanto da prescrição de pretensão passível de satisfação em sede administrativa, quanto da prescrição de pretensão somente atendível em sede judicial. À primeira podemos denominar *prescrição de pretensão exaurível administrativamente* e à segunda, *prescrição de pretensão exaurível judicialmente*.

4.1.3.3 Relações jurídicas externas e internas

Considerando a natureza das pretensões, como visto acima, é fundamental distinguir, na espécie, a natureza das relações jurídicas nas quais o Estado figura como um dos participantes.

De um lado, vislumbramos aquelas relações jurídicas às quais é imperioso aplicar o direito de amplo acesso ao Poder Judiciário, com sede constitucional.[23] Trata-se das relações de que decorre para o Estado o direito de recorrer ao Judiciário para oferecer sua pretensão ou impedir a decadência de direito potestativo.

Em outras palavras, o *direito de ação*. Na verdade, salvo raríssimas exceções, esse direito não é perpétuo, extinguindo-se em determinados prazos a fim de que se preserve o princípio da segurança jurídica e da estabilidade das relações jurídicas. A tais relações pode denominar-se de *relações jurídicas externas*. Presentes os pressupostos, o caso aqui será o de *prescrição de pretensão exaurível judicialmente*.

De outro lado, há que considerar as relações jurídicas cujos efeitos se cingem ao âmbito interno da Administração. Nesse caso, a eficácia de tais relações limita-se à via administrativa. Não se afirme, porém, que a eficácia não possa estender-se ao Judiciário. O que se consigna aqui é que os efeitos das relações podem gerar o deslinde de eventuais controvérsias dentro da própria via administrativa, o que é corolário, como vimos, do

---

[23] Dita o art. 5º, XXXV, da CF: "*A lei não excluirá da apreciação do Poder Judiciário lesão ou ameaça a direito.*"

poder de autotutela, de cunho decisório, inerente à Administração. Assim, pretensões e direitos potestativos do Estado podem exaurir-se no âmbito administrativo. Nesse aspecto, estamos diante de *relações jurídicas internas*. Se não exercida no prazo legal, ocorrerá a *prescrição de pretensão exaurível administrativamente*.

A definição da natureza de cada uma dessas relações jurídicas, como se comentará a seguir, redunda em efeitos inegavelmente importantes, entre eles os atinentes à competência legislativa e às fontes normativas de regência do fenômeno prescricional. Certamente, com a correta identificação da relação jurídica, fica mais fácil e lógico entender a prescrição em sede de Direito Administrativo – palco, sem dúvida, de profundas dissidências.

4.1.3.4 Competência legislativa

A competência para legislar sobre prescrição e decadência no Direito Administrativo pressupõe, primeiramente, a análise da natureza da relação jurídica que envolve o Estado.

No que pertine às relações jurídicas externas, a competência para legislar sobre prescrição e decadência é privativa da União, em consonância com o que dispõe o art. 22, I, da Constituição. A matéria insere-se no Direito Civil, com reflexos diretos no Direito Processual Civil, impondo-se, por conseguinte, a competência legislativa privativa federal. É o caso da prescrição da pretensão do Estado de obter a reparação de dano causado por administrado.

Quanto às relações jurídicas internas, a natureza de sua regência é tipicamente de Direito Administrativo, razão por que não se cuida de competência reservada federal para a normatização. Emana daí a conclusão de que, para as referidas relações, a disciplina se efetua por meio de lei federal, estadual, distrital ou municipal, conforme o ente interessado na previsão normativa de regência. A consequência é que a lei de cada ente federativo poderá regular a prescrição e a decadência para a via administrativa.[24] É o caso, *v. g.*, da prescrição da pretensão do Estado que visa a aplicar sanção a seu servidor.

Mediante esses dados, é lícito inferir que a competência legislativa privativa da União alcança a regência da prescrição de pretensões exauríveis judicialmente, ao passo que à competência plúrima, outorgada a todas as entidades político-administrativas, caberá disciplinar a prescrição de pretensões exauríveis administrativamente.

4.1.3.5 Fontes normativas

Partindo-se de tais premissas, com destaque para a que se refere à distinção da natureza da relação jurídica para o efeito de identificar a lei de regência da prescrição e da decadência, cumpre tecer algumas anotações sobre as fontes normativas.

No caso de relações jurídicas externas, como, por exemplo, as que se relacionam com o Direito Civil, se o Estado é titular de um direito subjetivo e, sendo este vulnerado,

---

[24] No mesmo sentido, RAQUEL MELO URBANO DE CARVALHO, *Curso*, cit., p. 484-485.

de uma pretensão, a prescrição pode reger-se: (a) por uma lei federal específica para determinada pretensão; (b) pelo Código Civil, no caso de inexistir a lei específica, sendo que esse diploma, além de ser lei geral, também fixa o prazo ordinário da prescrição quando outro menor não houver sido fixado: o prazo de dez anos (art. 205, CC).

Convém esclarecer, entretanto, que há ponderável corrente doutrinária que não aceita a incidência da lei civil no caso de pretensões do Estado contra o administrado, sob o fundamento de que seriam diversas as razões inspiradoras do direito público e do direito privado.[25] Com o respeito àqueles que perfilham a tese, entendemos que a lei civil não é apenas civil, mas, em certos temas, retrata lei geral, aplicável a todas as relações jurídicas. Se o Estado pretende ficar fora de tal incidência normativa, cabe-lhe criar leis especiais para regular a matéria de modo dissonante, como, aliás, já fez por mais de uma vez. Nada obsta, portanto, a que se apliquem normas de direito civil quando o Estado é o titular do direito.[26]

Exemplo dessa hipótese é a prescrição de pretensões que envolvem direitos reais. Não havendo norma específica de regência, aplica-se o prazo ordinário fixado no Código Civil, ou seja, de dez anos.[27]

Tratando-se de relações jurídicas internas (ou jurídico-administrativas, como preferem alguns), a prescrição (e também a decadência, como veremos oportunamente) sofre a incidência da lei editada pela pessoa jurídica de direito público. Significa que a pretensão do Estado em face do administrado se extingue no prazo estabelecido na respectiva lei. A prescrição, dessa maneira, é de Direito Administrativo (prescrição de pretensões exauríveis administrativamente).

Dois exemplos esclarecem essa hipótese. Um deles se refere à pretensão punitiva decorrente do *poder disciplinar* dos entes públicos sobre seus servidores. Cada estatuto funcional, implementado por lei ordinária do respectivo ente, contempla os prazos em que prescrevem as pretensões de aplicar sanções funcionais quando há transgressão por parte de servidores. A Lei nº 8.112/1990 – o estatuto federal – fixa três prazos prescricionais, que variam conforme a espécie de sanção: cinco anos, dois anos e 180 dias.[28] Além disso, manda aplicar os prazos de prescrição previstos na lei penal no caso de infrações disciplinares tipificadas também como crimes.[29] Já o Decreto-lei nº 220/1975 – estatuto do Estado do Rio de Janeiro – fixa apenas dois prazos, também variáveis conforme a sanção: cinco e dois anos.[30] Por aí se pode observar a autonomia da legislação dos entes

---

[25] É a opinião de CELSO ANTÔNIO BANDEIRA DE MELLO, *Curso*, cit., p. 1062. O autor, porém, confessa que também admitia a incidência da lei civil, mas, posteriormente, veio a reconsiderar seu pensamento.
[26] Consignamos esse entendimento em nosso *Manual*, cit., p. 1.086. No mesmo sentido: HELY LOPES MEIRELLES, *Direito administrativo brasileiro*, cit., p. 704, e RAQUEL MELO URBANO DE CARVALHO, *Curso*, cit., p. 490.
[27] Foi como decidiu o STJ no REsp 623.511, Rel. Min. LUIZ FUX, em 19.5.2005.
[28] Art. 142, I a III.
[29] Art. 142, § 2º.
[30] Art. 57, I e II. O art. 57, § 1º, repete o estatuto federal, remetendo à lei penal os prazos prescricionais quando a infração administrativa for prevista como crime.

federativos no que tange à fixação dos prazos de prescrição de suas pretensões na via administrativa – no âmbito, pois, de relações jurídicas internas.

Idêntica fisionomia ocorre com relação ao *poder de polícia*. Cada ente federativo titulariza um direito decorrente do poder de polícia, sendo que este é exercido em conformidade com a partilha de competências constitucionais. A matéria é basicamente de Direito Administrativo, cabendo a cada pessoa federativa fixar prazo de prescrição para consumar a pretensão de aplicar sanção ou determinar providência administrativa, efeitos oriundos daquela prerrogativa. A União fez editar a Lei nº 9.873/1999, que estabelece prazos prescricionais para as hipóteses. Sendo federal, o referido diploma não se aplica aos demais entes federativos.[31]

De todos esses elementos, infere-se que não se podem adotar soluções simplistas quanto à prescrição de pretensões do Estado em face de administrados. Urge, portanto, distinguir as relações externas e as internas – aquelas regidas pelo Direito Civil e estas pelo Direito Administrativo.

4.1.4 PODER DE POLÍCIA E ATIVIDADE PUNITIVA

Em virtude de alguma dissidência sobre a matéria, vale a pena tecer algumas breves anotações sobre prazos extintivos, quando se trata do exercício do poder de polícia da Administração.

O poder de polícia é um dos poderes administrativos e constitui a prerrogativa do Estado de restringir e condicionar o uso e o gozo da liberdade e da propriedade, considerando a finalidade de interesse público, como já registramos em outra oportunidade.[32] Nesse ponto, salienta Clóvis Beznos, autor de consagrada monografia sobre o tema, que o *"objeto da polícia administrativa é concretizar o contorno dos direitos individuais, albergados no sistema normativo"*, tendo essa atividade fundamento na supremacia geral da Administração.[33]

Nessa atividade restritiva e condicionadora, a Administração não somente cria as restrições, como também fiscaliza a sua execução. Admite-se, assim, a caracterização da atividade como essencialmente *preventiva*, visando a evitar gravames à coletividade,[34] e, de outro lado, como *repressiva*, quando, na função fiscalizadora do Poder Público em relação às normas restritivas, deve o infrator receber a devida sanção, na medida em que comete transgressão às normas de polícia. O Estado, em tal cenário, desempenha seu *poder punitivo externo*.[35]

Nota-se, pois, que, na atividade fiscalizatória do poder de polícia, o Estado tem capacidade de aplicar sanções se o administrado comete infração. Decorre daí que, assim como tem idoneidade para punir, o Estado pode criar autolimitação, fixando prazo para si mesmo, no qual apenas dentro dele será viável exercer a função repressora e punitiva,

---

[31] Na mesma trilha, RAQUEL MELO URBANO DE CARVALHO, *Curso*, cit., p. 487.
[32] JOSÉ DOS SANTOS CARVALHO FILHO, *Manual*, cit., p. 79.
[33] CLÓVIS BEZNOS, *Poder de polícia*, Revista dos Tribunais, 1979, p. 76-79.
[34] DIÓGENES GASPARINI, *Direito administrativo*, cit., p. 131.
[35] JOSÉ DOS SANTOS CARVALHO FILHO, *Manual*, cit., p. 96.

sempre tendo como pano de fundo o princípio da segurança jurídica. Fora desse prazo, o Poder Público aceita a extinção de seu poder punitivo.

Foi o que ocorreu, por exemplo, com a Lei nº 9.873, de 23.11.1999, dirigida especificamente à União Federal. Dispõe o art. 1º dessa lei: *"Prescreve em cinco anos a ação punitiva da Administração Pública Federal, direta e indireta, no exercício do poder de polícia, objetivando apurar infração à legislação em vigor, contados da data da prática do ato ou, no caso de infração permanente ou continuada, do dia em que tiver cessado."*

A questão consiste em identificar a natureza desse prazo extintivo, muito embora a lei o tenha caracterizado como prescrição.

Raquel Melo Urbano de Carvalho advoga o entendimento de que esse prazo é de decadência, e não de prescrição. Sustenta que o poder de polícia deriva de atuação unilateral do Estado, constituindo verdadeiro direito potestativo. Aduz, ainda, que, no caso de prazo dessa natureza, inexistem *"direitos para cujo exercício o Poder Público dependa de terceiros"*, mas, ao contrário, fica em evidência apenas atividade unilateral do Estado.[36]

Lamentamos discordar, *venia concessa*, dessa linha de pensamento. A nosso ver, não se deve considerar a atuação unilateral do Estado – que, aliás, realmente tem que ocorrer. Deve levar-se em conta o fato de que o Estado, como representante da sociedade, é o guardião da paz e da ordem públicas, tendo o direito de vê-las preservadas, e que o administrado tem o dever de conduzir-se compativelmente com tais valores. Quando este ofende aquele direito, nasce para o Estado a pretensão de adotar a providência necessária, entre elas a de punir, muito assemelhadamente, registre-se, à pretensão estatal decorrente da prática de um ilícito penal. Nesse caso, como vimos, nasce para o Estado uma pretensão, a *pretensão punitiva*, que, como ocorre normalmente, precisa ser deduzida no prazo que a lei determinar, sob pena de consumar-se a prescrição.

Afinal, é irrelevante que essa pretensão tenha que ser oferecida necessariamente perante o Poder Judiciário, ou que possa ser concretizada na própria via administrativa. Ali, já observamos, há efeito direto sobre o direito de ação, ao passo que aqui o efeito se revela indireto ou reflexo. O que importa é que a pretensão não é perpétua, devendo ser diligenciada no prazo de que dispuser o titular do direito, no caso o Estado. Não o sendo, presume-se a inércia do titular, com o efeito consumativo da prescrição.

Conclui-se, portanto, que toda vez que o Estado, na defesa dos interesses da sociedade e dentro de seu poder punitivo, interno ou externo, administrativo ou penal, providencia a aplicação de sanção ao administrado que transgride o conteúdo normativo, exerce uma *pretensão punitiva*. Se não o faz no prazo que a lei estabeleceu, o Estado sujeita-se inexoravelmente à prescrição, seja nas relações jurídicas externas, como no caso penal, seja nas relações internas, como, por exemplo, sucede com a função punitiva decorrente do poder de polícia fiscalizatório.

Na hipótese, não há a intenção do titular de direito potestativo para o fim de obter providência de constituição, alteração ou desconstituição de relação jurídica, o que remarcaria situação de decadência, na teoria preconizada por Agnelo Amorim Filho,

---

[36] RAQUEL MELO URBANO DE CARVALHO, *Curso*, cit., p. 482.

já comentada em capítulo anterior. Ao contrário, transparece a figura do Estado como titular de direito subjetivo que, ao exercer sua pretensão, nascida da ofensa a seu direito, intenta obter providência de *condenação*, ainda que na via administrativa, realçando-se, assim, as linhas da prescrição, segundo o lineamento teórico do mesmo autor.

Soma-se, ainda, a tais elementos o fato de que a lei, corretamente, tratou o prazo extintivo como *prescrição* e mencionou o objeto desta como sendo a *ação punitiva* (art. 1º). Além disso, foram previstas hipóteses de interrupção (art. 2º) e de suspensão (art. 3º). Logicamente, se fosse hipótese de decadência, inaplicáveis seriam fatos interruptivos ou suspensivos, elementos marcantes desse instituto.

4.1.5 PODER PUNITIVO INTERNO

As observações feitas acima acerca do poder de polícia encaixam-se no tema relacionado ao *poder punitivo interno*, também denominado por alguns estudiosos de *poder disciplinar*.

O poder punitivo interno é a atividade da Administração que consiste em fiscalizar a atuação de seus servidores e de aplicar as respectivas sanções, na forma como o prevê o respectivo estatuto funcional. A matéria é disciplinada pela própria pessoa federativa no exercício de sua autonomia constitucional. As normas de cada estatuto constituem a fonte das relações jurídicas decorrentes do regime estatutário e têm como parâmetro apenas as normas da Constituição referentes aos servidores públicos.

Ocorre que esse poder punitivo não é perene, sujeitando-se aos prazos previstos no respectivo estatuto. Assim, se o Estado não aplica a sanção em seu servidor no prazo prefixado, fica impedido de fazê-lo *a posteriori*. O prazo é fixado para não premiar a eventual negligência do órgão administrativo competente para apurar infrações e efetuar punições. Ultrapassado o prazo, o servidor fica isento da sanção, em homenagem ao princípio da estabilidade das relações jurídicas.

Quid iuris relativamente ao referido prazo extintivo? Tratar-se-ia de prescrição ou de decadência?

Na mesma linha adotada a propósito do poder de polícia, Raquel Melo Urbano de Carvalho também considera que, não aplicada a sanção funcional dentro do prazo fixado no respectivo estatuto, o ente estatal se sujeitaria à *decadência* de seu poder punitivo interno.[37] Diz a autora que se pode "*afirmar que o poder disciplinar da União* **decai** *contra o servidor com base na pena cominada em abstrato*".[38]

Também nesse aspecto, e com a devida vênia, ousamos divergir da ilustrada doutrinadora. Tal qual sucede com o poder de polícia, a Administração, de idêntica maneira, exerce sua pretensão punitiva contra o servidor, quando este infringe norma funcional

---

[37] RAQUEL MELO URBANO DE CARVALHO, Curso, cit., p. 538.
[38] Ob. cit., p. 540 (grifo nosso). A autora traz, em abono a seu entendimento, o mesmo adotado por LUIZ CARLOS FIGUEIRA DE MELO e ANDERSON ROSA VAZ, em seu trabalho Princípio da segurança jurídica e o fato consumado no Direito Administrativo: art. 54 da Lei Federal nº 9.784/99 e o prazo decadencial, publ. no Boletim de Direito Administrativo, São Paulo, NDJ, v. 19, p. 39, jan. 2003.

prevista no estatuto. A diferença está somente na natureza da relação jurídica: enquanto no poder de polícia a relação tem caráter *externo*, no poder disciplinar a relação se configura como *interna*. Mas a pretensão de punir é a mesma, como idêntica é sua origem, qual seja, a vulneração ao direito subjetivo do ente estatal pelo servidor, quando descumpre um dos deveres a que está obrigado em razão de seu ofício. Portanto, transcorrido *in albis* o prazo legal, consuma-se a *prescrição*, e não a decadência. Nesse sentido, a doutrina dominante.[39]

Corroborando a natureza do instituto, a lei estatutária federal, por exemplo, reza que "*a ação disciplinar prescreverá*" em cinco anos, dois anos ou 180 dias, conforme a infração cometida.[40] O reforço dessa ideia se completa com a previsão legal de que tal prazo extintivo é suscetível de *interrupção*.[41] Se o é, só pode mesmo ser hipótese de *prescrição*, visto que a decadência não se suspende nem se interrompe. Trata-se, por conseguinte, de *prescrição da pretensão punitiva interna* do Estado, relativamente aos servidores que lhe integram o quadro funcional.

4.1.6 PRESCRIÇÃO INTERCORRENTE

A propósito do poder punitivo interno, ou poder disciplinar, como preferem alguns, é oportuno tecer breve, mas pertinente, observação sobre a prescrição intercorrente.

Prescrição intercorrente é aquela cuja consumação se concretiza no curso do processo em que foi deduzida a pretensão. Distingue-se, pois, da prescrição inicial, que se consuma antes da instauração do processo. Na prescrição intercorrente, o titular do direito o exerceu dentro do prazo que a lei lhe cominava, mas a inércia veio a aparecer em momento superveniente, ou seja, quando já tramitava o processo idôneo a impedir a ocorrência.[42]

Urge ressalvar, entretanto, que, para caracterizar-se a prescrição intercorrente, a imobilização do procedimento não pode ser atribuída a fatores outros que não a inércia do titular. A não ser assim, responderia este por fatos de terceiros, alheios à sua vontade. A prescrição, como já visto exaustivamente, constitui fato jurídico atribuído exclusivamente à inércia do titular, indicativa de negligência e de presumido desinteresse. No caso, o titular foi diligente para evitar a prescrição inicial, mas, por sua inércia, negligenciou para evitar a prescrição intercorrente.

A Lei nº 8.112/1990 (Estatuto dos Servidores Públicos da União Federal), ao tratar da prescrição da pretensão punitiva interna, contemplou normas sobre a interrupção desse prazo extintivo no art. 142, §§ 3º e 4º, que têm os seguintes dizeres: "*A abertura de sindicância ou a instauração de processo disciplinar interrompe a prescrição, até a decisão*

---

[39] Entre outros, MAURO ROBERTO GOMES DE MATTOS, *Lei nº 8.112/90 interpretada e comentada*, América Jurídica, 2005, p. 721; JOSÉ MARIA PINHEIRO MADEIRA, *Servidor público na atualidade*, Campus Elsevier, 8. ed., 2009, p. 298; e DIÓGENES GASPARINI, *Direito administrativo*, cit., p. 244.

[40] Art. 142, Lei nº 8.112/1990: "*A ação disciplinar prescreverá: I – em 5 (cinco) anos, quanto às infrações puníveis com demissão, cassação de aposentadoria ou disponibilidade e destituição de cargo em comissão; II – em 2 (dois) anos, quanto à suspensão; III – em 180 (cento e oitenta) dias, quanto à advertência.*"

[41] Art. 142, § 3º, Lei nº 8.112/1990.

[42] Com o mesmo teor, RAQUEL MELO URBANO DE CARVALHO, *Curso*, cit., p. 532.

final proferida por autoridade competente" (§ 3º), e *"Interrompido o curso da prescrição, o prazo começará a correr a partir do dia em que cessar a interrupção"* (§ 4º).

A primeira das normas teve o escopo de afastar a prescrição da pretensão punitiva interna quando o Estado se mostrasse diligente por meio de uma providência: a instauração de sindicância ou de processo disciplinar. Em outras palavras, o legislador pretendeu elidir a prescrição inicial com a referida providência. Não obstante, silenciou sobre o transcurso do processo, de modo que, ao prever que a interrupção da prescrição inicial se estende até a decisão final da autoridade administrativa, parece ter inadmitido a prescrição intercorrente. Admitindo-se interpretação estrita, poderia supor-se evidente negligência da autoridade, bem como imaginar-se o fato de o processo se arrastar por anos, que não mais ocorreria a prescrição até a prolação do ato final.

Interpretação dessa natureza seria de todo ofensiva ao princípio da razoabilidade, e isso porque permitiria *"que o processo disciplinar ficasse exposto à eternidade"*, deixando sua conclusão ao exclusivo talante da Administração.[43] Além disso, aduzimos nós, a norma ensejaria, por linha transversa, verdadeira fraude administrativa, ao reconhecer inevitável imprescritibilidade da punição apenas com a instauração do processo. Com efeito, poder-se-á mesmo considerá-la inconstitucional, na medida em que estaria instituindo hipótese de imprescritibilidade além das que, de natureza excepcional, estão contidas na Constituição.

A jurisprudência, contudo, deu novas cores ao sentido do referido dispositivo, considerando ser admissível a prescrição intercorrente, consumada no curso do processo disciplinar, quando comprovada a inércia da Administração, titular da pretensão punitiva. Por outro lado, considerou-se que o termo final da interrupção não seria a decisão final da autoridade, mas sim o dia final do prazo de 140 dias, prazo máximo previsto para a conclusão do processo.[44]

Com essa linha de pensamento, decidiu o STF que *"a prescrição prevista no § 3º do art. 142 da Lei nº 8.112, de 11 de dezembro de 1990, cessa uma vez ultrapassado o período de 140 dias alusivo à conclusão do processo disciplinar e à imposição de pena, voltando a ter curso, na integralidade, o prazo prescricional"*.[45] Na mesma trilha, decidiu o STJ, também considerando como prazo fatal aquele previsto no respectivo estatuto.[46]

Na verdade, essa interpretação é digna de aplausos e, por meio dela, pode assegurar-se o respeito ao princípio da estabilidade das relações jurídicas e ao princípio da

---

[43] É a correta anotação de MAURO ROBERTO GOMES DE MATTOS, *Lei 8.112/90*, cit., p. 730.
[44] É a interpretação que decorre do art. 152, *caput* ("O prazo para a conclusão do processo disciplinar não excederá 60 (sessenta) dias, contados da data de publicação do ato que constituir a comissão, admitida a sua prorrogação por igual prazo, quando as circunstâncias o exigirem") c/c art. 167, da Lei 8.112/1990 ("No prazo de 20 (vinte) dias, contados do recebimento do processo, a autoridade julgadora proferirá a sua decisão"). Além disso, o art. 169, § 2º, responsabiliza funcionalmente a autoridade que der causa à prescrição.
[45] STF, MS nº 22.728-PR, Rel. Min. MOREIRA ALVES, em 22.4.1998.
[46] STJ, RMS nº 9.473, Rel. Min. EDSON VIDIGAL, em 2.9.1999.

segurança jurídica, sem os quais o servidor estaria despido das mínimas condições de tutela, como já reconhecido por autorizada doutrina.[47]

Em consequência desse entendimento, de resto absolutamente irreparável, a nosso ver, o art. 142, § 4º, da Lei nº 8.112/1990, há de adequar-se ao sentido extraído do § 3º do mesmo artigo: uma vez ocorrendo a interrupção da prescrição, o novo prazo será contado a partir dessa interrupção. A diferença está em que o final do prazo interruptivo não será o da decisão final do processo pela autoridade, como consta no § 3º, e sim o final do período de 140 dias previsto no estatuto para a conclusão do processo (art. 152, *caput*, c/c art. 167).

No campo do *poder de polícia*, dentro do qual o Estado por vezes executa o *poder punitivo externo*, a prescrição intercorrente é expressamente admitida, inclusive pela própria legislação regente. Com efeito, a Lei nº 9.873/1999, depois de contemplar a prescrição quinquenal da ação punitiva (*rectius*: pretensão punitiva), prevê a prescrição intercorrente no processo administrativo paralisado por mais de três anos, quando pendente de decisão (julgamento ou mero despacho).[48]

Por todos esses elementos, é lícito concluir que, sem embargo de algum texto legal em sentido oposto, a regra é a da aplicabilidade da prescrição intercorrente, não somente por compatibilidade constitucional, mas também em virtude do princípio da segurança jurídica.[49]

4.1.7 PRESCRIÇÃO ADMINISTRATIVA

Figura de todo polêmica e alvo de numerosas controvérsias entre os estudiosos, a denominada *prescrição administrativa* merece breve comentário, em consideração ao que temos examinado até o momento e por força de sua relação com o tema dos prazos extintivos.

O certo é que não há unanimidade entre os autores quanto ao sentido da prescrição administrativa. Ademais, alguns conceitos parecem afastar-se do real sentido dessa figura ou, ao menos, transmitem para o intérprete algumas dúvidas de difícil solução.

Há o entendimento de que a prescrição administrativa é "*a perda do recurso administrativo, pelo esgotamento do prazo previsto em lei para sua utilização*".[50] Maria Sylvia Zanella di Pietro, admitindo ser plurissignificativa a expressão, entende possíveis os seguintes sentidos: (a) perda de prazo para recorrer de decisão administrativa; (b) per-

---

[47] ROMEU FELIPE BACELLAR FILHO, *Processo administrativo disciplinar*, Max Limonad, 2003, p. 388-389.
[48] Art. 1º, § 1º: "*Incide a prescrição no procedimento administrativo paralisado por mais de três anos, pendente de julgamento ou despacho, cujos autos serão arquivados de ofício ou mediante requerimento da parte interessada, sem prejuízo da apuração da responsabilidade funcional decorrente da paralisação, se for o caso*".
[49] Em abono dessa linha, invocamos MAURO ROBERTO GOMES DE MATTOS, *Lei 8.112*, cit., p. 734.
[50] É o conceito de DIÓGENES GASPARINI, *Direito administrativo*, cit., p. 896.

da do prazo para que a Administração reveja os próprios atos; (c) perda do prazo para aplicação de penalidades administrativas.[51]

Sobre a matéria, não se pode deixar de registrar a lição clássica de Hely Lopes Meirelles, que, conquanto reconhecendo imprópria a expressão, assinalou que ela serve *"para indicar o escoamento dos prazos para interposição de recurso no âmbito da Administração, ou para a manifestação da própria Administração sobre a conduta de seus servidores ou sobre direitos e obrigações dos particulares perante o Poder Público".*[52]

Com o respeito que nos merecem todos esses estudiosos, o emprego da expressão para as situações por eles mencionadas faz transbordar ainda mais a sua impropriedade. De fato, a perda da oportunidade de interpor recurso administrativo espelha o fenômeno da *preclusão*, como detalhado anteriormente,[53] opinião endossada por especialistas de grande autoridade.[54] A perda de prazo para revisão de atos configura-se como *decadência*, como abordaremos adiante. Prescrição em si, como perda de pretensão, é apenas o caso em que o Poder Público deixa escoar o prazo para aplicar penalidade administrativa, interna ou externamente – matéria que acabamos de comentar.

De nossa parte, reiteramos aqui o que já consignamos em outra oportunidade: em função do sistema dos prazos extintivos e, sobretudo, pela nova regência oferecida pelo Código Civil, *"a expressão vai sendo gradativamente abandonada em razão de sua fluidez e imprecisão".*[55] Realmente, não há mais espaço para considerar essa esdrúxula figura no cenário atual do Direito Administrativo, até porque ela mais serve para confundir do que para elucidar.

De maior lógica e clareza é o sistema que nos permitimos apontar, sistema esse através do qual se distinguem, de um lado, as *pretensões exauríveis administrativamente* e, de outro, as *pretensões exauríveis judicialmente* – aquelas, inerentes às relações jurídicas internas, deduzidas e solucionadas dentro da própria Administração, e estas, ligadas às relações jurídicas externas, compulsoriamente deslindadas no Poder Judiciário, no caso de conflito de interesses.

Assim, fora os casos acima que, como vimos, não se enquadram como prescrição, os que efetivamente nela se integram devem ser considerados simplesmente como *prescrição de pretensão exaurível administrativamente*, decorrente de *relações jurídicas internas da Administração* e no âmbito desta devidamente solvidas, por força de sua autoexecutoriedade. É o que sucede – já foi realçado – com a prescrição da pretensão punitiva da Administração decorrente do poder disciplinar e da que resulta do poder de polícia fiscalizatório.

---

[51] MARIA SYLVIA ZANELLA DI PIETRO, *Direito administrativo*, cit., p. 740.
[52] HELY LOPES MEIRELLES, *Direito Administrativo brasileiro*, cit., p. 656.
[53] Vide Capítulo 1.
[54] Nesse sentido, a opinião de CELSO ANTÔNIO BANDEIRA DE MELLO, *Curso*, cit., p. 1.022.
[55] Nosso *Manual*, cit., p. 995.

4.2 DECADÊNCIA

4.2.1 INTRODUÇÃO

Como adiantamos, muitas controvérsias e dúvidas existem quanto à prescrição e à decadência no Direito Administrativo. Por esse motivo é que não é farta a bibliografia sobre a matéria e, quando dela tratam, os autores, em geral, dissentem sobre vários aspectos.

Pretende-se preservar o foco do presente estudo, com destaque para a linha demarcatória entre a prescrição e a decadência. É imperioso que nunca se afastem as devidas conceituações. Na prescrição, o prazo extintivo atinge a pretensão, resultando esta da ofensa ao direito subjetivo do titular. A decadência é fenômeno que extingue o direito potestativo, caracterizado este pela circunstância de que seu exercício pelo titular tem o poder de sujeição relativamente à outra parte da relação jurídica.

Adotando-se o mesmo método empregado para o estudo da prescrição, devemos considerar, de um lado, a decadência do direito potestativo do administrado a ser exercido em face da Administração e, de outro, a decadência do direito potestativo do Estado, exercitável em face do administrado. Esclarecemos, anteriormente, que tal bipolarização se deve ao fato de que duas são efetivamente as relações jurídicas e a titularidade do direito: tanto o administrado quanto o Estado podem ser titulares de direitos potestativos a serem exercidos de forma recíproca em prazo determinado. A ausência do exercício desse direito no prazo legal redunda na decadência, extinguindo-se o próprio direito.

4.2.2 DECADÊNCIA DO DIREITO DO ADMINISTRADO A SER EXERCIDO EM FACE DA ADMINISTRAÇÃO

4.2.2.1 Introdução

Seguindo a mesma linha empregada para a prescrição, dividiremos a análise da decadência em duas partes, uma delas considerando a decadência do direito potestativo do administrado em face do Estado, a ser examinada neste tópico, e a outra enfocando a decadência do direito potestativo do Estado em face do administrado, objeto do tópico seguinte.

Da mesma forma, será ressaltada a duplicidade de vias em que pode consumar-se a decadência, peculiaridade, como vimos, do Direito Administrativo, por força da diversidade das relações externas e internas de que participa o Estado. Tal qual ocorre com a prescrição, prazos extintivos existem dentro da própria esfera da Administração, como há também os que demandam solução no âmbito do Judiciário.

A ideia que cerca a decadência, de modelo idêntico ao que se estuda no cível, envolve a extinção do direito potestativo quando não exercido dentro do prazo assinado na lei. É o mesmo direito que já nasce com a fixação de prazo para ser exercido, sob pena de extinguir-se. O direito potestativo também concentra o sentido que temos visto até agora: caracteriza-o o poder de sujeição, calcado na circunstância de que, uma vez exercido, sujeita a outra parte aos efeitos para ele previstos.

Neste tópico, o estudo tem por foco direitos potestativos de administrados a serem exercidos em face do Estado.

4.2.2.2 Relações jurídicas externas

Ao examinarmos a prescrição, distinguimos duas categorias de relações jurídicas envolvendo o Estado e o administrado: uma é constituída pelas relações jurídicas externas, com efeitos exteriores, ultrapassando os limites da esfera do ente público, e a outra concerne às relações jurídicas internas, cuja eficácia se desenvolve e finaliza dentro da própria via administrativa.

Nas relações jurídicas externas, incidem as normas constantes do Código Civil (arts. 207 a 211). Essa regência redunda na possibilidade de a decadência ser *legal* ou *convencional*, esta última, como vimos, prevista no art. 211 do estatuto civil.

Sendo assim, a extinção do direito do administrado em virtude da decadência legal somente ocorre quando há expressa previsão em lei. Reitera-se aqui o que foi dito anteriormente: a decadência, nessa hipótese, tem direta ligação com o princípio de acesso ao Judiciário e seu efeito direto é o de impedir que o órgão jurisdicional exerça o poder de tutela ao direito do administrado titular. Uma vez extinto pela decadência, não há ensejo para a tutela do direito.

Exemplo típico e clássico é o do mandado de segurança, regido pela Lei nº 12.016/2009. Nos termos do art. 23 desse diploma, extingue-se em 120 dias o direito de requerer mandado de segurança, contado o prazo a partir da ciência do ato pelo titular do direito. Significa que o administrado titular do direito potestativo de socorrer-se do *writ* para anular ato administrativo oriundo de um ente público deve exercê-lo no referido prazo, de modo que, se não o fizer, extinto estará o seu direito pela decadência – no caso, o direito *ao* mandado de segurança, como bem registra a doutrina.[56]

Não custa lembrar, neste momento, a complexidade apontada por Câmara Leal e já vista em capítulo anterior. Segundo o estudioso, embora o direito e a ação sejam categorias jurídicas necessariamente diversas, guardam certa identidade em determinadas hipóteses. Sucede o fato *quando o direito do titular só se torna efetivo por meio da ação judicial*. Em sua teoria, expressa o autor que, em linha de princípio, a ação visa à proteção de um direito anterior a ela, oriundo de fato diverso daquele de que se origina a ação. Entretanto, se a ação visa a concretizar um direito que nasce juntamente com ela, e que ainda provém do mesmo fato, o direito e a ação se assimilam e confundem em inevitável e verdadeira amálgama.[57]

O Estado, como é sabido, participa de várias relações de direito privado com administrados. Sobre elas incide normalmente a decadência, aplicando-se as normas de Direito Civil. Bom exemplo é o da ação redibitória, pela qual o comprador exerce o di-

---

[56] CASSIO SCARPINELLA BUENO, *A nova lei do mandado de segurança*, Saraiva, 2009, p. 141. Assinala o autor, com pertinência, aliás, que a decadência não atinge o direito subjetivo remoto do titular, e sim o emprego dessa forma específica de tutela judicial.
[57] Ob. cit., p. 107. Vide Capítulo 2.

reito à redibição ou ao abatimento do preço, quando a coisa contém algum vício oculto que a torne imprópria ao uso ou lhe reduza o valor.[58] No caso de o administrado ser o adquirente do bem alienado pelo ente público, tem ele o prazo de 30 dias, se for bem móvel, ou de um ano, se for imóvel, para propor a ação visando à rescisão do contrato (*actio redhibitoria*) ou ao abatimento do preço (*actio quanti minoris*).[59] Não o fazendo nesse prazo, sujeita-se à decadência, como, aliás, expresso na lei civil (o art. 445 do Código Civil reza que "o adquirente *decai* do direito [...]").[60]

Além da decadência legal, é possível que Administração e administrado ajustem a *decadência convencional*, tal como prevista no art. 211 do Código Civil. Se o Estado pode contratar com o particular, daí resulta que, de acordo com o interesse dos pactuantes, será possível prever cláusula fixando a decadência do direito do particular. Se tal ocorrer, o Estado pode alegar o fato em qualquer grau de jurisdição, mas veda-se ao juiz substituir a manifestação da parte interessada. Trata-se de interesse privado que sobreleva a imperativos de ordem pública, estes amoldados à decadência legal.[61] Portanto, aplicável, nesse aspecto, o mesmo dispositivo, *in fine*.[62]

Quanto aos demais aspectos da decadência, já vistos anteriormente, impõe-se observar a regência do Código Civil.

4.2.2.3 Relações jurídicas internas

Relembrando o que foi mencionado em tópico antecedente, procurou-se distinguir as relações jurídicas externas e as internas, realçando que estas últimas se caracterizam pelo fato de que o instituto em si, no caso a decadência, bem como seus efeitos, se exaure no âmbito da própria Administração. O direito potestativo a ser exercido pelo administrado, portanto, não chega à esfera do Poder Judiciário e, caso não o seja no prazo, a própria Administração decreta a decadência, fundando-se em seu poder de autocorreção. Não há, assim, inerência com a tutela judicial.

A decadência ocorre quando a norma prevê que certo direito potestativo do administrado deva ser exercido em determinado prazo. Se o prazo não é observado, extingue-se o direito pela decadência. Note-se, desse modo, que não há pretensão nem prescrição. A perda do direito espelha hipótese de decadência.

Como regra, a fonte normativa para a fixação da decadência é a lei. Mas atos administrativos internos, de caráter geral, também podem fazê-lo. Um decreto, por exemplo, pode muito bem estabelecer um prazo para que o interessado exerça seu direito de

---

[58] É a ocorrência dos *vícios redibitórios* (art. 441, CC).
[59] Art. 445, Código Civil.
[60] Como bem consigna CÂMARA LEAL, as ações em tela traduzem o meio à disposição do comprador para o exercício dos respectivos direitos, de modo que os prazos fixados pela lei para exercício das ações são os mesmos prefixados para o exercício dos próprios direitos, o que caracteriza hipóteses de decadência (*Da prescrição*, cit., p. 348).
[61] GUSTAVO TEPEDINO et al., *Código Civil interpretado*, cit., p. 427.
[62] "Art. 211. Se a decadência for convencional, a parte a quem aproveita pode alegá-la em qualquer grau de jurisdição, mas o juiz não pode suprir a alegação."

inscrever-se para credenciamento com vistas ao desempenho de alguma atividade sob controle do Poder Público. Ficando inerte o interessado, sem concretizar seu direito no prazo fixado, sofrerá os efeitos da decadência. Perde, pois, o direito à inscrição.

Outro exemplo bem elucidativo é o da decadência do direito de reclamação, previsto no Decreto nº 20.910/1932, em cujo art. 6º se encontram os seguintes termos: "*O direito à reclamação administrativa, que não tiver prazo fixado em disposição de lei para ser formulada, prescreve em um ano a contar da data do ato ou fato do qual a mesma se originar.*" A despeito de o legislador ter considerado o anuênio como prazo de prescrição, natureza admitida por alguns estudiosos,[63] o caso, em nosso entender, encerra hipótese de decadência, já que a norma não assegura qualquer pretensão, mas, ao contrário, visou ao exercício do direito de utilizar a via específica de medida administrativa, no caso a reclamação, sem anuência da Administração.[64] Tal pensamento – diga-se de passagem – conta com o abono expresso de alguns estudiosos[65] e implícito de outros.[66]

Entretanto, é oportuno fazer sucinta observação sobre o dispositivo, que, de resto, foi editado em 1932, quando, além do regime político distante do Estado democrático, o Direito Administrativo mal dava os primeiros passos para seu desenvolvimento e compreensão.[67] A figura da *reclamação* hoje tem sentido plurissignificativo e tanto pode significar instrumento autônomo de impugnação de atividade da Administração, como modalidade de recurso administrativo.[68] A considerar-se como figura autônoma, sentido que, é mister reconhecer, está atualmente bastante esmaecido, a perda do prazo refletiria realmente caso de *decadência*. Sendo entendida como recurso administrativo, conforme classificação admitida por quase toda a doutrina, a hipótese mais se enquadraria como *preclusão*, instituto próprio do processo administrativo, que retrata a perda de oportunidade para a prática de ato processual.

O prazo decadencial previsto no Decreto nº 20.910/1932, todavia, nunca foi considerado peremptório. Caso não exercido o direito no anuênio com o efeito decadencial da inércia, sempre se admitiu que a própria Administração procedesse de ofício à correção de eventual ilegalidade, pois que a ela a ordem jurídica confere o poder de autotutela, que independe de reivindicação do administrado.[69] Embora reconhecendo que semelhante prerrogativa não é absoluta, também endossamos esse entendimento.[70]

---

[63] É a opinião de CELSO ANTÔNIO BANDEIRA DE MELLO, Curso, cit., p. 1056.
[64] JOSÉ DOS SANTOS CARVALHO FILHO, Manual, cit., p. 1.010.
[65] RAQUEL MELO URBANO DE CARVALHO, Curso, cit., p. 482.
[66] HELY LOPES MEIRELLES (ob. cit., p. 651) e DIÓGENES GASPARINI (ob. cit., p. 891) não se referem expressamente à decadência, mas afirmam que *o direito* se extingue com o transcurso do prazo, de onde se poderia inferir tratar-se mesmo de decadência, e não de prescrição.
[67] A lembrança é de ODETE MEDAUAR, *Direito administrativo moderno*, Revista dos Tribunais, 8. ed., 2004, p. 453.
[68] Também: MARIA SYLVIA ZANELLA DI PIETRO, ob. cit., p. 735-736.
[69] HELY LOPES MEIRELLES, ob. cit., p. 652, e CELSO ANTÔNIO BANDEIRA DE MELLO, ob. cit., p. 1056.
[70] JOSÉ DOS SANTOS CARVALHO FILHO, Manual, cit., p. 1.010.

4.2.3 DECADÊNCIA DO DIREITO DO ESTADO A SER EXERCIDO EM FACE DO ADMINISTRADO

4.2.3.1 Introdução

Direitos potestativos também podem ser da titularidade de entes públicos. Quando a lei estabelece prazo para serem exercidos, o Estado não tem isenção quanto a ele. Sendo assim, o direito deve ser exercido no prazo legal, pena de consumar-se a decadência diante da inércia do ente público titular.

Não terão a mesma intensidade os casos de decadência do direito do Estado em comparação com os que ocorrem no âmbito do direito privado nas relações jurídicas entre particulares. Ainda assim, porém, algumas situações existem em que esse tipo de decadência provém de expressa previsão legal.

Por questão de método, examinaremos, separadamente, a decadência nas relações jurídicas externas, para depois enfocarmos o instituto nas relações internas da via administrativa.

4.2.3.2 Relações jurídicas externas

Há algumas situações em que a lei prevê a decadência do direito do Estado a ser exercido em face do administrado. No caso, a lei fixa determinado prazo para que o direito seja exercido e, não o sendo, extingue-se ele pela decadência.

Nas relações jurídicas de direito privado, sempre de caráter externo por afetar o direito à tutela judicial, o Estado sujeita-se à decadência nas mesmas condições e nos mesmos prazos em que o instituto atinge os particulares em geral. Aplica-se aqui a lei civil. Nada impede que um prazo decadencial seja mais amplo e, portanto, mais favorável ao Estado, mas, para tanto, a lei deverá deixar expressa a distinção.

Serve, como exemplo, a mesma situação que apontamos acima, da ação do comprador para pleitear a anulação do contrato ou o abatimento do preço pago ao vendedor, quando o bem está maculado por vícios redibitórios. Os prazos previstos no Código Civil – de 30 dias, para bens móveis, e de um ano, para bens imóveis –[71] obrigam também o Estado quando ocupa o polo contratual na figura de comprador. Se, nessa condição, queda inerte para a propositura da respectiva ação contra o vendedor, sofre os efeitos da decadência, extinguindo-se o próprio direito de anular o contrato ou de reivindicar o abatimento do preço.

Nas relações externas de direito público, podem existir, da mesma forma, hipóteses de decadência de direitos potestativos do Estado. Bom exemplo encontra-se no Direito Tributário: o direito de o Estado constituir o crédito tributário tem que ser exercido no prazo de cinco anos, contados do primeiro dia do exercício seguinte àquele em que o

---

[71] Art. 445, Código Civil.

lançamento poderia ser efetuado.[72] Se o Poder Público deixa transcorrer *in albis* o referido prazo, extingue-se o próprio direito, vale dizer, consuma-se a decadência do direito de constituição do crédito tributário.[73]

A ação rescisória é outro exemplo de direito previsto na lei para ser exercido em prazo determinado. O direito potestativo é o de desconstituição da coisa julgada e o prazo para concretizá-lo é de dois anos (regra geral).[74] Nesse aspecto, como salientou José Carlos Barbosa Moreira, em análise ao CPC/1973, "*extingue-se, sim, o direito mesmo à rescisão da sentença viciada*", de onde se extrai que: "*O fenômeno passa-se no plano* **material**, *não no plano* **processual** *[...]*."[75] Trata-se de direito potestativo somente exercitável pela via judicial, o que retrata relação jurídica externa. Assim, não exercido pelo Estado o direito no biênio legal, extingue-se o direito, passando a ser imutável a decisão hostilizada. O caso, pois, é inegavelmente de decadência.[76]

4.2.3.3 Relações jurídicas internas

A decadência, nas relações jurídicas internas, é a que se consuma no âmbito da própria Administração Pública. Em virtude de determinada norma jurídica, o direito a ser exercido pela Administração em face do administrado, ou de servidores, reclama prazo predeterminado, de modo que a decadência surge quando o Estado deixa passar em branco esse prazo.

Reiteramos o que foi dito anteriormente acerca da formalização da norma que contempla a decadência na via administrativa. Tanto pode fazê-lo a lei, como outro ato administrativo de eficácia interna, de que são exemplos decretos, resoluções e outros atos congêneres. Tais atos também podem conferir direitos potestativos em favor da Administração, fixando-lhe prazos para que sejam exercidos. Não os exercendo, a própria Administração sujeita-se à decadência, extinguindo-se os direitos.

Importante notar que não se trata de prazos extintivos para o Estado formular pretensões sob pena de sofrer o titular os efeitos da prescrição. Cuida-se de direitos potestativos cujo exercício *opportuno tempore* é dotado de poder de sujeição: tão logo exercido, a outra parte da relação jurídica (o administrado) não tem como opor-se ao exercício. Não exercido no prazo, o Estado há de curvar-se à decadência de seu direito.

---

[72] Art. 173, I, Código Tributário Nacional (CTN).
[73] SACHA CALMON NAVARRO COÊLHO, *Curso de direito tributário brasileiro*, Forense, 1999, p. 720.
[74] Art. 975, *caput*, Código de Processo Civil: "*O direito à rescisão se extingue em 2 (dois) anos contados do trânsito em julgado da última decisão proferida no processo.*"
[75] JOSÉ CARLOS BARBOSA MOREIRA, *Comentários ao Código de Processo Civil*, Forense, v. V, 1974, p. 12 (grifos no original).
[76] JOSÉ CARLOS BARBOSA MOREIRA confirma a natureza decadencial do prazo, na mesma linha em que o fizeram CÂMARA LEAL, ORLANDO GOMES, WASHINGTON DE BARROS MONTEIRO E ARNOLD WALD (ob. e v. cit., p. 176).

4.2.4 AUTOTUTELA E DECADÊNCIA

4.2.4.1 Decadência da autotutela

O exemplo mais expressivo de decadência do direito do Estado, no âmbito das relações jurídicas internas, é a que decorre da fixação do prazo para ser exercido o *direito à autotutela*, prerrogativa específica da Administração. Com efeito, a Lei nº 9.784, de 29.1.1999, que regula o processo administrativo federal, estabeleceu no art. 54: "*O direito da Administração de anular os atos administrativos de que decorram efeitos favoráveis para os destinatários decai em cinco anos, contados da data em que foram praticados, salvo comprovada má-fé.*"

O teor do dispositivo não deixa margem a dúvida quanto a seu conteúdo. Se houve a prática de ato administrativo inquinado de vício de legalidade, beneficiando de algum modo o administrado, sem que tenha havido má-fé, a Administração só pode anulá-lo no prazo de cinco anos. Ultrapassado esse prazo, extingue-se o direito (poder administrativo) de anular seu próprio ato. Ou seja: o ato será legitimado e deverá perdurar com o vício que o contaminava. Para exemplificar: se a Administração outorgou licença com algum vício de legalidade, somente poderá anular o ato no prazo de cinco anos. Se não o fizer, opera-se a decadência e o ato se convalida.

Se o ato viciado produz efeitos patrimoniais contínuos, o prazo de decadência conta-se a partir da percepção do primeiro pagamento.[77] Por exemplo: se um ato concedeu indevidamente gratificação a um servidor, será ele convalidado se não for anulado dentro do quinquênio, contando-se este do primeiro mês em que foi paga a gratificação. Terá ocorrido, pois, a decadência do direito à invalidação, e a gratificação não mais poderá ser suprimida dos ganhos do servidor, criando-se-lhe situação juridicamente protetiva, conforme já assinalamos em outra oportunidade.[78]

Como se pode observar, o art. 54 condiciona a decadência à existência de boa-fé. Ou seja, admitiu a permanência do ato favorável, "*salvo comprovada má-fé*". Deve entender-se que a má-fé só pode ser do administrado, obstando-se a que se beneficie de sua própria desonestidade. Se a má-fé foi do agente administrativo, sem participação do administrado, o ato favorável também deve perdurar após os cinco anos do prazo decadencial. É que não é lícito estender ao administrado a improbidade do agente: a má-fé deste último não contamina a conduta de boa-fé do primeiro.

Por outro lado, é cabível indagar qual o prazo decadencial no caso de ter havido má-fé por parte do administrado. A norma fixou o prazo quinquenal tão somente para a hipótese de boa-fé. Resulta que, não existindo norma especial para a hipótese de má-fé, é de aplicar-se a norma geral do Código Civil, ou seja, o prazo de dez anos, conforme estabelece o art. 205 do mesmo Código.[79] É bem verdade que há posição no sentido de

---

[77] Art. 54, § 1º, Lei nº 9.784/1999.
[78] JOSÉ DOS SANTOS CARVALHO FILHO, *Processo administrativo federal*, Atlas, 5. ed., 2013, p. 276.
[79] No mesmo sentido, CELSO ANTÔNIO BANDEIRA DE MELLO, *Curso*, cit., p. 1064.

que, em semelhante situação, não haveria prazo para o exercício da autotutela.[80] Não nos parece a melhor solução, que, de resto, refoge inteiramente à *ratio legis* inspiradora do dispositivo.

O fundamento da norma assenta-se no princípio da estabilidade das relações jurídicas e em seu corolário, o princípio da segurança jurídica, evitando que o administrado fique eternamente à mercê da possibilidade de o Estado proceder ao desfazimento de ato que o favoreça. Deixar ao Estado tal possibilidade ilimitada é o mesmo que permitir-lhe locupletar-se de sua própria torpeza, no caso a negligência em fiscalizar a legalidade de seus atos. Esse limite ao controle da autotutela, pois, representa inegável avanço para a consagração dos princípios mencionados.[81]

A lei é de natureza federal e regula o processo administrativo da União. Desse modo, não se aplica aos demais entes federativos – Estados, Distrito Federal e Municípios –, todos dotados de autonomia para disciplinar a matéria dentro de seus limites constitucionais. Além do mais, sua disciplina envolve o processo administrativo, instrumento adequado ao regime de procedimentalização da Administração. Sem embargo desse último aspecto, o citado art. 54 constitui norma de direito material, incidindo sobre os atos administrativos em geral, ainda que fora da contextualização do processo administrativo. Prevê, portanto, prazo extintivo que se aplica com maior amplitude do que se fosse direcionado apenas a atos processuais.

4.2.4.2 Natureza do prazo extintivo

O prazo extintivo previsto no art. 54 da Lei nº 9.784/1999 caracteriza-se, sem dúvida, como *decadência*. Embora haja uma ou outra discrepância quanto a essa conclusão, domina o entendimento de que o legislador contemplou hipótese de decadência.

Na verdade, inexiste na norma previsão para que o Estado obtenha do administrado qualquer prestação. Por outro lado, também não se vislumbrou a violação de qualquer direito subjetivo, o que deixa ausente a hipótese de haver pretensão. Infere-se, por conseguinte, que não é caso de prescrição.

Ocorre, isto sim, a omissão do Estado no exercício de seu poder-dever. Assim, como consigna Celso Antônio Bandeira de Mello, está em pauta *"o não exercício, a bom tempo, do que corresponderia, no Direito Privado, ao próprio exercício do direito"*. E conclui: *"Donde, configura-se situação de decadência, antes que de prescrição."*[82]

De nossa parte, endossamos essa linha de pensamento. O que se extingue, efetivamente, é o direito potestativo de autocorreção do Poder Público, o qual já nasce com

---

[80] FELIPE DEIAB, Algumas reflexões sobre a prescrição e a decadência no âmbito da atuação dos Tribunais de Contas, trabalho publicado na *Revista Brasileira de Direito Público*, BH, nº 4, p. 138, 2004.

[81] Veja-se a respeito IRENE PATRÍCIA NOHARA e THIAGO MARRARA, *Processo administrativo*, Atlas, 2009, p. 347.

[82] CELSO ANTÔNIO BANDEIRA DE MELLO, *Curso*, cit., p. 1060. O autor faz remissão a idêntico entendimento esposado por WEIDA ZANCANER.

prazo determinado para ser exercido. Semelhante situação qualifica-se mesmo como *decadência*.[83] A doutrina, em sua maioria, tem-se filiado a tal entendimento.[84]

4.2.5 EFICÁCIA EXTRÍNSECA

Nas relações jurídicas externas, como se viu até agora, as normas relacionadas à prescrição e à decadência guardam inevitável associação com o princípio do acesso judicial, consubstanciado por meio do direito de ação.

Significa dizer que, consumado qualquer um desses prazos extintivos nesse tipo de relação jurídica, fica *diretamente* afetado o direito de ação judicial, pois que, embora seja esta autônoma e independa da existência do direito material, será ela, uma vez proposta, evidentemente inócua, considerando que o órgão julgador poderá de logo reconhecer o fato prescricional ou decadencial e declará-lo, extinguindo o processo com resolução do próprio mérito.[85] Quer dizer, teoricamente o interessado pode propor a ação, mas, na prática, ela de nada servirá: a prescrição e a decadência já se constituíram como fatos jurídicos antes da demanda.

Já nas relações jurídicas internas, passa-se o contrário. Como a Administração tem idoneidade jurídica para definir algumas situações, a prescrição e a decadência operam *diretamente* na via administrativa, mas só *indiretamente* (ou *reflexamente*) no que tange à via judicial. Na verdade, é a Administração que institui autolimitações ao prever aqueles prazos extintivos, sendo imperioso reconhecer que, ao fazê-lo, abdica da tutela de sua pretensão, em caso de prescrição, ou do exercício tempestivo de seu direito potestativo, quando prevista a decadência.

Não obstante, conquanto tais prazos extintivos, nas relações internas, tenham aplicabilidade direta na via administrativa, é irrefutável que a ocorrência desses fatos jurídicos provoca *eficácia extrínseca*, ou seja, extrapola os limites internos da via administrativa e avança em direção à via judicial, afetando, obviamente, o princípio do acesso ao Judiciário.

Por tal motivo, é acertada a observação de Raquel Melo Urbano de Carvalho: "*O efeito, portanto, é a convalidação pelo tempo do ato anulável e o impedimento do exercício da autotutela administrativa, bem como do controle jurisdicional sobre o comportamento estatal.*"[86] De fato, se a própria Administração se curva diante da convalidação do ato, uma vez decorrido o prazo quinquenal, abdica do interesse de agir, isto é, do interesse processual na tutela do direito potestativo extinto em função da decadência interna.

Como o direito de ação – seja-nos permitida a insistência – tem a natureza de direito autônomo de invocar a tutela judicial, em nenhum caso esse recurso poderá ser

---

[83] JOSÉ DOS SANTOS CARVALHO FILHO, *Processo Administrativo*, cit., p. 276.
[84] Entre outros, IRENE PATRÍCIA NOHARA e THIAGO MARRARA, *Processo administrativo*, cit., p. 348; RAQUEL MELO URBANO DE CARVALHO, *Curso*, cit., p. 556; e FÁBIO NADAL PEDRO, *Comentários à lei federal de processo administrativo*, coord. por Lúcia Valle Figueiredo, Fórum, 2. ed., 2008, p. 229.
[85] Art. 332, § 1º, c/c art. 487, II, CPC.
[86] RAQUEL MELO URBANO DE CARVALHO, *Curso*, cit., p. 546.

cerceado. Mas, enquanto nas relações jurídicas externas a prescrição e a decadência conduzem ao julgamento do processo com resolução do mérito (art. 487, II, CPC), nas relações internas tais fatos geram a extinção do processo sem resolução do mérito, faltante a condição do interesse de agir da Administração (art. 485, VI, CPC).

A eficácia extrínseca da decadência do direito potestativo do Estado, por conseguinte, é indiscutível, muito embora sejam diversos os efeitos que produz em relação ao direito de ação, quando comparados com os efeitos advindos do instituto nas relações jurídicas externas.

4.2.6 ATOS NULOS, ANULÁVEIS E INEXISTENTES

O tema relativo às nulidades sempre se revestiu de grande complexidade, reunindo fundas divergências no que tange à opinião dos estudiosos. De forma sucinta, porém, vale a pena tecer algumas considerações sobre a matéria, principalmente à luz do Direito Administrativo.

No Direito Civil, as discussões se iniciam a partir do fato de que os autores, em geral, admitem três *planos* de análise nos negócios jurídicos: o da *existência*, o da *validade* e o da *eficácia*. Pelo primeiro, cabe aferir se o ato existe ou não; pelo segundo, é de se verificar se é válido ou não; e, pelo terceiro, comporta saber se produz, ou não, efeitos jurídicos.[87] Ocorre que, dentro do primeiro plano, teria que admitir-se a categoria dos *atos inexistentes*, o que não se verifica nem no Código Civil vigente, nem se verificava no Código precedente. Neles somente se tratou dos atos *nulos* (nulidade) e *anuláveis* (anulabilildade).[88] Está aí um dos pontos centrais das divergências, e dele exsurgem relevantes consequências de ordem prática e jurídica.

No que concerne à nulidade e à anulabilidade, é imperioso reconhecer que, por presunção legal, os atos nulos contêm vícios mais graves do que os atos anuláveis. Como afirma reconhecido civilista, "*a nulidade é sanção mais intensa*", enquanto "*a anulabilidade é mais branda*".[89] Essa constatação encontra sua fonte no próprio regime dos atos. Apenas à guisa de exemplo, os negócios anuláveis podem ser ratificados (art. 172, CC), ao passo que os nulos são insuscetíveis de ratificação e não convalescem pelo decurso do tempo (art. 169, CC). De outro lado, a nulidade deve ser declarada de ofício pelo juiz (art. 168, parágrafo único, CC), enquanto a anulabilidade só pode ser suscitada pelos interessados (art. 177, CC).

Se os atos nulos e os anuláveis são aceitos univocamente, o mesmo não se passa com os atos inexistentes, a começar pela expressão em si, por muitos considerada verdadeira *contradictio in adiecto*, vez que, se não existem, não são atos. No entanto, apesar da recusa de alguns, é forçoso reconhecer que, conquanto não usualmente, existem atos aos quais falta o pressuposto de sua própria existência jurídica, ainda que tenham aparente revestimento de existência no plano pragmático. Está correta, pois, a noção apon-

---

[87] FÁBIO DE OLIVEIRA AZEVEDO, *Direito civil*, cit., p. 342.
[88] Os atos nulos são os relacionados no art. 166 do Código Civil vigente e os anuláveis são mencionados no art. 171 do mesmo Código.
[89] SÍLVIO DE SALVO VENOSA, *Direito civil*, cit., Parte Geral, p. 586.

tada por Caio Mário da Silva Pereira, segundo o qual "*ato jurídico inexistente é aquele a que falta um **pressuposto material** de sua constituição*".[90] É diferente do ato nulo: neste o ato, mesmo com vício, chega a ser formado; já o ato inexistente sequer se constitui como entidade jurídica.[91]

Há, por conseguinte, uma linha translúcida distintiva entre o ato nulo e o inexistente. Se um menor absolutamente incapaz pratica ato jurídico, o ato é nulo, mas, se o ato sequer contém sua declaração de *vontade*, elemento essencial à configuração do ato, há mais que nulidade: o ato é inexistente. O ato que tem *objeto* ilícito é nulo; se o ato sequer possui objeto, é inexistente. Os efeitos de ambos também apresentam fisionomia diversa: a invalidade do ato nulo precisa ser apurada, mas o ato inexistente "*não pode produzir qualquer efeito, independentemente de um pronunciamento da inexistência*".[92] Todos esses dados demonstram que a análise do ato quanto a aspectos decorrentes do *plano de validade* não pode ser idêntica àquela pertinente ao *plano de existência*.

Os prazos extintivos, em consequência das linhas diferenciais dos atos, desafiam aplicação distinta. Os atos anuláveis são sujeitos à decadência (arts. 178 e 179, CC), sendo que a ação para anulá-los tem caráter constitutivo. Os atos nulos, porém, não convalescem (art. 169, CC) e, por esse motivo, são inextinguíveis. Os atos inexistentes, com mais razão, não podem convalidar-se *tractu temporis*: se não chegam sequer a formar-se, não podem ser consolidados.

Se, no Direito Civil, a matéria, como visto, é inçada de dificuldades, no Direito Administrativo são mais fundas e inexpugnáveis as perplexidades. Refoge ao escopo do presente trabalho maior aprofundamento sobre a teoria das nulidades no Direito Administrativo, mas é fundamental que se faça ao menos um breve comentário sobre o tema, a fim de extrair-se alguma conclusão sobre a prescrição e a decadência.

Na verdade, reina inconciliável divergência doutrinária quanto à aceitabilidade ou não da dicotomia nulidade-anulabilidade no âmbito do Direito Administrativo. Existem autores que pregam a unicidade (teoria monista), sustentando que, em termos de direito público, só há falar em nulidade: ou o ato é válido, ou é nulo.[93] Em outra corrente situam-se aqueles que admitem ambos os institutos: são os partidários da teoria dualista.[94] Como já consignamos em outra oportunidade, advogamos o pensamento, em associação a esta última linha, de que, mesmo no Direito Administrativo, é possível admitir-se a nulidade ao lado da anulabilidade.[95]

De qualquer modo, ainda na linha da teoria dualista, é mister dar destaque a três aspectos. Primeiramente, não se podem aplicar ao Direito Administrativo, de forma

---

[90] CAIO MÁRIO DA SILVA PEREIRA, *Instituições*, cit., v. I, p. 553.
[91] Não custa lembrar que os atos inexistentes foram primeiramente concebidos por ZACCHARIAE VON LINGENTHAL, ao comentar o Código Civil francês, e sua aplicação encontrou campo fértil no instituto do casamento, ao qual faltasse o pressuposto do *consentimento*, hipótese que não se cingiria à nulidade, mas conduziria à própria inexistência do ato.
[92] O ensinamento é de CAIO MÁRIO DA SILVA PEREIRA, *Instituições*, cit., v. I, p. 555.
[93] É a clássica lição de HELY LOPES MEIRELLES, no que foi seguido por DIÓGENES GASPARINI.
[94] Entre outros, CELSO ANTÔNIO BANDEIRA DE MELLO, SEABRA FAGUNDES, CRETELLA JUNIOR e LUCIA VALLE FIGUEIREDO.
[95] JOSÉ DOS SANTOS CARVALHO FILHO, *Manual*, cit., p. 161.

rigorosamente idêntica, as normas sobre nulidade e anulabilidade previstas no Direito Civil, sendo cabível unicamente incidência subsidiária. Depois, o grande efeito prático entre as citadas correntes é o de que os partidários da teoria dualista (mas não os da teoria monista) admitem a *convalidação* ou *aperfeiçoamento* dos atos anuláveis, o que, como já visto, acabou sendo endossado pelo legislador. Por fim, há de remarcar-se que os vícios que inquinam os atos nulos ostentam maior gravidade do que aqueles que afetam os atos anuláveis. Portanto, é a partir desses aspectos que devem ser examinadas a prescrição e a decadência dos atos administrativos.

De início, é preciso reconhecer que os atos administrativos podem conter vícios sanáveis e insanáveis. Não há nenhum elenco desses vícios, de modo que se torna complexa a investigação sobre a natureza do vício, obrigando-se o intérprete a analisar caso a caso. Os vícios sanáveis permitem a convalidação (ou aperfeiçoamento) do ato, convertendo em legítima situação jurídica que não o era antes do saneamento. Por outro lado, vícios existem que, dada a sua gravidade, não podem ser sanados e desafiam inevitável desconstituição. A partir daí, é possível considerar que são atos anuláveis os inquinados por vícios sanáveis, admitindo a convalidação, e nulos os atingidos por vícios insanáveis, condutores de seu irremediável desfazimento.

Em semelhante cenário, comporta indagar quais atos administrativos estão sujeitos à decadência quinquenal para fins de correção externa ou de autotutela.

Relativamente aos *atos anuláveis*, é pacífico o entendimento de que, após o decurso do prazo de cinco anos, não mais podem ser anulados pela Administração, desde que, obviamente, presentes os pressupostos previstos no art. 54 da Lei nº 9.784/1999. Decorre, inclusive, de sua natureza a possibilidade de serem objeto de convalidação, como assenta o mesmo diploma legal.[96] É o que sucede com os atos inquinados de vícios de competência e de forma.

Quanto aos *atos nulos*, alguns estudiosos perfilham o entendimento de que também se sujeitam à decadência, invocando o argumento de que, se a lei não distinguiu, ao intérprete não caberia fazê-lo.[97] Para outros, a decadência não lhes seria aplicável.[98] De nossa parte, parece-nos deva ser investigada a natureza do vício que contamina o ato: há vícios de nulidade que, por ofenderem mais profundamente determinados princípios jurídicos, não podem ser convalidados de nenhum modo; outros, porém, podem sê-lo em consonância com o princípio da segurança jurídica em favor dos administrados. Não incide aqui a peremptória vedação de convalescimento do ato, consagrada no Código Civil.[99]

---

[96] Art. 55: "*Em decisão na qual se evidencie não acarretarem lesão ao interesse público, nem prejuízo a terceiros, os atos que apresentarem defeitos sanáveis poderão ser convalidados pela própria Administração.*"

[97] É a opinião de JUAREZ FREITAS, em Deveres de motivação, de convalidação e de anulação: deveres correlacionados e proposta harmonizadora, publ. na *Revista Interesse Público*, nº 16, p. 43, ano 2001.

[98] RAQUEL MELO URBANO DE CARVALHO, *Curso*, cit., p. 555. A autora cita, ainda, trabalho de FELIPE DEIAB no mesmo sentido (Algumas reflexões sobre a prescrição e a decadência no âmbito dos Tribunais de Contas, publ. na *Revista Brasileira de Direito Público*, nº 4, p. 128, 2004).

[99] Art. 169, Código Civil.

Dois exemplos ajudam a esclarecer. O vício no objeto do ato costuma ser considerado insanável, gerando o nascimento de ato nulo. Contudo, se o ato concedeu indevida gratificação a um servidor, tendo defeito no objeto em face da ausência de previsão na lei, haverá convalidação após cinco anos, sendo a Administração impedida de desfazê-lo. Em suma, terá ocorrido a decadência da autotutela. Outro exemplo: se esse mesmo ato foi praticado com má-fé da autoridade e do servidor, configurando-se, além do vício no objeto, conduta caracterizada como desvio de finalidade, não incidirá a decadência e o ato não poderá consolidar-se pela convalidação, a exemplo do que ocorre no Direito Civil.

Finalmente, os *atos inexistentes* são aqueles cujos vícios se apresentam com maior gravidade, ou seja, são eles atingidos por mais profunda crise de legalidade. Por isso, é inadmissível a sua convalidação.[100] Realmente, se é "inexistente", não pode "ressuscitar". É o caso em que o ato supostamente administrativo foi praticado por quem não é agente da Administração: dentro desta, o ato é um nada jurídico. Celso Antônio Bandeira de Mello oferece o exemplo de decreto de nomeação de pessoa já falecida. Tais atos, diz o autor, encontram-se *"fora do possível jurídico e radicalmente vedados pelo Direito"*.[101] Evidentemente, não há mesmo como cogitar de sua extinguibilidade: são eles imunes aos prazos extintivos.

4.2.7 OUTROS ASPECTOS DA DECADÊNCIA

4.2.7.1 Suspensão, interrupção e impedimento

Vimos, em momento precedente, que, diferentemente da prescrição, a decadência não comporta suspensão, interrupção ou impedimento: o prazo decadencial, desse modo, é fatal e inexorável.

Essa regra sempre foi pacificamente aceita pelos estudiosos e, de outro lado, não havia no direito positivo brechas que traduzissem exceção à regra. Todavia, o art. 207 do Código Civil, embora tenha reproduzido a regra, vedando a suspensão e a interrupção, fez a advertência clássica: *"salvo disposição legal em contrário"*. Com tal ressalva, ficou expressa a possibilidade de lei estabelecer a suspensão ou a interrupção do prazo decadencial. Então, é importante lembrar: a regra é a vedação à ocorrência de tais fatos na decadência, mas pode haver exceções desde que a lei o preveja expressamente.[102]

No Direito Administrativo, o legislador já contemplou hipótese de interrupção do prazo decadencial. No que diz respeito à prerrogativa de autotutela, o art. 54 da Lei nº 9.784 estabeleceu: "*§ 2º Considera-se exercício do direito de anular qualquer medida de autoridade administrativa que importe impugnação à validade do ato*". Suponha-se, pois, que esteja em curso o prazo quinquenal de decadência e que a Administração instaure

---

[100] Foi a correta anotação de SÉRGIO FERRAZ e ADILSON ABREU DALLARI, *Processo Administrativo*, Malheiros, 2. ed., 2007, p. 252.
[101] CELSO ANTÔNIO BANDEIRA DE MELLO, *Curso*, cit., p. 469.
[102] Somente à guisa de recapitulação, foi dado como exemplo de impedimento e suspensão na decadência o art. 208 do Código Civil, que, remetendo ao art. 198, I, não admite o curso do prazo contra absolutamente incapazes. Essa norma, obviamente, aplica-se a negócio jurídico de direito privado que envolva o Estado.

processo administrativo para apurar a ilegalidade. Como a instauração constitui medida de impugnação, o prazo decadencial será interrompido, reiniciando-se a contagem após a sua conclusão.

4.2.7.2 Renúncia

A decadência, quando prevista em lei (decadência legal), não admite renúncia por parte daquele a quem favorece, vedação que não incide na prescrição.[103] Quer dizer: ainda que o titular do direito se desinteresse em exercê-lo, deixando transcorrer o prazo legal, operar-se-á a decadência. A vontade do titular, portanto, não influi no curso do prazo – que é peremptório e fatal. Nesse sentido dispõe o art. 209 do Código Civil, aplicável à decadência também no Direito Administrativo.

Como a decadência convencional não está jungida a esse tipo de vedação, é lícito que o titular do direito não o exerça, prevalecendo aqui o interesse da parte sobre aquele preceito de ordem pública.

Entretanto, parece-nos pertinente fazer uma observação. Embora o Estado possa firmar negócios jurídicos sob a égide do direito privado, a regra será a de impedimento à renúncia, se for ele o prejudicado, na qualidade de titular do direito. É que os direitos do Estado são, em regra, irrenunciáveis. Somente quando comprovar que a renúncia reflete decisão de interesse público é que poderá ser legitimada. O mesmo ocorre com a decadência no âmbito da Administração, em se tratando de relações jurídicas internas.

4.2.7.3 Decretação *ex officio*

Sendo a decadência instituto de ordem pública, sua consumação deve ser decretada *ex officio* pelo juiz, quando prevista em lei.[104] Na decadência convencional, não pode o juiz fazê-lo, cabendo à parte interessada suscitar o transcurso do prazo e a perda do direito potestativo.

Essas regras aplicam-se também à hipótese em que o Estado integra a relação jurídica, em qualquer dos polos. O julgador pode decretar de ofício a decadência tanto em favor do Estado, quando o administrado não exercer tempestivamente o seu direito, quanto em favor do administrado, quando inerte tenha sido o Estado.

Nas relações jurídicas internas, porém, como não há, em certas hipóteses, a obrigação de acesso ao Judiciário, a decadência do direito do Estado prescinde de qualquer ato administrativo declaratório no qual se enuncie a consumação do prazo. A inércia do órgão público no prazo implica, por si só, a mostra da decadência. Contudo, nenhum impedimento há para que o órgão o faça: há apenas desnecessidade de semelhante providência; o desfecho da relação jurídica se exaure na própria via administrativa.

---

[103] Art. 191, Código Civil.
[104] Art. 210, Código Civil.

5

PRESCRIÇÃO DA IMPROBIDADE ADMINISTRATIVA

5.1 IMPROBIDADE ADMINISTRATIVA

O termo *probidade*, que provém do vocábulo latino *probitas*, espelha a ideia de *retidão ou integridade de caráter que leva à observância estrita dos deveres do homem, quer públicos, quer privados; honestidade; pundonor, honradez*, como assinalam os dicionaristas.[1] De fato, ser probo é ser honesto e respeitador dos valores éticos que circundam o indivíduo no grupo social.

Improbidade é o antônimo e significa a inobservância desses valores morais, retratando comportamentos desonestos, despidos de integridade e usualmente ofensivos aos direitos de outrem. Entre todos, um dos mais graves é a corrupção, em que o beneficiário se locupleta às custas dos agentes públicos e do Estado.

Quando esse tipo de comportamento agride a Administração Pública, passamos a defrontar-nos com a situação que se configura como *improbidade administrativa*. Não há propriamente graus de improbidade; a avaliação desta é feita mais em razão dos efeitos que produz. Contudo, é indiscutível a gravidade da improbidade administrativa: de um lado, atinge a sociedade, cujos interesses são geridos pela Administração; de outro, sua execução é imputada, na maioria das vezes, ao próprio administrador público.

A conduta de improbidade administrativa, como registra José Cretella Junior, indica basicamente a violação ao princípio da moralidade, mas, por via oblíqua, vários

---

[1] CALDAS AULETE, *Dicionário contemporâneo da língua portuguesa*, Delta, 1958, v. 4, p. 4082.

outros princípios são também atingidos por ela. Seu autor é um *improbus administrator*, quando o desejável seria a figura de um *probus administrator*.[2]

Pelos reflexos danosos que provoca na Administração Pública, a improbidade administrativa é regulada por um microssistema normativo no qual também se inclui a Constituição, a esta somada legislação específica disciplinadora, como se verá adiante.

Não custa lembrar, nesta introdução, que é unívoco o entendimento de que os indivíduos têm direito subjetivo à probidade administrativa. Trata-se, na verdade, de um direito de terceira geração, assim caracterizado por ser universal e coletivo, além de ter titularidade indefinida e indeterminável. Ademais, embora se configure como direito fundamental atribuível a um indivíduo, sua proteção reflete-se por toda a sociedade, esta a destinatária, afinal, da função do Estado.[3]

5.2 FONTES NORMATIVAS

Não é única a fonte normativa que trata da improbidade administrativa; ao contrário, diversas normas o fazem. Algumas, porém, a regulam diretamente, ao passo que outras a ela se dirigem de modo indireto.

Sobre o tema, parece fundamental a norma do art. 37, § 4º, da CF:

> "§ 4º Os atos de improbidade administrativa importarão a suspensão dos direitos políticos, a perda da função pública, a indisponibilidade dos bens e o ressarcimento ao erário, na forma e gradação previstas em lei, sem prejuízo da ação penal cabível."

O diploma principal sobre o tema, que, inclusive, regulamentou esse mandamento constitucional, é a Lei nº 8.429, de 2.6.1992, normalmente denominada de Lei de Improbidade Administrativa (LIA), que dispõe sobre as sanções aplicáveis aos agentes públicos nos casos de enriquecimento ilícito no exercício do mandato, cargo, emprego ou função na Administração Pública direta e indireta, prevendo, porém, outras providências. Além do enriquecimento ilícito, incorre também em improbidade o agente que causa lesão ao erário e o que ofende princípio administrativo.

Interligado ao referido dispositivo constitucional apresenta-se o art. 37, § 5º, da CF, que guarda íntima relação com o tema da prescrição. São os seguintes os seus termos:

> "§ 5º A lei estabelecerá os prazos de prescrição para ilícitos praticados por qualquer agente, servidor ou não, que causem prejuízos ao erário, ressalvadas as respectivas ações de ressarcimento."

---

[2] *Comentários à Constituição de 1988*, Forense Universitária, v. IV, 1991, p. 2257.
[3] Sobre o tema, vide o trabalho de MATEUS BERTONCINI intitulado Direito fundamental à probidade administrativa, em *Estudos sobre improbidade administrativa*, obra coletiva organizada por Alexandre Albagli Oliveira et al., Lumen Juris, 2010, p. 3-15.

De forma indireta, pode citar-se, em sede constitucional, o art. 37, *caput*, que inclui dentre os princípios que enumera o princípio da moralidade. O art. 15, V, a seu turno, prevê a perda ou suspensão dos direitos políticos por força de improbidade administrativa. O art. 14, § 9º, antevê a promulgação de lei complementar para os casos de inelegibilidade e os prazos de cessação, para proteger a probidade administrativa. E o art. 85, V, prevê, como crime de responsabilidade, os atos do Presidente da República que atentem contra a probidade administrativa.

É importante, ainda, referir o art. 129, III, da CF, que prevê a ação civil pública, bem como sua lei regulamentadora, a Lei nº 7.347, de 24.7.1985, e isso pelo fato de que se contempla a defesa do patrimônio público e social.

Além dessa legislação, outras normas existem que, de alguma forma ou de outra, podem conectar-se com a improbidade administrativa, muito embora através de liames mais tênues. Como exemplo, temos o art. 3º da Lei nº 8.666/1993, que reclama conduta de probidade nas licitações públicas – princípio que, lamentavelmente, é habitualmente vulnerado.

5.3 ATOS DE IMPROBIDADE

A expressão *atos de improbidade* transmite um sentido genérico de grande amplitude, sendo difícil determinar, *a priori*, quais seriam esses atos. A Lei nº 8.429/1992 (LIA) adotou o critério *ratione materiae*, ou seja, classificou os atos de improbidade em quatro categorias de acordo com os *valores* ofendidos pelos atos.

Primeiramente, relacionou os atos de improbidade que importam enriquecimento ilícito (art. 9º). Em segundo lugar, classificou os atos que causam prejuízo ao erário (art. 10). A terceira categoria é a dos atos de improbidade decorrentes de concessão ou aplicação indevida de benefício financeiro ou tributário (art. 10-A, incluído pela Lei Complementar nº 157/2016). E, por último, arrolou os que atentam contra os princípios da Administração Pública (art. 11). Convém notar que, posteriormente, o Estatuto da Cidade (Lei nº 10.257, de 10.7.2001) acrescentou algumas outras condutas relacionadas à ordem urbanística, todas imputadas a Prefeitos (art. 52), mas, por interpretação lógico-sistemática, também a outros agentes envolvidos no processo de política urbana, como já registramos em obra de nossa autoria.[4]

O legislador adotou técnica não muito usual na configuração das condutas de improbidade, optando por mencionar no *caput* as condutas genéricas básicas relativas aos valores protegidos e nos incisos as condutas específicas, todas incluídas nas primeiras. Assim, já consignamos que *"as condutas específicas constituem relação meramente exemplificativa (numerus apertus), de onde se infere que inúmeras outras condutas fora da relação podem inserir-se na cabeça do dispositivo".*[5] Outros estudiosos também abonam essa conclusão.[6]

---

[4] JOSÉ DOS SANTOS CARVALHO FILHO, *Comentários ao Estatuto da Cidade*, Atlas, 5. ed., 2013, p. 442.
[5] Nosso *Manual de direito administrativo*, Atlas, 30. ed., 2016, p. 1.146-1.147.
[6] MAURO ROBERTO GOMES DE MATTOS, *O limite da improbidade administrativa*, Ed. América Jurídica, 2. ed., 2005, p. 168.

Desse modo, o tipo básico do art. 9º é a conduta de enriquecimento ilícito, definida como a de auferir qualquer vantagem patrimonial indevida em razão do exercício de cargo, mandato, função, emprego ou atividade nas entidades sujeitas à lei. Embora o dispositivo se apresente com 12 incisos, todos realmente hipóteses de enriquecimento ilícito, é possível, em tese, que outra conduta, não relacionada entre eles, também se enquadre como enriquecimento ilícito, para tanto bastando que estejam presentes os requisitos do tipo básico fixado no *caput*.

A análise de todas as condutas qualificadas como atos de improbidade indica a necessidade de avaliá-las em sua essência para permitir a percepção da existência de uma improbidade substancial ao lado da improbidade *ex vi legis*. Para exemplificar, o fato de o servidor receber vantagem de qualquer natureza para omitir providência a seu cargo (art. 9º, X) é um caso de improbidade substancial, já que a conduta em si é sempre ofensiva à moralidade administrativa. Em outro ângulo, o comportamento de retardar, indevidamente, ato de ofício (art. 11, II) revela improbidade *ex vi legis*, e isso porque essa conduta poderá não estar mobilizada por fatores contrários à moralidade (embora – é verdade – contrarie o princípio da eficiência, expresso no art. 37, *caput*, da CF).

5.4 SUJEITOS DA IMPROBIDADE

Sujeitos da improbidade administrativa são, de um lado, a pessoa que pratica o ato ou perpetra a conduta e, de outro, a entidade que sofre os efeitos do ato ou da conduta. São eles, respectivamente, o *sujeito ativo* e o *sujeito passivo* da improbidade.

O sujeito ativo é, como regra, um *agente público*, assim considerado como todo aquele que desempenha uma função pública decorrente de um vínculo jurídico formal com o Estado. Não se trata, portanto, do exercício de uma função pública por conta própria, mas sim em virtude de relação jurídica prévia, devidamente formalizada nos termos do direito público, seja qual for a sua natureza ou os efeitos que possa produzir.

Eis o que dispõe o art. 2º da Lei nº 8.429/1992: "*Art. 2º Reputa-se agente público, para os efeitos desta lei, todo aquele que exerce, ainda que transitoriamente ou sem remuneração, por eleição, nomeação, designação, contratação ou qualquer outra forma de investidura ou vínculo, mandato, cargo, emprego ou função nas entidades mencionadas no artigo anterior.*"

O texto demonstra que o sujeito ativo da improbidade não é apenas o agente público que integra os quadros do Estado direta ou indiretamente, vale dizer, os servidores e empregados que pertencem à Administração Direta ou Indireta. O dispositivo abrange também empregados de entidades privadas, não integrantes da Administração, que foram instituídas por recursos públicos ou que percebem subvenções, benefícios ou incentivos por parte do Poder Público.[7] É o caso, por exemplo, do diretor financeiro de fundação subvencionada pelo Estado que se aproprie de valores alocados à entidade.

Além de todos esses agentes, o legislador também responsabilizou por improbidade administrativa, submetendo-os ao império da respectiva lei, pessoas que, mesmo

---

[7] Também: MARINO PAZZAGLINI FILHO, *Lei de improbidade administrativa*, Atlas, 3. ed., 2007, p. 25.

não sendo agentes públicos, tenham induzido ou concorrido para a prática do ato, ou deste se venham a beneficiar direta ou indiretamente. São intitulados de *terceiros*, sendo referidos no art. 3º da LIA: "*Art. 3º As disposições desta lei são aplicáveis, no que couber, àquele que, mesmo não sendo agente público, induza ou concorra para a prática do ato de improbidade ou dele se beneficie sob qualquer forma direta ou indireta.*"

O terceiro, isoladamente, não pode ser sujeito ativo do ato de improbidade. Na prática do ato, figura sempre como coautor e partícipe do processo gerador do ilícito.[8] No *induzimento*, implanta no agente público a ideia da prática do ato. No *concurso*, presta auxílio material ao agente para a consecução da conduta. Beneficia-se da improbidade quando aufere qualquer tipo de vantagem proveniente do ato. Enquadrando-se como sujeito de improbidade, o terceiro está sujeito às mesmas sanções aplicáveis ao agente, ressalvadas aquelas que não guardam adequação e pertinência – exemplo da sanção de perda da função pública.

Sujeito passivo, como antecipamos, é a pessoa que sofre os efeitos do ato de improbidade. Qualificam-se como sujeitos passivos as pessoas de direito público e as de direito privado integrantes da Administração Indireta (empresas públicas, sociedades de economia mista e fundações governamentais de direito privado). Não somente essas, porém, merecem tal qualificação, como emana do art. 1º da Lei nº 8.429/1992: "*Art. 1º Os atos de improbidade praticados por qualquer agente público, servidor ou não, contra a administração direta, indireta ou fundacional de qualquer dos Poderes da União, dos Estados, do Distrito Federal, dos Municípios, de Território, de empresa incorporada ao patrimônio público ou de entidade para cuja criação ou custeio o erário haja concorrido ou concorra com mais de cinquenta por cento do patrimônio ou da receita anual, serão punidos na forma desta lei.*"

A lei pretendeu salvaguardar mais o patrimônio público de uma forma global do que as entidades administrativas em si. Desse modo, considerou vítimas da improbidade as entidades beneficiadas com mais de 50% do patrimônio para cobrir o custeio de sua instalação, ou aquelas que percebem recursos superiores a 50% da receita anual. A "empresa incorporada", referida no texto, é uma expressão imprópria, como já deixamos assinalado em outra oportunidade: se a empresa está "incorporada" ao patrimônio público, obviamente a pessoa "incorporadora" já estará incluída nas outras categorias mencionadas no dispositivo.[9]

A prescrição tem correlação direta com os sujeitos ativo e passivo da improbidade. Na hipótese de consumar-se a prescrição, o sujeito ativo fica isento das sanções previstas para o ato que praticou, salvo, como se verá mais tarde, da obrigação de reparar os danos causados ao erário. O sujeito passivo, por sua vez, fica impossibilitado de conseguir a condenação do autor da conduta, incidindo aqui a mesma ressalva já referida concernente à ação reparatória.

---

[8] Da mesma forma, MARCELO FIGUEIREDO, *Probidade administrativa*, Malheiros, 5. ed., 2004, p. 52.
[9] Nosso *Manual de direito administrativo*, cit., p. 1.138/1.139.

5.5 SANÇÕES DE IMPROBIDADE

A Lei nº 8.429/1992 relaciona, no art. 12, I a IV, as sanções aplicáveis no caso de condenação do réu pela prática de atos de improbidade. O legislador previu quatro enumerações, sendo que cada uma delas guarda correlação com a natureza da conduta. Assim, no inciso I do art. 12 estão as sanções incidentes no caso de enriquecimento ilícito; no inciso II, as relacionadas às hipóteses de danos ao erário; e, no inciso III, aquelas que se aplicam quando há violação de princípios; e, no inciso IV, estão as sanções aplicáveis no caso de concessão ou aplicação indevida de benefício financeiro ou tributário.

Na verdade, as listagens correspondentes a cada inciso diferenciam-se apenas no que tange aos quantitativos de algumas sanções ou aos períodos de sua duração. A base, todavia, é praticamente a mesma. São elas:

a) perda da função pública;
b) suspensão de direitos políticos;
c) ressarcimento integral do dano;
d) perda dos bens ou valores acrescidos ilicitamente ao patrimônio;
e) pagamento de multa civil;
f) proibição de contratar com o Poder Público;
g) proibição de receber, direta ou indiretamente, benefícios ou incentivos fiscais ou creditícios.

Entretanto, a natureza das sanções apresenta-se com grande diversidade e heterogeneidade. De fato, há sanção com nítida feição política, como é o caso da suspensão de direitos políticos. Por outro lado, há sanção que retrata típica punição administrativo-funcional: é a hipótese da perda da função pública. Outras ostentam cunho indenizatório ou reparatório, servindo de exemplo o ressarcimento integral do dano, o pagamento de multa civil e a perda de bens ou valores acrescidos indevidamente ao patrimônio. Depois, há sanções que espelham verdadeiras restrições à atividade privada de pessoas. Exemplos: proibição de contratar com o Poder Público e de receber benefícios ou incentivos fiscais ou creditícios.

As sanções de improbidade não dependem da prévia aplicação de punição na esfera cível, criminal ou administrativa. Trata-se, pois, de instâncias independentes. O que não pode é haver duplicidade de idêntica sanção: se, por exemplo, o agente perder a função pública em processo administrativo prévio, incabível será reiterar tal punição em ação de improbidade. A condenação criminal repercute na ação de improbidade, mas a absolvição no crime só favorece o réu de improbidade se o juiz declarar a inexistência do fato ou a exclusão da autoria.[10]

A aplicação das punições por ato de improbidade administrativa reclama a observância do princípio da proporcionalidade. Ao juiz será lícito analisar o caso concreto para a adequada sanção. Significa que condutas de menor gravidade desafiam sanções

---

[10] Também: ALUIZIO BEZERRA FILHO, *Lei de improbidade administrativa aplicada e comentada*, Juruá, 2007, p. 122.

mais leves, enquanto as mais graves merecem punições mais severas. Assim, a despeito de o legislador ter relacionado várias sanções para cada tipo básico de improbidade, o réu não terá que necessariamente sofrer a aplicação de todas, e é nisso que consiste o princípio da proporcionalidade.[11] A propósito, já decidiu o STJ que, em virtude desse princípio, podem as sanções aplicadas por julgadores de instâncias inferiores ser revistas por tribunais de superior instância.[12]

Não custa observar, ainda, que as sanções de improbidade somente podem resultar de sentença judicial, sendo, pois, inviável que resultem de processos administrativos, destinados, como a lei prevê, apenas à investigação sobre os fatos, a autoria e a culpabilidade.[13]

Quanto à prescrição da pretensão punitiva no caso de improbidade administrativa, é imperioso deixar claro que, no caso de sua ocorrência, o réu não poderá sofrer a aplicação da respectiva sanção, incidindo aqui o princípio da segurança jurídica e da estabilidade das relações jurídicas. Excepciona-se, como já antecipamos, a reparação ao erário quando tiver havido danos: aqui a pretensão punitiva revela-se imprescritível.

5.6 PROCESSOS DE IMPROBIDADE

A Lei nº 8.429/1992 assim denomina seu Capítulo V: "*Do Procedimento Administrativo e do Processo Judicial.*" Não houve, porém, boa técnica em semelhante titulação. Na verdade, são cabíveis dois *processos*, um administrativo e outro judicial, e cada um deles tramita sob seu específico *procedimento*.

Já tivemos a oportunidade de assinalar que não se confundem esses conceitos. Procedimento administrativo "*é o meio, ora rígido, ora flexível, pelo qual se desenvolvem os atos, os fatos e as atividades constantes do processo administrativo*", ao passo que o processo administrativo "*reflete uma relação jurídica entre pessoas governamentais e privadas em que ressai o objetivo da atividade estatal – um ato ou uma conduta administrativa*".[14] Assim, formando-se a relação jurídica dinâmica, há que tramitar sob determinado rito, e é este que configura exatamente o seu procedimento.

O processo administrativo destina-se à apuração, na via administrativa, da existência do ato de improbidade e dos seus autores, refletindo o fundamento para a provável instauração da ação de improbidade. A legitimidade para postular a instauração do processo administrativo é ampla, cabendo a *qualquer pessoa* representar à autoridade administrativa competente (art. 14). Anote-se que essa legitimação tem lindes bastante extensos, mais até do que aqueles permissivos da representação dirigida ao Tribunal de Contas para denunciar irregularidades (art. 74, § 2º, da CF), restrita ao cidadão, partido político, associação e sindicato, não incluindo, pois, a pessoa que não esteja no gozo de

---

[11] Consignamos tal observação em nosso *Manual de direito administrativo*, cit., p. 1.155.
[12] Vide STJ, REsp 1.025.300, julg. em 17.2.2009.
[13] É também o registro de PEDRO ROBERTO DECOMAIN, *Improbidade administrativa*, Dialética, 2007, p. 203.
[14] Nosso *Processo administrativo federal*, Atlas, 5. ed., 2013, p. 4-5.

seus direitos políticos; esta, no entanto, tem aptidão para representar e denunciar atos de improbidade.[15]

A LIA disciplina, ainda, o processo judicial, através do qual a investigação de improbidade se desenvolve e tem seu desfecho perante órgãos jurisdicionais.[16] A instauração do processo judicial não depende da existência de prévio processo administrativo, mas, se este tiver sido instaurado e estiver concluído, poderá servir como conjunto instrutório daquele. Se estiver em curso, pode ocorrer que fique prejudicado ante a propositura da ação de improbidade. É o caso, *v. g.*, em que os processos apuram um só fato praticado pelo mesmo autor.

Caso esteja prescrita a pretensão punitiva pela prática do ato de improbidade, tanto o processo administrativo quanto o judicial restarão prejudicados, visto que nenhuma sanção poderá a essa altura ser aplicada ao autor do ato, à exceção – insistimos – da pretensão da entidade lesada à reparação de danos causados ao erário. É claro que tais processos sempre podem ser instaurados: afinal, a instauração espelha direito subjetivo autônomo, sendo incabível impedi-la. Mas o desfecho terá que ser fatalmente o do reconhecimento da prescrição e da consequente inaplicabilidade das sanções.

5.7 AÇÃO DE IMPROBIDADE ADMINISTRATIVA

O processo judicial é o veículo jurídico apropriado para formalizar a propositura da ação de improbidade administrativa. Nesta, o autor formula a pretensão punitiva em face do réu e invoca a tutela jurisdicional no sentido de ser o réu condenado pela prática do ato de improbidade e de lhe serem aplicadas as respectivas sanções.

Na grande maioria dos casos, a ação é proposta sob a denominação de *ação civil pública de improbidade administrativa*, quando, a nosso ver, não se trata da ação civil pública regida pela Lei nº 7.347/1985, mas sim de outra ação, com linhas próprias, e que, segundo sustentamos, deve ser proposta como *ação de improbidade administrativa*. Em estudo que desenvolvemos, procuramos demonstrar os vários elementos diferenciais que marcam as ações, para concluir que a prática judicial acabou por criar uma indevida fusão entre elas.[17]

De qualquer modo, a ação de improbidade administrativa caracteriza-se como típica *ação*, provida que está de seus *elementos* básicos: partes (*personae*), causa de pedir (*causa petendi*) e objeto (*petitum*). Partes são as pessoas que formulam o pedido (autor, sujeito ativo) e em face de quem o pedido é formulado (réu, sujeito passivo). A causa de pedir é constituída pelos fatos e fundamentos que amparam o pedido, sobressaindo, como é óbvio, a prática do ato de improbidade. E o objeto é o que o autor pretende na ação, vale dizer, o reconhecimento da improbidade e a condenação do réu às sanções previstas na lei.

---

[15] Também: JOSÉ ANTÔNIO LISBÔA NEIVA, *Improbidade administrativa*, Impetus, 2. ed., 2011, p. 160.
[16] Arts. 17 e 18.
[17] Sobre o tema, vide nosso trabalho Ação civil pública e ação de improbidade administrativa, em *A ação civil pública após 25 anos*, obra coletiva organizada por Édis Milaré, Revista dos Tribunais, 2010, p. 484-499.

Como registra a maioria dos autores, a ação de improbidade ostenta natureza cível, ou seja, caracteriza-se como ação civil,[18] muito embora tenha uma sequência de condutas que se assemelham aos tipos existentes na legislação penal. Esse fato, aliás, ensejou para alguns estudiosos a consideração de que a LIA tem forte conteúdo penal.[19] Em nosso entender, contudo, são esferas diferentes. Conquanto atos de improbidade possam também configurar-se como crimes, a apuração das condutas e a aplicação das sanções dar-se-ão nas esferas cível e penal, respectivamente.

A *legitimidade ativa* para a causa é concorrente: podem propor a ação o Ministério Público e a pessoa jurídica interessada, assim considerada aquela que sofreu os efeitos do ato de improbidade (art. 1º, LIA). Parte legítima passiva é o autor do ato de improbidade, seja qual for a modalidade em que esteja enquadrado o ato (arts. 2º e 3º, LIA). Havendo coautoria entre agentes públicos, ou entre agente público e terceiro, formar-se-á litisconsórcio passivo necessário.[20] Se o terceiro for apenas beneficiário, o litisconsórcio será facultativo.[21]

Quanto ao *interesse de agir*, domina a interpretação mais ampla, em ordem a considerar possível a condenação do autor do ato ainda que praticado antes da Constituição em vigor, conforme já decidido acertadamente.[22] Constatada a prática da conduta ímproba, presente estará o interesse de agir para a ação ante a necessidade, utilidade e adequação que fundamentam a demanda.

Segundo dispõe o art. 17 da LIA, a ação de improbidade obedece ao rito ordinário. A afirmação do legislador, porém, é equivocada. No sistema adotado pelo CPC, que modificou o anterior, o procedimento pode ser *comum* ou *especial*, aplicando-se o comum subsidiariamente ao especial.[23] Desapareceu, portanto, a subdivisão do procedimento comum em ordinário e sumário.[24] A regra é o procedimento comum, que segue a tramitação geral prevista no Código. Já o procedimento especial apresenta peculiaridades que justificam tal especialidade, como ensina a doutrina.[25]

O procedimento previsto na Lei nº 8.429/1992 para a ação de improbidade não segue rigorosamente as disposições do estatuto processual relativas ao procedimento comum. A comprovação é fácil de ser verificada, quando a lei determina que o juiz ordene a notificação do requerido para manifestar-se e somente depois imponha a sua citação, agora como réu.[26] Esse incidente processual inexiste no procedimento comum previsto no Código de Processo Civil, de forma que alternativa não há senão a de considerar que a ação de improbidade desafia o *procedimento especial*.

---

[18] MARCELO FIGUEIREDO, ob. cit., p. 216.
[19] Foi o que expressaram ARNOLD WALD e GILMAR FERREIRA MENDES, em Competência para julgar a improbidade administrativa, em *Revista de Informação Legislativa* nº 138, abr./jun. 1998, p. 213-215.
[20] Foi o que assinalamos no nosso *Manual*, cit., p. 1.168. Também: PEDRO ROBERTO DECOMAIN, *Improbidade administrativa*, Dialética, 2007, p. 239.
[21] STJ, REsp 1.261057, j. 5.5.2015, e AgRg no REsp 1.421.144, j. 26.5.2015.
[22] STJ, REsp 1.113.294, julg. em 9.3.2010.
[23] Art. 318 e parágrafo único, CPC.
[24] Arts. 271 e 272, CPC/1973.
[25] TERESA ARRUDA ALVIM WAMBIER e outros, *Primeiros comentários*, cit., p. 545.
[26] Art. 17, §§ 7º a 9º.

O objetivo da ação – já o mencionamos – é o de postular a aplicação das respectivas sanções aos responsáveis pela prática do ato de improbidade. Imperioso sublinhar que a condenação do autor por conduta de improbidade somente se legitima se ficar notoriamente provado o comportamento enquadrado nas hipóteses referidas na lei. Havendo dúvidas sobre a conduta ou sobre seu autor, incabível será a procedência da ação.

5.8 IMPROBIDADE E PRESCRIÇÃO

A despeito de comentários que já adiantamos a respeito da matéria, e tendo em vista o foco deste estudo, parece conveniente destacar, com cores bem fortes, as linhas que compõem a relação entre os atos de improbidade e a prescrição.

A improbidade precisa mesmo ser combatida, e esse confronto se pode inferir da própria Constituição. O Constituinte não desconhece que esse tipo de comportamento, quando agride a Administração Pública, põe em risco a incolumidade do Estado e causa hostilidade à república e ao regime democrático.

Todavia, é inadmissível oferecer o benefício da eternidade ao titular do direito que se conduz com inércia. A ele se opõem o *princípio da segurança jurídica* e o da *estabilidade das relações jurídicas*. Esse é o motivo pelo qual ao legislador compete fixar lapsos temporais dentro dos quais devem necessariamente ser oferecidas as pretensões.[27] Ao Estado também há de aplicar-se essa imposição de caráter temporal: nem a ele se podem conceder benesses oriundas de sua inércia.

Em decorrência, a pretensão punitiva de que é titular o Estado, fundada em seu direito subjetivo de não sofrer agressões provenientes de comportamentos ímprobos, também está sujeita a ser exercida em determinado prazo. A Constituição contemplou essa possibilidade no art. 37, § 5º, e a Lei nº 8.429/1992, em sua função regulamentadora, fixou os prazos prescricionais no art. 23, como examinaremos adiante. Se a Administração quedar inerte no que concerne ao exercício de sua pretensão, consumar-se-á a prescrição e ficará ela impedida de obter o alvo de sua pretensão, qual seja, a incidência da sanção de improbidade. É o mesmo que dizer que nesse caso a conduta de improbidade resultou impune.

A regra geral para a inércia do titular, incluindo o Estado, é a prescritibilidade das pretensões. Não deduzidas nos prazos legais, fica o titular despido do direito de fazê-lo ulteriormente. Só assim se pode assegurar a estabilidade das relações jurídicas e evitar que perdurem *ad infinitum* em benefício daquele que se mostrou desinteressado na defesa de seus direitos.

Os casos de imprescritibilidade – já o vimos – refletem exceções ao sistema e obedecem às razões estratégicas avaliadas pelo Constituinte. No caso de improbidade administrativa, a Constituição valeu-se dessa estratégia no já referido art. 37, § 5º, para considerar imprescritível a pretensão estatal na hipótese de o ato de improbidade causar prejuízo ao erário. Repita-se, porém, que se cuida de exceção ao sistema geral, expressa pelo Constituinte para um fim que avaliou ser relevante e suscetível de proteção perma-

---

[27] EMERSON GARCIA, *Improbidade administrativa*, com Rogério Pacheco Alves, Lumen Juris, 2. ed., 2004, p. 550.

nente: o patrimônio público. Em tópico próprio mais adiante detalharemos o tema da imprescritibilidade.

5.9 DISCIPLINA DA PRESCRIÇÃO

A disciplina sobre a prescrição, tratando-se de ato de improbidade, encontra-se no art. 23 da LIA, que tem os seguintes dizeres:

> "Art. 23. As ações destinadas a levar a efeitos as sanções previstas nesta lei podem ser propostas:
> I – até cinco anos após o término do exercício de mandato, de cargo em comissão ou de função de confiança;
> II – dentro do prazo prescricional previsto em lei específica para faltas disciplinares puníveis com demissão a bem do serviço público, nos casos de exercício de cargo efetivo ou emprego.
> III – até cinco anos da data da apresentação à administração pública da prestação de contas final pelas entidades referidas no parágrafo único do art. 1º desta Lei."[28]

O legislador, conforme se observa no texto legal, adotou o critério de prazos diferenciáveis em função da situação jurídica do autor do ato. Num primeiro momento, considerou o exercício de funções públicas marcadas pelo caráter de transitoriedade (inciso I) e, em outro vetor, fez menção a funções que, em tese, se caracterizam pela definitividade (inciso II).

No inciso III, só posteriormente incluído no art. 23, o legislador tratou da improbidade para autores que não se enquadram como agentes públicos das entidades da Administração Direta e Indireta, uma vez que integram o quadro de empregados das pessoas referidas no art. 1º, parágrafo único, da LIA. Tais entidades, como já se viu, são aquelas sujeitas à prática de atos de improbidade contra seu patrimônio e que recebem subvenção, benefício ou incentivo fiscal ou creditício, de órgão público ou aquelas para cuja criação ou custeio o erário haja concorrido ou concorra com menos de cinquenta por cento do patrimônio ou da receita anual.

Embora as hipóteses do dispositivo constituam objeto de exame mais aprofundado adiante, já de plano é possível constatar a diferença de critérios também quanto à fixação do prazo. Na primeira e terceira hipóteses, o legislador estabelece prazo certo para a prescrição, ao passo que na segunda faz remissão à lei específica para faltas disciplinares, que, como é óbvio em virtude de sua grande pluralidade, pode apresentar prazos diversos entre as pessoas federativas.

Se o primeiro critério tem linhas de objetividade, não se pode, quanto ao segundo, fazer a mesma afirmação. A grande variedade de leis específicas provoca, em algumas situações, interpretações complexas, e nem poderia deixar de ser assim, já que obriga

---

[28] O inciso III do dispositivo foi incluído pela Lei nº 13.019, de 31.7.2014, que, por sua vez, sofreu alterações pela Lei nº 13.204, de 14.12.2015.

o intérprete a recorrer a essa multifária legislação para identificar se houve ou não a prescrição.

De qualquer modo, há um ponto sobre o qual não pesam incertezas: o legislador, em consonância com o Constituinte, admitiu que a punibilidade pela prática de atos de improbidade encontra limites e barreiras pelo decurso do tempo, de modo que, consumado o prazo dentro do qual pode ser aplicada a punição, fica o autor imune a essa incidência.

5.10 AÇÃO E PRETENSÃO

O texto legal, ao falar da prescrição, enuncia que "*as ações destinadas a levar a efeitos as sanções previstas nesta lei podem ser **propostas** [...]*" (grifamos). Permitimo-nos, porém, fazer duas breves considerações sobre essa dicção.

De acordo com a linha teórica que vimos desenvolvendo neste trabalho, fundada, inclusive, no vigente Código Civil, a relação direta da prescrição não é com a ação, mas sim com a pretensão. Esta nasce com a violação do direito, fato que constitui o momento inicial para que o titular possa oferecê-la. A ação, na ótica material, é a conduta positiva do titular para fazer valer sua pretensão; na visão formal, indica o mecanismo de recorrer à tutela judicial, o que é feito pela propositura da ação judicial.

Para a correta adequação do texto, portanto, deve considerar-se que a expressão "*as ações... podem ser propostas*" desafia, tecnicamente, a seguinte interpretação: "*as pretensões... podem ser oferecidas*", o que há de ser feito nos prazos assinalados no dispositivo.

O ato de improbidade ofende o direito da Administração de não ser atingida pelos comportamentos de seus agentes violadores dos tipos anunciados na lei. Quando o ato é praticado, vulnera-se o direito da Administração e nesse momento nasce para ela a pretensão de condenar o autor do ato para o fim de ser-lhe aplicada a respectiva sanção. Se a Administração não o faz no lapso temporal fixado na lei, sofrerá o efeito da prescrição, sendo então incabível buscar a punição do autor da improbidade. Para evitar a prescrição, cabe à Administração diligenciar para valer seu direito (ação em sentido material) e propor a ação de improbidade (ação no sentido processual, ou formal).

A outra observação é consequência da linha teórica até aqui adotada. O dispositivo menciona que as ações podem ser propostas nos prazos estabelecidos nos incisos I a III do art. 23. Como visto, no entanto, o direito de ação judicial é autônomo e não se confunde com o direito material nem com a pretensão que dele emana no caso de violação. Representa apenas a diligência do interessado de invocar a tutela judicial na hipótese que enuncia em sua petição inicial.

A ação processual, desse modo, pode ser proposta a qualquer tempo, arcando o autor com as consequências de sua propositura tempestiva ou intempestiva. Se tiver ocorrido a prescrição antes da propositura da ação, ao julgador caberá proferir decisão em que reconheça sua ocorrência, sendo essa decisão uma prejudicial em relação ao *meritum causae*, vale dizer, uma vez decretada a prescrição, não mais haverá ensejo para a apreciação do pedido formulado pelo autor.

Com a ação de improbidade se passa da mesma forma. Oferecida a pretensão e proposta a ação nos prazos legais, caberá o exame do pedido do autor. Proposta a ação a destempo, será decretada a prescrição, resolvendo-se o processo com resolução de mérito, *ex vi* do art. 487, II, do Código de Processo Civil, aplicável à ação de improbidade nessa matéria. Excetua-se – insistimos – a ação de reparação de danos causados ao erário em vista da imprescritibilidade da pretensão.

5.11 PRETENSÃO GENÉRICA E PRETENSÕES ESPECÍFICAS

A ação de improbidade, sob o aspecto da pretensão, precisa ser analisada em dois ângulos, ambos dotados de feição própria e diversificada.

De um lado, perpetrado o comportamento de improbidade, o titular da pretensão, que pode ser o Ministério Público ou a pessoa jurídica interessada, busca a condenação do ímprobo por via judicial. Nessa hipótese, ao propor a ação, o autor deduz a pretensão de, reconhecido o ato de improbidade, ser o réu sujeito às sanções respectivas. Trata-se apenas da pretensão condenatória e, tendo em vista não ser, a princípio, direcionada a alguma sanção específica, deve ser considerada como *pretensão genérica*.

De outro lado, o elenco de sanções constante do art. 12 da LIA é bastante heterogêneo, já que as punições se apresentam com natureza e linhas diferenciadas. De qualquer modo, para que se vejam aplicadas as sanções, urge que tenha sido deduzida a pretensão condenatória genérica.

A cada uma das sanções, todavia, corresponde uma pretensão condenatória própria, a que podemos denominar de *pretensão específica*. Se o autor formula apenas a pretensão genérica, alvitra somente o reconhecimento da improbidade e a aplicação das sanções em conjunto. Pode ocorrer, no entanto, que o autor, em vista da natureza da conduta, alveje uma ou mais determinadas sanções. Nesse caso, além da pretensão condenatória genérica, o autor formulará também uma ou mais pretensões específicas, indicando quais as sanções que entende cabíveis, considerando os elementos fáticos e o princípio da proporcionalidade punitiva.

Para exemplificar, se o Ministério Público, no *petitum* da ação, postula a condenação do réu pela prática de ato de improbidade, formula pretensão genérica – esta de presença imprescindível. É lícito, porém, que além dessa pretensão, formule ainda a aplicação das sanções de perda da função pública, de suspensão de direitos políticos e de ressarcimento dos prejuízos causados ao erário. A aplicação de tais sanções, expressamente indicadas pelo autor, resulta de pretensões específicas. Ao contrário da pretensão genérica, pode o autor formular ou não pretensões específicas, e, no caso de oferecê-las, pode direcionar-se àquelas sanções que entende compatíveis com o ato de improbidade produzido pelo ímprobo.

Por esse motivo, pode ocorrer que o autor da ação de improbidade deduza, por exemplo, as pretensões específicas consistentes nas sanções de perda da função pública, multa civil e ressarcimento de prejuízos. Cada uma das pretensões tem fisionomia autônoma, embora possam ser acolhidas num conjunto, quando aplicadas todas as sanções reivindicadas.

A autonomia das pretensões específicas reside em que eventual fato impeditivo relacionado a uma delas não afeta necessariamente a outra. O exemplo mais elucidativo é o da imprescritibilidade da pretensão ressarcitória. Se o autor da ação de improbidade oferece as pretensões específicas acima mencionadas, a prescrição que afasta as que visam às sanções de perda de função pública e multa civil não contamina a que se direciona ao ressarcimento de prejuízos causados ao erário. Significa que, decretada a prescrição daquelas duas, a ação pode prosseguir quanto à pretensão específica de indenização, eis que esta, por força do art. 37, § 5º, da CF, é imprescritível.

Nesse sentido, aliás, e de forma que se nos afigura irreparável, já decidiu o STJ, conforme se observa nos seguintes termos da ementa de acórdão a seguir:

"*PROCESSUAL CIVIL. AÇÃO CIVIL PÚBLICA. ATO DE IMPROBIDADE. AÇÃO PRESCRITA QUANTO AOS PEDIDOS CONDENATÓRIOS (ART. 23, II, DA LEI Nº 8.429/92). PROSSEGUIMENTO DA DEMANDA QUANTO AO PLEITO RESSARCITÓRIO. IMPRESCRITIBILIDADE.*

1. O ressarcimento do dano ao erário, posto imprescritível, deve ser tutelado quando veiculada referida pretensão na inicial da demanda, nos próprios autos da ação de improbidade administrativa ainda que considerado prescrito o pedido relativo às demais sanções previstas na Lei de Improbidade.

2. O Ministério Público ostenta legitimidade ad causam *para a propositura de ação civil pública objetivando o ressarcimento de danos ao erário, decorrentes de atos de improbidade, ainda que praticados antes da vigência da Constituição Federal de 1988, em razão das disposições encartadas na Lei 7.347/85. Precedentes do STJ: REsp 839650/MG, SEGUNDA TURMA, DJe 27/11/2008; REsp 226.912/ MG, SEXTA TURMA, DJ 12/05/2003; REsp 886.524/SP, SEGUNDA TURMA, DJ 13/11/2007; REsp 151811/MG, SEGUNDA TURMA, DJ 12/2/2001.*

3. A aplicação das sanções previstas no art. 12 e incisos da Lei 8.429/92 se submetem ao prazo prescricional de 5 (cinco) anos, exceto a reparação do dano ao erário, em razão da imprescritibilidade da pretensão ressarcitória (art. 37, § 5º, da Constituição Federal de 1988). Precedentes do STJ: AgRg no REsp 1038103/SP, SEGUNDA TURMA, DJ de 4/5/2009; REsp 1067561/AM, SEGUNDA TURMA, DJ de 27/2/2009; REsp 801846/AM, PRIMEIRA TURMA, DJ de 12/2/2009; REsp 902.166/SP, SEGUNDA TURMA, DJ de 4/5/2009; e REsp 1107833/SP, SEGUNDA TURMA, DJ de 18/9/2009.

4. Consectariamente, uma vez autorizada a cumulação de pedidos condenatório e ressarcitório em sede de ação por improbidade administrativa, a rejeição de um dos pedidos, in casu, o condenatório, porquanto considerada prescrita a demanda (art. 23, I, da Lei nº 8.429/92), não obsta o prosseguimento da demanda quanto ao pedido ressarcitório em razão de sua imprescritibilidade. 5. Recurso especial do Ministério Público Federal provido para determinar o prosseguimento da ação civil pública por ato de improbidade no que se refere ao pleito de ressarcimento de danos ao erário, posto imprescritível."[29]

---

[29] STJ, REsp 1.089.492, Rel. Min. LUIZ FUX, em 4.11.2010.

Por derradeiro, comporta observar que a necessidade de distinguir a pretensão genérica das específicas é que explica a função ajustadora do juiz, quando julga procedente a ação. Parte da doutrina sustenta que o juiz deve ater-se às pretensões formuladas pelo autor.[30] Ousamos divergir desse entendimento. Uma vez reconhecido pelo juiz o ato de improbidade, e devidamente enquadrado na respectiva categoria (enriquecimento ilícito, lesão ao erário e violação a princípios), o julgador, sempre observando o princípio da proporcionalidade punitiva, tem uma certa discricionariedade no momento de proferir a decisão, e isso porque, de um lado, não precisa cumular necessariamente todas as sanções[31] e, de outro, lhe compete fixar a dosimetria da sanção, onde se fizer necessário.[32]

Sendo assim, a correspondência entre *petitum* e *decisum*, que embasa o princípio dos limites objetivos da coisa julgada, não apresenta a inflexibilidade que recai sobre as ações em geral. Quer dizer: a única correspondência entre esses elementos diz respeito à pretensão genérica de condenação. Quanto às pretensões específicas mencionadas na inicial, pode o juiz não acolher alguma delas, deixando de aplicar a respectiva sanção. Da mesma forma, é lícito aplicar alguma sanção não mencionada pelo autor na petição inicial, desde que, naturalmente, esteja no elenco previsto no art. 12 da Lei nº 8.429/1992.

5.12 PRESCRIÇÃO *EX OFFICIO*

Ao examinarmos o sistema geral da prescrição, apresentamos a evolução histórica da viabilidade jurídica de sua decretação *ex officio* pelo juiz, isto é, sem necessidade de ser suscitada pelas partes, como a lei registrava preteritamente.[33]

Atualmente, vigora, sobre a matéria, o parâmetro normativo instituído pela Lei nº 11.280, de 16.2.2006, que trouxe duas importantes modificações. De um lado, revogou o art. 194 do Código Civil e, com isso, suprimiu a restrição anterior que condicionava a decretação de ofício da prescrição.[34] De outro, alterou a redação do art. 219, § 5º, do CPC/1973 (já revogado pelo código vigente) passando a lei a dispor, incisivamente, que "*O juiz pronunciará, de ofício, a prescrição.*"

Em que pese terem surgido algumas vozes discordantes, consideramos, em abono da opinião de vários estudiosos, que o legislador atuou em congruência com o princípio da celeridade processual, cuja fonte se hospeda no art. 5º, LXXVIII, da Constituição. Como o dispositivo consagra, como direito fundamental, o direito à *razoável duração do processo*, julgamos que a lei processual não estava inquinada de qualquer vício de inconstitucionalidade. Sem a nova possibilidade, haveria, inclusive, o risco de vulnerar-se

---

[30] MARINO PAZZAGLINI FILHO, ob. cit., p. 178.
[31] Para confirmar, o art. 12 da LIA permite que as sanções sejam aplicadas isolada ou cumulativamente, conforme a gravidade do ato. Contra: EMERSON GARCIA, ob. cit., p. 533, antes da Lei nº 12.120/2009, que alterou o dispositivo.
[32] Vide nosso *Manual*, cit., p. 1.155.
[33] Vide Capítulo 2.
[34] Pelo art. 194 do Código Civil, agora revogado, a restrição consistia em não poder ser decretada de ofício a prescrição quando favorecesse a absolutamente incapaz.

uma das mais importantes garantias processuais – a *efetividade* no que tange ao resultado do processo.[35]

O sistema hoje vigente aplica-se perfeitamente à ação de improbidade administrativa.[36] Com efeito, inexiste norma em contrário na lei de regência, no caso, a Lei nº 8.429/1992. Desse modo, incidirá na ação a norma geral inscrita no art. 487, parágrafo único, do CPC, permitindo-se ao juiz decretar a prescrição *ex officio* da pretensão específica deduzida pelo autor, qualquer que seja o legitimado.

Na ação de improbidade administrativa, entretanto, é imperioso distinguir, como já o fizemos, a pretensão genérica das pretensões específicas. A pretensão genérica jamais pode ser objeto de decretação da prescrição de ofício, e isso porque dentro dela existe a pretensão ressarcitória, que é imprescritível. As demais, por serem prescritíveis, podem ser objeto da decretação judicial.

Assim, se o autor se limitou a deduzir a pretensão genérica condenatória, o juiz, verificando a ocorrência da prescrição, pode decretá-la de ofício relativamente às pretensões específicas prescritíveis, mas não poderá fazê-lo no que concerne à pretensão específica ressarcitória, garantida pela imprescritibilidade. Caso o autor formule algumas pretensões específicas, o juiz pode decretar de ofício a prescrição de todas, se forem elas prescritíveis, mas sempre ressalvará a pretensão específica ressarcitória por ser imprescritível.

Para exemplificar, figure-se que o Ministério Público deduza somente a pretensão genérica condenatória; estando consumada a prescrição das pretensões, o juiz a decretará *ex officio* no que toca às prescritíveis, mas terá que promover a continuação do processo em relação à pretensão ressarcitória. Se o MP, por exemplo, formula pretensões específicas, excluindo a ressarcitória, o juiz pode decretar de ofício a prescrição de todas. Caso formule cumulativamente as de perda de função pública e ressarcitória, o juiz decretará a prescrição *ex officio* da primeira, mas o processo terá prosseguimento para ser apurada a possibilidade de aplicação da última.

Quanto à necessidade de o juiz ouvir o réu, ou as partes, antes de decidir pela ocorrência da prescrição, reiteramos aqui o que já foi comentado precedentemente. Anteriormente, a lei processual era silente a respeito de tal exigência, fato que levou alguns analistas a entendê-la dispensável, somando-se, ainda, o argumento de que a matéria é de ordem pública.[37] Era esse, inclusive, o nosso pensamento.

Entretanto, como antecipamos, o Código vigente exige que o juiz ofereça às partes a oportunidade de manifestar-se previamente sobre a prescrição e a decadência, como emana do art. 487, parágrafo único. Trata-se, desse modo, de *conditio* para a decretação desses fatos extintivos, não podendo ser descartada pelo juiz, sob pena de invalidação do *decisum*.

Para atenuar essa exigência, o Código permite que o juiz possa julgar improcedente o pedido *in limine*, caso constate desde logo a ocorrência da prescrição e da decadência (art. 332, § 1º). Nesse caso, além da viabilidade da decretação *ex officio*, fica dispensada a

---

[35] FLÁVIO GALDINO, Acesso à justiça, em *Dicionário de princípios jurídicos*, cit., p. 22.
[36] Com o mesmo pensamento, EMERSON GARCIA, ob. cit., p. 562.
[37] Vide o trabalho de GISELE GÓES, *A prescrição e a Lei nº 11.280/2006*, cit., p. 119-129.

manifestação prévia das partes. A norma espelha exceção à regra geral contida no citado art. 487, parágrafo único, do CPC.

Se, para exemplificar, o Ministério Público ajuíza ação de improbidade em que não há pedido ressarcitório, em momento posterior ao de prescrição, fixado no art. 23, I a III, da LIA, pode o juiz decretar liminarmente a improcedência da ação, dispensável a manifestação de qualquer das partes sobre a linha de seu convencimento.

5.13 RENÚNCIA DA PRESCRIÇÃO

De acordo com o art. 191 do Código Civil, a prescrição pode ser objeto de renúncia, expressa ou tácita, desde que não haja prejuízo para terceiro. Vimos em momento anterior que a lei civil, todavia, exige que a renúncia se efetive depois que a prescrição se consuma. É tácita a renúncia quando há a presunção decorrente de fatos do interessado que não se coadunam com a prescrição.[38]

Apesar da dicção do dispositivo, alguns doutrinadores sustentam que a renúncia pode ser processada também no próprio curso da prescrição, invocando-se como fundamento o art. 202, VI, do Código Civil, que admite a interrupção da prescrição em virtude de ato inequívoco, ainda que extrajudicial, que traduza reconhecimento do direito pelo devedor.[39]

Em nosso entendimento, o instituto da renúncia é inaplicável à prescrição da improbidade. O fundamento precípuo descansa na natureza da relação jurídica entre a Administração Pública e o administrado, que é tipicamente de direito público. Por outro lado, o direito à probidade administrativa não comporta ajustes ou transações, eis que se trata de matéria de ordem pública. Finalmente, a renúncia da prescrição, como se pode observar nos termos da lei civil, é própria do direito privado e traduz eficácia adequada à relação entre credor e devedor.

Não caberia, portanto, que, consumado o prazo prescricional, o agente que cometeu o ato de improbidade viesse a renunciar à prescrição, tanto de forma expressa, quanto tacitamente, pela prática de ato incompatível com o fenômeno prescricional. Consumada a prescrição, não há mais ensejo para que os legitimados deduzam a sua pretensão condenatória de improbidade, ressalvada, é claro, a hipótese de ressarcimento de prejuízos, que espelha pretensão imprescritível.

A chamada renúncia expressa durante o prazo prescricional não tem o mesmo perfil da renúncia declarada após o prazo. Aqui o prazo já se exauriu, de modo que o devedor, se o desejar, pode efetivamente renunciar ao direito de obstar a pretensão do credor. Entretanto, no curso do prazo, a renúncia equivale a um fato interruptivo, tal como previsto no art. 202, VI, do Código Civil. Esse fato pode ocorrer na prescrição da

---

[38] "Art. 191. A renúncia da prescrição pode ser expressa ou tácita, e só valerá, sendo feita, sem prejuízo de terceiro, depois que a prescrição se consumar; tácita é a renúncia quando se presume de fatos do interessado, incompatíveis com a prescrição."

[39] É o entendimento de CÂMARA LEAL, *Da prescrição*, cit., p. 51.

improbidade, quando, durante o curso do prazo, o agente público expressar formalmente a confissão de seu ilícito.[40]

5.14 PRESCRIÇÃO E EXCEÇÃO

A *exceção* prescreve no mesmo prazo em que prescreve a *pretensão*, como afirmado no art. 190 do Código Civil.[41] Como vimos, não se trata, no caso, da exceção em sentido processual (própria ou independente), que retrata instrumento de defesa do réu, mas sim de exceção em sentido material (imprópria ou dependente), que tange à própria pretensão e que pode constituir objeto de demanda autônoma. Repita-se neste passo, por oportuno, que o Código processual vigente não mais contempla a exceção como meio de resposta do réu, alterando, assim, o sistema do estatuto anterior.

Como bem explica Caio Mário da Silva Pereira, a faculdade de opor, como defesa, determinada pretensão só é admissível se esta ainda não tiver sucumbido à prescrição. Em outro ângulo, a exceção subsistirá enquanto estiver em curso o prazo prescricional correspondente à respectiva pretensão.[42]

Fábio de Oliveira Azevedo oferece um bom exemplo: João é credor de Paulo da importância de R$ 1.000,00, mas a pretensão creditícia está prescrita. Caso Paulo, devedor, reivindique algum crédito seu contra João, este não poderá suscitar a exceção de compensação, prevista no art. 368 do Código Civil. Significa que, prescrita a pretensão, da mesma forma prescrita estará a exceção.[43]

Na ação de improbidade administrativa, em linha de princípio, é incabível a incidência da norma em foco. Esta irradia-se basicamente sobre a relação de débito e crédito, na qual pode ser oposta exceção que corresponda a uma pretensão dedutível em demanda autônoma. Na improbidade, a pretensão condenatória, como regra, não comporta ser suscitada, em defesa, como objeção do réu.

Caso um agente público proponha ação em face do Estado, não pode este, na contestação, opor a exceção relativa à pretensão condenatória de improbidade, se a prescrição desta se tiver consumado. A heterogeneidade das pretensões do Estado e do ímprobo impede a aplicação do art. 190 do Código Civil. Resulta daí a inviabilidade jurídica de a exceção compensar eventual pretensão deduzida pela outra parte.

É de ressalvar-se, no entanto, a pretensão específica ressarcitória. Sendo esta imprescritível, pode não somente ser objeto de oferecimento por meio da ação, como pode também ser oposta como exceção substantiva pelo Estado a título de defesa. A razão é que, por ser imprescritível a pretensão, imprescritível também será a exceção. Além disso, a pretensão ressarcitória, que tem caráter indenizatório, lastreia-se numa relação de crédito e débito, e, pois, patrimonial, adequando-se perfeitamente à hipótese de eventual compensação.

---

[40] Vide Capítulo 10, no tópico relativo à interrupção da prescrição.
[41] "Art. 190. A exceção prescreve no mesmo prazo em que a pretensão."
[42] Ob. cit., v. I, p. 589.
[43] *Direito Civil*, cit., p. 470.

Vejamos, como exemplo, a hipótese em que agente público, autor de ato anterior de improbidade causador de prejuízos ao erário de um ente público, proponha contra este ação cobrando indenização de R$ 1.000,00. O ente público, na resposta, pode suscitar a exceção de compensação para cobrar do agente-autor a indenização pelos prejuízos que lhe causou. Se estes alcançaram cifra inferior ao objeto da ação, o débito do Estado se cingirá ao remanescente. No caso de serem superiores ao valor cobrado na ação, pode o Estado apresentar a objeção relativa a seu crédito, em ordem a considerar-se quitado seu débito e permitir-se ao Estado cobrar do autor o valor que o exceder. Sendo o prejuízo de R$ 1.500,00, por exemplo, o ente público obterá quitação de seu débito (R$ 1.000,00) e ainda poderá cobrar do autor o valor remanescente de R$ 500,00.

5.15 LEGITIMAÇÃO PARA ARGUIR A PRESCRIÇÃO

Dita o art. 193 do Código Civil que "*A prescrição pode ser alegada em qualquer grau de jurisdição, pela parte a quem aproveita.*" Estudando o tema na parte geral, vimos que, pelo teor da norma, a prescrição foi considerada como matéria de ordem pública, rendendo ensejo a que possa ser suscitada em qualquer instância.[44]

Neste tópico, o ponto central é o de saber se a norma tem aplicação na ação de improbidade administrativa. E a resposta é positiva. Tendo em vista que a Lei de Improbidade nada menciona a respeito dessa legitimação, é o Código Civil, como lei geral, que deve ter incidência normativa. Assim, o agente público e o terceiro que forem réus na ação são legitimados para alegar a prescrição da pretensão condenatória do Estado ou da pessoa jurídica interessada em qualquer grau de jurisdição.

Suponha-se que o Ministério Público ajuíze ação contra determinado agente público autor de conduta de improbidade, estando prescritas as pretensões específicas. Mesmo que o agente-réu não tenha arguido a prescrição no juízo de primeiro grau, poderá fazê-lo no segundo, suscitando a ocorrência do fato no recurso, para a obrigatória apreciação pelo Tribunal. Essa possibilidade, contudo, não se estende à pretensão específica ressarcitória, garantida pela imprescritibilidade.

A expressão *parte a quem aproveita*, contida no dispositivo, suscita alguma dúvida. Parte da doutrina considera que, por seu efeito liberatório, a prescrição representa um elemento do patrimônio.[45] Não obstante, os efeitos não são apenas econômicos. Pode ocorrer que um terceiro esteja sendo investigado como coautor do ato de improbidade praticado pelo agente público, e este já seja réu na ação.

Supondo-se que se tenha consumado a prescrição, o terceiro tem interesse em suscitar a prescrição em qualquer grau de jurisdição se o agente não o tiver feito, e isso porque é indiscutível que a decretação do fato extintivo lhe aproveita, impedindo venha a ser demandado em ação idêntica, na qual poderá ser condenado às sanções de improbidade. Assim, decretada a prescrição relativamente às pretensões específicas em favor

---

[44] Vide Capítulo 2, no qual tratamos de algumas divergências quanto à incidência da norma.
[45] CÂMARA LEAL, ob. cit., p. 65.

do agente público, estarão elas também prescritas para o terceiro, ainda que se comprove ulteriormente a sua participação na conduta de improbidade.

5.16 ALTERABILIDADE DE PRAZOS

O Código Civil vigente, diversamente do que ocorria com o Código de 1916, passou a estabelecer que os prazos de prescrição não podem ser alterados por acordo das partes.[46] A norma reforça a ideia, de resto já adotada pelos modernos doutrinadores, de que a prescrição se configura como matéria de ordem pública e não pode ser inteiramente deixada ao alvedrio dos particulares.

Se a vedação é dirigida às relações entre particulares em geral, com mais razão deve aplicar-se à relação jurídica entre Estado e particular, no que concerne à probidade na Administração Pública.

Significa que os prazos prescricionais contemplados no art. 23 da Lei de Improbidade são de ordem pública e, por tal motivo, são inteiramente suscetíveis da incidência normativa do art. 191 do Código Civil. Assim sendo, é cabalmente vedado que as partes na referida relação jurídica se permitam alterá-los, e aqui se inclui o próprio Estado, que é um dos possíveis sujeitos dessa relação.

Aplicável, portanto, em toda a sua inteireza, o art. 191 do Código Civil aos prazos de prescrição das pretensões condenatórias decorrentes de atos de improbidade administrativa.

5.17 SUCESSÃO E PRAZO PRESCRICIONAL

Não é incomum que um prazo prescricional flua em relação a uma pessoa e que esta, por algum fato superveniente, venha a ser sucedida por outra. Nesse caso, o Código Civil enuncia que a prescrição iniciada contra uma pessoa continua a correr contra seu sucessor.[47] É a denominada *accessio temporis*.

No Código revogado – já o dissemos na parte geral deste estudo – o preceito era no sentido da continuidade do prazo em relação ao *herdeiro*,[48] mas a lei vigente, atendendo às críticas desferidas pelos especialistas, substituiu o termo *herdeiro* por *sucessor*, na esteira do direito alemão. A alteração foi significativa, pois que a norma passou a incidir sobre a sucessão *inter vivos*, e não apenas sobre a sucessão *causa mortis*, como antes.[49]

No caso da ação de improbidade, a norma é aplicável, mas a incidência será bastante remota, porquanto a prescrição corre sempre contra o ente público ou a pessoa jurídica interessada do setor privado. Primeiramente, não será viável, por evidente, a sucessão *causa mortis*. A sucessão *inter vivos* é possível, mas não muito provável. Tratando-se de

---

[46] Art. 192.
[47] "*Art. 196. A prescrição iniciada contra uma pessoa continua a correr contra o seu sucessor.*"
[48] Art. 165, Código Civil de 1916.
[49] FÁBIO DE OLIVEIRA AZEVEDO, ob. cit., p. 474.

ente público, a sucessão só se consumará por instrumentos típicos de direito público.[50] Na hipótese de pessoa privada interessada, poderão ser empregados mecanismos próprios de direito privado, o que se examinará em cada caso.

Vejamos um exemplo: imaginemos que agente público cometeu ato de improbidade relacionado ao Município A, sendo de quatro anos o prazo da prescrição para que promova a respectiva ação de improbidade. No terceiro ano do prazo, o Município A é incorporado ao Município B, desaparecendo, pois, como pessoa jurídica própria. O prazo continuará a correr contra o Município B, incorporador, de modo que a ele restará apenas o prazo remanescente de um ano para ajuizar a ação e interromper a prescrição.

Logicamente, a norma não se aplica à pretensão específica ressarcitória, que tem caráter imprescritível. Em outras palavras, temos que, no que tange a essa pretensão, nenhuma relevância terá o fenômeno da sucessão da entidade credora, isso, porém, quando se tratar de entes públicos, por serem os únicos titulares de erário.

Em outra visão, há um aspecto que merece comentário. Conquanto a lei tenha aludido apenas à prescrição iniciada *contra uma pessoa*, a doutrina, a nosso ver com inteira razão, vale-se de interpretação extensiva do dispositivo, para alcançar também a prescrição iniciada *a favor* de uma pessoa.[51] Na verdade, a *accessio temporis* afeta tanto aquele que se prejudica com a continuidade do prazo, quanto o que se beneficia dela.

Esse aspecto poderá ter aplicabilidade no terreno da improbidade administrativa. É a situação em que o agente público responsável pelo ato de improbidade vem a falecer no segundo ano do prazo prescricional, por suposição, de cinco anos. Algumas pretensões específicas, por sua natureza, se extinguem de pleno direito, como é o caso da perda de função pública ou da suspensão de direitos políticos. A pretensão ressarcitória é imprescritível e, sendo assim, não é afetada pelo óbito. Mas as de devolução de bem adquirido indevidamente ou a de multa civil são passíveis de ser transferidas ao herdeiro; em relação a este, portanto, tendo decorrido dois anos do prazo, remanescerá o período de três anos para consumar-se a prescrição, sendo, assim, aproveitado o período inicial que correu a favor do *de cujus*.

5.18 PRESCRIÇÃO INTERCORRENTE

Em linhas anteriores, examinamos a prescrição intercorrente dentro do Direito Administrativo.[52] Agora, abordaremos o tema em relação à ação de improbidade administrativa.

A fim de recapitular a noção, reiteramos que prescrição intercorrente é aquela que decorre da paralisação de um processo judicial causada pela omissão da parte quanto ao dever de praticar os atos processuais a seu cargo. Na verdade, a parte não agiu com *inércia originária*, e tanto assim que propôs a ação para interromper a prescrição, mas,

---

[50] Como exemplos, no caso de pessoas federativas, a incorporação, subdivisão e desmembramento de Estados (art. 18, § 3º, CF) e a criação, incorporação, fusão e desmembramento de Municípios (art. 18, § 4º, CF).
[51] É a opinião de GUSTAVO TEPEDINO et al., ob. cit., p. 60.
[52] Vide Capítulo 4.

por desídia, agiu com *inércia superveniente*, ou seja, aquela ocorrida depois da propositura da ação.[53]

O fundamento da prescrição intercorrente é bem compreensível. A prescrição se ampara na inércia do titular do direito durante determinado período. Essa inércia não precisa ocorrer somente antes da propositura da ação. Com efeito, é possível que, anteriormente sem desídia, o titular venha a manifestá-la *a posteriori*. Assim, se o faz no curso do processo, surge a prescrição intercorrente. A rigor, a desídia ulterior do titular tem o mesmo valor jurídico que a anterior ao ajuizamento da ação. Por conseguinte, os pressupostos da prescrição comum estão presentes também na intercorrente.

No cenário normativo, pode afirmar-se que a prescrição intercorrente encontra ressonância no art. 202, parágrafo único, do Código Civil, que tem os seguintes termos: "*A prescrição interrompida recomeça a correr da data do ato que a interrompeu, ou do último ato do processo para a interromper.*" De fato, uma vez interrompida a prescrição, no caso durante o curso do processo, o prazo recomeça a correr. O sentido do *ato que a interrompeu* deve ser interpretado como o último que a parte praticou antes da paralisação. Já a noção de *último ato do processo* há de corresponder à sentença final à qual nada mais se suceda.[54]

Uma vez reconhecida a prescrição intercorrente, cumpre indagar sobre o prazo em que se consuma. Na medida em que os pressupostos da prescrição são os mesmos, seja qual for a sua modalidade, o prazo de sua consumação também deve ser o mesmo. Assim, se o prazo legal é de três anos para a prescrição antes da ação, o mesmo prazo deve ser considerado se for intercorrente a prescrição.

A jurisprudência tem adotado idêntico entendimento, não somente quanto à existência do instituto, como também no que concerne ao prazo. O STJ, por exemplo, já decidiu:

> "PROCESSO CIVIL. PRESCRIÇÃO INTERCORRENTE. PRAZO. *O prazo da prescrição intercorrente é o mesmo fixado para a prescrição da ação. Agravo regimental não provido.*"[55]

Supondo-se, por exemplo, que o Ministério Público promova a ação de improbidade em relação a ato praticado por certo agente público, titular de mandato, cujo prazo prescricional é de cinco anos (art. 23, I, LIA), a prescrição intercorrente se perpetrará no mesmo prazo, caso, é óbvio, estejam presentes os pressupostos para o fato.

Mais uma vez deve ressalvar-se, no entanto, que a prescrição intercorrente não afeta a pretensão específica ressarcitória, garantida pela imprescritibilidade prevista no art. 37, § 5º, da Constituição. Desse modo, se o juiz decretar a prescrição, só poderá fazê-lo em relação às demais pretensões específicas, estas sujeitas normalmente à prescrição.

---

[53] É a correta observação de FÁBIO DE OLIVEIRA AZEVEDO, *Direito civil*, cit., p. 485.
[54] A observação é de ARRUDA ALVIM, apud FÁBIO DE OLIVEIRA AZEVEDO, ob. cit., p. 486.
[55] STJ, AgRg. no REsp 983.803, Rel. Min. ARI PARGENDLER, em 27.5.2008.

5.19 PRESCRIÇÃO DA EXECUÇÃO

A pretensão executória prescreve no mesmo prazo que a pretensão originária, ou seja, aquela que se iniciou ao momento da violação do direito. Os pressupostos são os mesmos: a inércia do titular e o lapso temporal exigíveis para a originária estendem-se à executória. A não ser assim, uma vez proposta a ação, poderia advir uma imprescritibilidade fática, bastando que o titular obtivesse a sentença final para que nada mais afetasse o seu direito – situação, obviamente, esdrúxula à luz do direito.

O novo prazo deve ser contado a partir da sentença que resolve a controvérsia com caráter de definitividade, vale dizer, a partir do trânsito em julgado da sentença. Decidido o litígio e autorizado o titular do direito a fazê-lo valer através do processo de execução, começa a fluir o prazo da prescrição para a tutela do direito.[56]

Na ação de improbidade, incide, da mesma forma, a prescrição da execução. Como bem acentua Pedro Roberto Decomain, tratando-se de sentença que tenha condenado o réu, por exemplo, a perdimento de bens e a multa civil, a pretensão executória há de prescrever no mesmo prazo previsto para a prescrição originária, isto é, o prazo fixado no art. 23 da Lei de Improbidade.[57] Sendo assim, a inércia do titular é vedada tanto antes da propositura da ação, quanto após a prolação da sentença final.

No que concerne, entretanto, à pretensão ressarcitória, incabível será a prescrição da pretensão executória. Se a Constituição lhe atribuiu o caráter de imprescritibilidade, não haverá como distinguir o momento dessa garantia. Levando em conta que é imprescritível a pretensão originária, a mesma fisionomia terá a pretensão da execução, que lhe é superveniente.

Para exemplificar, suponha-se que, em ação de improbidade, a sentença tenha condenado o réu à perda de função pública e à devolução de determinado bem obtido de forma indevida, e que o prazo de prescrição, no caso, seja de quatro anos. Não promovida a execução no referido prazo, consumar-se-á a prescrição da pretensão executória. Não obstante, caso o réu tenha sido condenado também a indenizar o Estado, a prescrição executória só abrangerá aquelas sanções, mas esta última subsistirá garantida pela imprescritibilidade.

5.20 PRESCRIÇÃO E DECADÊNCIA

Em capítulos anteriores, enfatizamos as linhas demarcatórias entre os institutos da prescrição e da decadência, segundo o cenário teórico que entendemos mais inteligível, muito embora tenhamos apontado as visões específicas de outros estudiosos sobre tema tão delicado e complexo.

A título de mera exemplificação, cabe lembrar que, na trilha do ensinamento de Câmara Leal, se o prazo é fixado para o exercício da ação, será de prescrição. Caso seja

---

[56] FÁBIO DE OLIVEIRA AZEVEDO, ob. cit., p. 473.
[57] Ob. cit., p. 404.

estabelecido como condição para exercer uma faculdade de agir, cuidar-se-á de decadência.[58]

Conforme a teoria de Agnelo Amorim Filho, somente as ações condenatórias, voltadas a uma prestação, admitem a *pretensão*. Resulta, pois, que apenas se pode falar em prescrição quando se tratar de ações dessa natureza. Como visto, as ações constitutivas não suscitam pretensão, o mesmo ocorrendo com as declaratórias, que, não a ensejando, seriam imprescritíveis.[59]

Em nenhuma das duas linhas teóricas se pode conceber a consumação de decadência nos casos de atos de improbidade. Relativamente à primeira posição, trata-se de ação, e não de faculdade de agir. Na segunda, a ação de improbidade é condenatória, passível, portanto, de pretensão. É de inferir-se então que o prazo extintivo para os atos de improbidade qualifica-se como de prescrição, e não como de decadência.

Considerando que o sistema punitivo aplicado em casos de improbidade tem alguma semelhança com o sistema penal, vale a pena fazer a devida adequação para verificar o prazo extintivo. Na área penal, vimos que o Estado tem o *direito originário* à preservação de seu patrimônio e dele resulta o *direito derivado* de punir quem o ofende. A ofensa acarreta o nascimento da pretensão, sendo esta o poder de o Estado reclamar a satisfação de seu direito mediante a aplicação da sanção. A pretensão consuma-se pela instauração da ação de improbidade, alvejando a punição do responsável.

Guardadas as proporções e mantido o paralelismo de ambas as esferas, é de se considerar que, se o poder punitivo penal esbarra no fator tempo pela ocorrência da prescrição, o mesmo há de incidir sobre o poder punitivo em casos de improbidade. Ou seja: tanto naquela como nesta esfera, o prazo extintivo é efetivamente o de prescrição.

Não há, por conseguinte, falar-se em decadência quando se tratar da pretensão punitiva da Administração em hipóteses nas quais seu agente ou terceiro ofendem o princípio da probidade e da preservação do patrimônio material e moral da sociedade.

---

[58] Ob. cit., p. 106.
[59] Critério..., cit., p. 725-750.

SITUAÇÕES FUNCIONAIS TRANSITÓRIAS

6.1 NORMA PRESCRICIONAL

A Lei nº 8.429/1992, já foi visto, distinguiu os critérios para a fixação do prazo prescricional conforme a natureza das funções públicas desempenhadas. Primeiramente, cuidou do prazo quando se trata de funções de caráter transitório.

Dispõe, a propósito, o art. 23, I, da LIA:

> *"Art. 23. As ações destinadas a levar a efeitos as sanções previstas nesta lei podem ser propostas:*
> *I – até cinco anos após o término do exercício de mandato, de cargo em comissão ou de função de confiança;"*

As situações funcionais mencionadas no inciso I caracterizam-se por serem, em tese, temporárias. De fato, mandatos são exercidos em prazo determinado, sempre expresso na lei, ao passo que cargos em comissão e funções de confiança, embora não desempenhados em prazo certo, rendem ensejo a que a autoridade competente, a qualquer momento, possa afastar os servidores, substituindo-os por outros de sua confiança.

Desse modo, essa primeira hipótese abrange as situações funcionais com caráter de temporariedade.

6.2 PRAZO E TERMO INICIAL DA CONTAGEM

O legislador, para as situações tidas como transitórias, empregou o critério de determinação do prazo. A prescrição, assim, se consuma no prazo certo de *cinco anos*.

O termo inicial da contagem do prazo recai sobre um fato administrativo objetivo: *o término do exercício* do mandato, cargo em comissão ou função de confiança.

Aqui uma primeira observação: o término do exercício dessas funções não se confunde com o momento de eficácia dos atos administrativos que eventualmente possam determinar o término do exercício. Já tivemos a oportunidade de averbar que atos administrativos e fatos administrativos são institutos diferentes: estes espelham todo o acontecimento ocorrido dentro da Administração, ou em face dela, formalizado ou não, ao passo que aqueles *"formalizam a providência desejada pelo administrador através da manifestação da vontade"*.[1] Os fatos administrativos são o gênero do qual os atos administrativos são uma espécie: todo ato se classifica como fato, mas nem todo fato se materializa através de um ato.

O termo *a quo* do prazo de prescrição, como anuncia a lei, é o término do exercício do mandato, cargo ou função, vale dizer, é o fato administrativo pelo qual o agente dá por encerrado o exercício de sua função.

Para a contagem do prazo prescricional, aplica-se o sistema previsto no art. 132 do Código Civil: *"Salvo disposição legal ou convencional em contrário, computam-se os prazos, excluído o dia do começo, e incluído o do vencimento,"* norma do mesmo teor do art. 224 do Código de Processo Civil.[2] Se o vencimento cair em feriado, prorroga-se para o primeiro dia útil (art. 132, § 1º, CC). A lei civil alude a feriado, mas é necessário fazer interpretação extensiva e lógica para incluir também dias não úteis, como sábados e domingos. É que só no primeiro dia útil será materialmente possível ao titular deduzir a pretensão na via judicial.

Quanto ao início da contagem, é irrelevante que o dia seguinte (que é o de início) constitua dia não útil ou dia útil: o prazo se iniciará por ele. Não incide, pois, o sistema do art. 224, § 3º, do Código de Processo Civil, segundo o qual o prazo só começa a correr do primeiro dia útil após a intimação: a norma é de caráter processual, não tendo pertinência com a matéria de prescrição, de direito substantivo; daí o silêncio da lei civil.[3] Demais disso, pretendesse o legislador civil adotar o mesmo critério do legislador processual, deveria tê-lo feito expressamente, não somente por ter legislado ulteriormente, como também por ter endossado dois dos critérios da lei processual: (a) a exclusão do dia do começo e inclusão do dia de vencimento, e (b) a prorrogação do termo final até o primeiro dia útil após o vencimento.[4]

Aliás, o método de contagem dos prazos não é uniforme, cabendo ao legislador elegê-lo considerando os interesses em jogo. No Direito Penal, para exemplificar, diferentemente do que ocorre na esfera cível, *inclui-se o dia do começo* no cômputo do tempo (art. 10, CP). Significa que, sendo o delito praticado no domingo, desse mesmo dia se

---

[1] Nosso *Manual de direito administrativo*, cit., p. 102.
[2] A norma já era adotada no direito romano, cujo adágio era o seguinte: *"dies a quo non computatur in termino; computatur autem dies ad quem"*.
[3] Em sentido contrário, YOUSSEF SAID CAHALI, *Prescrição e decadência*, Revista dos Tribunais, 2008, p. 37-38.
[4] Talvez *de lege ferenda* possa ser alterado o critério. A interpretação perfilhada, contudo, se deu à luz da legislação vigente (*de lege lata*).

inicia a contagem. E mais: segundo a doutrina, o termo final poderá recair em qualquer dia, útil ou não. Veja-se, assim, a diferença do critério empregado pelo legislador penal.

Observe-se um exemplo, agora relacionado a um ato de improbidade: se o término do exercício do cargo em comissão ocorrer numa sexta-feira, o início da contagem se dará no dia seguinte, ou seja, no sábado. Se o fim do exercício se consumou em 6 de setembro, a contagem será iniciada no dia seguinte, vale dizer, no dia 7 de setembro, feriado nacional.

Pode não haver rigorosa coincidência entre o fato em si e o ato correspondente. Exemplificando: ato de exoneração de cargo em comissão datado de 25 de março e publicado em 26 do mesmo mês, com eficácia a partir de 1º de abril. Entre 26 e 31 de março, o titular do cargo ainda estará no exercício de suas funções. Estas só cessarão ao final do dia 31 de março. Portanto, o prazo prescricional só se iniciará no dia seguinte, ou seja, em 1º de abril, dia seguinte àquele em que se deu o término do exercício das funções.

É possível, ainda, que o *exercício fático* da função seja descoincidente com o *exercício jurídico*. Para os efeitos da lei, sobreleva este último. No mesmo exemplo acima, se o servidor, antevendo sua exoneração, se afasta do órgão já no dia 25 de março (o que não é raro acontecer), o termo inicial da contagem do prazo ocorrerá no mesmo dia 1º de abril, porquanto o exercício jurídico das funções se terá findado em 31 de março, sendo irrelevante que o término do exercício fático tenha sido anterior.

Em idêntica situação se encontra o titular de mandato eletivo. Na hipótese, *v. g.*, de Vereador que, semanas antes do término do mandato, retira seus pertences do gabinete e não mais comparece à Câmara Municipal, o término do exercício jurídico é o último dia do mandato, e não aquele em que voluntariamente (e indevidamente, diga-se de passagem) se afastou das funções, finalizando o exercício fático. A prescrição igualmente será contada a partir do primeiro dia após o término oficial do mandato.

6.3 MANDATO

6.3.1 SENTIDO

A Lei nº 8.429/1992 alude ao vocábulo *mandato*, mas, como se trata de instituto jurídico plurissignificativo, urge identificar a qual mandato pretendeu referir-se o legislador.

No contexto da lei, não se pode interpretar o mandato como o contrato privado pelo qual o mandante outorga determinados poderes ao mandatário para agir em seu nome.[5] Invoque-se a precisa definição de Orlando Gomes: "*O mandato é o contrato pelo qual alguém se obriga a praticar atos jurídicos ou administrar interesses por conta de outra*

---

[5] O termo vem do latim *mandatum*, composto de *manus dare*, ou seja, dar a mão ou, no sentido jurídico, dar poderes a alguém.

pessoa."[6] Esse ajuste é, em princípio, celebrado entre pessoas do setor privado dentro de sua esfera de interesses, na qual está a delegação de poderes jurídicos pelo titular.

Como a lei em foco disciplina a improbidade administrativa levada a cabo por agentes públicos, o mandato é de ser interpretado como sendo instituto próprio do direito público. Configura-se, na verdade, como *mandato público*, instituto que, por sua natureza, refoge ao âmbito do direito privado, regendo-se, assim, por normas de direito público.

O mandato público espelha o *mandato político*, cujo delineamento básico assenta na ideia de ser "*a **delegação política** conferida às pessoas, para que representem o povo nas **instituições**, que se constituem pelos seus **representantes***".[7] A singularidade do verdadeiro mandato político reside no fato de que a delegação se origina de processo eletivo, de cunho eminentemente político. É a consumação do princípio republicano e democrático da representatividade popular, ainda que, em certas situações, a transferência de poderes se efetive por colégios eleitorais, e não pelas populações em geral, como é o alvitrado no regime de legítima representação.

Por outro lado, a delegação não redunda na transferência de uma soma de poderes determinados, mas sim traduz a confiança dos mandantes em que o mandatário atuará licitamente dentro da esfera de suas atribuições e na linha das propostas que anteriormente apresentara. Nessa categoria se incluem os mandatos eletivos para cargos do Poder Legislativo e do Executivo.

O mandato público, no entanto, como categoria genérica, pode não apresentar-se dotado de conotação política, sem embargo de continuar sendo caracterizado como público. Aí se aloja o que se poderia denominar de *mandato administrativo*, que, conforme se verá a seguir, não reflete um verdadeiro mandato, mas sim uma investidura a termo certo.

Em suma, o que é preciso destacar é que o ato de improbidade praticado por titular de mandato político se sujeita à prescrição no prazo de cinco anos, a contar do término do mandato, submetendo-se o titular, antes da prescrição, às sanções previstas no art. 12 da Lei nº 8.429/1992. Se esse mandatário, todavia, causou danos ao erário, a pretensão reparatória do Estado será imprescritível, conforme já antecipamos.

6.3.2 INVESTIDURA A TERMO

Sob o ângulo técnico-jurídico, é imperioso distinguir o *mandato* e a *investidura a termo*, conquanto muitos usualmente empreguem para esta última a denominação do primeiro instituto.

Já deixamos anotado que, a despeito de a legislação constantemente empregar o termo mandato, não se cuida rigorosamente dessa figura de delegação. Consignamos que "*o mandato tem caráter político e resulta de processo eletivo, como é o caso do manda-

---

[6] *Contratos*, Forense, 13. ed., 1994, p. 347.
[7] DE PLÁCIDO E SILVA, *Vocabulário jurídico*, Forense, 29. ed., 2012, p. 882 (atualização de NAGIB SLAIBI FILHO e PRISCILA PEREIRA VASQUES GOMES).

to dos parlamentares de Chefes do Executivo", ao passo que a investidura a termo reflete "*instituto que, embora tenha em comum o prazo determinado para o exercício das funções, tem caráter nitidamente administrativo*".[8]

Existem inúmeras situações em que o agente público exerce suas funções em decorrência de investidura a termo. Exemplo marcante é a investidura dos dirigentes de autarquias qualificadas como agências reguladoras. Na ANEEL – Agência Nacional de Energia Elétrica, por exemplo, o Diretor-Geral e os demais Diretores são nomeados pelo Presidente da República para investidura a termo, com a duração de quatro anos.[9] O mesmo sucede com a ANP – Agência Nacional do Petróleo, Gás Natural e Biocombustíveis, cujos membros da diretoria recebem investidura por idêntico prazo.[10] A legislação – insista-se – emprega a denominação *mandato*, mas, em se tratando de funções de cunho administrativo (e, portanto, fora do processo eleitoral), a figura se caracteriza como *investidura a termo*.

Outras hipóteses de investidura a termo são as que guindam magistrados aos postos de direção dos tribunais, como presidência, vice-presidência, corregedoria-geral e funções congêneres.[11] No Ministério Público, configura-se como investidura a termo a nomeação do Procurador-Geral da República, em sede federal, e dos Procuradores-Gerais de Justiça, no âmbito estadual,[12] bem como de outros dirigentes da instituição, como Subprocuradores-Gerais e Corregedores-Gerais.

Assinale-se, à guisa de esclarecimento complementar, que a investidura a termo pode ter caráter *vinculado* ou *discricionário*. Relativamente ao primeiro aspecto, o agente investido deve integrar necessariamente o quadro funcional ou pertencer à respectiva carreira, servindo de exemplo as investiduras na magistratura e no Ministério Público. No que toca ao segundo, a investidura pode recair sobre pessoa que não integra o quadro funcional, passando a fazê-lo a partir de sua nomeação. É o que ocorre com os diretores das agências reguladoras.

Enfim, todos os casos de investidura não política devem qualificar-se como de investidura a termo, e não como mandato, ainda que, na prática e em textos legais, seja empregado esse vocábulo.

Não se incluem nos casos de investidura a termo ou mandato o que se costuma chamar de *mandato judiciário*, pelo qual certo agente público delega funções a outro para atuação em situações específicas. Nessas hipóteses faltará o elemento característico daqueles institutos: o exercício da função por tempo determinado.[13]

Em relação ao ato de improbidade, pode ser afirmado que na investidura a termo são idênticos os efeitos visando à contagem do prazo para a prescrição. A contagem se

---

[8] Nosso *Manual*, cit., p. 509.
[9] Art. 5º, Lei nº 9.427, de 26.12.1996.
[10] Art. 11, § 3º, Lei nº 9.478, de 6.8.1997.
[11] Arts. 96, I, "a", CF, e 21, I, Lei Complementar nº 35, 14.3.1979.
[12] Art. 128, §§ 1º e 3º, CF, e arts. 25, Lei Complementar nº 75, 20.5.1993, e 9º, Lei nº 8.625, 12.2.1993.
[13] DE PLÁCIDO E SILVA dá, como exemplo, a delegação que o juiz faz ao perito para a realização de diligência por sua ordem (*Vocabulário*, cit., p. 887).

inicia, tal como no mandato, no dia seguinte ao do término do período determinado para o exercício da função, que é o que ordena o art. 23, I, da Lei nº 8.429/1992.

6.3.3 MANDATOS SUCESSIVOS

A LIA indicou a contagem do prazo prescricional dentro de um cenário de normalidade, isto é, na hipótese em que o agente desempenha um só mandato, ou uma só investidura a termo. *Quis juris*, porém, se o mandatário (ou o investido a termo) assumir um segundo mandato ou outros mandatos sucessivos?

A questão suscita alguma divergência.

Primeiramente, a hipótese concreta seria a seguinte: um Deputado Estadual, depois de cumprir seu mandato pelo período de quatro anos,[14] passa a exercer logo a seguir um segundo mandato, após ser reeleito no processo eleitoral ordinário. Durante o segundo ano do primeiro mandato, pratica ato de improbidade, como, por exemplo, o de receber indevidamente vantagem pecuniária de terceiro. A indagação consiste em saber a partir de que momento deverá iniciar-se o prazo da prescrição.

Um primeiro entendimento consiste em considerar que o prazo tem início ao fim do mandato dentro do qual foi produzida a improbidade. Assim, no exemplo acima, o prazo começaria ao término do primeiro mandato, ou seja, no momento inicial do exercício do segundo mandato do Deputado.[15]

Nosso entendimento, com a devida vênia, segue trilha diversa. O prazo de prescrição somente se inicia após o término do segundo mandato, não havendo naturalmente outro em seguida. Se houver, o início se dará a partir do término do último mandato. No exemplo em foco, o início ocorrerá seis anos após o ato de improbidade, considerando-se o período final de dois anos do primeiro mandato mais o de quatro relativamente ao segundo.[16]

Entre vários fundamentos que ancoram esse ponto de vista, dois parecem-nos os mais consistentes. Num primeiro olhar, a *ratio legis* foi a de evitar indevida (e usual) influência do titular do mandato enquanto ele o desempenha. Ainda no exemplo em tela, o Deputado, tendo cometido a improbidade no segundo ano de seu primeiro mandato, usaria seu poder e prestígio para deixar transcorrer o prazo quinquenal, que terminaria no curso do mandato sucessivo (na verdade, no terceiro ano), afastando qualquer ameaça de punição. O outro fundamento reside em que a lei aludiu ao *exercício do mandato*, e não ao *mandato* em si, de modo que, no caso de sucessão, o agente continuará em exercício do mandato, fato que ensejará o início do prazo da prescrição somente após o seu término.

---

[14] Art. 27, § 1º, CF.
[15] É a opinião de PEDRO ROBERTO DECOMAIN, muito embora se refira a cargos em comissão sucessivos (ob. cit., p. 382).
[16] Nosso *Manual*, cit., p. 1.174.

Semelhante pensamento já mereceu abono da doutrina[17] e da jurisprudência. Com efeito, o STJ já decidiu, com absoluto acerto:

> "*A Lei de Improbidade associa, no art. 23, I, o início da contagem do prazo prescricional ao término de vínculo temporário, entre os quais, o exercício de mandato eletivo. De acordo com a justificativa da PEC de que resultou a Emenda nº 16/97, a reeleição, embora não prorrogue simplesmente o mandato, importa em fator de continuidade da gestão administrativa. Portanto, o vínculo com a Administração, sob ponto de vista material, em caso de reeleição, não se desfaz no dia 31 de dezembro do último ano do primeiro mandato para se refazer no dia 1º de janeiro do ano inicial do segundo mandato. Em razão disso, o prazo prescricional deve ser contado a partir do fim do segundo mandato. O administrador, além de detentor do dever de consecução do interesse público, guiado pela moralidade – e por ela limitado –, é o responsável, perante o povo, pelos atos que, em sua gestão, em um ou dois mandatos, extrapolem tais parâmetros.*"[18]

O acerto desse pensamento não é difícil de inferir: o titular do mandato não poderá usar de sua autoridade para deixar transcorrer *in albis* o prazo prescricional e impedir o sancionamento, e, assim, poderá inferir-se que, em algum momento no futuro, poderão ser tomadas as medidas necessárias para investigar a improbidade e propor a respectiva ação. Semelhante interpretação tem sido consagrada pela jurisprudência dominante.[19]

A mesma solução abrange investiduras a termo sucessivas. Suponha-se que o agente tenha sido nomeado para Diretor-Geral de agência reguladora pelo período de dois anos, admitida a recondução por igual período. Caso pratique ato de improbidade no primeiro período, a prescrição se iniciará apenas ao término do exercício no segundo período. Cuida-se de solução congruente com a hipótese de mandatos sucessivos, além de ser dotada da mesma *ratio* extraída da melhor interpretação da lei.

Um aspecto, todavia, deve ser ressaltado. O desfecho acima só se revela adequado quando o exercício dos mandatos ou das investiduras a termo é sucessivo, ou seja, *sem solução de continuidade*. Por conseguinte, se o Deputado exerce seu mandato, nele praticando ato de improbidade, e fica sem mandato na legislatura seguinte, vindo a reeleger-se somente na próxima, a contagem ocorrerá ao fim do primeiro mandato. A sucessão aqui não é contínua e espelha duas situações autônomas, exigindo soluções próprias para cada uma delas.

Esse critério, entretanto, tem que ser empregado *cum grano salis*, vale dizer, moderada e equilibradamente. Para tanto, constitui pressuposto inafastável a *pertinência funcional*, assim considerada a sucessão entre funções sujeitas à mesma zona de influência. Nos casos acima, está presente o pressuposto pelo fato de que a segunda função, do mandato ou da investidura a termo, é idêntica à primeira. Mas se a função sucessiva não tiver qualquer relação com a anterior, desaparece o fundamento da solução.

---

[17] EMERSON GARCIA, ob. cit., p. 552.
[18] REsp 1.107.833-SP, Rel. Min. MAURO CAMPBELL MARQUES, j. em 8.9.2009.
[19] STJ, AgRg no AREsp 161.420, j. 3.4.2014, e REsp 1.290.824, j. 19.11.2013.

Por tal motivo, a solução não alcança a hipótese de sucessibilidade entre mandato e investidura a termo e vice-versa. É o caso em que o Deputado, findando seu mandato, é em seguida nomeado para investidura a termo no cargo de Presidente de certo Conselho administrativo por tempo determinado. E também a hipótese inversa. Não há pertinência funcional entre esses vínculos. Sendo assim, o prazo há de contar-se a partir do término do exercício da função em cujo exercício foi praticado o ato de improbidade.

Diferentemente se passa no caso em que, depois da Presidência, o agente é nomeado para Vice-Presidente do mesmo Conselho. Se tal ocorrer, é imperioso reconhecer a existência de pertinência funcional entre os cargos, já que presente, de modo inegável, a zona de influência relativamente a ambas as funções, pertencentes, aliás, ao mesmo órgão. A contagem, então, se fará ao término do exercício da função de Vice-Presidente.

Deve seguir-se a mesma linha se, por exemplo, um Senador, no curso de seu mandato, é eleito para o cargo de Governador de Estado. Embora ambos os períodos se caracterizem como mandatos, não existe entre eles pertinência funcional, até porque uma função integra a esfera federal e a outra a esfera estadual. Se o agente cometeu improbidade durante o mandato de Senador, o prazo prescricional será iniciado ao momento em que terminou o exercício de seu mandato, mesmo que, sucessiva e ininterruptamente, tenha sido empossado em seu novo múnus, o de Governador de Estado.

Em hipótese bem singular, relativa a mandatos sucessivos de Prefeito, foi decidido que a contagem do prazo prescricional teria início após o término do segundo mandato, ainda que tivesse havido descontinuidade em virtude de decisão da justiça eleitoral. Vejam-se os termos da ementa do aresto:

> *1. Cinge-se a controvérsia dos autos, a saber se ocorreu ou não a prescrição da ação civil pública, por improbidade administrativa, uma vez que houve um lapso temporal entre o primeiro mandato de prefeito municipal, cumprido integralmente, e o segundo, após anulação do pleito eleitoral, com posse provisória do Presidente da Câmara, por determinação da Justiça Eleitoral.*
>
> *2. Reeleição pressupõe mandatos consecutivos. A legislatura corresponde a um período, atualmente, em caso de prefeitos, de quatro anos. O fato de o Presidente da Câmara Municipal ter assumido provisoriamente, conforme determinação da Justiça Eleitoral, até que fosse providenciada nova eleição, não descaracterizou a legislatura, esta correspondente ao período de 01 de janeiro de 2005 a 31 dezembro de 2008.*
>
> *3. Não ocorrendo a prescrição, prevalece o entendimento jurisprudencial pacífico desta Corte, no sentido de Documento: 53300630 - EMENTA / ACÓRDÃO - Site certificado - DJe: 16/10/2015 Página 1 de 2 Superior Tribunal de Justiça que, no caso de agente político detentor de mandato eletivo ou de ocupantes de cargos de comissão e de confiança inseridos no polo passivo da ação, inicia-se a contagem do prazo com o fim do mandato. Exegese do art. 23, I, da Lei 8.429/1992. Precedentes.*[20]

Tal interpretação, segundo nossa visão, rende ensejo a alguns questionamentos. Primeiramente, restou afastada a ideia fundamental que inspirou a intepretação dos

---

[20] STJ, REsp 1.414.757, j. 6.10.2015.

mandatos sucessivos, que consiste na influência do poder durante todo o período. Tendo ocorrido descontinuidade entre os mandatos, fica remota a possibilidade de detectar essa influência.

De outro lado, se houve anulação da primeira eleição, o segundo mandato não pode ser tido como continuidade daquele que se originou da eleição invalidada. Emana daí que cada período deve ser considerado isoladamente para fins de prescrição. Se a improbidade ocorreu durante o mandato relativo à eleição anulada, o prazo deve iniciar-se após seu término, imediatamente antes da posse da autoridade legislativa. Se ocorreu já no período concernente ao segundo mandato, o prazo começa a partir do término deste, sendo desconsiderado o mandato anterior.

6.3.4 DESINCOMPATIBILIZAÇÃO

Existem determinadas situações em que os mandatos não podem ser diretamente contínuos, exigindo a lei que o titular se afaste do mandato corrente por determinado período para concorrer a um novo mandato. Esse fenômeno, que retrata o afastamento prévio do titular do mandato, constitui a *desincompatibilização*.

A Lei Complementar nº 64, de 18.5.1990, que, regulamentando a Constituição, estabelece os casos de inelegibilidade, contempla uma série de desincompatibilizações para que o titular do cargo ou função possa aspirar a mandato. Como exemplo, um Secretário Municipal tem que desincompatibilizar-se de seu cargo até seis meses antes de concorrer ao cargo de Governador do Estado.[21] Outro exemplo: um Defensor Público, para concorrer ao cargo de Prefeito da mesma Comarca, tem que se desincompatibilizar de seu cargo quatro meses antes do pleito.[22]

Não havendo, contudo, proibição expressa na lei, o agente não está obrigado a afastar-se de seu cargo ou mandato pela desincompatibilização, o que lhe vai permitir a assunção de funções subsequentes com o caráter de continuidade.

Se ocorrer a exigência de desincompatibilização para que o detentor de mandato concorra a mandato diverso, não haverá continuidade, já que fatalmente existirá um lapso de tempo entre uma e outra representação. No caso, a sucessão não tem relevância jurídica, de modo que, cometido o ato de improbidade no curso do primeiro mandato, o prazo prescricional começa a fluir a partir do momento da desincompatibilização, momento esse no qual o mandatário cessou o exercício do mandato.[23]

6.3.5 MANDATO E CARGO EM COMISSÃO

Aqui podemos supor a seguinte hipótese: Vereador cumpre seu mandato e, sem solução de continuidade, é nomeado pelo Prefeito para o cargo em comissão de Diretor-Geral da Secretaria Municipal de Educação. Caso tenha praticado ato de improbidade durante seu mandato, em que momento se iniciará o prazo de prescrição?

---

[21] Art. 1º, III, "b", nº 4.
[22] Art. 1º, IV, "b".
[23] Também: EMERSON GARCIA, *Improbidade*, cit., p. 553.

A despeito de ambas as funções integrarem o plexo de competências do Município, não há entre elas o vínculo de pertinência funcional, eis que se trata, inclusive, de Poderes diversos.

Em consequência, a nomeação para o cargo em comissão nenhuma interferência causará na contagem do prazo de prescrição: este começará a ser contado ao momento em que tiver terminado o mandato de Vereador, como reza o art. 23, I, da Lei de Improbidade.

Se a nomeação do ex-Vereador recair sobre cargo de Secretário Municipal, a solução será idêntica. Os agentes públicos que ocupam cargos de Secretários Municipais, a símile dos Secretários Estaduais e Ministros, mais se enquadram como agentes políticos diante das funções diretivas que executam nos entes federativos. Tais cargos, por isso, não têm rigorosamente a mesma natureza dos cargos em comissão, estes tipicamente administrativos. Não obstante, ante a ausência da pertinência funcional, contar-se-á o prazo prescricional a partir do término do exercício do mandato de Vereador.

6.3.6 MANDATO E CARGO EFETIVO

Neste tópico temos a hipótese, por exemplo, em que um servidor público, eleito Deputado Estadual, cumpre seu mandato e, logo em seguida, reassume seu cargo efetivo de Técnico em Informática. Caso se tenha havido com improbidade durante o mandato, indaga-se como se aplicará a regra de prescrição nesse episódio.

A Constituição autoriza que o servidor público da administração direta e autárquica desempenhe mandato eletivo. Tratando-se de mandato eletivo estadual, como figura no exemplo acima, o servidor ficará afastado de seu cargo, emprego ou função.[24]

Se o servidor, durante o exercício de seu mandato eletivo, comete ato de improbidade, a prescrição quinquenal terá início ao final do exercício do mandato, como prevê a Lei nº 8.429/1992. A reassunção no cargo efetivo não acarreta qualquer modificação quanto ao termo *a quo* da contagem do prazo.

Na verdade, também nesse caso não há pertinência funcional entre os cargos e, por tal motivo, o prazo começará do término da função anterior, não havendo qualquer efeito da improbidade sobre a função exercida pelo servidor em seu cargo efetivo.

No exemplo figurado, iniciando-se o prazo no fim do exercício do mandato de Deputado Estadual, a prescrição, completados os cinco anos, consumar-se-á quando o servidor já estiver atuando em seu cargo efetivo. Por outro lado, a ação de improbidade, caso seja proposta tempestivamente, será instaurada também quando o servidor estiver em exercício no cargo que titulariza.

Se o servidor, em vez do mandato, exerceu função por nomeação para investidura a termo, como, para exemplificar, de Conselheiro em determinado órgão público, por prazo certo, a solução não se altera. A contagem será iniciada ao término do exercício dessa função.

---

[24] Art. 38, I, CF.

6.3.7 MANDATO E EMPREGO PÚBLICO

A hipótese do servidor público que exerce emprego público sob regime trabalhista e é eleito para mandato eletivo reclama a mesma solução adotada para o servidor titular de cargo efetivo.

De início, convém registrar que o servidor trabalhista também será afastado de seu emprego público no caso de exercício em mandato eletivo federal, estadual ou distrital (art. 38, I, CF).

Exemplo concreto: o servidor trabalhista é afastado para desempenhar o mandato de Deputado Federal e durante o mandato pratica ato de improbidade administrativa. Após o mandato, reassume de imediato seu emprego de Enfermeiro na Secretaria Estadual de Saúde.

O prazo de prescrição, na hipótese, também começa a correr normalmente ao fim do exercício do mandato de Deputado Federal, sem que o retorno ao emprego público sofra qualquer influência da atuação como parlamentar. Também aqui inexiste pertinência funcional entre as atribuições do mandato e do emprego público.

6.3.8 MANDATO E SERVIDOR TEMPORÁRIO

A situação funcional aqui é a seguinte: servidor contratado para função temporária sob o *regime especial* afasta-se do serviço para tomar posse no cargo de Vereador. Cumprido o mandato, retorna à sua função. De que modo será contado o prazo prescricional se o Vereador tiver cometido improbidade durante o mandato?

Vale esclarecer, de início, que o regime especial tem previsão no art. 37, IX, da CF, que delega ao legislador de cada ente federativo discipliná-lo no âmbito do respectivo quadro funcional. É adotado para necessidades temporárias de excepcional interesse público, daí ressaindo seu caráter especial. Trata-se de regime contratual, embora a regência seja preponderantemente de direito público, como já pacificado entre os estudiosos.[25]

Igualmente às situações de cargo e de emprego público, o *servidor temporário* fica afastado para exercer mandato eletivo federal, estadual ou distrital. Se for investido no mandato de Vereador, contudo, pode acumular sua função com o mandato e perceber as respectivas remunerações. Mas, não havendo compatibilidade de horários, terá que ficar afastado de sua função, tal como ocorreria para o desempenho do mandato de Prefeito, facultada a opção pela remuneração.[26]

Em primeiro lugar, é remota a hipótese aventada, porque a contratação pelo regime especial, para o exercício de funções que retratem necessidade temporária de excepcional interesse público, obedece a prazos determinados de curta duração, atingindo algumas vezes períodos maiores em caráter de exceção.[27] Desse modo, como o mandato

---

[25] JOSÉ MARIA PINHEIRO MADEIRA, *Servidor público na atualidade*, Elsevier, 8. ed., 2010, p. 44.
[26] Art. 38, III, CF.
[27] A Lei nº 8.745/1993, que regula a contratação temporária no âmbito da União, prevê prazos de seis meses a quatro anos, prorrogáveis até seis anos, este o limite máximo da contratação, e assim mesmo em situações de evidente singularidade.

de Vereador é de quatro anos, esse período, em termos práticos, abarcaria todo o tempo previsto para o contrato temporário.

Seja como for, se essa hipótese puder ser concretizada por alguma razão e o servidor tiver cometido ato de improbidade durante a vereança, o prazo de prescrição terá sua contagem iniciada também ao fim do mandato de Vereador, em nada importando o retorno à função temporária.

Maior probabilidade existirá de o Vereador, anteriormente sem função pública, ser contratado pelo regime especial como servidor temporário logo depois de cumprido o mandato eletivo, sem solução de continuidade. A solução não se modifica: a função temporária não sofre o influxo de efeitos do mandato eletivo, de modo que o prazo prescricional começará com o término do exercício do mandato de Vereador.

6.3.9 MANDATO E ENTIDADES ADMINISTRATIVAS

As situações até agora enfocadas dizem respeito ao exercício de cargo, emprego ou função na Administração Direta ou em pessoas administrativas de direito público (autarquias e fundações governamentais).

Não obstante, pode ocorrer que o servidor seja empregado ou dirigente de entidades administrativas de direito privado, como é o caso de empresas públicas, sociedades de economia mista e fundações governamentais de direito privado, e que seja eleito para mandato popular. Caso pratique ato de improbidade durante o mandato, como se contará o prazo de prescrição?

Um exemplo prático esclarece a hipótese: X é empregado de sociedade de economia mista federal, sendo eleito para o mandato de Deputado Estadual. Nesse cargo pratica ato de improbidade, cumpre o mandato e retorna para seu emprego na entidade paraestatal.

A hipótese não se enquadra no art. 38 da CF, que somente concerne ao afastamento de servidor público para o exercício de mandato eletivo. Esse, porém, não é o caso, vez que o empregado de sociedade de economia mista não se qualifica tecnicamente como servidor público. Entretanto, o afastamento será inevitável. A diferença está em que o empregado terá seu contrato de trabalho suspenso enquanto estiver desempenhando o múnus de Deputado Estadual.

Como nas situações anteriores, o restabelecimento da relação trabalhista não é afetado pelo ato de improbidade praticado durante o mandato eletivo. Portanto, a contagem do prazo será iniciada ao término do exercício do mandato, prolongando-se, como é óbvio, pelo período em que o empregado estiver novamente exercendo suas funções no emprego.

Nenhuma diferença haverá, quanto aos efeitos, se, imediatamente após o fim do mandato, for o agente nomeado para cargo de direção numa das referidas entidades. Tecnicamente, o empregado, qualquer que seja a função que execute, está sujeito ao regime trabalhista, de natureza contratual. Por isso, como já consignamos, o empregado trabalhista não ocupa cargo público, instituto próprio do regime estatutário, ainda que, na prática, assim se denominem cargos a certas funções nas entidades.[28]

---

[28] Nosso *Manual*, cit., p. 542.

A título de exemplo, se o ex-Deputado é nomeado para função de direção em sociedade de economia mista ou empresa pública de qualquer esfera, esse novo período não será computado para o prazo prescricional. Caso tenha havido improbidade ao tempo do mandato, o prazo, da mesma forma, se iniciará a partir do término deste.

6.3.10 MANDATO E OUTRAS ENTIDADES PRIVADAS

Convém insistir no fato de que algumas pessoas jurídicas, mesmo não integrando a estrutura da Administração Pública, podem ser sujeitos passivos da improbidade administrativa.

O art. 1º da LIA considera ato de improbidade aquele praticado também contra *"entidade para cuja criação ou custeio o erário haja concorrido ou concorra com mais de cinquenta por cento do patrimônio ou da receita anual"*. Por outro lado, a lei enuncia que a marca da improbidade alcança o ato praticado contra o *patrimônio* dessas mesmas pessoas, quando a subvenção é inferior àquele percentual, *"limitando-se, nestes casos, a sanção patrimonial à repercussão do ilícito sobre a contribuição dos cofres públicos"* (art. 1º, parágrafo único).

Tais dispositivos estão a demonstrar que empregados dessas entidades, quando se conduzem dentro dos tipos previstos na LIA, praticam ato ilícito caracterizado como de improbidade administrativa. Não são elas pessoas administrativas, mas, de algum modo, beneficiam-se de recursos públicos, o que as vincula financeiramente aos entes administrativos.[29]

Imagine-se que o agente tenha exercido o mandato de Vereador, tendo praticado durante o período algum ato de improbidade administrativa, e que, ato contínuo, tenha sido contratado para a função de diretor-financeiro de entidade privada, parcialmente mantida com recursos públicos.

Sem dúvida, a nova função não guarda qualquer pertinência funcional com as atribuições do agente como mandatário municipal. Por esse motivo, a pretensão punitiva decorrente da prática do ato de improbidade e, por via de consequência, o prazo prescricional terá início ao fim do exercício do mandato de Vereador, nenhuma relevância tendo o novo período funcional do agente, agora na pessoa privada.

6.3.11 PERDA DO MANDATO

A Constituição relaciona vários casos em que o parlamentar se sujeita à *perda do mandato* (art. 55). Em relação a esses fatos geradores, bem assinala Manoel Gonçalves Ferreira Filho que *"essa extinção importa perda do mandato, antes que o mesmo se esgote pelo decurso do tempo"*.[30] De fato, esse é o aspecto marcante: o cumprimento do mandato pressupõe o exercício durante todo o período, mas, decretando-se a perda, seu término se consuma ao momento da decretação.

---

[29] MARINO PAZZAGLINI FILHO, *Lei de improbidade administrativa comentada*, Atlas, 3. ed., 2007, p. 23.
[30] *Comentários à Constituição Brasileira de 1988*, Saraiva, v. 2, 1992, p. 55.

A doutrina distingue duas formas de perda do mandato: a *cassação* e a *extinção*. A primeira resulta da circunstância de ter o titular incorrido em falta funcional, ou seja, quando (a) infringir proibição constitucional, (b) conduzir-se incompativelmente com o decoro parlamentar, e (c) for condenado na esfera criminal por sentença transitada em julgado (art. 55, I, II e VI, CF), ao passo que a segunda decorre de fato que torna inexistente ou inviável o exercício, casos (a) da falta de comparecimento a certo número de sessões, (b) da perda ou suspensão dos direitos políticos, e (c) de decretação da Justiça Eleitoral (art. 55, III, IV e V, CF), incluindo-se também os casos de morte e renúncia do parlamentar.[31] Em nenhum dos casos, porém, a perda será automática, sendo assegurada ao parlamentar a oportunidade do contraditório.[32]

A questão consiste em saber se, cometido ato de improbidade antes da perda do mandato, qual o termo *a quo* do prazo de prescrição. Como exemplo prático: Senador, cujo mandato é de oito anos,[33] perde-o no terceiro ano do respectivo período. Indaga-se quando será iniciado o prazo prescricional no caso de esse parlamentar ter praticado improbidade no período em que esteve em exercício no mandato.

Para chegar-se a uma resposta exata, importa, primeiramente, recapitular os elementos do art. 23, I, da LIA: a prescrição é de cinco anos *"após o término do exercício do mandato"*. Portanto – repetimos – o marco inicial da contagem é o *fato administrativo* consistente na finalização do exercício do mandato.

Numa outra vertente, cabe relembrar também a diferença que nos permitimos oferecer entre término do *exercício fático* e término do *exercício jurídico*, considerando aquele como o afastamento real do mandatário das funções pertinentes ao mandato e este como o momento em que se esgota o período do mandato. Foi dito então que, se o parlamentar abandona a Casa legislativa um mês antes do termo final e oficial do mandato, o que vale para a prescrição é o fim do exercício jurídico, iniciando-se a contagem no dia seguinte ao final do mandato.

No que concerne à perda do mandato, todavia, existem peculiaridades que desafiam cuidadosa análise. A Constituição estabelece procedimentos diversos para os casos de *cassação* e de *extinção* do mandato, o que torna inevitável verificá-los para que se possa concluir sobre a incidência da prescrição.

6.3.12 CASSAÇÃO DO MANDATO

As hipóteses de *cassação* estão enumeradas nos incisos I, II e VI do art. 55 da CF: infração de proibições constitucionais (I), procedimento incompatível com o decoro parlamentar (II) e condenação criminal em sentença transitada em julgado (VI).

O procedimento reclama que a perda do mandato nesses casos seja decidida pela Casa Legislativa, por voto secreto e maioria absoluta, mediante provocação da respectiva Mesa ou de partido político com representação na Casa, sempre garantida ampla

---

[31] JOSÉ AFONSO DA SILVA, *Curso de direito constitucional positivo*, Malheiros, 20. ed., 2002, p. 537.
[32] Correta a observação de FLÁVIA BAHIA MARTINS, *Direito constitucional*, Impetus, 2. ed., 2011, p. 406.
[33] Art. 46, § 1º, CF.

defesa.[34] É oportuno considerar que nem a sentença criminal transitada em julgado por si só acarreta a perda: urge que tenha havido decisão da Casa Legislativa; essa é a garantia do parlamentar.[35]

A decisão da Casa Legislativa, como é óbvio, emana de julgamento formal em que o parlamentar figura como acusado no processo. Quer dizer: a Casa atua como juiz do processo e decide no sentido da absolvição ou da perda do mandato.

Semelhante decisão caracteriza-se como verdadeira sentença proferida pela respectiva Casa Legislativa, depois de observado o necessário contraditório.[36] Sua natureza é, pois, nitidamente *constitutiva*, por ter o condão de extinguir a relação jurídica entre o mandatário e o Poder Legislativo.[37]

Ao final do processo de cassação, a Comissão legislativa responsável pela investigação do fato imputado ao parlamentar emite parecer e oferece projeto de resolução no sentido da perda do mandato.[38] O projeto é apreciado pelo Plenário, que, caso condene o parlamentar, faz publicar a decisão no órgão oficial de imprensa da respectiva Casa.

Para o início da contagem do prazo de prescrição, em tal cenário, prevalecerá o *término do exercício jurídico*, que corresponde à data da publicação da decisão do Plenário que decretou a perda do mandato, mesmo que o parlamentar já tenha cessado o exercício fático em momento anterior, ciente de que perderia o mandato.

Assim, no exemplo acima do Senador, que cometeu a improbidade no terceiro ano de seu mandato, e nesse mesmo ano perdeu o mandato por cassação, o prazo da prescrição será iniciado no dia seguinte ao do término do exercício jurídico do mandato, fato este consumado no dia da publicação da decisão condenatória no *Diário do Senado Federal*. Desse modo, são irrelevantes: (a) o momento anterior em que o Senador deixou de comparecer à Casa diante da previsão do resultado; (b) o momento final do mandato se não houvesse a perda, ou seja, ao final dos oito anos previstos para seu cumprimento.

6.3.13 EXTINÇÃO DO MANDATO

A extinção do mandato está hospedada nos incisos III a V do art. 55 da CF. Extingue-se o mandato quando o parlamentar: (a) deixar de comparecer, salvo autorização, à terça parte das sessões ordinárias em cada sessão legislativa (III); (b) perder ou tiver suspensos os direitos políticos (IV); (c) houver decretação da Justiça Eleitoral (V).

---

[34] Art. 55, § 2º, CF.
[35] É a correta observação de PEDRO HENRIQUE TÁVORA NIESS, *Direitos políticos*, Edipro, 2. ed., 2000, p. 22.
[36] Ressalve-se, contudo, que não se trata de função tipicamente jurisdicional, mas sim administrativa dentro do cenário político da Casa Legislativa e, por esse motivo, a decisão pode ser revista no Poder Judiciário quanto aos aspectos de legalidade e de constitucionalidade.
[37] JOSÉ AFONSO DA SILVA, ob. cit., p. 537.
[38] É o processo previsto no Regimento Interno da Câmara dos Deputados (art. 240, § 3º, III). O parecer é lido no expediente e publicado no *Diário da Câmara dos Deputados*, sendo distribuído em avulsos para o julgamento pelo Plenário (inciso IV). No Senado, o procedimento é previsto nos arts. 32 a 35 de seu Regimento Interno.

Os casos de extinção não resultam de julgamento em processo acusatório, como sucede com a cassação. Na verdade, a Casa Legislativa apenas reconhece a ocorrência do fato ou ato ensejadores do perecimento do mandato. Esse é o motivo pelo qual a extinção é declarada pela Mesa da Casa respectiva (art. 55, § 3º, CF). Como o reconhecimento do fato gerador indica mera declaração de situação preexistente, a decisão da Mesa tem natureza *declaratória*.[39]

Diante desse procedimento, é de considerar-se término do mandato a data da publicação do ato da Mesa que tem por objeto a declaração da perda do mandato pela extinção. Com a publicação é que o ato se torna eficaz e apto à produção de seus efeitos, postulado próprio do princípio da publicidade (art. 37, *caput*, CF). Sendo assim, o exercício jurídico do parlamentar se terá estendido até o dia da publicação do ato. Também aqui não importa que o titular do mandato o tenha abandonado em oportunidade anterior (exercício fático).

Vamos a um exemplo: Deputado Federal, autor de ato de improbidade, vê declarada a extinção prematura de seu mandato por faltas sucessivas às sessões ordinárias da Casa. Declarada a extinção pela Mesa e publicado o respectivo ato, começará no dia seguinte (exclui-se o do começo) a contagem do prazo prescricional, pois que aí se deu o término do exercício do mandato.

6.3.14 SUCESSÃO DE MANDATO E MINISTÉRIO

Figuremos a seguinte suposição: Deputado Estadual pratica ato de improbidade no curso do mandato, mas algum tempo depois o Governador o nomeia para o cargo de Secretário de Estado de Justiça. A Assembleia Legislativa decreta a perda de seu mandato e, a despeito disso, é mantido no cargo de Secretário por mais um ano, quando então pede exoneração e se afasta do Executivo. Em semelhante circunstância, quando se inicia o prazo prescricional?

De plano, comporta anotar que a Constituição assevera não perder o mandato o Deputado ou Senador "*investido no cargo de Ministro de Estado, Governador de Território, Secretário de Estado, do Distrito Federal, de Território, de Prefeitura de capital ou chefe de missão diplomática temporária*".[40]

A norma é de caráter extensivo, aplicando-se também às esferas estadual e municipal. Assim, o Deputado Estadual também não perde o mandato se for investido no cargo de Secretário de Estado, como não o perde o Vereador se sua investidura se der no cargo de Secretário Municipal.[41]

A questão deve resolver-se pelo critério já apontado: o da *pertinência funcional*. Embora a nomeação em pauta possa ter – e certamente terá – pertinência política, é inegável que as funções de Deputado Estadual não têm qualquer relação com as de Secretário de

---

[39] JOSÉ AFONSO DA SILVA, ob. cit., p. 537.
[40] Art. 56, I, CF.
[41] A Constituição do Estado do Rio de Janeiro expressamente admite a investidura do Deputado Estadual em cargo de Secretário de Estado, com preservação do mandato (art. 105, I).

Estado, o que se reforça pelo fato de que se trata de cargos pertencentes a Poderes diversos. Por conseguinte, entre eles está ausente o pressuposto da pertinência funcional, indispensável ao cômputo do tempo no cargo subsequente em caso de sucessão.

A consequência, pois, é a de que o prazo prescricional será iniciado como em qualquer forma de perda de mandato, ou seja, a partir da publicação do ato que decretar a cassação ou que declarar a extinção do mandato. No exemplo mencionado, não se computará o período em que, após a perda do mandato, o ex-Deputado estiver no exercício de seu cargo de Secretário Estadual.

Outro exemplo: Senador investido em cargo de Prefeito de capital. Para fins de prescrição da improbidade, só deve computar-se o período em que o Senador esteve no exercício de seu mandato, até sofrer a perda deste.

6.3.15 RENÚNCIA AO MANDATO

A *renúncia ao mandato* não era prevista originalmente na Constituição. Com a EC de Revisão nº 6/1994, foi acrescentado ao art. 55 o § 4º, que estabelece o seguinte: "*A renúncia de parlamentar submetido a processo que vise ou possa levar à perda do mandato, nos termos deste artigo, terá seus efeitos suspensos até as deliberações finais de que tratam os §§ 2º e 3º.*"

O objetivo do novo mandamento transparece de seu texto: pretende evitar que o parlamentar se socorra da figura da renúncia para escapar de processo de perda de mandato, artifício – diga-se de passagem – usualmente empregado em épocas pretéritas por diversos parlamentares, provocando escândalos e indignação na sociedade.

Como bem explica Pedro Lenza, o parlamentar pode renunciar ao mandato, mas a renúncia terá seus efeitos suspensos até a deliberação a ser tomada pelo Plenário, no caso de cassação, ou pela Mesa, se for hipótese de extinção (art. 55, §§ 2º e 3º, CF). Trata-se, pois, de *condição suspensiva*, que só produz efeitos se a decisão não concluir no sentido da perda do mandato. Se a decisão final for pela perda do mandato, a declaração de renúncia será arquivada, ficando ineficaz ante a conclusão que decreta o fim do mandato.[42]

Nesse aspecto, suponha-se que Deputado Federal protagonize comportamento de improbidade no primeiro ano de seu mandato e, logo depois, seja aberto processo alvitrando a cassação. E que, antevendo problemas futuros, declare sua renúncia ao mandato. Como será a contagem do prazo de prescrição da improbidade nesse episódio?

O ato de renúncia, como já visto, espelha manifestação unilateral de vontade do parlamentar. Não produz, entretanto, os seus regulares efeitos se houver sido instaurado previamente processo com o objetivo de decretar ou declarar a perda do mandato. Os efeitos, como averba o dispositivo, ficam suspensos até a decisão final do órgão legislativo. Daí se pode desde logo inferir: a declaração de renúncia, por si só, não enseja o término do mandato nem o exercício deste, vez que sujeita a uma condição suspensiva. Como o art.

---

[42] *Direito constitucional esquematizado*, Saraiva, 15. ed., 2011, p. 490.

23, I, da LIA, considera a contagem do prazo prescricional a partir do *término do exercício do mandato*, não poderá o ato de renúncia ser tido como termo *a quo* da contagem.

A implementação da condição poderá traduzir duas decisões, a primeira no sentido da perda do mandato e a segunda decidindo pela absolvição e consequente eficácia da renúncia.

Na hipótese de ser decidida a perda do mandato, seja pela cassação, seja pela extinção, aplicar-se-ão as regras já mencionadas no tópico anterior, ou seja, a contagem se dará a partir da publicação do ato que estabelecer a perda do mandato.

Caso o órgão legislativo julgue no sentido da absolvição do parlamentar, ou da ausência do fato gerador da perda do mandato, a renúncia se tornará eficaz, devendo o ato legislativo de reconhecimento de sua eficácia ser devidamente publicado. Só aí a renúncia terá eficácia, ensejando o término do exercício do mandato. Portanto, desse momento deverá iniciar-se a contagem do prazo de prescrição, não importando se, depois de manifestar a renúncia, o parlamentar se tenha afastado de seu cargo, aguardando o desfecho do processo. Vale mais uma vez a incidência do término do exercício jurídico, e não o término do exercício fático do mandato.

6.3.16 OUTROS AFASTAMENTOS

Figure-se a situação em que o Vereador fica afastado por motivo de doença no terceiro ano do mandato, embora tenha praticado ato de improbidade no segundo ano. Indaga-se aqui como se fará a contagem do prazo prescricional da improbidade.

Os afastamentos dos titulares de mandato configuram-se como *licenças* e são contemplados na Constituição Federal. Dita o art. 56, II, da CF, que o mandatário não perderá o mandato quando *"licenciado pela respectiva Casa por motivo de doença, ou para tratar, sem remuneração, de interesse particular, desde que, neste caso, o afastamento não ultrapasse cento e vinte dias por sessão legislativa".*[43]

Nessas hipóteses, o fato gerador do afastamento não provoca o término do mandato, mas apenas a suspensão do exercício fático pelo parlamentar. Assim, se este se licencia por motivo de doença, estará no exercício jurídico do mandato, porque assim o caracteriza a Constituição. Caso fique licenciado por esse motivo pelo período de seis meses, por exemplo, seu retorno às funções se dará normalmente e seu mandato terá prosseguimento, só findando ao final do período para ele fixado. Se cometeu ato de improbidade, seja antes, seja depois da licença médica, o prazo prescricional terá início a partir do término do exercício jurídico do mandato, ou seja, ao final do período fixado para ele. É o que se aplica ao exemplo que figuramos acima.

Será adotada a mesma solução se o parlamentar se afastar do mandato por motivo de doença, não mais podendo retornar às suas funções por força da enfermidade. Embora o término do exercício fático ocorra com o momento do afastamento pela doença,

---

[43] Adite-se, por amor à exatidão da disciplina, que licença superior a 120 dias enseja a convocação de suplente (art. 56, § 1º, CF) e, ocorrendo vaga e não havendo suplente, far-se-á nova eleição para preenchê--la, se faltarem mais de 15 meses para o término do mandato (art. 56, § 2º, CF).

o fim do exercício jurídico se consumará apenas ao final do período regular do mandato, e desse momento deve ser contado o prazo para a prescrição de ato de improbidade cometido antes da doença que causou o afastamento.

Para a situação de licença destinada a interesse particular, a contagem do prazo de prescrição obedecerá ao mesmo critério. Deve considerar-se, em primeiro lugar, que, diferentemente do que sucede com a licença por motivo de doença, que independe de prazo, esse tipo de afastamento tem duração limitada: 120 dias por sessão legislativa. Pode ocorrer mais de uma situação: (a) o parlamentar pratica a improbidade e se afasta pelo respectivo período, retornando depois para finalizar o mandato; (b) o parlamentar pratica a improbidade na volta da licença; (c) o parlamentar conduz-se com improbidade e, ante a proximidade do final do mandato, fica licenciado até esse momento.

Em todas essas situações, será considerado o fim do exercício jurídico do mandato. Na hipótese sob "c", por exemplo, o fim do exercício fático se terá dado ao momento em que foi iniciada a licença, ou seja, meses antes do fim oficial do mandato. Mas, no caso de o parlamentar ter agido com improbidade administrativa, a contagem deverá considerar esse último momento, que, na verdade, traduz o término do exercício do mandato.

No que diz respeito às licenças, é oportuno ressaltar, ainda, um aspecto importante. Dispõe o art. 56, § 1º, da CF: "*O suplente será convocado nos casos de vaga, de investidura em funções previstas neste artigo ou de licença superior a cento e vinte dias*." Pode suscitar-se a questão sobre como se faria a contagem do prazo prescricional, caso praticado ato de improbidade pelo titular do mandato no período de substituição pelo suplente.

A vaga só ocorre nos casos de morte, renúncia ou perda do mandato.[44] Em relação a essas hipóteses, já foram feitos os devidos comentários. Vejamos, então, as hipóteses de investidura em outros cargos e de licença acima de 120 dias. Se tais situações não ensejam a perda do mandato, infere-se que o titular continua com seu exercício jurídico, muito embora não tenha exercício fático em virtude de sua substituição pelo suplente. Sendo assim, o prazo de prescrição será contado a partir do efetivo término do *exercício jurídico* do mandato, vale dizer, ao fim do período regular do mandato.

Para exemplificar, suponha-se que o Deputado Estadual fique em licença por mais de 120 dias numa sessão legislativa, tendo precedentemente praticado improbidade. Nesse caso, será convocado o suplente para o lugar do titular. Aquele terá o exercício fático das funções do cargo; este, porém, terá o exercício jurídico, eis que mantida a sua titularidade no mandato. Por conseguinte, quer retorne o Deputado a seu mandato, quer continue licenciado até o final dele, o término do exercício jurídico ocorrerá com o final do período regular do mandato, sem que possa alegar que o término de seu exercício ocorrera quando de seu licenciamento. A partir daquele momento, então, será contado o prazo prescricional.

Semelhantemente se passa com a hipótese em que o Deputado Estadual é nomeado para o cargo de Secretário Estadual e, no período anterior à nomeação, se conduz com

---

[44] CELSO RIBEIRO BASTOS e YVES GANDRA MARTINS, *Comentários à Constituição do Brasil*, Saraiva, 4º v., 2. ed., 1999, p. 258.

improbidade administrativa.[45] Como essa investidura não causa a perda do mandato (art. 56, I, CF), o Secretário continua com o exercício jurídico dele, mesmo que seja convocado o seu suplente. A prescrição, portanto, tem a sua contagem iniciada com o término do exercício jurídico do mandato, o que é o mesmo que dizer que começa com o término do período regular do mandato.

Quanto ao suplente, caso tenha praticado ato de improbidade, o prazo de prescrição começa a correr do momento em que retorna o titular do mandato. Nesse momento se consuma o fim de seu exercício jurídico. Se o exercício for até o final do período regular do mandato, este será o término do exercício para o fim de contagem do prazo prescricional.

6.3.17 MANDATO E ORDEM URBANÍSTICA

A Lei nº 10.257, de 10.7.2001 (Estatuto da Cidade), considerou como de improbidade administrativa, regidas pela LIA, várias condutas perpetradas contra a ordem urbanística.

Com efeito, dispõe o art. 52 do Estatuto da Cidade:

"Art. 52. Sem prejuízo da punição de outros agentes públicos envolvidos e da aplicação de outras sanções cabíveis, o Prefeito incorre em improbidade administrativa, nos termos da Lei nº 8.429, de 2 de junho de 1992, quando:

I – (VETADO)

II – deixar de proceder, no prazo de cinco anos, o adequado aproveitamento do imóvel incorporado ao patrimônio público, conforme o disposto no § 4º do art. 8º desta Lei;

III – utilizar áreas obtidas por meio do direito de preempção em desacordo com o disposto no art. 26 desta Lei;

IV – aplicar os recursos auferidos com a outorga onerosa do direito de construir e de alteração de uso em desacordo com o previsto no art. 31 desta Lei;

V – aplicar os recursos auferidos com operações consorciadas em desacordo com o previsto no § 1º do art. 33 desta Lei;

VI – impedir ou deixar de garantir os requisitos contidos nos incisos I a III do § 4º do art. 40 desta Lei;

VII – deixar de tomar as providências necessárias para garantir a observância do disposto no § 3º do art. 40 e no art. 50 desta Lei;

VIII – adquirir imóvel objeto de direito de preempção, nos termos dos arts. 25 a 27 desta Lei, pelo valor da proposta apresentada, se este for, comprovadamente, superior ao de mercado."

---

[45] Nesse exemplo, diversamente do mencionado acima, o Deputado não estaria sofrendo processo de perda do cargo dentro de sua Casa Legislativa.

Observe-se primeiramente que o principal alvo da improbidade administrativa é o Prefeito, conquanto o texto legal deixe claro que outros agentes poderão estar envolvidos e sujeitos às sanções de improbidade. Em outro vetor, cabe anotar, como já o fizemos em obra específica sobre o tema, que as condutas relacionadas no citado art. 52 não têm relação direta com os três valores tutelados na Lei de Improbidade – enriquecimento ilícito, lesão ao erário e ofensa a princípios administrativos (arts. 9º a 11).[46]

O efeito desse descolamento entre os tipos enumerados em cada lei vai exigir o enquadramento da conduta do Prefeito em algum dos valores tutelados na LIA. Por exemplo: constitui improbidade o fato de o Prefeito não aplicar os recursos advindos com a outorga onerosa do direito de construir nos fins previstos no art. 26 do Estatuto.[47] Essa vulneração à lei terá que ser examinada caso a caso. Pode não ter havido o emprego dos recursos por apropriação de valores pelo Prefeito (enriquecimento ilícito e lesão ao erário). Mas pode também não ter havido essa indevida apropriação e os recursos serem alocados para algum fim relevante de interesse público, hipótese em que teria havido apenas infração a princípios administrativos (no caso, o da legalidade).

Produzida a ação ou omissão de improbidade, nos termos do art. 52 do Estatuto da Cidade, pergunta-se: (a) qual a norma reguladora da prescrição?; (b) em que momento deverá ser contado o prazo prescricional?

No que tange à primeira indagação, é certo afirmar que a norma reguladora é o art. 23, I, da Lei de Improbidade. A uma, porque nada dispôs o Estatuto da Cidade sobre prescrição de atos de improbidade do Prefeito; a duas, porque, sendo a LIA a lei geral em relação ao Estatuto, é dela que deve emanar a norma de regência. Como o Prefeito é titular de mandato, a prescrição da improbidade será de cinco anos, prazo aplicável, como já vimos, a todas as situações funcionais transitórias (mandatos, cargos em comissão e funções de confiança).

Quanto ao termo *a quo* da contagem, há um aspecto prévio que merece análise. A enumeração das condutas de improbidade do Prefeito permite compreender que podem ser diversos os momentos em que elas se consumam. Assim, *v. g.*, a utilização indevida de áreas oriundas do direito de preempção (inciso III). Ou, ainda, a aplicação dos recursos provenientes do processo de operações urbanas consorciadas em desacordo com a lei (inciso V). Todas essas condutas podem ser perpetradas em diversos momentos do mandato do Prefeito.

Não obstante, nenhum desses momentos pode gerar a contagem do prazo prescricional a partir deles. Terá que incidir, na espécie, o art. 23, I, da LIA, contando-se o prazo a partir do término do exercício do mandato. Exemplo prático: Prefeito eleito para o período de 2008 a 2012 comete, em 2009, o ato de improbidade urbanística consistente na aquisição de imóvel advindo de preempção por preço comprovadamente superior ao de mercado (art. 52, VIII, Estatuto da Cidade). Se o Prefeito cumpre o mandato até o final, e considerando que este ocorrerá em 2012, o prazo de prescrição será iniciado

---

[46] Nossos *Comentários ao Estatuto da Cidade*, Atlas, 5. ed., 2013, p. 443.
[47] São alvo desses recursos, entre outros fins, os de regularização fundiária, execução de programas habitacionais, ordenamento e direcionamento da expansão urbana etc.

com o término do exercício do mandato pelo Prefeito. A prescrição, pois, só se consumará em 2017, cinco anos após o término do exercício e oito anos após a prática do ato.

Por fim, estando outros agentes, além do Prefeito, envolvidos com a prática da improbidade, terá que se verificar qual a sua situação funcional para a incidência da norma de prescrição. Para agentes titulares de cargos em comissão ou funções de confiança, aplica-se também o art. 23, I, da Lei de Improbidade. Relativamente a servidores titulares de cargo efetivo, a incidência será a do art. 23, II, do mesmo diploma. Como não se trata de mandatos, ambas as situações funcionais serão examinadas nos tópicos seguintes.

6.4 CARGO EM COMISSÃO E FUNÇÃO DE CONFIANÇA

6.4.1 CARGO EM COMISSÃO

Tal como sucede com o mandato, a investidura em cargo em comissão também tem natureza transitória, pois que o ocupante só se mantém investido no cargo enquanto gozar da confiança da autoridade a que está subordinado. Retrata – é fácil ver – investidura de *natureza precária*.

Indicando como predominante o caráter precário da investidura, Hely Lopes Meirelles define o cargo em comissão como *"o que só admite provimento em caráter provisório"*.[48] A relação *intuitu personae* é fundamental no vínculo entre a Administração e o titular do cargo em comissão, o que marca realmente a transitoriedade das funções.[49]

De acordo com o art. 37, II, da CF, a investidura em cargo em comissão é de livre nomeação e exoneração, ou seja, cabe à autoridade nomeante selecionar discricionariamente o servidor para a nomeação, assim como lhe é lícito também exonerá-lo *ad nutum*, socorrendo-se, ainda aqui, de critérios discricionários fundados sobretudo no elemento confiança. Pode-se afirmar, em suma, que são símbolos dessa investidura a *transitoriedade*, a *precariedade* e a *relação **intuitu personae***.

A Constituição, na tentativa de restringir um pouco a liberdade do administrador quanto à escolha de pessoas que não integram quadros funcionais, o que propicia eventuais distorções e desvios do princípio da impessoalidade e da moralidade, previu que lei do ente federativo deveria prever casos, condições e percentuais mínimos em que tais cargos seriam providos por servidores de carreira (art. 37, V, CF). Entretanto, esse mandamento não tem sido cumprido à risca e são poucas as entidades políticas que tiveram a preocupação de editar a referida lei. É de lamentar-se tal omissão, uma vez que se aprofundam os ressentimentos de servidores de carreira que, injustamente, se limitam a observar a nomeação de terceiros para cargos em comissão, muito mais por fatores políticos do que pelo mérito e competência dos nomeados.

Não se pode olvidar, da mesma forma, que os cargos em comissão são destinados às funções de direção, chefia e assessoramento, como também registra o art. 37, V, CF. Seme-

---

[48] *Direito administrativo brasileiro*, cit., p. 398.
[49] É como assinala CELSO ANTÔNIO BANDEIRA DE MELLO, *Curso*, cit., p. 306.

lhante destinação impede que a lei possa criar esses cargos para atribuir-lhes funções da rotina administrativa ou próprias de cargos efetivos. O fato se configuraria como fraude à exigência constitucional e a lei, então, estará contaminada de vício de constitucionalidade. Já averbamos esse fato,[50] contando com o abono da jurisprudência.[51]

O exercício em cargos em comissão, a despeito da transitoriedade das funções, se sujeita à incidência do *regime estatutário*, o mesmo que se aplica aos titulares de cargos efetivos, guardadas, é óbvio, as respectivas particularidades. Não incidem, desse modo, normas da legislação trabalhista aplicáveis ao regime celetista, nem as do regime especial, que recaem sobre servidores temporários sem investidura típica em cargo público.

6.4.2 FUNÇÃO DE CONFIANÇA

Tanto a Constituição, no art. 37, V, quanto a Lei de Improbidade, no art. 23, I, aludem às *funções de confiança*, ao lado dos cargos em comissão. Vale a pena, então, fazer uma breve consideração a respeito de tal situação funcional.

Tivemos a oportunidade de anotar que a expressão *funções de confiança* traduz inegável falta de exatidão, inclusive porque o próprio cargo em comissão, por sua singularidade, tem que irradiar necessariamente funções de confiança, isto é, funções para cujo exercício o superior hierárquico tenha a liberdade de escolher o servidor mais adequado.[52]

Essas funções, por serem de confiança, ensejam normalmente o pagamento de gratificação específica para o servidor que as desempenha e, por isso, costumam ser denominadas por leis estatutárias de *funções gratificadas*. Por conseguinte, em termos de confiança, a situação funcional relativa ao exercício de tais funções se assemelha àquela que decorre da investidura em cargos em comissão. Em ambos os casos, aliás, recaem os elementos já mencionados concernentes à *transitoriedade, precariedade* e *relação de confiança*.

Há, contudo, um aspecto que não pode deixar de ser realçado: enquanto os cargos em comissão podem ser providos por terceiros não integrantes das carreiras funcionais, a designação para funções de confiança somente pode recair em *servidores ocupantes de cargos efetivos*, conforme dicção do art. 37, V, da Constituição.

6.4.3 PRAZO E CONTAGEM DA PRESCRIÇÃO

Se um ocupante de cargo em comissão ou um servidor em função de confiança pratica ato de improbidade, o prazo, segundo estabelece o art. 23, I, da Lei nº 8.429/1992, é de *cinco anos* para a ocorrência da prescrição, o mesmo, portanto, fixado para o exercício de mandato.

---

[50] Nosso *Manual*, cit., p. 645.
[51] STF, ADI 3602, julg. em 14.4.2011.
[52] Nosso *Manual*, cit., p. 642.

A contagem do prazo prescricional, como já visto, tem início a partir do *término do exercício* no cargo em comissão ou na função de confiança. Reiteramos neste passo a necessidade de distinguir o término do exercício *fático* e o término do exercício *jurídico*. Embora tais fatos possam ser coincidentes no tempo, nem sempre isso ocorrerá na prática. Assim, a regra é que a contagem do prazo comece ao momento em que finda o exercício jurídico. Esse fato é que torna vagos o cargo em comissão e a função de confiança.

Remetemos, pois, o leitor ao tópico anterior em que desenvolvemos a matéria e oferecemos exemplos práticos a respeito do prazo da prescrição e do critério para a contagem desse prazo.

6.4.4 CARGOS EM COMISSÃO SUCESSIVOS

Assim como acontece com os mandatos, é possível que o titular de um cargo em comissão passe a ocupar cargo em comissão diverso. Serve como exemplo o seguinte: José é titular do cargo em comissão de Diretor de Divisão de determinada Secretaria Municipal e pratica ato de improbidade. Posteriormente, é nomeado para o cargo em comissão de Diretor de Departamento, cargo superior na escala hierárquica. Nessa situação, comporta inquirir como será a contagem do prazo de prescrição.

A matéria suscita dúvida por não existir norma expressa prevendo a hipótese. Na opinião de Pedro Roberto Decomain, o prazo prescricional deverá ser iniciado *"na data em que o agente público houver deixado aquele cargo no âmbito do qual o ato haja sido praticado"*, mesmo que assuma outro cargo em comissão idêntico.[53] No exemplo acima, pois, o prazo de prescrição começa a contar da exoneração do agente do cargo de Diretor de Divisão, não se computando o período em que passou a ocupar o cargo de Diretor de Departamento.

O STJ, todavia, expressou pensamento oposto, considerando o início da contagem a partir do término do *último exercício*. Eis a ementa do *decisum*:

> "ADMINISTRATIVO – AÇÃO CIVIL PÚBLICA – IMPROBIDADE ADMINISTRATIVA – PRESCRIÇÃO – TERMO A QUO – AGENTE QUE PERMANECE EM CARGO COMISSIONADO POR PERÍODOS SUCESSIVOS. 1. A Lei 8.429/92, art. 23, I, condicionou a fluência do prazo prescricional ao 'término do exercício de mandato, de cargo em comissão ou de função de confiança'. 2. Na hipótese em que o agente se mantém em cargo comissionado por períodos sucessivos, o termo a quo da prescrição relativa a ato de improbidade administrativa é o momento do término do último exercício, quando da extinção do vínculo com a Administração. 3. Recurso especial não provido."[54]

Tal interpretação realmente nos parece a melhor.

---

[53] *Improbidade administrativa*, cit., p. 382.
[54] STJ, REsp 1.179.085, Rel. Min. ELIANA CALMON, j. em 23.3.2010.

Em nosso entendimento, contudo, a matéria comporta distinção e, pois, não deve ser generalizada. À ocasião dos comentários sobre mandatos sucessivos, consignamos que o elemento mais importante acerca desse tema reside na *pertinência funcional* entre os cargos, quer os relativos a mandatos eletivos, quer os que integram a estrutura administrativa de entes públicos, verificando o intérprete, através dela, a densidade dos elementos de composição, como a conexão de funções, a hierarquia, a probabilidade de influência etc. Reafirmamos aqui tais comentários, com a reiteração de que os casos precisam ser analisados em conformidade com suas peculiaridades, descabendo generalizá-los sem essa análise.

Desse modo, no exemplo que figuramos acima, há evidente pertinência funcional entre os cargos de Diretor de Divisão e de Diretor de Departamento, ligados que estão, aliás, por patamares hierárquicos. Se o agente esteve à frente do primeiro por dois anos, nesse período praticando ato de improbidade, e depois passa o ocupar o segundo por cinco anos, o prazo prescricional contar-se-á a partir do término do exercício deste último, sendo, por conseguinte, computado o período relativo ao último cargo.

Não obstante, é possível que o segundo cargo em comissão não tenha qualquer elo de ligação com o antecedente. Figure-se que, no exemplo acima, o agente seja nomeado para o cargo em comissão de Assessor de Diretoria em determinado Ministério da estrutura federal. Esse cargo, como é fácil constatar, não tem pertinência funcional com o de Diretor de Divisão em Secretaria Municipal, sendo eles células até mesmo de pessoas federativas diversas. Caso o agente se tenha conduzido com improbidade durante o exercício no primeiro cargo, é ao término do exercício deste que será contado o prazo de prescrição, com o que será irrelevante o período em que ocupar o cargo de Assessor.

A solução alvitrada para as duas situações tem o escopo de conciliar dois fatores antagônicos. Relativamente à primeira, evita-se que a influência do agente no segundo cargo em comissão ou mandato conduza à prescrição da pretensão condenatória decorrente do ato de improbidade cometido no exercício do cargo anterior. No que toca à segunda, não deixa perdurar a pretensão *ad infinitum* quando o agente é nomeado para cargo em comissão de fisionomia impertinente sob o aspecto funcional, quando comparado ao anterior, permitindo-se que a Administração se beneficie de prazo mais longo de prescrição, conquanto tenha quedado inerte para tomar as providências relativamente ao ato de improbidade.

Advirta-se, no entanto, como o fizemos quanto aos mandatos sucessivos, que, além da pertinência funcional, outro fator é inafastável para adotar-se a solução acima: a continuidade imediata do exercício nos cargos em comissão. Significa que eventual solução de continuidade nas investiduras nesses cargos só poderá redundar na autonomia das titularidades, de modo que sempre inviável será o cômputo do período correspondente ao exercício do segundo ou do último cargo em comissão para fins prescricionais.

6.4.5 CARGO EM COMISSÃO OCUPADO POR SERVIDOR DE CARREIRA

O cargo em comissão, como antecipamos, pode ser ocupado por servidores de carreira e por terceiros não integrantes dos quadros funcionais. Levanta-se neste tópico a hipótese de servidor de carreira nomeado para cargo em comissão e que, tendo praticado ato de improbidade durante essa investidura, é exonerado (ou requer exoneração), retornando a seu cargo efetivo de carreira.

O cargo em comissão, embora integrando o mesmo quadro funcional do cargo de carreira, guarda em relação a este um grau de autonomia dotado de expressiva densidade. Reforça essa demarcação o fato de que aquele cargo só pode ser destinado a funções de direção, chefia e assessoramento, o que é diferente do cargo efetivo, apropriado para o exercício de funções administrativas rotineiras do órgão público.

Nessa linha de sucessão de investiduras, não é relevante o aspecto da pertinência funcional, esta inevitável frequentemente em virtude de serem os cargos alocados na mesma estrutura orgânica. Um dos fatores ausentes é o risco de influência, praticamente impossível de ocorrer quando o ocupante de cargo em comissão volta a ocupar seu cargo efetivo.

Por tal motivo, na situação acima, produzida a conduta de improbidade quando o agente estava investido em cargo em comissão e retornando ele a seu cargo efetivo, o prazo da prescrição será de cinco anos e a contagem terá início ao momento em que cessar o exercício do primeiro, como impõe o art. 23, I, da Lei de Improbidade, sendo desconsiderado o período anterior e posterior da investidura no cargo efetivo.

É mister, neste passo, aludir à eventual cumulação do exercício no cargo efetivo e no cargo em comissão. Primeiramente, quando o servidor é titular de cargo efetivo e, *no mesmo quadro*, é nomeado para cargo em comissão, não poderá haver cumulatividade: o servidor exercerá apenas as funções do cargo em comissão, ficando o cargo efetivo à espera de seu retorno. Desse modo, é de prevalecer o critério *supra* indicado, ou seja, a contagem da prescrição obedecerá ao art. 23, I, da LIA, iniciando-se ao término do exercício do cargo em comissão.

Já se decidiu, porém, em sentido contrário, para o fim de considerar como aplicável o art. 23, II, da LIA. O acórdão enunciou: "*Portanto, exercendo cumulativamente cargo efetivo e cargo comissionado, ao tempo do ato reputado ímprobo, há de prevalecer o primeiro, para fins de contagem prescricional, pelo simples fato de o vínculo entre agente e Administração Pública não cessar com a exoneração do cargo em comissão, por ser temporário*".[55]

O argumento não procede, com a devida vênia. O fato de o titular do cargo em comissão ser exonerável *ad nutum* não guarda qualquer relação com a prática do ato de improbidade. O que importa é o nexo de causalidade entre o exercício do cargo e a conduta de improbidade, e, por tal motivo, é imperioso verificar de qual cargo se originou a conduta ilícita. Ademais, a decisão referiu-se à acumulação, mas não indicou de que forma ela teria ocorrido, o que ficou muito vago. Por via de consequência, assiste razão, em nosso entendimento, ao tribunal *a quo*, segundo o qual, no caso, deveria prevalecer o critério adotado para o cargo em comissão (art. 23, I, LIA), decisão essa reformada pelo STJ.

Conquanto não seja comum, é possível que o servidor acumule um cargo efetivo e um cargo em comissão em *quadros funcionais diversos*, isso, é óbvio, quando for permitida e lícita a acumulação. Como se trata de duas relações estatutárias autônomas, será preciso verificar sob a égide de qual delas foi praticado o ato de improbidade. Caso o ato tenha

---

[55] STJ, REsp 1.060.529, j. 8.9.2009.

sido praticado no exercício do cargo em comissão, incidirá o art. 23, I, da LIA, e, ao contrário, se o for dentro das funções do cargo efetivo, aplicar-se-á o art. 23, II, da mesma lei.

6.4.6 CARGO EM COMISSÃO E CARGO EFETIVO SUBSEQUENTE

Nessa hipótese, o titular de cargo em comissão não era anteriormente servidor de carreira. Tendo sido aprovado em concurso público, toma posse em seu cargo efetivo, exonerando-se do cargo em comissão.

Caso tenha praticado ato de improbidade ao tempo em que estava investido no cargo em comissão, a prescrição não se altera diante da posse do agente no cargo de carreira, ainda que, porventura, sejam ambos da mesma estrutura orgânica. Aqui também não prevalece o requisito da pertinência funcional, mas sim a ausência do risco de o agente influir para o transcurso do prazo prescricional.

Em observância ao disposto no art. 23, I, da LIA, o prazo da prescrição quinquenal começa a ser contado, como no exemplo anterior, a partir do término do exercício no cargo em comissão, o que, em regra, ocorrerá a partir do vigor do ato de exoneração.

Embora seja incomum a hipótese, pode suceder que o servidor, empossado no cargo efetivo, permaneça ocupando o cargo em comissão. Nesse caso, sob o aspecto formal, tanto poderá subsistir o ato de nomeação anterior, com a retificação da nova situação do servidor, quanto poderá haver um ato de exoneração e um novo ato de nomeação efetivado sem solução de continuidade. Se tal ocorrer, prevalecerá o art. 23, I, da LIA, contando-se o prazo a partir do término do exercício final do cargo em comissão, pois que o servidor sequer chegou a exercer as funções do cargo efetivo.

6.4.7 CARGO EM COMISSÃO E EMPREGO PÚBLICO SUBSEQUENTE

A diferença para a hipótese precedente situa-se na espécie de vínculo funcional do agente após a investidura em cargo em comissão. Aqui, o servidor é contratado pelo ente público pelo regime trabalhista, após aprovação em concurso público.

A solução, porém, afigura-se idêntica. Supondo-se que o servidor trabalhista praticara ato de improbidade ao tempo em que ocupava o cargo em comissão, o prazo de eventual prescrição deve ser contado a partir do término do exercício nesse cargo, o que evidentemente vai prolongar-se durante o período em que o agente exerce seu emprego público.

Para não consumar-se a prescrição, deve a ação de improbidade ser proposta dentro do prazo de cinco anos a partir daquele momento, na forma do disposto no art. 23, I, da Lei de Improbidade.

6.4.8 CARGO EM COMISSÃO E REGIME ESPECIAL SUBSEQUENTE

A situação em foco apresenta dois vínculos funcionais de natureza transitória – o do cargo em comissão e o do regime especial.

O exemplo é o seguinte: servidor não integrante de quadro funcional ocupa cargo em comissão de Chefe de Gabinete e durante esse período conduz-se com improbidade administrativa. Nesse ínterim, depois do respectivo procedimento seletivo simplificado, é contratado por um ano para a função de Agente de Saúde sob regime especial, passando a ser servidor temporário. Qual é o prazo da prescrição e como se procede à contagem?

A despeito de tratar-se de dois vínculos provisórios, a solução não se altera. O prazo da prescrição é o mesmo até agora visto, ou seja, de cinco anos, como prevê o art. 23, I, da Lei nº 8.429/1992, por tratar-se de investidura em cargo em comissão.

No concernente à contagem, considerando a relação entre os dois cargos, sem qualquer pertinência funcional, e ainda o fato de que o titular não poderia influir na apuração do ato de improbidade, o prazo deve iniciar-se, como nos casos anteriores, a partir do término do exercício no cargo em comissão, sendo irrelevante o período subsequente em que o servidor passou a ser sujeito ao regime especial.

6.4.9 SUCESSÃO DE CARGO EM COMISSÃO E MANDATO ELETIVO

Suponha-se que o agente, titular do cargo em comissão de Supervisor de Transporte, do quadro de Município, sendo eleito, venha a exercer o mandato de Deputado Estadual. Tendo praticado ato de improbidade durante o período do cargo em comissão, é de indagar-se como se aplicará a prescrição do ato.

A sucessão entre tais cargos não demanda desincompatibilização, vez que a LC 64/1990 não prevê tal situação como ensejadora do afastamento do titular do cargo. Portanto, o mandato pode ser exercido em imediata continuidade em relação ao cargo comissionado.

Apesar dessa possibilidade, não existe entre as atribuições qualquer indício de pertinência funcional, nem tampouco a irradiação de eventual influência em prol da prescrição. Desse modo, incide a regra geral: cometido o ato de improbidade durante o período em que o agente ocupou o cargo em comissão, a prescrição será normal de cinco anos e o prazo prescricional se iniciará ao fim do exercício desse cargo, sendo desconsiderado o período em que o agente esteve como titular do mandato.

6.4.10 CARGO EM COMISSÃO E FUNÇÃO DE CONFIANÇA

O exercício de função de confiança subsequente à ocupação de cargo em comissão pode levar a duas hipóteses.

A primeira consiste na nomeação do servidor para função de confiança imediatamente após a exoneração de cargo em comissão, sem que entre ambas as funções haja pertinência funcional. Exemplo: servidor estadual ocupa o cargo em comissão de Analista em órgão federal e, sem solução de continuidade, retorna ao quadro do Estado, sendo nomeado para exercer função de confiança. Se praticou improbidade quando atuava na esfera federal, o prazo de prescrição começará ao término do exercício no cargo em comissão, decerto com o ato de sua exoneração.

Pode ocorrer, entretanto, que o servidor ocupe cargo em comissão no Estado e, tendo em vista sua situação de servidor de carreira, seja nomeado continuamente para função de confiança no mesmo órgão. Sendo contínuo o exercício e havendo estreita relação funcional entre as funções, com a possibilidade de o servidor influir na apuração do ato de improbidade praticado antes, deve fluir o prazo de prescrição a partir do término do exercício da *última situação transitória*. Se o servidor, *exempli gratia*, ocupou o cargo em comissão por um ano, tendo cometido improbidade, e veio a exercer a função de confiança pelos dois anos seguintes, o início do prazo ocorrerá ao final do exercício desta última função.

Incidem nesse caso os pressupostos da continuidade e da pertinência funcional, como se pode inferir da *ratio* do art. 23, I, da LIA.

Se houve interstício entre a exoneração do cargo em comissão e a designação para função de confiança, faltará o requisito da continuidade. O prazo, então, começará a ser contado a partir do término do exercício do cargo em comissão, desconsiderando-se a função de confiança posterior.

6.4.11 FUNÇÃO DE CONFIANÇA E CARGO EFETIVO SUBSEQUENTE

Nesse ponto, é de supor-se que o servidor de carreira passou a ocupar função de confiança, no mesmo ou em outro órgão, e no período pratica ato de improbidade. Algum tempo depois, é dispensado da função e retorna a seu cargo efetivo. *Quis juris* quanto à prescrição?

Advirta-se, desde logo, que a única hipótese viável é a de o agente nomeado para a função de confiança ser um servidor de carreira. Como já foi referido acima, apenas servidores de carreira podem ter exercício em funções de confiança, e em tal sentido dispõe o art. 37, V, da Constituição.

No caso de o servidor se conduzir com improbidade ao tempo em que tinha exercício na função de confiança, o período de seu retorno ao cargo efetivo não terá influência na prescrição. Significa que a prescrição será de cinco anos, como é a regra geral, e o prazo começa a correr a partir do término do exercício da função de confiança.

Lavra alguma controvérsia sobre se a hipótese em tela seria regulada pelo art. 23, I, da LIA, que trata da função de confiança, ou pelo art. 23, II, que regula a matéria para servidores de cargos efetivos. Em nosso entendimento, aplica-se aquele dispositivo. Embora o servidor titularize cargo efetivo, a improbidade foi produzida no período em que ocupava a função de confiança, e nesse período, como é óbvio, deixou de exercer as atribuições de seu cargo para cumprir aquelas cometidas à função de confiança. O prazo, assim, começa do término do exercício da função de confiança, sendo aplicável o art. 23, I, da Lei de Improbidade.

A solução é a mesma no caso de a função de confiança ser exercida em órgão diverso, em virtude de cessão do servidor pelo órgão de origem. Praticado o ato de improbidade no período da cessão, a prescrição deve regular-se pelo art. 23, I, da LIA, fluindo o prazo a partir do término do exercício da função. Desse modo, o retorno do servidor a seu cargo efetivo no órgão de origem nenhuma importância terá, para fins de prescrição, no que toca ao exercício anterior da função de confiança.

Pela natureza das funções no exemplo figurado, não importam os fatores de continuidade e de pertinência funcional, porquanto entre elas se vislumbra forte densidade no que toca à sua autonomia.

6.4.12 EXONERAÇÃO *EX OFFICIO* E A PEDIDO

Exoneração é o ato administrativo pelo qual se extingue a relação entre o servidor e o cargo em comissão ou a função de confiança.[56] Traduz o interesse do servidor ou da própria Administração e ocasiona a vacância do cargo ou função. Difere, pois da demissão, que tem caráter punitivo, como já anotamos.[57]

Quando é a Administração que toma a iniciativa de dispensar o servidor que titulariza cargo em comissão ou função de confiança, teremos a exoneração *ex officio*. Ao contrário, quando é o próprio servidor que deseja sair da função ou do cargo, o ato se formaliza pela exoneração *a pedido*. O efeito, porém, é o mesmo: ocorre a vacância do cargo ou da função.

No que se refere à prescrição da pretensão no caso de improbidade administrativa, é indiferente a forma da exoneração. O importante é que traduza o término do exercício do cargo em comissão ou da função de confiança. Desse momento começa a fluir o prazo da prescrição, salvo, como já dissemos, se houver subsequente investidura de caráter imediato e com pertinência funcional, quando o prazo se inicia pelo fim do exercício do último cargo ou função.

6.4.13 DESTITUIÇÃO DE CARGO EM COMISSÃO

Alguns estatutos funcionais preveem a sanção de *destituição de cargo em comissão*.[58] Como regra, cuida-se de punição ao titular de cargo em comissão não ocupante de cargo efetivo, aplicável quando a infração é sujeita às penalidades de suspensão e demissão.[59]

Como tal sanção pressupõe que o titular do cargo em comissão não seja servidor de carreira, sendo proveniente de fora dos quadros públicos, a prescrição será regulada pelo mesmo art. 23, I, da Lei de Improbidade.

Tendo praticado ato de improbidade no curso de sua titularidade comissionada, a prescrição da pretensão ocorrerá em cinco anos, sendo contado o prazo a partir do final do exercício do cargo em comissão. Considerando que certamente esse agente retornará à iniciativa privada, nada influirá para que seja processada a contagem do prazo prescricional dentro da regra geral.

Ainda que, para argumentar, venha ele a iniciar subsequentemente mandato, investidura a termo ou outra função de confiança, esses períodos não serão considerados para a contagem do prazo. Portanto, o que vale no caso da destituição de cargo comissionado é o término do exercício das funções pelo ex-titular.

O Estatuto federal (Lei nº 8.112/1990) prevê que a exoneração do titular do cargo em comissão pode converter-se em destituição de cargo em comissão quando a infração

---

[56] MARIA SYLVIA ZANELLA DI PIETRO, ob. cit., p. 608.
[57] Nosso *Manual*, cit., p. 714.
[58] O Estatuto federal – Lei nº 8.112/1990 – contempla a figura no art. 135 e parágrafo único.
[59] MAURO ROBERTO GOMES DE MATTOS, *Lei nº 8.112*, cit., p. 693.

for suscetível de suspensão ou de demissão.⁶⁰ A conversão também não afeta o início do fluxo da prescrição. É que com a exoneração anterior, já terá havido o término do exercício do cargo, marco inicial da contagem, de modo que a posterior conversão na penalidade de destituição do cargo não influi na ocasião do afastamento do servidor e, portanto, não se altera também o termo *a quo* da contagem do prazo prescricional.

A propósito, convém dar destaque ao fato de que já se decidiu que, não tendo havido apuração da infração na esfera criminal, a prescrição da pretensão punitiva na esfera administrativa (no caso, federal) é de dois anos, se a destituição do cargo resultou de infração sujeita a suspensão, e de cinco anos, no caso de ser passível de demissão, interpretação extraída do art. 142, I e II, da Lei nº 8.112/1990.⁶¹

Essa distinção, porém, não se aplica à prescrição da pretensão punitiva pela prática de ato de improbidade. De acordo com o art. 23, I, da Lei nº 8.429/1992, a prescrição ocorre em cinco anos após o término do exercício da função ou do cargo, sendo, por conseguinte, desimportante saber se a destituição do cargo em comissão resultou de ato sujeito à suspensão ou à demissão.

6.4.14 LICENÇAS E AFASTAMENTOS

Licenças e *afastamentos* são situações funcionais em que o servidor deixa de exercer as funções de seu cargo ou de seu emprego por determinado período. São benefícios funcionais, em regra, de caráter transitório, que, ao seu término, reclamam o retorno do servidor a seu cargo. Como se trata de matéria deixada a critério de cada ente federativo, os estatutos funcionais apresentam variada disciplina sobre o assunto.

Na maioria das vezes, os estatutos só conferem esses benefícios a titulares de cargos efetivos, mas há certas situações em que será viável a concessão também para ocupantes de cargo em comissão. No estatuto federal, por exemplo, a lei não faz qualquer distinção para conceder a licença por motivo de doença em pessoa da família,⁶² mas a licença para tratar de assuntos particulares pressupõe que o servidor tenha cargo efetivo.⁶³

Seja como for, se o titular de cargo em comissão pratica ato de improbidade e fica licenciado ou afastado, tais situações não afetam nem a prescrição nem a fluência do prazo. Embora a licença e o afastamento impeçam o *exercício fático* das funções, ambos espelham o *exercício jurídico* ou *presumido*, já que não se pode dizer que, em face delas, teria havido o término do exercício no cargo. O prazo prescricional se iniciará, pois, com o término do exercício jurídico, vale dizer, com o ato de exoneração superveniente à licença ou ao afastamento.

Um exemplo ajuda a esclarecer. Servidor ocupa cargo em comissão e comete improbidade, afastando-se logo após pelo período de seis meses por motivo de doença. Retorna a seu cargo e nele permanece por mais seis meses, sendo então exonerado. O

---

⁶⁰ Art. 135, parágrafo único.
⁶¹ Nesse sentido, STJ, MS 12.666, Rel. Min. MARIA THEREZA DE ASSIS MOURA, j. em 23.2.2011.
⁶² Art. 83, Lei nº 8.112/1990.
⁶³ Art. 91, Lei nº 8.112/1990.

término efetivo do exercício jurídico só se consumou com a exoneração; a licença médica posterior ao ato de improbidade não influi na prescrição. O prazo desta, por via de consequência, terá início com o ato de exoneração.

Idêntica solução deve ser empregada na hipótese de não haver o retorno efetivo às funções do cargo. É o caso em que o titular, por força da enfermidade, não volta para o cargo e obtém aposentadoria. Esta, como é óbvio, provoca necessariamente a vacância do cargo em comissão do titular. Nesse momento, por conseguinte, termina o exercício jurídico do cargo e dele fluirá o prazo de prescrição.

7

SITUAÇÕES FUNCIONAIS PERMANENTES

7.1 CARGO EFETIVO

7.1.1 CARGO EFETIVO

O *cargo efetivo*, ou de provimento efetivo, também denominado *cargo de carreira*,[1] é "*aquele preenchido com os pressupostos da continuidade e permanência do seu ocupante*", como assinala com exatidão Odete Medauar.[2] Seu quantitativo é o maior entre os cargos, motivo que já nos levou a afirmar que, se o cargo não é vitalício ou em comissão, só pode hospedar-se na espécie dos cargos efetivos.[3]

O que simboliza os cargos dessa espécie é a permanência do titular nos quadros do serviço público, fazendo das respectivas funções o exercício de verdadeira profissão, a de servidor público. O ingresso no serviço público para esses cargos pressupõe aprovação prévia em concurso público de provas ou de provas e títulos, como impõe o art. 37, II, da Constituição.

Os titulares desses cargos são regidos pelo *regime estatutário*, alinhado nas leis funcionais (estatutos), e nesse regime lhes são asseguradas certas prerrogativas especiais, sobressaindo entre elas o direito à estabilidade após três anos de efetivo exercício (art. 41, *caput*, CF) e a demissão do serviço público apenas em virtude de sentença judicial, processo administrativo ou mediante procedimento de avaliação periódica, sempre com ampla defesa e contraditório (art. 41, § 1º, I a III, CF).

---

[1] HELY LOPES MEIRELLES, ob. cit., p. 398
[2] *Direito administrativo moderno*, cit., p. 315.
[3] Nosso *Manual*, cit., p. 644.

Aspecto que marca bem a diferença entre os cargos efetivos e os cargos em comissão reside na natureza do exercício das respectivas funções. Enquanto para estes últimos, como já se viu, a regra é a transitoriedade, para os primeiros sobreleva o cunho de permanência, não se subordinando o servidor a critérios subjetivos por parte do administrador, a símile do que ocorre com a investidura em cargos comissionados.

7.1.2 PRESCRIÇÃO

Anteriormente mencionamos que a Lei de Improbidade empregou, para a fixação da prescrição, critérios diversos para situações funcionais transitórias e permanentes. Até agora, examinamos as situações transitórias, marcadas pelo exercício em mandatos, cargos em comissão e funções de confiança. Vejamos agora as situações permanentes, a começar pelos cargos efetivos.

A respeito, prevê o art. 23, II, da Lei nº 8.429/1992:

> "Art. 23. As ações destinadas a levar a efeitos as sanções previstas nesta lei podem ser propostas:
>
>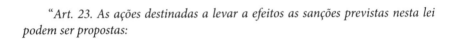
>
> II – dentro do prazo prescricional previsto em lei específica para faltas disciplinares puníveis com demissão a bem do serviço público, nos casos de exercício de cargo efetivo ou emprego."

Observe-se que são critérios inteiramente heterogêneos. Para situações transitórias, o legislador socorreu-se de prazo certo com a contagem do prazo a partir de fato administrativo-funcional específico: o término do exercício do mandato ou cargo.

Para as situações permanentes, como a investidura em cargo efetivo ou o exercício em emprego, a lei não apontou prazo certo, sendo heterônoma nesse aspecto, eis que faz remissão a situações infracionais previstas em legislação diversa. Além disso, também não indica o termo *a quo* da contagem do prazo, exigindo que o intérprete se valha do que dispõe a lei específica.

A seguir, examinaremos os vários aspectos que gravitam em torno da prescrição da pretensão punitiva por ato de improbidade nos casos de situações funcionais de caráter permanente, tal como previsto no art. 23, II, da Lei de Improbidade.

7.1.3 FALTAS DISCIPLINARES

Todo o sistema funcional da Administração Pública é calcado no poder disciplinar, definido pelos clássicos como a faculdade de exercer o poder punitivo sobre os servidores e outras pessoas sujeitas à disciplina dos órgãos administrativos.[4]

---

[4] HELY LOPES MEIRELLES, ob. cit., p. 122.

De nossa parte, não consideramos a atividade disciplinar propriamente como um *poder*, mas reconhecemos que, derivada da hierarquia funcional, aos agentes superiores é assegurado o direito e o dever de fiscalizar as atividades dos agentes inferiores, em regra subordinados, para verificar sua adequação aos mandamentos legais aplicáveis.[5]

Vale a pena salientar que o poder punitivo da Administração admite duas categorias: o poder punitivo interno e o externo. No primeiro, a relação de controle se limita à Administração e seus servidores; no segundo, o controle se exerce sobre terceiros, administrados, fora, portanto, dos lindes internos dos órgãos administrativos. Como exemplo deste último, citem-se as sanções decorrentes do poder de polícia. Para o presente estudo, no entanto, considerando que a lei se refere a faltas disciplinares oriundas do exercício de cargo, nosso campo de ação se restringirá ao poder punitivo interno.

As faltas ou infrações disciplinares resultam da transgressão do servidor às normas de seu estatuto funcional, que relacionam os *deveres* e *proibições* fixados para os servidores em geral. Exemplificando com o Estatuto federal, constitui dever do servidor atender ao público com presteza;[6] se o servidor inobserva tal dever, comete falta disciplinar. Por outro lado, a lei fixa para o servidor a proibição de recusar fé a documentos públicos;[7] desrespeitada a proibição, o servidor infringe o Estatuto e pratica infração disciplinar.

Quando a lei alude a *faltas disciplinares* como pressuposto para a ocorrência da prescrição da penalidade por ato de improbidade, deve ter-se em vista que o servidor infringiu norma estatutária relativa aos deveres e proibições funcionais.

Evidentemente, as infrações não têm a mesma intensidade e gravidade, dependendo estas, como regra, da natureza da transgressão e da relevância dos valores sob tutela no estatuto funcional. Em algumas leis, as infrações chegam a receber uma classificação de acordo com esses aspectos, sendo qualificadas como graves, gravíssimas, leves, levíssimas etc.

Não obstante, a maior ou menor gravidade das faltas disciplinares reflete-se no escalonamento das penalidades, incidindo as menos severas sobre comportamentos menos graves e as mais rigorosas sobre infrações consideradas como de menor aceitabilidade no âmbito da Administração. Em regra, os estatutos enumeram as penalidades de advertência, censura, suspensão, demissão e cassação de aposentadoria, sendo que alguns incluem a destituição de cargo em comissão e a destituição de função comissionada.

Em vista da variedade de ilícitos funcionais, a lei, normalmente, estabelece critérios para aplicação das sanções, como a natureza e a gravidade da infração cometida, os danos causados à Administração, os antecedentes, a reincidência, as circunstâncias agravantes e atenuantes etc.[8]

---

[5] Nosso *Manual*, cit., p. 74.
[6] Art. 116, V, "a", Lei nº 8.112/1990.
[7] Art. 117, III, Lei nº 8.112/1990.
[8] É a norma do art. 128 do Estatuto federal.

7.1.4 DEMISSÃO

Demissão é o ato pelo qual o servidor é desligado do serviço público em virtude da prática de infrações tipificadas como graves.[9] Trata-se da sanção mais severa a que se sujeita o servidor, superando a garantia da estabilidade em consequência da gravidade do ilícito funcional.

Já tivemos a oportunidade de assinalar que a demissão não se confunde com a exoneração. A demissão é ato que tem natureza punitiva, aplicável no caso de infrações graves previstas no respectivo estatuto. Exoneração – reafirmamos – é ato que decorre da expressão volitiva da Administração ou do servidor, estando distanciado de qualquer cunho sancionatório.[10]

Para que o servidor receba a pena de demissão, urge que tenha havido sentença judicial transitada em julgado, processo administrativo com os requisitos do contraditório e ampla defesa ou procedimento de avaliação de desempenho (art. 41, § 1º, I a III, CF). Trata-se, pois, de inegável *ato vinculado*, só podendo ser praticado mediante a comprovação de existência de um de seus pressupostos. Sem tais suportes fáticos, o ato de demissão é inválido.

A Constituição refere-se, no citado art. 41, § 1º, à *perda do cargo*, expressão que, na prática, tem o sentido de demissão. A rigor, diga-se de passagem, a expressão padece de técnica: o ato sancionatório é a demissão; perda do cargo é o efeito da sanção, assim como também o é a vacância do cargo. Portanto, onde se diz que o servidor "*só perderá o cargo*", leia-se que o servidor "*só será demitido*" nas hipóteses que ali são mencionadas.

Mais uma vez trazendo à tona o Estatuto federal, pode constatar-se que, de fato, são muito graves as infrações geradoras da demissão. Entre elas, encontram-se (a) o crime contra a Administração, (b) a improbidade administrativa, (c) o abandono de cargo, (d) a aplicação irregular de dinheiros públicos e outras condutas similares e da mesma gravidade.[11]

Retornando à análise do art. 23, II, da LIA, é de inferir-se que o legislador abraçou o mesmo prazo de prescrição incidente sobre a pretensão punitiva pela prática de infrações funcionais passíveis de demissão, ou seja, com certeza será sempre um prazo de maior extensão, pois que, à semelhança do que sucede no Direito Penal, o prazo da prescrição é tanto maior quanto mais grave tiver sido o ilícito cometido.

7.1.5 DEMISSÃO A BEM DO SERVIÇO PÚBLICO

A Constituição não alude à *demissão a bem do serviço público*; refere-se apenas à *demissão*. Sendo assim, é ao legislador do ente federativo que cabe disciplinar a sanção no respectivo estatuto funcional.

---

[9] LÚCIA VALLE FIGUEIREDO, *Curso de direito administrativo*, Malheiros, 9. ed., 2008, p. 655.
[10] Nosso *Manual*, cit., p. 714.
[11] Art. 132, Lei nº 8.112/1990.

Em relação a tal penalidade, pode ocorrer que a expressão *a bem do serviço público* seja qualificadora agravante da conduta[12] ou, ainda, que retrate sanção autônoma, diversa da penalidade de demissão. Nesse caso, será forçoso admitir duas modalidades de demissão: a demissão simples e a demissão a bem do serviço público.[13]

Diante dessas possibilidades, podem encontrar-se três situações estatutárias no que se refere à demissão a bem do serviço público. A primeira corresponde aos estatutos que não fazem menção a ela, cingindo-se a arrolar a penalidade de demissão.[14] A segunda reside nos estatutos que consideram a expressão *a bem do serviço público* como qualificadora agravante da conduta.[15] A última é a dos estatutos que consideram a demissão a bem do serviço público como sanção autônoma, ao lado da penalidade de demissão.[16]

Seja como qualificadora, seja como sanção autônoma, a *intentio* dos estatutos que a adotam é a de considerar a demissão a bem do serviço público como aplicável a infrações mais graves, reservando a pena de demissão, ou de demissão simples, para infrações também graves, mas de menor densidade quando comparadas com aquelas.

Em nosso entender, contudo, a demissão deveria ser unificada para incidir sobre todos os comportamentos ilícitos-funcionais com a marca da gravidade e dos efeitos produzidos na esfera interna da Administração. E por mais de uma razão. A uma, porque não tem amparo a distinção no quadro constitucional, em que só há referência à demissão. A duas, porque a gravidade da conduta ensejadora da demissão não permite uma rigorosa escala de valores para o fim de serem as infrações avaliadas como graves e muitíssimo graves. A três, porque, a rigor, toda demissão é perpetrada a bem do serviço público, permitindo que a Administração fique livre do servidor que a atingiu severamente pela prática de infração grave.

7.1.6 INTERPRETAÇÃO DA NORMA PRESCRICIONAL

O art. 23, II, da LIA, como visto acima, estabelece que, no caso de cargo efetivo ou emprego, a prescrição da pretensão punitiva consuma-se no prazo previsto em lei específica *para faltas disciplinares puníveis com demissão a bem do serviço público*.

Diante dos dizeres do texto, é imperioso interpretá-lo sob os aspectos lógico e sistemático. Se o intérprete recorresse à interpretação gramatical, não haveria alternativa senão a de entender-se que a prescrição estaria atrelada apenas à hipótese de ser prevista a penalidade de demissão a bem do serviço público. Em outras palavras, se o estatuto funcional não a contemplasse, inviável seria fixar o prazo da prescrição, ainda que estivesse incluída a sanção de demissão (simples).

---

[12] DIÓGENES GASPARINI, ob. cit. p. 246.
[13] CRETELA JR., *Dicionário*, cit., p. 173.
[14] É o caso do Estatuto federal (arts. 127 e 142, Lei nº 8.112/1990).
[15] Como exemplo, o Estatuto do Estado do Rio de Janeiro (art. 54, Decreto-lei nº 220, de 18.7.1975: "Conforme a gravidade da falta, a demissão poderá ser aplicada com a nota a bem do serviço público".
[16] Estatuto do Estado de São Paulo (art. 251, V, Lei nº 10.261, de 28.10.1968).

Interpretação como essa seria o símbolo do absurdo, e com ela não pode conformar-se o intérprete, preocupado na busca do real e efetivo sentido da norma e em sua correta e induvidosa aplicação.

A interpretação lógica é aquela em que o intérprete procura a *ratio* da norma, a intenção do legislador, a razão, enfim, da gênese da norma. Como bem ensina Caio Mário da Silva Pereira, *"leva o intérprete em conta não existir o dispositivo isolado, porém, articulado com outros dispositivos, e que a vontade legislativa não decorre do isolamento das emissões estanques, mas da conjugação dos princípios que se completam e se esclarecem".*[17]

Ora, no caso do dispositivo em tela, tem-se primeiramente que o legislador visou a punir os agentes públicos autores de atos de improbidade administrativa, e entre tais agentes o grande universo de servidores é exatamente o composto pelos servidores titulares de cargos efetivos e os que exercem emprego público. Por via de consequência, não caberia a interpretação de que o prazo da prescrição alcançaria tão somente os servidores sujeitos à sanção de demissão a bem do serviço público, mas não os sujeitos à penalidade de demissão.

De outro lado, a interpretação sistemática, que não deixa de ser lógica também, baseia-se na comparação de um dispositivo com o sistema no qual se integra, situação que conduziu à exclamação de Carlos Maximiliano de que *"cada preceito, portanto, é membro de um grande todo".*[18] No processo sistemático, dessa maneira, é acertado afirmar que o intérprete deve *"investigar qual a tendência dominante nas várias normas existentes sobre matérias correlatas e adotá-la como premissa implícita daquela que é objeto de suas perquirições".*[19] Aqui é fundamental o regime de adequação entre a norma e o sistema que a comporta.

A empregar-se tal processo na interpretação do art. 23, II, da LIA, pode o intérprete verificar ao menos dois aspectos de vital importância. Em primeiro lugar, o sistema adotado para regular a prescrição não comportaria alijar do instituto condutas passíveis de demissão e somente abraçar as sujeitas à demissão a bem do serviço público. Numa segunda vertente, a omissão da penalidade de demissão simples poderia levar o intérprete a entender que a pretensão relativa às infrações que a provocam seria simplesmente imprescritível, conclusão que afrontaria o sistema pelo fato de que somente foi declarada a imprescritibilidade no caso de pretensões reparatórias quando houver dano ao erário (art. 37, § 5º, CF).

Com lastro nesses elementos hermenêuticos, o intérprete deve reconhecer que *lex dixit minus quam voluit*, ou seja, a lei fez referência mais restrita do que realmente intentava. A melhor interpretação do dispositivo, por conseguinte, é a que conclui que o prazo de prescrição, na hipótese, é o que a lei específica prevê *para faltas disciplinares puníveis com a sanção de demissão, seja na modalidade simples, seja da espécie demissão*

---

[17] *Instituições de direito civil*, Forense, v. I, 2010, p. 166.
[18] *Hermenêutica* cit., p. 128.
[19] CAIO MÁRIO DA SILVA PEREIRA, ob e v. cit., p. 167.

a bem do serviço público, não importando se esta é autônoma ou apostilada com o elemento qualificativo.[20]

7.1.7 LEI ESPECÍFICA

Como já antecipamos, o legislador adotou critérios diversos para a prescrição nos incisos I e II do art. 23. Para situações transitórias, como mandatos, cargos em comissão e funções de confiança, fixou a prescrição em cinco anos, mas para situações permanentes, como as alusivas a cargos efetivos e empregos públicos, adotou o prazo prescricional *previsto em lei específica* para infrações passíveis de demissão.

Diante da menção feita pelo dispositivo, cabe indagar qual o sentido pretendeu o legislador emprestar à expressão *lei específica*.

Em regra, os autores não se têm preocupado em delinear o sentido de *lei específica* – expressão, inclusive, utilizada no art. 37, VII, da Constituição Federal.[21] O sentido, todavia, é extraído do próprio adjetivo *específico*, antônimo de *genérico*. Assim, a lei é específica quando visa a regular determinado assunto especial, isto é, aquele que não se caracteriza como genérico. O legislador, nesse caso, cria a disciplina para relação jurídica própria, nela incidindo supletivamente normas de leis genéricas, quando cabíveis.

Partindo-se de tal premissa, é lícito afirmar que a lei específica, para fins do art. 23, II, da Lei de Improbidade, é aquela que regula especificamente a relação jurídica estatutária, vale dizer, aquela em que estão alinhados direitos e deveres das partes dessa relação: o Estado e seus servidores.

A formalização dessa lei específica pode consubstanciar-se de duas maneiras. A primeira consiste na regra geral, qual seja, através de leis ordinárias próprias, editadas pelos entes federativos e denominadas comumente de *Estatutos*, verdadeiro código do regime estatutário. A outra, menos provável, mas possível, materializa-se através de lei ordinária com a disciplina específica da responsabilidade funcional de servidores, incluindo-se nela a matéria de punições e de prescrição, em apartado do respectivo Estatuto. Seja como for, a lei sempre será específica por tratar de assunto ligado à responsabilidade funcional dos servidores.

7.1.8 PLURALIDADE NORMATIVA

Consignamos, em outra oportunidade, que uma das características do regime estatutário é a *pluralidade normativa*, a demonstrar que os estatutos funcionais são múltiplos.[22]

---

[20] No mesmo sentido, EMERSON GARCIA, *Improbidade*, cit., p. 554.
[21] Diz a norma: *"o direito de greve será exercido nos termos e nos limites definidos em **lei específica**"*. JESSÉ TORRES PEREIRA JUNIOR apenas relembrou que a citada expressão substituiu a anterior *lei complementar* por força da EC nº 19/1998, mas não indicou o sentido da nova expressão (*Comentários à Constituição Federal de 1988*, obra coletiva, Forense, 2009, p. 747).
[22] Nosso *Manual*, cit., p. 629.

Significa que cada ente federativo tem competência para editar a sua lei estatutária, fixando os direitos e deveres de seus servidores. É esse caráter de autonomia legislativa que marca os estatutos funcionais. A pessoa federativa tem liberdade de estabelecer a dimensão dos direitos e a amplitude dos deveres e desse fato se origina a diversidade entre as normas contidas nos vários estatutos. É certo que alguns parâmetros funcionais são praticamente os mesmos em todos eles, mas existem inúmeros pontos em que se apresentam dissonâncias normativas.

Na verdade, é preciso reconhecer que todos os estatutos devem guardar compatibilidade com a Constituição. Nesta é encontrado um verdadeiro estatuto supralegal, ou seja, um conjunto de normas que, disciplinando vários aspectos do regime estatutário, não pode ser confrontado pelas leis locais. À guisa de exemplo, a norma constitucional que garante a estabilidade no prazo de três anos de efetivo exercício (art. 41) não pode ter conteúdo diverso no estatuto local, sendo a este vedado fixar período diverso (dois ou quatro anos) para a aquisição da garantia.

É nesse aspecto da autonomia normativa que se situa o problema a ser enfrentado pelo intérprete no que diz respeito à prescrição. Como veremos a seguir, a Lei nº 8.429/1992 fez remissão à lei específica e ao prazo prescricional nela previsto para faltas disciplinares puníveis com demissão. Tendo em vista a autonomia normativa dos estatutos, só a consulta a estes indicará qual é esse prazo. E mais: podem estar previstos prazos diversos para a prescrição.

7.1.9 PRAZOS DIFERENCIADOS

Em virtude da ausência de parâmetro na Constituição Federal, bem como da autonomia de que gozam os entes federativos na confecção de seus estatutos, a remissão da Lei de Improbidade às leis específicas poderá acarretar *prazos diferenciados* para a prescrição quando autores da improbidade forem servidores de carreira.[23]

Para exemplificar, vejamos o Estatuto federal: de acordo com o art. 142, I, da Lei nº 8.112/1990, a pretensão punitiva prescreve em cinco anos quanto às infrações puníveis com demissão. Pode ocorrer que o Estatuto de determinado Município estabeleça o prazo de quatro anos para a mesma hipótese.

Se um servidor federal e um servidor desse Município cometerem ato de improbidade sujeito à penalidade de demissão, o segundo terá vantagem em relação ao primeiro, vez que a prescrição em seu favor se consumará em período menor do que o atribuído ao servidor federal. Quer dizer: se os prazos se iniciarem na mesma época, com quatro anos e seis meses ainda será possível acionar o servidor federal, mas quanto ao servidor municipal, a pretensão estará prescrita há seis meses.

---

[23] Idêntica é a observação de PEDRO ROBERTO DECOMAIN, ob. cit., p. 382.

7.1.10 PRAZO NO ESTATUTO FEDERAL

O Estatuto federal – Lei nº 8.112/1990 – contém duas regras para a prescrição, em se tratando de falta sujeita à demissão. Eis o que enuncia o Estatuto:

> "Art. 142. A ação disciplinar prescreverá:
>
> I – em 5 (cinco) anos, quanto às infrações puníveis com demissão, cassação de aposentadoria ou disponibilidade e destituição de cargo em comissão;
>
> ....
>
> § 2º Os prazos de prescrição previstos na lei penal aplicam-se às infrações disciplinares capituladas também como crime."

A interpretação de tais dispositivos demanda a existência de duas possibilidades: (a) a infração de improbidade geradora da demissão não constitui crime; (b) a infração enquadra-se como crime. No primeiro caso, o prazo já está definido, mas no segundo terá o intérprete que recorrer à lei penal. Sendo assim, se o servidor federal comete ato de improbidade qualificado como crime, o legitimado para a ação de improbidade terá que submeter-se a *duas remissões legais* – a primeira o levará ao Estatuto e a segunda à lei penal.

Para a verificação da prescrição, desse modo, não poderá o intérprete dispensar a presença do Código Penal e de outras leis extravagantes também de natureza penal.

7.1.11 DIVERSIDADE DE PRAZOS PENAL E ADMINISTRATIVO

Tendo em vista que a norma administrativa se completa e integra com a norma penal que trata da prescrição de crimes, muitas serão as situações em que a prescrição definida naquela norma – de cinco anos – terá prazo diferente do estabelecido na esfera penal.

Nunca é demais recorrer a exemplos. Por suposição, servidor federal pratica ato de improbidade consistente em apropriar-se de determinado computador de sua repartição. A conduta se enquadra no art. 10, *caput*, da Lei de Improbidade.[24] Qual o prazo da prescrição para a ação de improbidade? Examinando-se a lei específica (Estatuto), verifica-se que o fato rende ensejo à demissão.[25] Ocorre que essa falta constitui crime de peculato.[26] Nesse caso, incide o art. 142, § 2º, do Estatuto, aplicando-se os prazos previstos na lei penal.

---

[24] "Art. 10. Constitui ato de improbidade administrativa que causa lesão ao erário qualquer ação ou omissão, dolosa ou culposa, que enseje perda patrimonial, desvio, apropriação, malbaratamento ou dilapidação dos bens ou haveres das entidades referidas no art. 1º desta lei, e notadamente:"

[25] Art. 132, I, Lei nº 8.112/1990 ("A demissão será aplicada nos seguintes casos: I – crime contra a administração pública;").

[26] Art. 312, Código Penal.

Como o crime de peculato é sujeito à pena de reclusão de 2 a 12 anos, a prescrição da pretensão punitiva, antes da sentença transitada em julgado, ocorrerá em 16 anos (art. 109, II, CP), iniciando-se a contagem a partir do dia em que o crime se consumou (art. 111, I, CP). Quer dizer: se a demanda de improbidade for ajuizada, *exempli gratia*, 13 anos após o delito, estará o autor fora do risco da prescrição – esta a se consumar apenas três anos após, quando os períodos contabilizarão o total de 16 anos, muito superior, portanto, ao prazo de cinco anos para o caso de o ato não se enquadrar como crime.

Nada impede, entretanto, que suceda o inverso, consumando-se a prescrição em lapso de tempo inferior ao normal de cinco anos. Figure-se que o servidor federal cometa o delito de abandono de função,[27] o que constitui improbidade à luz do art. 11 da LIA (violação dos deveres de honestidade, legalidade e lealdade às instituições) e sujeita o infrator à pena de demissão.[28] Como a pena para o referido crime é de detenção de 15 dias a um mês, a prescrição ocorre no prazo de três anos.[29] Como se vê, o prazo de prescrição do ato também qualificado como crime é bem mais reduzido do que o prazo normal de cinco anos para os atos que não constituem crime.[30]

Já se decidiu que a falta disciplinar punível com demissão e prevista também como crime só ensejará a prescrição da pretensão punitiva disciplinar mediante a remissão à lei penal se o fato foi efetivamente apurado na esfera criminal. Se não o foi, incide o prazo normal de cinco anos, fixado para os casos em que a conduta não se configura como delito.[31] Em nosso entendimento, essa deve ser a interpretação para a ação de improbidade. Como a LIA faz remissão ao Estatuto funcional, a prescrição da pretensão geradora da ação de improbidade acompanhará o prazo estatutário de cinco anos fixado para condutas que não tipifiquem crimes.

A título de exemplo, se o servidor efetivo comete falta enquadrada como crime de peculato, não sendo este apurado na esfera criminal, a prescrição da pretensão punitiva que embasa a ação de improbidade consumar-se-á no prazo de cinco anos, desconsiderando-se o prazo de prescrição fixado na lei penal para o referido crime.

7.1.12 PENA *IN ABSTRACTO*

Instalou-se controvérsia sobre a aplicação, relativamente à ação de improbidade, do sistema prescricional adotado no crime.

Para alguns, cabe a incidência da prescrição da pena *in concreto*, ou seja, daquela que se origina a partir da aplicação da pena na sentença, com a possibilidade de retroa-

---

[27] Art. 323, Código Penal.
[28] Art. 132, II, Lei nº 8.112/1990.
[29] Art. 109, VI, Código Penal.
[30] PEDRO ROBERTO DECOMAIN também faz essa observação (ob. cit., p. 382).
[31] Nesse sentido, STJ, MS 15.462-DF, Rel. Min. HUMBERTO MARTINS, j. 14.3.2011.

ção a partir da denúncia.[32] Invoca-se, entre outros argumentos, que a independência entre as esferas cível e penal não tem escora constitucional.[33]

Pensamos, todavia, em sentido oposto: a remissão da LIA deve cingir-se à delimitação do prazo prescricional da pena *in abstracto*, de modo que, uma vez identificado o prazo, o sistema da improbidade ficará infenso às intercorrências próprias do processo penal.[34]

Conclui-se, assim, que, para fins da pretensão punitiva referente à improbidade, não se considera a prescrição da pena *in concreto* prevista no Código Penal, cabendo ao intérprete, ao socorrer-se da lei penal, verificar a prescrição da pena *in abstracto*.

7.1.13 DEMISSÃO SIMPLES E DEMISSÃO A BEM DO SERVIÇO PÚBLICO

A dicção equivocada do art. 23, II, da LIA, aludindo tão somente à demissão a bem do serviço público, poderá ocasionar alguma dificuldade em sua aplicação.

Uma delas é a hipótese em que o Estatuto relacionar, entre as sanções, a demissão simples e a demissão a bem do serviço público. Quando o prazo da prescrição for o mesmo para ambas as penalidades, será fácil a interpretação. Mas, se forem prazos diversos para cada uma delas, não haverá previsão expressa na lei, ensejando dificuldade para aplicar a norma.[35]

A título de exemplo, podemos supor a hipótese de o Estatuto, para a demissão simples, fixar em quatro anos o prazo de prescrição e para a demissão qualificada (a bem do serviço público) o prazo de cinco anos. Diante do art. 23, II, da Lei de Improbidade, que só menciona essa última, como se aplicaria a norma se o servidor praticasse ato de improbidade correspondente a falta disciplinar suscetível de demissão simples? Em outras palavras, qual seria o prazo da prescrição para a propositura da ação de improbidade?

Foi visto anteriormente que a *ratio* do dispositivo foi a de endossar, para a prescrição do ato de improbidade, o prazo fixado para a prescrição da ação disciplinar destinada à punição mais severa, o que o induziu a mencionar a demissão a bem do serviço público. No exemplo acima, a sanção mais severa é exatamente a demissão a bem do serviço público e ela deve ser o parâmetro para a fixação do prazo prescricional, ainda que a falta, na esfera disciplinar, provoque a pena de demissão simples.

A interpretação nesse caso segue o processo lógico, mediante a busca do espírito que inspirou a edição da norma. Para tanto, urge distinguir os dois critérios. Na esfera disciplinar, o legislador compôs duas relações de faltas, uma delas com as passíveis de demissão simples e outra com as puníveis de demissão a bem do serviço público, estas, como é óbvio, avaliadas como mais graves; daí a diferença no prazo prescricional. Para a

---

[32] GUILHERME DE SOUZA NUCCI, ob. cit., p. 612. Vide, ainda, os comentários sobre a matéria no Capítulo 3.
[33] EMERSON GARCIA, *Improbidade*, cit., p. 555.
[34] Também: HUGO NIGRO MAZZILLI, *Regime jurídico do Ministério Público*, Saraiva, 5. ed., 2001, p. 591-593.
[35] A hipótese, da mesma forma, é aventada por PEDRO ROBERTO DECOMAIN (ob. e loc. cit.).

Lei de Improbidade, porém, fixou-se critério único, aceitando o legislador, como seu, o prazo de prescrição atribuído às faltas disciplinares mais graves, isto é, aquelas puníveis com a demissão a bem do serviço público.

No exemplo acima, portanto, a prescrição da pretensão punitiva pelo ato de improbidade será efetivamente de cinco anos, embora para efeitos disciplinares internos a prescrição esteja fixada em quatro anos.

7.1.14 CONTAGEM DO PRAZO

Ao comparar-se os incisos I e II do art. 23 da Lei nº 8.429/1992, não é difícil perceber – insista-se – uma grande diferença no que diz respeito à *contagem do prazo* da prescrição. Enquanto no inciso I o legislador previu o fato gerador da contagem – o término do exercício do mandato ou do cargo em comissão –, no inciso II não fez a mínima referência ao marco inicial.

A razão, decerto, situa-se no critério remissivo empregado no inciso II, que trata de cargos efetivos e empregos. Ao fazer remissão ao *prazo* de prescrição previsto no Estatuto para as faltas disciplinares puníveis com a demissão, completou o processo para abraçar o critério estatutário relativo à *contagem* do prazo. O problema está em que os *Estatutos não são uniformes* no delineamento desse critério.

No Estatuto federal, o art. 142, § 1º, enuncia: "*O prazo de prescrição começa a correr da data em que o fato se tornou conhecido.*" Esse critério é adotado, como regra, por leis estatutárias mais recentes. É esse também o regime acolhido, entre outros, pelo Estatuto do Estado da Bahia.[36]

O fato gerador da contagem do prazo prescricional é o *conhecimento do ato* de improbidade pela Administração. O marco inicial, portanto, é a data em que ocorreu o fato gerador. Observe-se que, embora se trate de fato certo, deverá ele ser comprovado por todos os elementos que conduzam à certeza de sua ocorrência. É que pode acontecer de a Administração alegar que conheceu o fato em momento posterior, para retardar o prazo da prescrição, quando, na verdade, dele tomou ciência em época anterior.

No entanto, não parece acertada interpretação radicalmente contrária a essa possibilidade. Para Mauro Roberto Gomes de Mattos, a prescrição deve contar-se a partir da data do ato violador do dever funcional, não se admitindo que "*a Administração Pública não conheça seus atos, que são públicos a todos*".[37] Com a devida vênia, não endossamos tal interpretação. A uma, porque o fato gerador na lei não é a data do ato, mas sim a data em que a Administração tomou ciência do ato, o que é coisa diversa. A duas, porque há várias condutas sub-reptícias praticadas pelo servidor, que de nenhuma forma poderiam dar ensejo ao conhecimento pela Administração, não cabendo nessa situação considerar a data do ilícito como a de início da contagem.

---

[36] Art. 203, § 1º, Lei nº 6.677, de 26.9.1994.
[37] *Lei nº 8.112/1990* cit., p. 721.

Por tal motivo – reafirmamos – é que nos parece importante perscrutar, em cada caso, os dados necessários à comprovação do momento em que a Administração tomou conhecimento do ilícito. Nem será necessariamente a data do ato, nem aquela na qual a Administração alega ter tido ciência do fato. Ao intérprete caberá verificar todas as circunstâncias que cercam o ilícito para chegar a um convencimento adequado à realidade fática.

Já foi proferida decisão que entendeu ser a autoridade de hierarquia superior, com poder decisório na Administração, aquela cujo conhecimento do fato daria início ao prazo prescricional, e não aquela com competência para instaurar o processo administrativo disciplinar.[38] Entendemos, porém, *concessa venia*, que melhor é este último entendimento. A autoridade responsável pela instauração do processo administrativo representa a Administração e é dotada de poderes para protegê-la. Desse modo, o prazo deve ser contado a partir de seu conhecimento do fato. Ademais, nem sempre será fácil saber quem é o agente dotado do poder decisório de maior hierarquia, principalmente nos órgãos de estrutura mais complexa. Se aquela autoridade quedou inerte, permitindo a consumação da prescrição, deverá ser responsabilizada pela Administração a quem prejudicou por sua inércia.

Em outros Estatutos, todavia, o legislador escolheu, como fato gerador do prazo de prescrição, a *data do ilícito*. Servem como exemplo os Estatutos do Estado do Rio de Janeiro[39] e do Município do Rio de Janeiro.[40] Aqui realmente não há espaço para outra interpretação: a contagem terá início na data do ilícito. A desvantagem será da Administração, que, só tomando ciência do fato muito tempo depois do ilícito, terá que sujeitar-se à consumação da prescrição.

Finalmente, existem ainda Estatutos mais antigos e que não sofreram o necessário processo de revisão nos quais não foi indicado o termo *a quo* da contagem do prazo da prescrição.[41] Com certeza, será necessário grande esforço hermenêutico para considerar a data inicial da contagem nesses casos. Entendemos, porém, que, sem expressa previsão legal, o início da contagem deve dar-se ao momento da *prática do ilícito*, e isso porque, sendo o momento da violação do direito, é dele que nasce a pretensão, como estabelece a regra geral na matéria.[42]

Diante desse quadro, pode inferir-se que não é tão singela a aplicação do art. 23, II, da LIA, sendo mais densa a dificuldade em função da grande variedade de leis estatutárias e, por via de consequência, da grande diversidade de critérios para a disciplina da matéria.

---

[38] STJ, MS 14.446, Rel. Min. NAPOLEÃO NUNES MAIA, julg. em 13.12.2010.
[39] Art. 57, § 2º, Decreto-lei nº 220/1975 ("*O curso da prescrição começa a fluir da data do evento punível disciplinarmente e interrompe-se pela abertura de inquérito administrativo*").
[40] Art. 184, § 2º, Lei/RJ nº 94, de 16.3.1979.
[41] É o caso do Estatuto do Estado de Minas Gerais (art. 258, Lei nº 869, de 5.7.1952) ("*As penas de repreensão, multa e suspensão prescrevem no prazo de dois anos e a de demissão, por abandono do cargo, no prazo de quatro anos*").
[42] Art. 189, Código Civil.

7.1.15 CARGOS VITALÍCIOS

Cargos vitalícios são aqueles que maior garantia de permanência oferecem a seus titulares. Como regra, seus ocupantes só perdem seus cargos através de processo judicial.[43] Observamos em outra oportunidade que tal garantia corresponde à verdadeira prerrogativa, necessária para conferir aos respectivos titulares maior independência no exercício de sua delicada função.[44]

Os cargos vitalícios não estão dentro da regra geral dos cargos. As situações geradoras de cargos vitalícios e da garantia da vitaliciedade que lhes é inerente são reservadas exclusivamente à previsão constitucional. Significa que nem as Constituições Estaduais e Leis Orgânicas, nem a lei ou ato análogo, podem dar ensejo à sua instituição. Atualmente, há três categorias de agentes titulares desses cargos: os magistrados (art. 95, I, CF), os membros do Ministério Público (art. 128, § 5º, I, "a", CF) e os membros dos Tribunais de Contas (art. 73, § 3º, CF).

É de indagar-se, então, como se aplica a Lei de Improbidade no caso em que, por exemplo, um magistrado pratica ato de improbidade no exercício de suas funções.

De início, cabe notar que o art. 23, II, da LIA, se limitou à referência a *cargo efetivo* ou emprego. Entretanto, mais uma vez o legislador pecou por dizer menos do que desejava (*minus quam voluit*). Com efeito, nenhuma razão poderia haver de não serem contemplados os cargos vitalícios. Primeiramente, os titulares de cargos vitalícios se enquadram à perfeição na categoria de agentes públicos de acordo com a definição do art. 2º da Lei nº 8.429/1992. Em segundo lugar, como agentes públicos que são, podem ser autores de atos de improbidade no exercício de suas funções. Por último, os cargos vitalícios ostentam o mesmo caráter de permanência que os cargos efetivos, integrando-se no citado art. 23, II, da Lei de Improbidade.

Levando em conta que os ocupantes de cargos vitalícios se submetem a regime próprio, também de caráter estatutário, sua *lei específica* é o estatuto em que o regime jurídico está delineado. Os estatutos funcionais destinados aos servidores de carreira em geral só têm aplicação subsidiária, prevalecendo, pois, o regime próprio de cada classe desses agentes.

A Constituição Federal não emprega o termo *demissão* para os magistrados[45] e membros do Ministério Público,[46] mas sim a expressão *perda do cargo*. Todavia, como adiantamos, o sentido é basicamente o mesmo. O certo é denominar de *demissão* a penalidade; *perda do cargo* é o fato funcional consequente da aplicação da penalidade. De qualquer modo, trata-se da sanção mais grave, aplicável a infrações também mais

---

[43] Art. 95, I, CF.
[44] Nosso *Manual*, cit., p. 644.
[45] Art. 95, I, CF ("*vitaliciedade, que, no primeiro grau, só será adquirida após dois anos de exercício, dependendo a **perda do cargo**, nesse período, de deliberação do tribunal a que o juiz estiver vinculado, e, nos demais casos, de sentença judicial transitada em julgado*").
[46] Art. 128, § 5º, I, "a", CF ("*vitaliciedade, após dois anos de exercício, não podendo **perder o cargo** senão por sentença judicial transitada em julgado*").

graves. O Estatuto da Magistratura (LC nº 35, de 14.3.1979), ao contrário, refere-se à pena de demissão, incluindo-a no rol de penalidades.[47]

A LC nº 35/1979, no entanto, a despeito de ser a lei específica da Magistratura, não contempla a prescrição das penas disciplinares. Deve aplicar-se, então, em caráter subsidiário, o Estatuto funcional respectivo, ou seja, o Estatuto federal, se se tratar de magistrado federal, ou o Estatuto estadual, caso seja o magistrado integrante de Tribunal de Justiça do Estado. Na hipótese de magistrado federal, a pretensão punitiva de improbidade prescreve em cinco anos como regra e, se a conduta constituir crime (o que poderá ocorrer em inúmeras situações), no prazo fixado na lei penal. A contagem do prazo também observará o que foi mencionado acima para os servidores efetivos.

No que toca aos membros do Ministério Público, é a Lei Complementar nº 75, de 20.5.1993, que dispõe sobre a organização, as atribuições e o estatuto do Ministério Público da União. Esse Estatuto, que se configura como lei específica para seus destinatários, inclui, entre as sanções, a penalidade de demissão[48] e enumera os fatos geradores da sanção,[49] podendo constatar-se que há infrações somente disciplinares e outras tipificadas como crimes.

Diferentemente, porém, do que ocorre com o Estatuto da Magistratura, a LC nº 75/1993 trata da prescrição, fixando em quatro anos o prazo prescricional para a penalidade de demissão[50] e estabelecendo que a falta prevista na lei penal como crime prescreve juntamente com este.[51] Como se pode observar, o prazo geral no Estatuto do Ministério Público Federal – de quatro anos – é inferior ao prazo geral previsto no Estatuto dos servidores efetivos federais, que é de cinco anos, como visto acima.

O mesmo diploma regula, ainda, a contagem do prazo prescricional: (a) do dia em que a falta for cometida, e (b) do dia em que tenha cessado a continuação ou permanência, nas faltas continuadas ou permanentes.[52] O critério utilizado aqui pelo legislador não coincide com o do Estatuto geral dos servidores, que, recorrendo a método melhor, indica o início da contagem mediante o conhecimento do fato pela autoridade competente. Reafirmam-se nesse passo as considerações que fizemos anteriormente ao comparar os dois critérios.

Quanto aos membros do Ministério Público dos Estados, a Lei nº 8.625, de 12.2.1993 (Lei Orgânica Nacional do Ministério Público), não contempla relação de penalidades, nem a prescrição das pretensões punitivas, limitando-se a prever a sanção de perda do cargo.[53] Como esse diploma alinha apenas as normas gerais para a organização do *Parquet* dos Estados, deverá o intérprete recorrer às leis orgânicas locais para identificar o prazo de prescrição destinado à sanção de demissão, bem como

---

[47] Art. 42, VI, e 47 C/C art. 26, I e II.
[48] Art. 239, IV.
[49] Art. 240, V, alíneas "a" a "h".
[50] Art. 244, III.
[51] Art. 244, parágrafo único.
[52] Art. 245, I e II.
[53] Art. 38, § 1º.

o método empregado para a contagem do prazo. Caso o estatuto local não contenha essas regras, deverá aplicar-se, subsidiariamente, o Estatuto dos servidores efetivos do respectivo Estado.

7.1.16 INTERRUPÇÃO DA PRESCRIÇÃO NA VIA ADMINISTRATIVA

A prescrição, como instituto ligado ao transcurso do tempo e à inércia do titular da pretensão, não se submete a uma consumação inexorável. Há fatos supervenientes ao início do prazo que provocam a sua interrupção ou suspensão, conforme já comentado na parte geral deste trabalho.

No presente tópico será examinada a interrupção da prescrição do que os estatutos, em regra, denominam de *ação disciplinar*. Nas linhas do quadro teórico que adotamos, contudo, trata-se de interrupção da *pretensão punitiva* na via administrativa. Significa que, ocorrido o fato gerador da contagem do prazo prescricional, a pretensão punitiva decorrente da falta disciplinar tem que ser exercida em certo prazo. A interrupção da prescrição denuncia que o titular da pretensão não quedou inerte, tendo diligenciado no sentido de exigir a observância de sua pretensão.

No Estatuto federal, que mais uma vez invocamos como parâmetro, embora os demais sejam livres para dispor sobre a matéria, a interrupção da prescrição tem os seguintes termos:

> "*Art. 142. A ação disciplinar prescreverá:*
> ....
> *§ 3º A abertura de sindicância ou a instauração de processo disciplinar interrompe a prescrição, até a decisão final proferida por autoridade competente.*"

Quando a autoridade administrativa instaura sindicância para apurar falta disciplinar, está demonstrando que atua com diligência e que não se encontra em estado de inércia. O fato de a sindicância ter caráter meramente investigativo e não acusatório não macula seu real objetivo, que é o de diligenciar a devida apuração. A instauração do processo principal, com mais razão, simboliza a ação positiva da Administração. Portanto, tais fatos se coadunam perfeitamente com sua natureza interruptiva quanto ao prazo prescricional.

A norma complementar à transcrita acima relaciona-se com o retorno da contagem do prazo, e isso pela singela razão de que a interrupção não tem o condão da perpetuidade. Assim, dispõe o mesmo art. 142 da Lei nº 8.112/1990: "*§ 4º Interrompido o curso da prescrição, o prazo começará a correr a partir do dia em que cessar a interrupção.*" Como se trata de interrupção, nova contagem será iniciada, sem considerar o prazo já decorrido antes da interrupção; além disso, a interrupção somente poderá ocorrer uma vez.[54]

---

[54] Art. 202, *caput* e parágrafo único, Código Civil.

Entretanto, é importante destacar que a interrupção da prescrição na via administrativa tem indissociável relação com a interrupção na esfera judicial. Sendo assim, a interrupção da prescrição que enseja o adiamento do período no qual deve ser exercida a pretensão punitiva na esfera disciplinar repercute na esfera judicial, permitindo também a postergação do prazo para a propositura da ação de improbidade.

Não menos importante é salientar que a recíproca não é verdadeira. Se o prazo prescricional não for interrompido na via administrativa pela abertura de sindicância ou instauração de processo disciplinar, nada impede que o seja na esfera judicial, que é autônoma em relação à administrativa. É que pode haver, simultaneamente, inércia do administrador para punir o servidor e diligência dos legitimados para a propositura da ação de improbidade. *A prescrição, assim, só atinge a Administração, mas não os legitimados para a ação na via judicial.*

Um exemplo ajuda a esclarecer. Figure-se a hipótese em que o servidor cometeu falta disciplinar que configura ato de improbidade, sendo aplicável o prazo de cinco anos para a prescrição. Se no terceiro ano após o início do prazo o Ministério Público tiver ajuizado a ação de improbidade, a pretensão judicial será inteiramente tempestiva. No caso de a Administração somente instaurar o processo disciplinar seis anos após o início do prazo, terá ocorrido para ela a prescrição da ação disciplinar. Em outras palavras, o servidor não mais poderá receber sanção disciplinar, mas estará sujeito às sanções previstas na Lei de Improbidade, inclusive à de demissão. Em última análise, a Administração inerte acaba sendo beneficiada pela diligência do Ministério Público ao receber como prêmio a submissão, ao regime punitivo, do servidor responsável pela falta grave.

7.1.17 LIMITE TEMPORAL DO PROCESSO DISCIPLINAR

De acordo com o art. 142, § 3º, do Estatuto federal, a prescrição se interrompe com a abertura da sindicância ou a instauração do processo disciplinar, reiniciando-se a contagem a partir da decisão final da autoridade competente (art. 142, § 4º).

Da forma como figura no texto legal, seria possível que a autoridade instaurasse o processo, interrompendo a prescrição, e que deixasse para as calendas a decisão a ser proferida. Ou seja: o momento do reinício da contagem ficaria à mercê da autoridade e a prescrição, na prática, jamais se consumaria. É evidente que, como consigna a melhor doutrina, essa possibilidade elide a garantia do servidor e vulnera o princípio da estabilidade das relações jurídicas.[55]

Diante desse risco de ofensa ao direito do servidor, a jurisprudência fixou a orientação no sentido de que esses fatos interruptivos não têm validade eternamente, mesmo que haja norma em contrário.[56] Para tanto, deve o aplicador da lei buscar no Estatuto o prazo total reservado à consecução do processo disciplinar, de modo que, ultrapassado esse prazo, será reiniciada a contagem do prazo, ficando clara a inércia da Administração para concluir o feito.

---

[55] Essa é a correta observação de ROMEU FELIPE BACELLAR FILHO, *Processo administrativo*, cit., p. 388.
[56] MAURO ROBERTO GOMES DE MATTOS, ob. cit., p. 731.

A solução adotada encontra fundamento no próprio Estatuto, que estabelece o prazo total de 140 dias para a conclusão do processo disciplinar. De acordo com o art. 152, esse prazo não excederá de 60 dias, a partir da publicação do ato, admitida a sua prorrogação por igual prazo; o prazo total pode, pois, alcançar o período de 120 dias. E, depois, a autoridade competente terá o prazo de 20 dias para proferir a decisão (art. 167). Assim, não concluído o processo nesse prazo total, a partir de seu término será reiniciada a contagem do prazo prescricional.

O STF tem decidido nessa linha, como se observa na seguinte ementa:

"PRESCRIÇÃO – PROCESSO ADMINISTRATIVO – INTERRUPÇÃO. A interrupção prevista no § 3º do artigo 142 da Lei nº 8.112, de 11 de dezembro de 1990, cessa uma vez ultrapassado o período de 140 dias alusivo à conclusão do processo disciplinar e à imposição de pena – artigos 152 e 167 da referida Lei – voltando a ter curso, na integralidade, o prazo prescricional."[57]

O STJ não dissentiu dessa orientação, também considerando como prazo máximo aquele fixado no respectivo Estatuto para a conclusão do processo disciplinar. No caso julgado, a lei estadual fixava o prazo máximo em 170 dias.[58]

Como aplicar essa diretriz, todavia, quando o Estatuto não fizer a previsão do prazo total para a conclusão do processo? De plano, seria inaceitável a interpretação de que só com a decisão final seria iniciado o prazo. Como já se disse, o início do prazo dependeria exclusivamente da autoridade. Melhor será o entendimento de que deve aplicar-se o prazo fixado no Estatuto da pessoa federativa maior em que estiver situada a entidade. Se é o Estatuto do Estado que silencia sobre o prazo final, toma-se o Estatuto federal como parâmetro; se a omissão for de Estatuto do Município, incide o do respectivo Estado ou, se houver omissão também no Estatuto deste, o Estatuto federal.

Poderá, é claro, objetar-se pelo fato de serem autônomas as pessoas federativas, o que inviabilizaria usá-las como parâmetros de outras. É possível, contudo, rechaçar a objeção. De um lado, porque, afastada a lógica meramente formal, é inteiramente lícito considerar que, se a pessoa federativa maior pode concluir um processo disciplinar em certo prazo, a menor também poderia fazê-lo. De outro, irradia-se perfeitamente no caso o princípio da razoabilidade, sendo mesmo imprescindível a sua aplicação, sob pena de desvio de finalidade, caso o intérprete não busque os fins legais da norma.[59]

O desejável é que os estatutos contemplem os prazos para conclusão de seus processos disciplinares, porque a Administração ficará vinculada a eles, em situação de garantia para os servidores. Urge, desse modo, que providenciem a inserção dessas normas em suas leis estatutárias.

---

[57] RMS 23.436, Rel. Min. MARCO AURÉLIO, em 24.8.1999. Também: STF, MS 22.728, Rel. Min. MOREIRA ALVES, em 22.1.1998.
[58] STJ, RMS 9.473, Rel. Min. EDSON VIDIGAL, em 2.9.1999.
[59] Acertada a anotação de IRENE PATRÍCIA NOHARA, *Limites à razoabilidade nos atos administrativos*, Atlas, 2006, p. 80.

7.1.18 MILITARES

A categoria dos servidores militares também é regida por lei específica, que constitui o seu Estatuto – diploma regido por normas diversas das que constam dos Estatutos dos servidores civis.

A Constituição tratou dos militares federais no capítulo destinado às Forças Armadas, compostas pela Marinha, pelo Exército e pela Aeronáutica, sendo todos eles sujeitos à autoridade do Presidente da República (art. 142). A organização, o preparo e o emprego dessas Forças têm sua disciplina definida em lei complementar (art. 142, § 1º).[60] O Estatuto dos militares, contudo, é regulado por lei ordinária, a Lei nº 6.880, de 9.12.1980, e nele é que se disciplina propriamente a relação estatutária.

Os militares dos Estados são representados pelas Polícias Militares e pelos Corpos de Bombeiros, considerados forças auxiliares e reserva do Exército, e estão subordinados à autoridade do Governador do Estado.[61] Em virtude de sua posição na estrutura federativa, cada uma dessas instituições tem sua própria lei estadual específica, ou seja, seu próprio Estatuto.

Os militares, seja qual for a esfera a que pertençam, enquadram-se como agentes públicos dentro do conceito firmado pelo art. 2º da Lei nº 8.429/1992, vale dizer, aqueles que exercem *mandato, cargo, emprego ou função* nas entidades federativas. Embora formem categoria diversa da integrada pelos servidores civis, sua relação com o Estado tem natureza estatutária, com delineamento específico e voltado especificamente para essa relação jurídica.

Classificados como agentes públicos, os militares podem comportar-se com improbidade administrativa, vulnerando algum dos tipos previstos na lei em casos de enriquecimento ilícito, lesão ao erário ou violação a princípios. Caso sua conduta seja tipificada como de improbidade administrativa, devem eles responder por seus atos e sujeitar-se às respectivas sanções.

No que tange ao ponto central deste trabalho, cabe indagar sobre como deve ser aplicado o instituto da prescrição no caso de agentes militares.

No Estatuto militar federal (Lei nº 6.880/1980), a apuração de desvios de conduta sujeita-se à apreciação do Conselho de Justificação, se o agente for oficial, e ao Conselho de Disciplina, nos demais casos.[62] Entretanto, o Estatuto não prevê prazo de prescrição da ação disciplinar, como o faz o Estatuto civil. Diante dessa omissão, é de se indagar se as infrações prescrevem.

Se o Estatuto militar silencia sobre a prescrição da ação disciplinar, não é cabível sustentar que a Administração possa a qualquer momento investigar a infração e aplicar a punição. A não ser assim, seria forçoso reconhecer a imprescritibilidade de infrações disciplinares no âmbito militar, o que aberraria ao sistema e afrontaria a Constituição, que adota o princípio geral da prescritibilidade e só por exceção indica as pretensões imprescritíveis. Solução viável poderia ser a adoção do prazo máximo prescricional no Estatuto civil, fixado em cinco anos, e o da lei penal quando a conduta constituir crime. Isso na própria esfera disciplinar.

---

[60] Lei Complementar nº 97/1999.
[61] Art. 144, § 6º, CF.
[62] Arts. 48 e 49.

Para a ação de improbidade, no entanto, a despeito de conter parâmetros próprios, pode ser essa a solução. Assim, o melhor entendimento, a nosso ver, consiste em considerar o mesmo prazo previsto no Estatuto civil para a pena de demissão, nunca sendo demais enfatizar que a LIA adota para si o prazo previsto na lei específica – o Estatuto.[63] O prazo, então, será de cinco anos para as condutas sujeitas a demissão que não constituam crime ou, se constituírem, será o previsto na lei penal. Observe-se, porém, que, sendo as instâncias independentes, pode ocorrer, dependendo do Estatuto militar, a prescrição da ação (*rectius: pretensão*) disciplinar sem que esteja consumada a prescrição da pretensão na via judicial para o ajuizamento da ação de improbidade.[64]

Suponha-se, à guisa de exemplo, que o policial militar do Estado cometa transgressão disciplinar ensejadora de sua exclusão, sem que o fato constitua crime e sem que o respectivo Estatuto preveja prazo prescricional para a ação disciplinar. A ação de improbidade deverá ser promovida no mesmo prazo fixado no respectivo Estatuto civil para a ação disciplinar destinada à demissão, ainda que na esfera disciplinar administrativa possa admitir-se a ultrapassagem do prazo. Se o Estatuto civil, *v. g.*, fixou em quatro anos o prazo para a prescrição no caso de demissão, nesse prazo deve ser promovida a ação de improbidade. Se o fixou além desse prazo, ter-se-á consumado a prescrição da pretensão punitiva na via judicial.

O mais importante, neste tópico, é a certeza de que os militares, como agentes públicos que são, devem sujeitar-se à ação de improbidade no caso de sua conduta se ajustar a qualquer dos comportamentos elencados na Lei de Improbidade.

7.1.19 CARGO EFETIVO E FUNÇÕES SUBSEQUENTES

É comum na Administração a alteração de situações funcionais dos servidores. Neste tópico pretendemos oferecer as hipóteses em que o servidor efetivo passa a ocupar cargo ou função diversa por um período posterior ou até definitivamente.

A primeira situação é aquela em que o servidor efetivo é nomeado para ocupar *cargo em comissão*. Em situação como essa, o cargo efetivo fica em estado de latência, aguardando o retorno de seu titular após sair do cargo em comissão. Se a improbidade foi cometida durante o exercício no cargo efetivo, aplicar-se-á o art. 23, II, da LIA, que, como se viu, remete ao respectivo Estatuto. A investidura no cargo em comissão em nada altera essa incidência. Caso o servidor pratique a improbidade no período do cargo em comissão, a prescrição regular-se-á pelo art. 23, I, da LIA, sendo contada a partir do término do exercício do mesmo cargo em comissão.[65]

Idêntica incidência recai sobre as hipóteses em que o servidor titular de cargo efetivo passa a exercer *função de confiança* ou *mandato*. Como essas duas situações têm caráter temporário, tal qual a do cargo em comissão, a solução é a mesma: ocorrendo a

---

[63] É também a opinião de PEDRO ROBERTO DECOMAIN, ob. cit., p. 387.
[64] TJ/RN, MS 112.928, Pleno, Rel. Juiz HERVAL SAMPAIO, j. em 1º.6.2011. Nesse julgado, a despeito de haver sentença condenatória transitada em julgado contra policial militar, foi decretada a prescrição da pretensão punitiva na esfera disciplinar, por demora excessiva do processo administrativo.
[65] No mesmo sentido, PEDRO ROBERTO DECOMAIN, *Improbidade administrativa*, cit., p. 386.

improbidade no período do cargo efetivo, incidirá o art. 23, II, ao passo que ocorrendo durante o exercício do mandato ou da função de confiança, deverá aplicar-se o art. 23, I.

Passando o titular de cargo efetivo a um emprego público e tendo sido o ato de improbidade praticado no período anterior, a regra de aplicação é a do art. 23, II, da LIA, sem interferência, portanto, da nova função do servidor. Anote-se, por oportuno, que essa alteração funcional redunda em transferência do regime estatutário para o regime trabalhista, somente sendo idônea se o servidor tiver sido contratado após aprovação em concurso público, exonerando-se do cargo efetivo, ou se o ente federativo tiver alterado o regime jurídico dos servidores, o que é uma hipótese mais remota.

Aqui vale a pena fazer uma breve observação. Sem embargo de o servidor já se ter afastado do seu cargo e, consequentemente, do regime estatutário, o fato não constitui óbice para a aplicação do art. 23, II, da LIA. Esse dispositivo faz remissão ao prazo de prescrição previsto no Estatuto, mas o incorpora ao próprio quadro normativo da Lei de Improbidade. Trata-se, pois, de remissão *em tese*, decorrendo daí que, *verbi gratia*, no âmbito federal, a pretensão punitiva geradora da ação de improbidade prescreverá em cinco anos ou, no caso de conduta tipificada como crime, no prazo determinado na lei penal. Se o início da contagem se deu dois anos antes da exoneração do servidor, ainda haverá mais três anos para ser proposta aquela ação, o que ocorrerá quando já estiver exercendo seu emprego público.

A mesma orientação deve ser acolhida quando, após a exoneração do cargo efetivo, o servidor passa a ocupar função transitória sob a égide do *regime especial* (art. 37, IX, CF) ou qualquer outro emprego em entidade administrativa ou do setor privado. O que se tem que observar é o momento em que a improbidade foi perpetrada. Se o foi durante o regime estatutário, incidem as regras prescricionais deste por remissão do art. 23, II, da LIA. Em outras palavras, a nova função não é considerada para a identificação do prazo de prescrição.

7.1.20 PARECERES

A Administração Pública socorre-se de inúmeros agentes responsáveis por emitir opiniões sobre determinados assuntos específicos.[66] Esses atos de opinamento são os *pareceres* e, justamente por retratarem opiniões, pressupõem a prolação de um ato administrativo decisório, seja aprovando, seja repudiando a manifestação.

Os pareceres podem classificar-se como *facultativos* ou *obrigatórios*. Aqueles são solicitados pela autoridade em caráter eventual, sem a exigência de sua elaboração, ao passo que estes últimos não podem deixar de anteceder o ato decisório, integrando-lhe o processo de formação, como já acentuamos em outra oportunidade.[67]

Doutrinadores festejados costumam apontar uma outra categoria de pareceres – os *pareceres vinculantes* – cuja característica seria a de obrigar a autoridade decisória a endossar seus termos.[68] Com a devida vênia, contudo, advogamos o entendimento de que, na

---

[66] MARIA SYLVIA ZANELLA DI PIETRO, ob. cit., p. 230.
[67] Nosso *Manual*, cit., p. 143.
[68] OSWALDO ARANHA BANDEIRA DE MELLO, *Princípios gerais de direito administrativo*, Forense, v. I, 1979, p. 576, e MARIA SYLVIA ZANELLA DI PIETRO, ob. cit., p. 230.

realidade, não se trata rigorosamente de parecer, ato opinativo, mas sim de ato autônomo que só formalmente depende do ato final da autoridade – este evidentemente enfraquecido pela cega obrigação de endossá-lo. O suposto ato "decisório", com efeito, sequer tem conteúdo próprio, ao contrário do que ocorre com o dito parecer vinculante, mas espelha apenas manifestação formal necessária à composição final da vontade da Administração.[69]

Considerando tais aspectos, vejamos como fica a possível improbidade do agente parecerista.

Sendo o parecer uma peça manifestamente opinativa, que se sujeita à decisão de um agente hierarquicamente superior, a regra deve ser a de que não há responsabilidade solidária entre o parecerista e a autoridade decisória. Algumas discussões têm sido levantadas sobre a questão, mas essa deve constituir a regra geral.[70]

A responsabilização do agente parecerista somente é cabível quando atua de forma dolosa, ciente da ilegalidade do ato a ser produzido com base em seu opinamento, como já se decidiu com acerto; nesse caso, agiu consciente de sua improbidade. De qualquer modo, cumpre a produção de prova que demonstre claramente a falta de ética do servidor.[71]

Além da conduta dolosa, é cabível também a responsabilização do parecerista quando comete erro grosseiro dentro da área de conhecimento para a qual foi nomeado. Advirta-se, no entanto, que não basta o erro em si da conclusão do ato opinativo, mas sim o erro grosseiro e injustificável, vale dizer, o equívoco inadmissível para o parecerista, somado à falta de qualquer explicação plausível para o cometimento do erro.[72]

A LINDB – Lei de Introdução às Normas do Direito Brasileiro (Decreto-lei nº 4.657/1942), a propósito, contém dispositivo introduzido pela Lei nº 13.655, de 25.4.2018, que estabelece que o agente público responderá pessoalmente por suas decisões e opiniões técnicas em caso de dolo ou erro grosseiro (art. 28). Embora seja cercada de alguma polêmica quanto ao termo "decisões", os pressupostos do dolo e do erro grosseiro no que concerne a opiniões técnicas – entre elas os pareceres – reafirmaram a orientação da jurisprudência dominante. O que causa alguma dúvida na hipótese é o fato de os agentes responderem "pessoalmente", já que alguns sustentam que a responsabilidade direta é da pessoa pública a que pertencem. De nossa parte, entendemos juridicamente possível a responsabilidade pessoal e direta de agentes públicos, sem prejuízo, porém, da aplicação alternativa prevista no art. 37, § 6º, da CF, que confere ao ente público a responsabilidade primária e ao agente responsabilidade regressiva.

O STF, em mandado de segurança, já decidiu pela necessidade de esclarecimentos de servidores a respeito de sua manifestação prevista no art. 38, parágrafo único, da Lei nº 8.666/1993, a Lei de Licitações e Contratos. Eis a ementa do acórdão:

"ADVOGADO PÚBLICO – RESPONSABILIDADE – ARTIGO 38 DA LEI Nº 8.666/93 – TRIBUNAL DE CONTAS DA UNIÃO – ESCLARECIMENTOS.

---

[69] Sobre o tema, vide nosso *Manual*, cit., p. 137.
[70] Nosso *Manual*, p. 143.
[71] Foi como decidiu o STF no MS 24.073, Rel. Min. CARLOS VELLOSO, em 31.10.2003.
[72] Vide TJ-RJ, Ap. Cív. 2006.001.45421, Rel. Des. JOSÉ PIMENTEL MARQUES, em 9.1.2007.

Prevendo o artigo 38 da Lei nº 8.666/93 que a manifestação da assessoria jurídica quanto a editais de licitação, contratos, acordos, convênios e ajustes não se limita a simples opinião, alcançando a aprovação, ou não, descabe a recusa à convocação do Tribunal de Contas da União para serem prestados esclarecimentos."[73]

Nessa decisão, proferida por maioria, a Corte considerou que pareceristas, ao emitirem sua opinião com base no art. 38, parágrafo único, da lei licitatória, têm responsabilidade solidária com os agentes decisórios, além de sua manifestação não se limitar a uma simples opinião. Entretanto, com a devida vênia, não é isso que enuncia o dispositivo: "*As minutas de editais de licitação, bem como as dos contratos, acordos, convênios ou ajustes devem ser previamente examinadas e aprovadas por assessoria jurídica da Administração.*"

Os assessores jurídicos *examinam* e *aprovam* editais, contratos etc., como diz a lei, mas, ao fazê-lo, podem adotar opinião condizente com alguma situação sobre a qual existam controvérsias – que, aliás, não faltam entre os especialistas e operadores jurídicos. Sendo assim, não podem ter responsabilidade solidária com nenhuma outra autoridade. O que não podem é cometer erros grosseiros e injustificáveis ou agir de forma dolosa; nessas hipóteses, podem responder por improbidade administrativa, mas não porque sejam solidariamente responsáveis com outro agente, mas sim em decorrência de sua própria atuação. Nesse sentido – diga-se de passagem – foi encaminhado o lúcido voto do Min. Gilmar Mendes no referido julgamento.[74]

Dentro dessas premissas, a solução parece singela. Se o servidor parecerista exercer sua atribuição em decorrência da nomeação para cargo em comissão ou designação para função de confiança e nela cometer improbidade administrativa, aplica-se o art. 23, I, da LIA. No caso de ser titular de cargo efetivo, incidirá o art. 23, II, do mesmo diploma, com todas as considerações que já expendemos sobre as duas hipóteses.

Por fim, urge ressaltar que eventual responsabilidade por improbidade pode ser atribuída à autoridade decisória, sem que seja atingido o servidor que elaborou o parecer. Há, portanto, autonomia de ambos os atos quanto à contaminação de ilegalidade.[75] Na verdade, o agente decisório não está vinculado ao parecer, mas, se o endossa, assume a responsabilidade. Emana daí a necessidade de cautelosa escolha do futuro servidor para o provimento de cargos em comissão e funções de confiança, de modo a serem nomeados aqueles que realmente forem tecnicamente habilitados para o exercício da função, e não aqueles apaniguados, sem qualquer lastro ou capacidade para emitir opinamentos.[76]

---

[73] MS 24.584, Rel. Min. MARCO AURÉLIO, em 9.8.2007.
[74] Além do Min. GILMAR MENDES, votaram no mesmo sentido e, a nosso ver, com o melhor direito, os Ministros EROS GRAU e CÁRMEN LÚCIA.
[75] Acertada a observação de CELSO ANTÔNIO BANDEIRA DE MELLO, ob. cit., 29. ed., 2012, p. 448.
[76] Ousamos discordar, todavia, da opinião de CELSO ANTÔNIO BANDEIRA DE MELLO, para quem o titular de cargo em comissão ou função de confiança não tem independência para firmar seu opinamento e respaldar o ato decisório (ob. e ed. cit., p. 447). Muitos desses servidores a têm, ao mesmo tempo em que vários servidores efetivos dela são despidos. A questão reside na mentalidade do administrador, a ele cabendo selecionar os melhores, e não os apadrinhados e incapazes.

7.2 EMPREGO E EMPREGO PÚBLICO

7.2.1 SENTIDO

Tendo em vista que a LIA, em seu art. 23, II, faz referência a *emprego*, e considerando que tal situação tem grande abrangência no que concerne à caracterização dos agentes da improbidade, vale a pena, para fins didáticos, oferecer as linhas que demarcam as situações de emprego.

Numa visão preliminar, há que ter em vista que *emprego* é o gênero, neste incluindo-se a categoria de *emprego público*. De antemão, porém, já se deve partir da premissa de que toda a forma de emprego tem em comum a disciplina regente – no caso, a CLT – Consolidação das Leis do Trabalho. Todos os agentes dessas categorias, desse modo, classificam-se como empregados contratados pelo regime trabalhista.

Emprego público, contudo, é a situação funcional através da qual o empregado está vinculado a pessoas públicas da Administração por regime contratual, pautado, em sua maior parte, na Consolidação das Leis do Trabalho (CLT). Esse regime é denominado de regime *trabalhista* ou *celetista* e o empregado qualifica-se como *servidor público*.[77] Não se configurando tal vinculação jurídica, a relação configura-se simplesmente como de *emprego*.

Desse modo, quando o agente integra o quadro funcional da Administração Direta ou de autarquia, ou seja, pertence a pessoas jurídicas de direito público, enquadra-se na categoria de *servidor público trabalhista*, que não se confunde com o servidor público *estatutário*, titular de cargo efetivo e regido por vínculo não contratual disciplinado pelos estatutos funcionais.

Portanto, já aqui é imperioso distinguir. Tecnicamente, deve distinguir-se a natureza da atividade laboral dos empregados celetistas que pertencem às pessoas administrativas em geral e às que não pertencem à Administração. Quando os empregados integram as pessoas públicas, sua situação qualifica-se como *emprego público*, ao passo que, quando se vinculam a pessoas administrativas privadas, sua situação caracteriza-se simplesmente como *emprego*. Assim, se o empregado foi contratado por um Estado-membro, exerce *emprego público*, qualificando-se como *servidor público* de regime trabalhista; se o foi por sociedade de economia mista ou por qualquer entidade não administrativa do setor privado, sua atividade é de *emprego* e não se enquadra como servidor público.

É certo, como já acentuamos, que ambas as categorias se compõem de trabalhadores regidos pela CLT. Na ordem jurídica, todavia, há algumas diferenças quanto à incidência normativa. À guisa de exemplo, um servidor trabalhista de Município enquadra-se, para fins sindicais, na categoria de servidor público, mas, se integrar a equipe de pessoa administrativa privada, seu enquadramento se dará pela atividade que executa, como é o caso, *v. g.*, dos empregados do Banco do Brasil, sociedade de economia mista federal, que se incluem na categoria dos bancários.

7.2.2 REGIMES JURÍDICOS E REGIME ÚNICO

O regime jurídico funcional é o conjunto de normas que regulam determinada relação jurídica entre o Estado e seu servidor. Em consequência, relações jurídicas de

---

[77] IRENE PATRÍCIA NOHARA, *Direito administrativo*, Atlas, 2. ed., 2012, p. 629.

fisionomia diversa reclamam regimes jurídicos também diversos, cada um deles constituído de conjunto normativo apropriado à matéria que intenta disciplinar.

A vigente Constituição foi quem, pioneiramente, instituiu o problema (e por que não dizer, uma certa confusão) sobre a unicidade ou a pluralidade de regimes. Na redação originária, o art. 39 da Carta dispunha que os entes federativos deveriam instituir, no âmbito de sua competência, "*regime jurídico único e planos de carreira para os servidores da administração pública direta, das autarquias e das fundações públicas*" (grifamos). Essa limitação, como é fácil deduzir, provocou dissenso entre os intérpretes, que não chegaram a um acordo sobre o sentido da expressão *regime jurídico único*.

Com a modificação do art. 39 da CF pela EC nº 19/1998, ficou suprimida a exigência do regime jurídico único, de modo que a leitura do texto constitucional mobilizou a interpretação de que, agora escoimadas as dúvidas, seria admitida a pluralidade de regimes, conforme os interesses de cada pessoa federativa.[78]

Quando a questão parecia ter sido solucionada, o STF, em ação direta de inconstitucionalidade, deferiu medida cautelar, com efeito *ex nunc*, visando a suspender a eficácia do art. 39 da CF, em sua nova redação, invocando-se como fundamento a aparente existência de vício formal no procedimento da EC nº 19/1998.[79] De qualquer modo, com a suspensão da eficácia do dispositivo, ficou restabelecido o mandamento anterior, que reclamava a adoção obrigatória de regime jurídico único.

A dúvida que ainda subsiste reside em saber qual o alcance real da expressão. Para uns, esse regime teria que ser compulsoriamente o estatutário.[80] Para outra corrente, a pessoa federativa poderia optar pelo regime estatutário ou celetista, exigindo-se, contudo, que o escolhido fosse o único a regular a relação funcional com os servidores.[81] Esse pensamento sempre nos pareceu o melhor diante dos termos do dispositivo constitucional.[82]

Entretanto, a despeito do retorno da norma por força da decisão do STF, a tendência, sem dúvida, é a de admitir a pluralidade de regimes jurídicos, cabendo aos entes federativos, no exercício de sua autonomia, optar por qualquer deles ou adotar os dois, aplicando-os às funções de sua competência mediante a verificação de sua natureza. Aqui é importante anotar que algumas funções demandam obrigatoriamente o regime estatutário, como é o caso das carreiras da magistratura, do Ministério Público, das instituições policiais e outras consideradas como carreiras de Estado.

As observações acima são oferecidas no intuito de concluir que, mesmo com a problemática relativa ao tema, é admissível a adoção do regime trabalhista, do qual emana a condição funcional do emprego público e do empregado público.

7.2.3 EMPREGO PÚBLICO NAS PESSOAS PÚBLICAS

Para que fiquem bem delineadas as noções *sub examine*, cumpre tratar primeiramente daqueles que se vinculam por relação trabalhista aos entes com personalidade

---

[78] Nosso *Manual*, cit., p. 639.
[79] ADI 2135-MC, Rel. Min. ELLEN GRACIE, em 2.8.2007.
[80] HELY LOPES MEIRELLES, ob. cit., 18. ed., 1993, p. 359.
[81] CELSO ANTÔNIO BANDEIRA DE MELLO, ob. cit., p. 259.
[82] Nosso *Manual*, p. 640.

jurídica de direito público, vale dizer, a União, os Estados, o Distrito Federal, os Municípios, as autarquias e as fundações de direito público.

Já averbamos que esses agentes se classificam como *servidores públicos* e se submetem ao *regime trabalhista*. São, pois, *servidores trabalhistas*, regidos pela CLT – Consolidação das Leis do Trabalho, e, por via de consequência, exercem *emprego público* – fato que leva alguns estudiosos a denominá-los de *empregados públicos*, expressão, porém, destituída da necessária precisão, a nosso ver.

Na ótica da Lei de Improbidade, estão esses servidores enquadrados na categoria de agentes públicos, como está expresso no seu art. 2º. De fato, reza o dispositivo que se considera agente público aquele que exerce *emprego*, por *contratação*, nas entidades administrativas. Como o emprego público resulta de contratação do servidor pelo regime trabalhista, incide a LIA quando houver conduta caracterizada como de improbidade administrativa.

Como exemplo, o professor, contratado pelo regime trabalhista por Município, inclui-se na categoria de agente público. Se, por suposição, exercendo função diretiva em estabelecimento escolar, desvia para si, indevidamente, recursos públicos alocados à escola, ou favorece, ilegalmente, alguns alunos em detrimento de outros, tais comportamentos se enquadrarão como atos de improbidade e o professor responderá nos termos da LIA,[83] sem prejuízo de outros campos de responsabilização.

Não obstante, os atos de improbidade devem ser apurados em determinado prazo. Se não o forem, consumar-se-á a prescrição em nome do princípio da estabilidade das relações jurídicas. Como sempre, afastada da prescrição encontra-se a pretensão reparatória, no caso de a conduta de improbidade acarretar dano ao erário. Nesse caso – repetimos –, a pretensão é imprescritível.

7.2.4 EMPREGO NAS PESSOAS PRIVADAS DA ADMINISTRAÇÃO

Diferentemente do emprego público nas pessoas administrativas de direito público, consideramos, neste tópico, o emprego nas pessoas da Administração dotadas de personalidade jurídica de direito privado – no caso, as empresas públicas, as sociedades de economia mista e as fundações governamentais de direito privado. Aqui a relação, como visto, é meramente de *emprego*.

De qualquer modo, o empregado de pessoas privadas da Administração, titular de emprego, também se submete ao império da Lei de Improbidade, tal como os empregados públicos. Vimos que a LIA alude simplesmente a *emprego*, tendo-se que interpretar essa relação em sentido amplo (art. 2º). Por outro lado, esse mesmo dispositivo refere-se a emprego "*nas entidades mencionadas no artigo anterior*", com o que incluiu, indiretamente, as entidades privadas da Administração Indireta, tendo em conta que esta foi expressamente mencionada no art. 1º da LIA.

Para fins de incidência normativa da LIA, portanto, a ela tanto se submetem os empregados públicos (servidores trabalhistas das pessoas administrativas públicas), quan-

---

[83] Arts. 9º, XII, e 11, *caput*, da Lei nº 8.429/1992.

to os empregados de empresas públicas, sociedades de economia mista e de fundações públicas de direito privado.

Da mesma forma, se empregado de sociedade de economia mista de um Estado-membro comete ato de improbidade, sua responsabilidade deve ser apurada em determinado prazo, sob pena de perpetrar-se a prescrição.

7.2.5 EMPREGO EM ENTIDADES NÃO ADMINISTRATIVAS

O art. 1º da LIA não trata apenas das pessoas da Administração Direta e Indireta. Definindo a abrangência dos sujeitos passivos da improbidade, o legislador referiu-se também à *"entidade para cuja criação ou custeio o erário haja concorrido ou concorra com mais de cinquenta por cento do patrimônio ou da receita anual".*

No parágrafo único do mesmo dispositivo, ficou, da mesma forma, sob proteção, *"o patrimônio de entidade que receba subvenção, benefício ou incentivo, fiscal ou creditício, de órgão público bem como daquelas para cuja criação ou custeio o erário haja concorrido ou concorra com menos de cinquenta por cento do patrimônio ou da receita anual".*

As entidades a que se referem os dispositivos acima não integram a estrutura da Administração Pública, mas, sem qualquer dúvida, estão, em maior ou menor densidade, atreladas financeira ou patrimonialmente às pessoas estatais. A proteção é mais intensa em relação às entidades previstas no *caput* do art. 1º, e isso porque estão elas equiparadas às pessoas estatais.[84] Desse modo, a ofensa aos valores de probidade sempre ofendem, *ipso facto*, algum princípio administrativo.[85]

No que tange às pessoas incluídas no parágrafo único do art. 1º, a proteção recai somente sobre seu *patrimônio*. Significa dizer que alguns atos que seriam caracterizados como de improbidade no caso das entidades com maior suporte financeiro (art. 1º, *caput*) não o serão se praticados contra essas pessoas, e isso porque a conduta não chega a agredir o patrimônio da entidade.[86]

O que é preciso assinalar é o fato de que, auxiliadas com maior ou menor intensidade, todas essas pessoas jurídicas merecem proteção legal, justificando-se com a circunstância de que todas acabam incorporando recursos e bens patrimoniais pertencentes ao Estado. Ofensas que lhes sejam desferidas, por conseguinte, vulneram o próprio patrimônio estatal.[87]

A despeito da distinção entre as categorias, tema de que já tratamos por mais de uma vez, este tópico se destinará tão somente *às entidades não administrativas contempladas no art. 1º, caput*, da LIA. Na verdade, como veremos adiante, a legislação superveniente incluiu o inciso III no art. 23 da LIA, e o novo dispositivo tratou da prescrição unicamente para as entidades com menor suporte financeiro, vale dizer, aquelas referidas no parágrafo único do art. 1º.

---

[84] Nosso *Manual*, cit., p. 1.138.
[85] A observação é de EURICO BITENCOURT NETO, *Improbidade administrativa e violação de princípios*, Del Rey, 2005, p. 117.
[86] EMERSON GARCIA, ob. cit., p. 212.
[87] Acertada a observação de RITA TOURINHO, *Discricionariedade administrativa*, Juruá, 2004, p. 140.

Sendo assim, o empregado das entidades beneficiárias de maior suporte financeiro, inseridas no art. 1º, *caput*, ao praticar ato de improbidade, será equiparado ao servidor público, sujeitando-se às punições previstas na Lei de Improbidade. O ato não precisará atingir apenas o patrimônio das entidades, podendo resultar em enriquecimento ilícito, lesão ao erário e violação a princípios (arts. 9º a 11, LIA).

Como ocorre nos demais casos, é preciso que a apuração da conduta ímproba seja processada em determinado prazo, já que o empregado não estará indefinidamente sujeito à punição pela prática do ato. Se o prazo for ultrapassado, a pretensão condenatória de improbidade estará prejudicada pela prescrição.

7.2.6 PRAZO DA PRESCRIÇÃO

Talvez o maior problema no que toca à prescrição da improbidade na hipótese de emprego, público ou não, resida na identificação da fonte normativa subsidiária que preveja a consumação do instituto.

Para melhor análise, convém recapitular os termos do art. 23, II, da LIA. Segundo o dispositivo, prescreve a pretensão punitiva da improbidade "*dentro do prazo prescricional previsto em **lei específica** para faltas disciplinares puníveis com demissão a bem do serviço público, nos casos de exercício de cargo efetivo **ou emprego**".*

A questão da prescritibilidade está fora de dúvida. O texto não deixa margem a nenhuma hesitação, admitindo a ocorrência do instituto da prescrição no caso da prática de atos de improbidade. Quer dizer: se o empregado de qualquer das entidades previstas no *caput* do art. 1º da LIA se comporta dentro dos tipos previstos na LIA, sua conduta se caracterizará como ato de improbidade, sendo aplicáveis as normas dessa legislação.

O problema está na indagação sobre qual é o prazo da prescrição. Com efeito, *inexiste lei específica* que preveja faltas disciplinares passíveis de demissão para a hipótese de *emprego*. Para os servidores públicos estatutários, a lei específica é o respectivo estatuto, mas para empregados contratados pelo regime trabalhista há lacuna normativa sobre a matéria. Evidentemente, esse fato provoca hesitação entre os autores que tratam do tema.

Em tese, poder-se-ia invocar que, sendo a lei omissa a respeito, inviável seria a incidência da prescrição. Quer dizer: se o empregado cometer ato de improbidade, poderá o ato ser apurado a qualquer tempo, de modo que, também a qualquer tempo, aplicável será a respectiva sanção. Interpretação em tal sentido ofenderia o sistema geral da prescritibilidade, já que somente por exceção, e mediante norma expressa, deve admitir-se hipótese de imprescritibilidade. Além disso, seria conclusão contrária ao princípio da segurança jurídica.[88]

Outra interpretação seria a de aplicar-se a prescrição geral prevista no Código Civil. Dispõe o art. 205 desse diploma que "*A prescrição ocorre em dez anos, quando a lei não lhe haja fixado prazo menor*." Da mesma forma, parece não ser essa a melhor interpretação. Conquanto a norma tenha natureza geral, o campo de atuação não condiz com a relação jurídica de trabalho, ainda que o Estado a integre como empregador. Por outro lado, a norma reclama interpretação lógico-sistemática, pois que, a admitir-se o prazo de dez

---

[88] No mesmo sentido, EMERSON GARCIA, ob. cit., p. 557.

anos, estaria o empregado trabalhista em posição de desvantagem em relação aos demais autores de improbidade, em vista dos quais a prescrição se consuma em prazo menor.

Há, ainda, a interpretação segundo a qual a prescrição se consumaria no prazo de cinco anos para esses empregados, invocando-se como fundamento o Decreto nº 20.910/1932, que regula a prescrição quinquenal contra a Fazenda Pública.[89] Também aqui, segundo nos parece, não é esse o diploma legal adequado à incidência sobre a relação jurídica em questão – a relação trabalhista.

Em outra vertente, aponta-se o entendimento pelo qual a hipótese desafiaria a incidência do art. 23, I, da LIA, ou seja, o prazo de cinco anos para a prescrição. Argumenta-se com o fato de que a relação trabalhista teria o mesmo condão de transitoriedade atribuído aos vínculos previstos no dispositivo.[90] Lamentamos discordar desse pensamento. A relação trabalhista tem como natureza a permanência do vínculo, não guardando similaridade com os vínculos decorrentes de mandato e cargo em comissão – vínculos esses, por sua gênese, naturalmente transitórios. Nela incide o requisito da *não eventualidade*, que indica *"a fixação do empregado em certa fonte de trabalho, que toma os seus serviços"*.[91]

Além do mais, a Constituição inclui, entre os direitos sociais, a *"relação de emprego protegida contra despedida arbitrária ou sem justa causa"* (art. 7º, I), de onde se infere claramente a estabilização relativa do vínculo trabalhista.

Sem embargo das dúvidas que a questão suscita, nosso entendimento é o de que, por analogia, deve aplicar-se aos empregados contratados pela CLT o critério previsto no art. 23, II, da LIA, para os servidores estatutários.[92] Significa que, se um servidor celetista de Município ou um empregado de fundação governamental de direito privado comete ato de improbidade, a prescrição da pretensão condenatória ocorrerá no mesmo prazo fixado para as condutas perpetradas por servidores estatutários da respectiva pessoa federativa.

Caso a improbidade seja perpetrada por empregado de entidade do setor privado subsidiada pelo Poder Público em percentual superior a 50% (art. 1º, *caput*, LIA), o parâmetro deverá ser o servidor estatutário do ente federativo responsável pela subvenção, benefício ou incentivo. Por exemplo: empregado de associação subsidiada por Estado-membro que pratique ato de improbidade se sujeitará à prescrição fixada no estatuto estadual para os servidores do regime estatutário. Cabe perfeitamente aqui, portanto, o processo analógico.

A analogia, no caso, é perfeitamente aplicável. Como bem leciona Caio Mário da Silva Pereira, a analogia *"consiste no processo lógico pelo qual o aplicador do direito estende o preceito legal aos casos não diretamente compreendidos em seu dispositivo"*, pesquisando a vontade da lei com o fito de fazê-la incidir sobre hipóteses não mencionadas por sua literalidade.[93] É exatamente o que ocorre *in casu*. Embora não haja norma expressa,

---

[89] MAURO ROBERTO GOMES DE MATTOS, ob. cit., p. 812.
[90] EMERSON GARCIA, ob. cit., p. 558.
[91] É a observação de GUSTAVO FILIPE BARBOSA GARCIA, *Curso de direito do trabalho*, Forense, 4. ed., 2010, p. 148.
[92] É também a opinião de PEDRO ROBERTO DECOMAIN, ob. cit., p. 382-382.
[93] *Instituições*, cit., v. I, p. 59.

a *mens legis* indica que idêntico tratamento deve ser dispensado tanto aos titulares de cargo, quanto aos exercentes de emprego, público ou não.

Aqui, é curial que o intérprete analise o panorama global da lei, aplicando-a em processo lógico e dentro do pertinente sistema. Ademais, pelo método teleológico, é inegável que *"toda prescrição legal tem provavelmente um escopo, e presume-se que a este pretenderam corresponder os autores da mesma, isto é, quiseram tornar eficiente, converter em realidade o objetivo ideado".*[94] Assim, não é destituída de fundamento essa interpretação; ao contrário, condiz com todo o sistema da prescrição por ato de improbidade.

Toda a divergência decorre, como é fácil verificar, da lacuna legislativa a respeito da prescrição quando se trata de empregado regido pela legislação trabalhista. Seria, desse modo, desejável que o legislador introduzisse na LIA norma expressa que regulasse a matéria, escoimando, de uma vez por todas, as hesitações que atualmente transparecem dos estudiosos.

7.2.7 CONTAGEM DA PRESCRIÇÃO

Conforme temos verificado no decorrer deste estudo, a contagem da prescrição tanto pode obedecer a critério direto, quando a própria lei indica o termo inicial, como a critério indireto, quando faz remissão a lei diversa.

No caso do art. 23, I, da LIA, a contagem do prazo prescricional deve ocorrer a partir do término do exercício do mandato, do cargo em comissão ou da função de confiança. Trata-se, assim, de critério direto.

Idêntico critério foi adotado pelo legislador na hipótese do inciso III do mesmo art. 23 da LIA, que não constava primitivamente do referido artigo, sendo incluído pela Lei nº 13.019/2014 – inciso que comentaremos no capítulo seguinte. De acordo com o inciso em tela, o prazo prescricional é contado a partir da apresentação, à Administração Pública, da prestação de contas final a cargo das entidades com menor suporte financeiro (art. 1º, parágrafo único, LIA). Vê-se, pois, cuidar-se, da mesma forma, de critério direto.

Em relação ao art. 23, II, porém, vimos que a LIA adotou critério indireto, fazendo remissão à lei específica que trata da demissão do servidor – no caso, o respectivo Estatuto funcional. Ocorre que – vimos acima – os estatutos apontam momentos diversos para o início da contagem do prazo, como o conhecimento do fato pela autoridade ou a data do ilícito, isso sem contar o fato de que algumas leis são omissas quanto a essa indicação.

A nosso ver, é de adotar-se para os empregados regidos pela legislação celetista, por coerência e amor ao sistema, o mesmo critério adotado para os servidores estatutários do respectivo ente federativo, quer no caso de empregados integrantes de seu quadro, quer quando pertençam a entidade administrativa a ele vinculado, quer, ainda, quando forem contratados por entidade subvencionada pela referida pessoa federativa.

Assim, para que o aplicador da lei possa identificar o termo *a quo* da contagem do prazo da prescrição, será necessário recorrer ao respectivo Estatuto funcional para a conclusão correta a respeito da contagem.

---

[94] Reproduzimos a lição de CARLOS MAXIMILIANO, ob. cit., p. 151.

7.2.8 EMPREGO E FUNÇÕES SUBSEQUENTES

Da mesma forma que ocorre com os servidores estatutários, é possível que o empregado passe a exercer função diversa em pessoa pública ou privada, seja definitivamente em virtude de rescisão do contrato de trabalho, seja transitoriamente por força de suspensão do contrato.

Nesse aspecto, não há diferença em relação ao que já comentamos a propósito dos servidores titulares de cargo efetivo, regidos pelo regime estatutário: a improbidade deve ser apurada em correspondência ao período em que o empregado a cometeu, incidindo, na hipótese, a norma prescricional pertinente.

Vejamos exemplos. Se o empregado pratica ato de improbidade no curso do contrato de trabalho e, após a rescisão, vem a exercer mandato ou ocupar cargo em comissão ou função de confiança, a prescrição aplicável será a relativa ao emprego, prevista no art. 23, II, da LIA, nenhuma influência provocando a função subsequente.

Caso a improbidade ocorra quando o empregado já exercia uma dessas funções transitórias, aplicável será o art. 23, I, específico para essas funções, ficando afastado qualquer reflexo do período em que vigorava o contrato de trabalho do empregado. É o caso em que o empregado, após o contrato, é nomeado para cargo em comissão. Praticada a improbidade neste último período, a prescrição da pretensão punitiva se consumará em cinco anos, contado o prazo do término do exercício no cargo em comissão, como reza o citado dispositivo.

7.3 SERVIDORES TEMPORÁRIOS

7.3.1 CONFIGURAÇÃO JURÍDICA

A categoria dos *servidores temporários* constitui, antes de mais nada, uma exceção dentro do sistema dos servidores públicos em geral.

Por terem vinculação transitória com o Estado, poderiam, em princípio, ser incluídos no capítulo anterior, no qual tratamos das situações funcionais temporárias. Não obstante, a despeito dessa temporariedade, seu regime jurídico guarda alguma aproximação com os regimes dos servidores estatutário e trabalhista, ostentando mesmo um caráter híbrido, já que nele se situam normas de cada um daqueles regimes. Por tal motivo, preferimos cuidar da prescrição relativa a atos de improbidade no presente capítulo, destinando-lhe especificamente o tópico sob exame.

Quanto ao *sentido*, servidores temporários, na lição de Maria Sylvia Zanella Di Pietro, são aqueles contratados por tempo determinado para o fim de atender à necessidade temporária de excepcional interesse público.[95] O *fundamento constitucional* de tais servidores hospeda-se no art. 37, IX, da CF, espelhando instrumento de exceção no recrutamento de servidores pela Administração. De acordo com o preceito constitu-

---

[95] *Direito administrativo*, cit., p. 514.

cional, cada ente federativo deve editar a sua própria lei regulando esse vínculo laboral – vínculo, aliás, de *natureza contratual*, muito embora de fisionomia diversa da relação trabalhista disciplinada pela CLT, conforme já registramos.[96] O conjunto normativo regente denomina-se *regime especial*, vigorando ao lado dos regimes estatutário e trabalhista, já examinados.

Sendo a contratação fixada por prazo determinado, o encerramento do ajuste se processa automaticamente ao término do prazo, razão por que a dispensa do servidor não gera direito a indenização.[97] De outro lado, a extinção do vínculo não reclama a garantia do contraditório e da ampla defesa, a menos que o fato extintivo decorra de situação acusatória contra o servidor, ou haja previsão expressa na lei regente.

Muitas distorções têm sido criadas pelos entes públicos no que diz respeito a essa vinculação e esse fato, como não pode deixar de ser, tem provocado inúmeras dissidências quanto aos conflitos que origina. Um dos desvios consiste na admissão de servidores por esse regime, embora destinados a funções permanentes e rotineiras, que nada têm de excepcional e não são contempladas na Constituição. Trata-se de verdadeiro desvio de finalidade, causador de violação ao erário e ao princípio do concurso público, constituindo, sem dúvida, ato de improbidade por parte dos agentes responsáveis pela contratação inconstitucional.[98]

7.3.2 SERVIDOR TEMPORÁRIO E IMPROBIDADE

Ainda que o regime especial seja revestido de particularidades específicas, dados os fundamentos exigidos no já citado art. 37, IX, da Constituição, o certo é que os servidores temporários a ele sujeitos se classificam como *servidores públicos*, eis que contratados pelo Estado para o exercício de funções públicas.

Avulta notar, ainda, que a peculiaridade do vínculo desses servidores públicos não impede o seu enquadramento como *agentes públicos*, na forma do que dispõe o art. 2º da LIA. O dispositivo, como visto, inclui na categoria de agentes públicos todos os que, *ainda que transitoriamente*, exercem *função* nas entidades públicas. Sendo assim, nenhuma dúvida pode existir quanto à classificação dos servidores temporários e à sua inserção no referido dispositivo.

Partindo-se dessa inafastável premissa, o servidor temporário que cometer ato de improbidade responderá nos termos da Lei nº 8.429/1992. Afinal, nada obsta a que o referido servidor se locuplete de valores em conduta de enriquecimento ilícito, ou que atue de forma a causar lesão ao erário ou, ainda, que ofenda princípios da Administração Pública. Se tal ocorrer, o servidor será processado nos termos da Lei de Improbidade.

---

[96] Nosso *Manual*, cit., p. 635.
[97] Também: EDMIR NETTO DE ARAÚJO, *Curso de direito administrativo*, Saraiva, 5. ed., 2010, p. 287.
[98] Anotamos o fato em nosso *Manual*, cit., p. 637.

7.3.3 SERVIDOR TEMPORÁRIO E PRESCRIÇÃO

Observamos acima que a relação jurídica decorrente do regime especial, que rege o servidor temporário, tem um certo hibridismo no que concerne às hipóteses de prescrição previstas na LIA. De um lado, é marcada pela temporariedade, com o que se assemelha às situações transitórias do mandato, cargo em comissão e função de confiança (art. 23, I) e, de outro, aproxima-se das relações de trabalho próprias dos regimes estatutário e trabalhista (art. 23, II).

Assim como julgamos melhor estudar esses servidores dentro do cenário das situações permanentes, da mesma forma entendemos que a eles se deve aplicar a respectiva norma de prescrição – o art. 23, II, da LIA.

Nesse aspecto, tal como ocorre com os empregados em geral regidos pela CLT, pertencentes ou não a entes públicos, inexiste lei específica que preveja prazo de prescrição para faltas disciplinares puníveis com a pena de demissão. Em outras palavras, também em relação a esses servidores vislumbra-se uma lacuna legislativa.[99]

Adotando-se os mesmos fundamentos já anteriormente explicitados, é o caso de recorrer-se à analogia, para que se possa empregar o método integrativo de incidência da norma prevista para situações expressas àquelas despidas de literalidade normativa, como sucede, da mesma forma, com os empregados trabalhistas.

Dentro desse cenário, a prescrição de atos de improbidade praticados por servidores temporários deve ocorrer no mesmo prazo fixado para a prescrição no caso de improbidade cometida pelos servidores estatutários, qual seja, o prazo determinado para a prescrição de faltas disciplinares puníveis com a pena de demissão, tal como previsto no respectivo Estatuto (art. 23, II, LIA).

Para exemplificar, suponha-se que servidor temporário contratado pela União cometa ato de improbidade. O prazo de prescrição será o mesmo fixado para os servidores estatutários federais no caso de falta disciplinar punível com a pena de demissão, o que, como visto, tem previsão no estatuto federal, a Lei nº 8.112/1990. Reafirmam-se aqui, pois, os comentários que fizemos a respeito da prescrição para os servidores titulares de cargo efetivo.

No que se refere à *contagem do prazo*, idêntico critério há de ser empregado. Tendo em vista que os estatutos variam quanto à adoção desse critério, é imperioso consultar cada um deles para ver qual o adotado. Alguns indicam o momento do conhecimento do fato pela autoridade competente; outros, a data da prática do ato ilícito; e outros, ainda, silenciam sobre o termo *a quo*, hipótese que daria ensejo, em nosso entender, a considerar como momento inicial o da prática do ato de improbidade. Reiteramos nessa abordagem o que dissemos acima a respeito da contagem do prazo prescricional no caso de servidores estatutários.

---

[99] A Lei nº 8.745, de 9.12.1993, que regula o regime especial no âmbito da União Federal, não dispõe sobre a matéria. O art. 10 meramente dispõe que: "*As infrações disciplinares atribuídas ao pessoal contratado nos termos desta Lei serão apuradas mediante sindicância, concluída no prazo de trinta dias e assegurada ampla defesa.*"

7.3.4 SERVIDOR TEMPORÁRIO E FUNÇÕES SUBSEQUENTES

Neste tópico, é de supor-se a hipótese em que um servidor temporário passa a exercer, após o fim do regime especial, situação transitória, como mandato eletivo, cargo em comissão ou função de confiança, ou situação de caráter permanente, como a titularidade de cargo público ou o exercício em emprego, público ou não.

A solução obedece aos mesmos critérios já vistos para os empregados regidos pelo regime trabalhista: cumpre verificar em qual período foi praticado o ato de improbidade, aplicando-se a norma prescricional correspondente ao regime em vigor durante esse período.

Haverá, para tanto, duas hipóteses possíveis. A primeira é aquela em que o servidor temporário, encerrado o vínculo contratual, passa a exercer mandato ou ocupar cargo em comissão. Caso tenha cometido improbidade no período em que estava sob o regime especial, incidirá, para a prescrição, o art. 23, II, da LIA, recorrendo-se, então, à situação dos servidores estatutários prevista no estatuto da respectiva entidade federativa. Se a improbidade foi concretizada já ao tempo do mandato ou do cargo em comissão, incidirá a norma do art. 23, I, da LIA: o prazo será de cinco anos a partir do término do exercício dessas situações transitórias.

Caso o servidor temporário venha a ocupar cargo efetivo ou emprego público (e também emprego em entidades privadas sob proteção da LIA), aplicar-se-á apenas o art. 23, II, da Lei de Improbidade, seja qual for o regime sob o qual tenha perpetrado a improbidade.

É importante assinalar, por oportuno, que nenhum regime verterá sua influência sobre o outro no que concerne à prescrição. Cada um deles é tratado de forma isolada, sem que o outro lhe irradie seus efeitos.

Como suposição, imagine-se servidor temporário da União que venha, após a extinção do vínculo, ocupar cargo em comissão em Município. Se a improbidade foi cometida ao tempo do regime especial, incidirá o art. 23, II, da LIA, devendo o intérprete recorrer ao respectivo estatuto federal. Ao contrário, no caso de ter sido praticada ao momento em que ocupava o cargo em comissão, aplicar-se-á o art. 23, I, da LIA, ou seja, a prescrição ocorrerá em cinco anos, sendo o prazo contado a partir do término do exercício do cargo, tudo isso sem que cada período tenha influência sobre o outro.

8

ENTIDADES NÃO ADMINISTRATIVAS COM MENOR SUPORTE

8.1 FONTE NORMATIVA

No presente capítulo será analisado o inciso III do art. 23 da LIA, que, como já antecipamos, foi incluído na Lei nº 8.429/1992 pela Lei nº 13.019/2014, que estabelece o marco regulatório do terceiro setor, tratando das organizações da sociedade civil (OSC), diploma esse também alterado, profundamente, diga-se de passagem, pela Lei nº 13.204/2015.[1]

O referido inciso retrata a terceira hipótese de prescrição da pretensão condenatória objeto da ação de improbidade. Vejamos, pois, os termos do dispositivo, para melhor compreensão de seu conteúdo e finalidade:

> "Art. 23. As ações destinadas a levar a efeitos as sanções previstas nesta lei podem ser propostas:
>
> ....
>
> III – até cinco anos da data da apresentação à administração pública da prestação de contas final pelas entidades referidas no parágrafo único do art. 1º desta Lei".

---

[1] O capítulo não constava da 1ª edição desta obra. Com o advento da lei alteradora, passamos a incluí-lo a partir da 2ª. edição.

Como se pode observar, o legislador adotou o critério de prazo fixo e único, como o fez no inciso I do mesmo artigo. Desse modo, apenas o inciso II do art. 23 contém prazo variável, conforme já visto anteriormente.

8.2 ENTIDADES NÃO ADMINISTRATIVAS

Na parte em que foi estudado o sujeito passivo da ação de improbidade, ficou consignado que o art. 1º e seu parágrafo único da LIA oferecem largo espectro das pessoas jurídicas sob proteção da lei.

O art. 1º, *caput*, refere-se aos entes federativos – União, Estados, Distrito Federal e Municípios – e às entidades da administração indireta dos governos – as autarquias, empresas públicas, sociedades de economia mista e fundações governamentais. Todas essas entidades qualificam-se como *pessoas administrativas*, uma vez que integram a estrutura da Administração Direta ou da Administração Indireta.

O mesmo dispositivo alude, ainda, a entidades não administrativas, ou seja, a pessoas jurídicas que não integram o sistema formal da Administração Pública. São elas as entidades para cuja criação ou custeio o erário haja concorrido ou concorra com mais de cinquenta por cento do patrimônio ou da receita anual. Embora sejam entidades não administrativas, têm vínculo jurídico com o Poder Público, na medida em que este oferece suporte financeiro para sua criação ou manutenção.

No parágrafo único do mesmo art. 1º, o legislador pretendeu proteger o patrimônio de pessoas jurídicas também qualificadas como entidades não administrativas, diferenciando-se do grupo daquelas previstas no *caput* pelo fato de o suporte financeiro para a criação ou custeio ser inferior a cinquenta por cento.

Em tal cenário, convém deixar claro mais uma vez – perdoe-se a insistência – que a lei de improbidade administrativa não alcança apenas a Administração Pública, como pode parecer à luz do adjetivo *administrativa*, mas também entidades não administrativas que sejam destinatárias de apoio financeiro da parte do Poder Público.

8.3 DESTINATÁRIOS DA NORMA

O inciso III do art. 23 da Lei nº 8.429/1992 – LIA provoca alguma dúvida no intérprete no que tange aos destinatários da norma.

Com efeito, o dispositivo faz menção à prestação final de contas pelas *"entidades referidas no parágrafo único do art. 1º desta Lei"*, que são aquelas que recebem menor suporte financeiro, mas silencia sobre as entidades não administrativas contempladas no *caput*, alvo de maior suporte financeiro e equiparadas aos entes administrativos.

A dúvida consiste em que as entidades dessa última categoria também têm o dever de prestação de contas. Afinal, se aquelas que recebem suporte financeiro de menor valor não podem furtar-se ao dever de prestar contas, *quid iuris* aquelas que mais oneram o Poder Público em razão do suporte mais elevado a que fazem jus.

Na verdade, inexistiria, em princípio, razão lógica para a limitação estatuída no dispositivo. Todavia, o legislador foi explícito quanto aos destinatários da norma: ao mencionar apenas as entidades incluídas no parágrafo único do art. 1º da LIA, pretendeu não abranger aquelas inseridas no *caput* do mesmo dispositivo.

Infere-se, pois, que o tratamento dispensado às entidades beneficiárias de maior suporte financeiro, previstas no *caput* do art. 1º da LIA, será o mesmo aplicável às entidades administrativas mencionadas no mesmo dispositivo, de modo que valem para elas os comentários já oferecidos no capítulo precedente.

No que tange às entidades beneficiárias de menor suporte financeiro, referidas no parágrafo único do art. 1º, a proteção recai somente sobre seu *patrimônio*. Significa dizer que alguns atos que seriam caracterizados como de improbidade administrativa no caso das entidades com maior apoio (art. 1º, *caput*) não o serão se praticados contra essas pessoas.[2]

É o caso de empregado que se locupleta de vantagem indevida de terceiros, sem causar prejuízo aos recursos ou bens de seu empregador. Embora a conduta, do ponto de vista moral, tipifique-se como de improbidade, não se tratará de *ofensa ao patrimônio* da entidade. Diferente será a hipótese em que se apropriar de algum bem pertencente ao empregador: aí o ato será de improbidade por ofensivo ao patrimônio da entidade, sujeitando-se o agente à Lei de Improbidade.

Assim, é de se inferir que, no caso em tela, a prescrição da pretensão condenatória de improbidade é de cinco anos para os agentes responsáveis pela prática do ato, a partir da apresentação ao Poder Público da prestação de contas final, quando se tratar de empregados das entidades beneficiadas com *menor suporte financeiro* (art. 1º, parágrafo único).

8.4 AGENTES EMPREGADOS

As entidades não administrativas, quer as contempladas no *caput* do art. 1º, quer as enquadradas no parágrafo único do mesmo artigo, estão fora do sistema formal da Administração, sendo, portanto, pertencentes ao setor privado e, na maior parte das vezes, ao denominado *terceiro setor*.

Já foi visto que na Administração Pública existem pessoas jurídicas de direito público e de direito privado, e, em virtude dessa variedade, sujeitam-se a regime jurídico de direito público ou de direito privado, conforme a sua natureza. Consequentemente, também dependendo da natureza da entidade, os agentes podem ser qualificados como servidores públicos estatutários, servidores públicos trabalhistas ou meramente empregados trabalhistas.

No caso das entidades não administrativas, o quadro de trabalhadores se compõe de empregados trabalhistas, regidos pela legislação específica, a CLT – Consolidação das Leis do Trabalho. É a hipótese de associações, fundações e sociedades civis, qualificadas ou não como organizações sociais (OS) ou organizações da sociedade civil de interesse público (OSCIPs), ou qualquer outra entidade similar, desde que seja destinatária de recursos públicos para sua criação ou manutenção.

---

[2] EMERSON GARCIA, ob. cit., p. 213.

Como o conceito de agente público previsto no art. 2º da LIA é de largo alcance, o que já se comentou anteriormente, deve ser assim considerado, para os fins da lei, o empregado pertencente a alguma dessas entidades, já que a lei os equiparou aos agentes administrativos.

No caso em pauta, como o inciso III do art. 23 se destina às entidades do terceiro setor com menor suporte financeiro (art. 1º, parágrafo único), seus agentes qualificam-se como empregados regidos pela lei trabalhista. Como já se disse, a lei teve o escopo de proteger o *patrimônio* dessas entidades, e não outros valores dentro do conceito geral de probidade.

Segue-se que, se o empregado, por exemplo, aliena bem da entidade por valor inferior ao de mercado para favorecer o adquirente, sua conduta aí é de improbidade na forma de lesão ao patrimônio da entidade, configurando-se, assim, o tipo do art. 10 da Lei de Improbidade.

Se houver inércia por parte dos órgãos estatais para promover a ação de improbidade no prazo de cinco anos após a prestação de contas da entidade, ocorrerá a prescrição da pretensão punitiva relativamente ao autor do fato, ficando ele, em decorrência, isento da respectiva sanção.

8.5 PRESTAÇÃO DE CONTAS

Tendo em vista que as entidades não administrativas referidas no art. 1º, *caput* e parágrafo único, da LIA, recebem a alocação de recursos públicos, devem, obviamente, providenciar a necessária prestação de contas na qual indiquem o emprego das verbas recebidas. Considerando, porém, que o inciso III do art. 23 da LIA só alude à segunda categoria, a esta se voltarão os comentários adiante.

Nesse sentido, como já afirmou reconhecida estudiosa do terceiro setor, "*toda entidade do terceiro setor que receba transferências de recursos públicos, independentemente de a que título for, tem o dever de prestar contas aos órgãos de controle interno, nos termos do art. 93, do Decreto-lei nº 200/1967*".[3] A afirmação é irretocável, pois cabe à entidade beneficiária demonstrar para quem lhe veiculou recursos a forma pela qual foram estes empregados dentro dos objetivos institucionais por ela alvitrados.

Se, de um lado, é dever das entidades oferecer a sua prestação de contas, de outro é fundamental e inafastável o controle a ser exercido pelo órgão público responsável pela alocação dos recursos. Tal dever é primordial para a preservação do patrimônio público e dos valores que compõem seu erário. Invoca-se aqui a Lei nº 10.180, de 6.2.2001, que organiza e disciplina os sistemas de planejamento, orçamento e contabilidade federal, bem como o controle interno do Poder Executivo Federal.[4]

Verifica-se, nos termos do dispositivo sob comento, que o fato jurídico em si, consistente na prestação de contas, é indispensável para que possa ser deflagrado o prazo da prescrição. Mas é importante que a Administração atue com energia para compelir a

---

[3] MARIA TEREZA FONSECA DIAS, *Terceiro setor e Estado: legitimidade e regulação*, Fórum, 2008, p. 370.
[4] Dispõe o art. 24, VI, da Lei 10.180/2001, caber ao Poder Executivo Federal "*realizar auditoria sobre a gestão dos recursos públicos federais sob a responsabilidade de órgãos e entidades públicos e privados;*"

entidade ao cumprimento da prestação de contas, sendo óbvio que a entidade por si não terá, em linha de princípio, grande interesse em tomar essa iniciativa.

8.6 TERMO INICIAL DA CONTAGEM

De acordo com o inciso em foco, o termo *a quo* da contagem do prazo prescricional é a *data da apresentação à Administração Pública* da prestação de contas final a cargo da entidade.

Não basta, portanto, a elaboração do relatório de prestação de contas efetuada pela entidade beneficiária. A prestação terá, quando muito, efeito interno, sujeito à verificação dos setores do próprio ente. Mas, para que a prestação de contas tenha efeito externo, cumpre apresentá-la ao órgão público de onde provieram os recursos, sobretudo com a indicação do objeto de seu emprego.

Noutro giro, a lei impôs que a contagem leve em consideração a prestação de contas *final*, de onde se infere que o legislador vislumbrou a possibilidade de haver prestações parciais das contas. Caracteriza-se a prestação de contas final pela circunstância de ser ela a definitiva e imutável, vale dizer, aquela com aptidão para ser apresentada à Administração com os elementos finais relativos às contas da entidade.

O momento inicial em que a prescrição é contada consiste na *apresentação* da prestação de contas à Administração, e isso porque somente a partir desse fato é que se pode verificar a conduta comissiva ou omissiva do órgão público. Antes disso, não há como acusar a Administração de ser negligente ou desinteressada no que tange à auditoria das contas da entidade.

O ato de apresentação deve revestir-se de alguma exigência formal. Prevalece aqui o princípio do formalismo, segundo o qual os atos em que intervém a Administração Pública se caracterizam como atos administrativos, devendo, portanto, conter o elemento *forma*, um de seus requisitos de validade. A apresentação da prestação de contas não pode ser informal, sob pena de não haver a possibilidade de apontar, com exatidão, o momento em que se concretizou. Por outro lado, se a entidade protocoliza o documento na seção própria do órgão administrativo, esse protocolo refletirá a comprovação de que as contas foram apresentadas.

Importante observar que o legislador ressaltou dois fatos jurídicos inafastáveis para o início do prazo prescricional: de um lado, a elaboração da prestação de contas final pela entidade e, de outro, sua apresentação ao órgão administrativo. Este segundo fato pressupõe a prática do primeiro, vale dizer, urge que a entidade prepare sua prestação de contas, para que, só depois, a apresente formalmente à Administração.

Para as entidades em tela, vale ressaltar, as destinatárias de menor suporte financeiro, será sempre oportuno que diligenciem a apresentação de sua prestação de contas à Administração. A razão é simples: sem que esse fato se materialize, não se inicia o prazo prescricional. Segue-se, então, que, sem o fato ensejador da contagem, os agentes não têm como se beneficiar de eventual prescrição, no caso da acusação de improbidade.

O fato tem repercussão prática. Suponha-se que certo ato de improbidade tenha sido praticado por agentes da entidade em 2016, mas a apresentação da prestação de contas tenha ocorrido apenas em 2019. A prescrição da pretensão punitiva somente se dará cinco anos depois, isto é, em 2024. Significa que os agentes autores não poderão invocar o período entre 2016 e 2019, já que nele ainda não terá se iniciado o prazo prescricional. Em outras palavras, a prescrição se consumará somente após oito anos da data do ato de improbidade, levando-se em conta a totalidade do período.

Há um detalhe que merece observação. O novo critério adotado pelo legislador para as entidades do art. 1º, parágrafo único, da LIA, como se pode verificar, difere do aplicável às entidades mencionadas no *caput* do mesmo artigo. Enquanto no primeiro caso, a contagem se inicia pela apresentação da prestação de contas pela entidade, no segundo, o prazo tem seu início a partir da prática do ato – critério, aliás, empregado para todas as demais hipóteses de improbidade.

8.7 ATOS DE IMPROBIDADE ANTERIORES

Considerando que o inciso III foi incluído no art. 23 da LIA pela Lei nº 13.019/2014, cumpre examinar a solução adequada para estabelecer a prescrição da pretensão punitiva de atos de improbidade praticados antes da inclusão dessa nova hipótese.

A análise da presente questão deve levar em conta apenas os atos anteriores, e isso porque, atendendo à regra geral, a norma só deve ser aplicada após a sua publicação, sendo vedada, em princípio, sua retroatividade. Incide, pois, aqui o art. 6º da Lei de Introdução às normas do Direito Brasileiro, segundo o qual a lei em vigor terá efeito imediato e geral, respeitados o ato jurídico perfeito, o direito adquirido e a coisa julgada. Consequentemente, o art. 23, III, da LIA, aplicar-se-á aos atos de improbidade praticados *após a vigência* da lei alteradora.

De início, não é possível supor que os atos de improbidade praticados por agentes das entidades antes da vigência da lei sejam imprescritíveis. É necessário, contudo, que se aponte a norma adequada para a incidência da prescrição. Como exemplo, pode ser citado um ato de improbidade perpetrado em 2010. Pergunta-se: não havendo ação de improbidade, quando ocorrerá a prescrição?

O inciso I do art. 23 da LIA não contém os elementos de incidência. Na verdade, trata de cargo em comissão ou função de confiança, hipóteses que não se identificam com o caso em foco. Obviamente, empregos, ainda que tenham funções de chefia ou assessoramento, não deixarão de ser configurados dentro do campo trabalhista. É de entender-se, pois, que o referido inciso é apropriado para agentes da Administração.

Não obstante, o inciso II, como já comentamos, rende ensejo a uma interpretação extensiva, em face da amplitude de seus termos. Com efeito, o inciso dispõe que o prazo de prescrição será fixado em lei específica para faltas disciplinares puníveis com demissão, "*nos casos de exercício de cargo efetivo ou emprego*".

Como o legislador não aludiu a "*emprego público*", expressão que limitaria o sentido aos empregos na Administração Pública, não haveria óbice à interpretação de que o termo "*emprego*" alcançaria os contratos de trabalho não somente na Administração, como também nas entidades referidas no art. 1º e parágrafo único da LIA. Sendo assim, não se faria a distinção quanto ao empregador, tendo-se como fator de importância apenas o regime trabalhista nas entidades privadas, administrativas ou não.

Dessa maneira, tanto a prescrição como o início da contagem do prazo prescricional seriam os mesmos para os atos praticados por empregados tanto das entidades com maior apoio financeiro quanto daquelas destinatárias de recursos em menor escala.

O prazo de prescrição – já o vimos – atenderia ao parâmetro relativo ao servidor do órgão alocador dos recursos. Quer dizer: o prazo da prescrição concernente ao empregado das entidades seria o mesmo atribuído ao servidor da pessoa responsável pela transferência de recursos, conforme o estabelecido em seu estatuto. Embora tenhamos feito alusão anteriormente às entidades com maior apoio financeiro, a norma valeria também para as menos aquinhoadas, beneficiárias de recursos abaixo de cinquenta por cento.

Por outro lado, o início do prazo deverá regular-se pelo respectivo estatuto funcional, já que há uma variedade quanto ao critério empregado para a contagem do período de prescrição. Haveria, pois, uniformidade de critérios para as entidades relacionadas no *caput* e no parágrafo único do art. 1º da LIA. Seja como for, no entanto, considera-se como marco inicial a *prática do ato* de improbidade.

Com o advento do inciso III do art. 23 e a consequente alteração de critério, o início da contagem ficou dilargado no tempo, pois o momento da apresentação da prestação de contas, critério atual, será obviamente posterior à data da prática do ato de improbidade.

8.8 RESCISÃO CONTRATUAL

O agente-empregado responsável pelo cometimento do ato de improbidade contra o patrimônio da entidade, à qual é vinculado pela lei trabalhista, pode sujeitar-se à rescisão do contrato de trabalho. A rescisão pode decorrer de causas diversas. Primeiramente, pode ocorrer por iniciativa do empregador ou do próprio empregado; além disso, pode derivar de justa causa ou não.

Na hipótese de haver a rescisão do contrato de trabalho do autor da improbidade, cabe indagar como será considerado o prazo de prescrição, para o fim de ser ajuizada a ação de improbidade.

A rescisão em nada vai alterar a contagem do prazo prescricional, seja qual for o momento em que se tenha consumado. De fato, a rescisão pode consumar-se antes da apresentação da prestação de contas da entidade ou depois desse fato. Em outras palavras, pode ocorrer que, à época da prestação de contas, o empregado não mais esteja na empresa, ou, contrariamente, que ainda figure no quadro do empregador.

Em qualquer caso, o prazo de prescrição será de cinco anos, nos termos do inciso III do art. 23 da LIA, iniciando-se a contagem na data de apresentação ao órgão administrativo da prestação de contas final a cargo da entidade.

Como se pode verificar, observando o critério da lei, nada impede que o prazo prescricional tenha início posteriormente à exclusão do empregado do quadro da entidade, já que o fato em si não é impeditivo da contagem do lapso da prescrição.

8.9 EMPREGO E FUNÇÕES SUBSEQUENTES

Em relação à eventual situação nova por parte do empregado da entidade destinatária de menor suporte financeiro, a solução, quanto à prescrição, não difere dos casos anteriores já comentados.

Realmente, o ex-empregado pode desenhar seu futuro de diversos modos. É possível que venha a ser empregado de outra entidade da mesma categoria que aquela a que pertencia. Pode também ingressar no serviço público, tanto como servidor trabalhista ou temporário quanto na qualidade de servidor estatutário. E ainda pode vir a ocupar cargo em comissão ou função comissionada por nomeação direta, sem concurso prévio.

Tudo vai depender da época em que o ato de improbidade foi cometido. Tendo sido cometido o ato à ocasião em que era ainda empregado da entidade lesada, a prescrição se regulará pelo art. 23, III, da LIA, aplicando-se o tempo e a contagem da forma já comentada anteriormente.

Ao contrário, se o ato foi cometido, ulteriormente, dentro do período em que o autor já estava no quadro da Administração Pública, qualificando-se, destarte, como servidor público, aplicar-se-ão os incisos I e II do art. 23, conforme a natureza do vínculo. Incidem aqui, então, os comentários expendidos sobre tais hipóteses nos capítulos anteriores.

TERCEIROS

9.1 SENTIDO

A regra geral é que o autor do ato de improbidade seja um agente público, ou seja, aquele que está ligado à Administração Pública mediante um vínculo jurídico formal. Entretanto, em certas situações, terceiros, não integrantes do sistema administrativo, podem também ser responsáveis por condutas de improbidade.

Desse modo, já tivemos a oportunidade de consignar que terceiros *"são aqueles que, não se qualificando como agentes públicos, induzem ou concorrem para a prática do ato de improbidade ou dele se beneficiam direta ou indiretamente"*.[1] É lícito, pois, classificar os autores de improbidade em duas categorias: os agentes públicos e os terceiros.

A fonte normativa situa-se no art. 3º da Lei nº 8.429/1992 e tem os seguintes termos:

> *"Art. 3º As disposições desta lei são aplicáveis, no que couber, àquele que, mesmo não sendo agente público, induza ou concorra para a prática do ato de improbidade ou dele se beneficie sob qualquer forma direta ou indireta."*

Segundo o texto legal, portanto, impõe-se asseverar que a referência à improbidade *administrativa* não se cinge à conduta apenas de agentes da Administração ou correlatos, mas, ao contrário, estende-se a outras pessoas que, mesmo não integrando os

---

[1] Nosso *Manual*, cit., p. 1.145.

quadros administrativos, associam-se na prática de atos que ferem os valores protegidos pela respectiva legislação.

9.2 INCIDÊNCIA NORMATIVA

A despeito da possibilidade de terceiros se sujeitarem à Lei de Improbidade, esta, como é óbvio, não tem incidência integral, mas sim limitada. Com efeito, dita o citado art. 3º que a lei se aplicará *"no que couber"*, inferindo-se daí a necessidade de recorrer-se ao *método de adequação*, em ordem a verificar se determinada norma legal cabe ou não na situação que envolva terceiros.

Essa verificação é passível de ser efetuada quando se observam as sanções previstas no art. 12 da LIA. A sanção de perda de função pública, por exemplo, revela-se incabível para aplicação a terceiros, sabido que estes não desempenham qualquer função pública. Todavia, é plenamente aplicável a penalidade de perda dos bens acrescidos ilicitamente ao patrimônio do terceiro que comete improbidade. Imperioso, assim, empregar o método de adequação.

O mesmo sucede no caso de algumas condutas de improbidade relacionadas na lei. É possível que o terceiro realize a conduta de obter benefícios por meio de atos que configurem enriquecimento ilícito, seja com recursos de administrados, seja com recursos do próprio erário. Mas quase impossível será conduzir-se de forma a negar publicidade a atos oficiais, como proclama o art. 11, IV, da LIA, e isso porque se trata de atividade própria de agentes administrativos.

9.3 PRESSUPOSTO DE INCIDÊNCIA

Há um detalhe de inegável importância no que diz respeito à sujeição de terceiros à Lei de Improbidade.

O terceiro só responderá perante a Lei de Improbidade se sua conduta estiver associada à de um agente público, como já observamos anteriormente.[2] Não se verificando a participação do agente público, o terceiro não estará isento de sanção, mas não se sujeitará à Lei de Improbidade, aplicando-se-lhe, no caso, a legislação pertinente.[3]

Um exemplo esclarece bem as situações. Se o terceiro, em conluio com o agente público, se apropria de bens ou haveres da Administração, responde por improbidade nos termos do art. 10, *caput*, da LIA, sem prejuízo da responsabilidade penal e civil.[4] Contudo, se sua conduta é isolada, sem participação de agente público, não estará sujeita à incidência da Lei de Improbidade, remanescendo, porém, as demais responsabilidades.

---

[2] Nosso *Manual*, cit., p. 1.145.
[3] EMERSON GARCIA, *Improbidade*, cit., p. 252.
[4] Essa previsão encontra-se no art. 12 da LIA.

Quer dizer: em relação ao terceiro, evoca-se o mecanismo do concurso de agentes,[5] tal como delineado na lei penal, sendo que um dos coautores há de ser necessariamente agente público.

9.4 CONDUTAS DO TERCEIRO

Em conformidade com o art. 3º da LIA, ao terceiro podem ser imputadas três condutas de improbidade: (1ª) induzir para a prática do ato; (2ª) concorrer para o mesmo fim; e (3ª) beneficiar-se da conduta, de forma direta ou indireta.

Induzir traduz a ideia de *plantar, incutir, inocular*. Nesse caso, o terceiro *planta* no agente público o propósito de cometer o ato de improbidade, o que sugere que este último não tinha previamente o desiderato de fazê-lo. Trata-se, pois, de conduta que, embora produzida por terceiro, afeta inexoravelmente os valores tutelados pela Lei de Improbidade.

Diferentemente da lei penal, a LIA não menciona a ação de *instigar*, que espelha a conduta de *estimular, incentivar*.[6] Nessa hipótese, é de ver-se que o agente público já tinha o propósito de praticar a improbidade, de forma que a consumação desta terá contado com o apoio do terceiro incentivador. Em face da omissão de tal conduta, a doutrina diverge. Para alguns, deve interpretar-se extensivamente o dispositivo, para alcançar também o ato de instigação.[7] Outros entendem ser indevida a extensão interpretativa.[8]

A nosso ver, esta última é a melhor interpretação. Com efeito, à semelhança do que ocorre na lei penal, vedada é a interpretação extensiva para a configuração de tipos acusatórios, sejam eles de natureza penal ou indicativos de improbidade. Conclui-se, então, que o terceiro que instiga o agente à prática do ato de improbidade não perpetra conduta enquadrada na tipologia da Lei de Improbidade e, sendo esta inaplicável, não se submete a qualquer das sanções nela previstas.[9]

As demais condutas não suscitam hesitações. O ato de *concorrer* denuncia a participação efetiva do terceiro no processo formador da improbidade, em auxílio ao agente público. Por outro lado, a conduta de *beneficiar-se* direta ou indiretamente traduz a ideia da vantagem auferida pelo terceiro como efeito da prática de improbidade.

Em suma, pode depreender-se que todas as condutas praticadas pelo terceiro para o fim de cometer improbidade têm expressiva relevância jurídica, atingindo claramente o princípio da probidade administrativa, protegido em sede constitucional e legal. Assim, devem sujeitar-se aos rigores da lei tanto quanto os agentes públicos, sempre considerada a hipótese do cabimento da sujeição, em observância ao método de adequação.

---

[5] É a correta observação de PEDRO ROBERTO DECOMAIN, *Improbidade*, cit., p. 54.
[6] O art. 122 do Código Penal dispõe: "*Induzir ou instigar alguém a suicidar-se ou prestar-lhe auxílio para que o faça.*"
[7] É a opinião de JOSÉ ANTÔNIO LISBÔA NEIVA, A lei de improbidade, cit., p. 46. MARINO PAZZAGLINI tem o mesmo entendimento, embora, equivocadamente a nosso ver, considere como de indução o ato de instigação (Lei de Improbidade, cit., p. 25).
[8] EMERSON GARCIA, ob. cit., p. 251.
[9] Adotamos essa interpretação em nosso *Manual*, cit., p. 1.145.

9.5 PRESCRIÇÃO

Tendo em vista a previsão legal de que o terceiro também pode ser responsabilizado pela Lei de Improbidade, é imperioso examinar a questão relativa à prescrição da pretensão condenatória no caso em que comete ato de improbidade. Em outras palavras, cumpre analisar qual o período dentro do qual é lícito deduzir a referida pretensão e, consequentemente, qual o prazo em que se consuma a prescrição.

A matéria não tem expressa previsão na LIA, de modo que pode ensejar dissenso quanto à melhor interpretação.

Numa primeira visão, é oportuno considerar que alguns intérpretes advogam que, ante o silêncio da lei, deve aplicar-se aos terceiros o prazo geral de cinco anos, com fundamento no Decreto nº 20.910/1932, que trata da prescrição quinquenal em relação às pretensões contra a Fazenda, isso independentemente da situação jurídica do agente parceiro na prática da improbidade.[10]

Não obstante, parece dominar entendimento diverso, anotando-se certa convergência entre os estudiosos e na própria jurisprudência. Emerson Garcia sustenta que o terceiro não age de forma isolada no caso de improbidade e, sendo assim, o agente público coautor é *"o elemento condicionante da própria tipologia legal"*. Por tal motivo, a situação do agente é que deve nortear a identificação do prazo prescricional relativamente ao terceiro.[11]

Na mesma trilha se coloca Pedro Roberto Decomain, para quem o prazo prescricional, *"relativamente a particulares que se beneficiaram do ato ímprobo ou que colaboraram na respectiva prática, é o mesmo aplicável ao servidor faltoso"*.[12]

A jurisprudência firmou-se com idêntica interpretação. Na seguinte decisão do STJ ficou bem delineada essa posição:

> *"O **dies a quo** do prazo prescricional, aplicável aos servidores públicos e agentes políticos, previsto no art. 23, inciso I, da Lei nº 8.429/92, é extensivo aos particulares que se valeram do ato ímprobo, porquanto não haveria como ocorrer tal ilícito sem que fosse em concurso com agentes públicos ou na condição de beneficiários de seus atos [...]".*[13]

A jurisprudência ficou consagrada na Corte com o seguinte enunciado: *"O termo inicial da prescrição em improbidade administrativa em relação a particulares que se beneficiam de ato ímprobo é idêntico ao do agente público que praticou a ilicitude".*[14] Verifica-se, pois, que o critério para a contagem se baseou na associação de desígnios entre o agente público e o terceiro beneficiário.

---

[10] É a opinião de MAURO ROBERTO GOMES DE MATTOS, ob. cit., p. 812.
[11] EMERSON GARCIA, ob. cit., p. 558.
[12] PEDRO ROBERTO DECOMAIN, ob. cit., p. 387.
[13] STJ, REsp 704.323, Rel., Min. FRANCISCO FALCÃO, em 16.2.2006.
[14] Enunciado nº 6, Livro de Teses STJ nº 38. Vide também: AgRg no REsp 1.510.589, j. 26.5.2015, e REsp 1.433.552, j. 25.11.2014.

Em outro aresto, assim decidiu o mesmo STJ:

"*Se alguém estranho ao serviço público praticar um ato de improbidade em concurso com ocupante de cargo efetivo ou emprego público, sujeitar-se-á ao mesmo regime prescricional do servidor público.*"[15]

De fato, essa também nos parece a melhor interpretação. O fundamento é bem consistente e pode ser visto sob dois aspectos. Primeiramente, inexiste norma expressa que contemple especificamente a prescrição para o terceiro. Ademais, o suporte jurídico que conduz o terceiro à sujeição da Lei de Improbidade é realmente o agente público que com ele participou do ato. Portanto, nada mais razoável que a pretensão a ser deduzida contra este último se identifique com aquela direcionada ao terceiro. E, se assim é, o prazo da prescrição será o mesmo para ambos os autores.

Partindo-se dessa premissa, urge concluir que vigora, na espécie, o regime da *variabilidade* do prazo: aplica-se ao terceiro o prazo prescricional fixado para o agente. A identificação do prazo é consequente: só se vislumbra a prescrição da pretensão relativamente ao terceiro depois que for definido o prazo originalmente fixado para o agente.

Se o terceiro comete improbidade em concurso com agente titular de cargo em comissão ou titular de mandato, o prazo da prescrição será de cinco anos, *ex vi* do art. 23, I, da LIA. Caso, porém, o concurso seja com servidor público titular de cargo efetivo, aplicar-se-á o art. 23, II, segundo o qual a prescrição será definida pelo respectivo Estatuto. Nesse caso, valem as observações que fizemos anteriormente sobre a matéria. Na hipótese do art. 23, III, o prazo quinquenal de prescrição fixado para o responsável pela apresentação da prestação de contas estende-se ao terceiro que tenha colaborado com aquele ou se tenha beneficiado da improbidade.

A relação de subsidiariedade do terceiro alcança também os demais agentes públicos. Desse modo, se o ato é praticado em concurso com servidores trabalhistas das pessoas públicas ou das entidades administrativas privadas, ou com empregados de entidades do setor privado sujeitos à Lei de Improbidade, a prescrição concernente ao terceiro será a mesma aplicável a tais agentes. Ainda uma vez, remetemos ao capítulo anterior, dentro do qual foi examinada essa matéria.

Pode surgir alguma dúvida na hipótese em que o terceiro pratica o ato em consórcio com agentes públicos sujeitos a regimes prescricionais diversos. Como exemplo, o ato praticado em conjunto com um servidor titular de cargo em comissão (art. 23, I, LIA) e com um servidor efetivo (art. 23, II). Como o terceiro concordou em associar-se a ambos os agentes, deve aplicar-se a ele o prazo prescricional mais amplo, evitando-se com isso que se beneficie de prazo menor do que o atribuído a um dos agentes coautores.[16]

Quanto ao termo *a quo* do prazo, permanece a relação de subsidiariedade. O momento a partir do qual deve fluir o prazo de prescrição do agente público é o mesmo a ser aplicado ao terceiro copartícipante da improbidade. Por via de consequência, incidem aqui também todas as observações que fizemos a respeito do tema nos capítulos anteriores.

---

[15] STJ, REsp 965.340, Rel. Min. CASTRO MEIRA, em 25.9.2007.
[16] No mesmo sentido, EMERSON GARCIA, ob. cit., p. 559.

Não custa, porém, aduzir uma observação. Muito embora a conduta de improbidade se tenha perpetrado em concurso de agentes, são diversas as relações jurídicas entre a pessoa lesada e seu agente, de um lado, e entre ela e o terceiro, de outro. Partindo-se dessa premissa, pode suceder que determinado fato interrompa a prescrição contra o agente, mas não contra o terceiro. É o caso, *v. g.*, em que a ação é ajuizada apenas contra aquele. Não havendo fato interruptivo do prazo prescricional relativo ao terceiro, a prescrição se consumará em relação a este, ainda que, quanto ao agente, tenha havido a interrupção.

9.6 TERCEIRO E FUNÇÃO PÚBLICA SUCESSIVA

O terceiro, coautor de ato de improbidade administrativa, nem sempre continua com sua situação de não integrante da Administração. Conquanto seja essa a situação habitual, há que se levar em conta que, em outras circunstâncias, pode o terceiro, depois da prática do ato, ingressar no quadro estatal para desempenhar alguma função pública.

Neste tópico, pretende-se exatamente verificar os efeitos dessa alteração de *status* por parte do terceiro. Este, após o cometimento do ato ilícito, passa a exercer função pública antes de transcorrer o prazo da prescrição. Note-se que essa nova situação pode ocorrer sem problemas, já que há a possibilidade de ainda não existir qualquer procedimento de apuração do fato.

A primeira hipótese é aquela em que, depois do fato, o terceiro passa a exercer mandato eletivo ou a ocupar cargo em comissão ou função de confiança – situações transitórias previstas no art. 23, I, da LIA. Como o fato ocorreu antes da nova situação do terceiro, pela qual passou a qualificar-se como agente público, nenhuma influência terá a mudança de *status*. Assim, continuará a ser tratado como terceiro para fins de prescrição, regendo-se esta, como vimos acima, pela mesma norma aplicável ao agente público com o qual participou da improbidade.

Nenhuma influência haverá também no caso em que o terceiro vem a integrar situação definitiva no quadro estatal, passando, por exemplo, a ocupar cargo efetivo ou emprego público – situação prevista no art. 23, II, da LIA. A prescrição da improbidade ocorrerá no prazo fixado para o agente com o qual concorreu anteriormente para a prática do ilícito.

Se a inexistência de efeito ocorre nos casos de mudança de situação acima mencionados, com mais razão ocorrerá quando o terceiro vem a ser contratado pelo regime trabalhista para entidades administrativas ou pessoas sujeitas à incidência da Lei de Improbidade. A prescrição deve ser aplicada considerando-se o terceiro nessa qualidade, e não naquela que passou a ostentar.

Em suma, é de se depreender que, relativamente ao prazo de prescrição e à respectiva contagem, a situação do terceiro que pratica ato de improbidade em coautoria com agente público não se altera pela modificação superveniente de sua situação jurídica, por ingresso em quadro funcional administrativo ou em entidade sujeita à legislação da improbidade.

9.7 TERCEIROS INCAPAZES

9.7.1 IMPUTABILIDADE

Pode suceder que o terceiro autor de improbidade seja um incapaz, como no exemplo em que um menor concorre com o agente público para a prática do ilícito, auxiliando-o no desvio de bens públicos para indébita apropriação.

Nessa hipótese, cabe primeiramente verificar a questão da imputabilidade do incapaz, para só depois analisar eventual prescrição da pretensão condenatória.

O art. 12 da LIA relaciona as sanções aplicáveis no caso de improbidade, ressalvando que sua aplicação se dará *"independentemente das sanções penais, civis e administrativas previstas na legislação específica"*. Na verdade, o texto refere-se à responsabilidade do autor do ato, considerando-se que a responsabilidade por improbidade se hospeda em campo diverso das responsabilidades civil, penal e administrativa.

Contudo, é impossível conceber que a responsabilidade por improbidade constitua um quarto gênero, além das demais categorias de responsabilidade. De fato, várias condutas se enquadram também como ilícitos civis, assim como outras se incluem entre ilícitos penais e administrativos. Mas, por si só, o ato de improbidade não enseja responsabilidade própria.

De qualquer modo, os estudiosos em geral consideram que o ato de improbidade, tal como regulado pela Lei nº 8.429/1992, não se apresenta com caráter penal, embora em certos momentos o sistema guarde muita semelhança com os dogmas que regem esse campo.[17] Entende-se, pois, que o ato de improbidade é não penal.

Entretanto, as condutas tipificadas como de improbidade podem enquadrar-se também como ilícitos penais, civis ou administrativos. O ato de apropriar-se de bens públicos, além de constituir improbidade, implica a prática de crime. Se o agente adquire bem por preço acima do praticado no mercado, comete improbidade e, simultaneamente, comete ilícito civil. Sendo servidor, o ato também espelha ilícito administrativo. Desse modo, a responsabilidade decorrente da prática de improbidade pode conjugar-se com a responsabilidade penal, civil ou administrativa.

Tratando-se de terceiro incapaz, o ato de improbidade que por acaso cometa não renderá ensejo à sua responsabilidade penal.[18] A LIA, inclusive, não prevê sanção de natureza penal. Por outro lado, como não pode ter vínculo jurídico com o Poder Público, o que o afasta da situação de ser agente público, não poderá sujeitar-se à responsabilidade administrativa funcional, própria de quem está a serviço do Estado. Destarte, nunca poderia receber sanções funcionais, como é o caso da perda de função pública.

---

[17] A respeito, veja-se o artigo de ARNOLDO WALD e GILMAR FERREIRA MENDES, Competência para julgar a improbidade administrativa, publ. na *Revista de Informação Legislativa* nº 138, abr./jun. 1998, p. 213-215.

[18] Arts. 26 (doença mental ou desenvolvimento mental incompleto) e 27 (menores de 18 anos) do Código Penal. Advirta-se, entretanto, que o menor sujeita-se às medidas previstas na Lei nº 8.069/1990, o Estatuto da Criança e do Adolescente (arts. 103, 104 e 112).

Todavia, estão também relacionadas sanções tipicamente de natureza cível, como é o caso da perda de bens ou valores acrescidos ilicitamente ao patrimônio, o ressarcimento integral do dano, o pagamento de multa civil, a proibição de contratar com o Poder Público e o impedimento à percepção de benefício ou incentivos fiscais (art. 12 da LIA).[19]

É de inferir-se, portanto, que é legítima a imputação de terceiro incapaz no que concerne à responsabilização por improbidade quando esta espelha, da mesma forma, responsabilidade civil. No entanto, somente algumas sanções podem ser-lhe aplicadas nessa hipótese. Será necessário, desse modo, analisar detidamente a natureza do ato de improbidade e a sanção que eventualmente seja passível de incidência.

Figure-se novamente o exemplo acima: um menor de 17 anos auxilia um agente público no ato de apropriação de determinados bens pertencentes à Administração, naturalmente provocando prejuízos a esta. A indagação é: esse menor configura-se como terceiro para os fins de responsabilização pela prática do ato de improbidade em concurso com o agente?

A resposta é positiva. Embora o menor seja incapaz relativamente a certos atos,[20] a lei civil atribui-lhe, como regra, responsabilidade civil, obrigando-o a responder pelos prejuízos que causar a terceiros.[21] O Código Civil não deixa margem a dúvida quanto ao fato:

> "Art. 928. O incapaz responde pelos prejuízos que causar, se as pessoas por ele responsáveis não tiverem obrigação de fazê-lo ou não dispuserem de meios suficientes.
>
> Parágrafo único. A indenização prevista neste artigo, que deverá ser equitativa, não terá lugar se privar do necessário o incapaz ou as pessoas que dele dependem."

A lei civil, conforme se pode observar, estabelece, como regra, a obrigação de o incapaz indenizar. A exceção reside na circunstância de ter ele responsável com essa obrigação ou quando esse responsável não tiver como arcar com a reparação. A lei, como reconhece a doutrina, procurou um justo equilíbrio entre o dano e a indenização.[22]

A norma civil se completa com os arts. 932, I e II, e 933, do mesmo Código, que têm os seguintes dizeres:

---

[19] Constitui sanção também a suspensão dos direitos políticos, que tem predominantemente natureza política (art. 12, LIA). O incapaz pode ou não ser titular desses direitos. Se o for, entendemos que a sanção lhe é aplicável, conquanto deva o julgador avaliar cuidadosamente a gravidade da conduta, observando o princípio da proporcionalidade.
[20] Art. 4º, I, Código Civil.
[21] Apenas à guisa de esclarecimento, o Estatuto da Criança e do Adolescente (Lei nº 8.069/1990) dispõe no art. 112, II, que a autoridade competente, entre as medidas socioeducativas, pode obrigar o adolescente à reparação do dano.
[22] SÍLVIO DE SALVO VENOSA, Direito civil, cit., v. 4, 3. ed., 2003, p. 54.

"*Art. 932. São também responsáveis pela reparação civil:*

I – os pais, pelos filhos menores que estiverem sob sua autoridade e em sua companhia;

II – o tutor e o curador, pelos pupilos e curatelados, que se acharem nas mesmas condições;

....

Art. 933. As pessoas indicadas nos incisos I a V do artigo antecedente, ainda que não haja culpa de sua parte, responderão pelos atos praticados pelos terceiros ali referidos."

Os dispositivos acima demonstram que, dependendo das circunstâncias, o incapaz pode qualificar-se como terceiro para fins de improbidade, tanto na hipótese de incapacidade relativa (art. 4º, CC), quanto se se tratar de incapacidade absoluta (art. 3º). Pode ocorrer que eventual ação seja proposta contra o agente público e o incapaz sozinho, como também pode suceder que o seja contra o agente público e o incapaz, assistido ou representado. A responsabilidade, no caso, é solidária entre todos os autores e responsáveis.[23]

Nesse aspecto, cabe lembrar que, sob o ângulo da teoria do processo, três podem ser as capacidades processuais. De início, a *capacidade de ser parte*, que retrata a viabilidade de a pessoa demandar e ser demandado, sendo elemento vinculado ao direito material e especificamente à existência de personalidade jurídica. Em segundo lugar, tem-se a *capacidade processual em sentido estrito* (ou *legitimatio ad processum*), indicativa da capacidade de a pessoa estar em juízo, espelhando típico requisito processual. Por último, a *capacidade postulatória*, que espelha o poder jurídico de procurar em juízo, ou seja, praticar atos em que haja postulação.[24]

De acordo com o Código de Processo Civil, *"toda pessoa que se encontre no exercício de seus direitos tem capacidade para estar em juízo"* (art. 70), dispositivo que se completa com o conteúdo do art. 71 do mesmo Código, que dispõe: *"O incapaz será representado ou assistido por seus pais, por tutor ou por curador, na forma da lei"*. Todavia, como se consignou anteriormente, a lei civil nem sempre exige a assistência ou a representação. Esses são os pontos relevantes para a análise da questão.

É imperioso, por conseguinte, distinguir com cuidado os planos material e processual. O primeiro tem sua regulação no Código Civil e diz respeito à própria personalidade jurídica, enquanto o segundo se adstringe ao Código de Processo Civil, onde são verificados os requisitos para que a pessoa figure legitimamente na relação processual.

Ante os referidos elementos, é lícito concluir que um menor de 15 anos (absolutamente incapaz, conforme art. 3º do Código Civil) ou um menor de 17 anos ou um ébrio habitual (relativamente incapazes nos termos do art. 4º, I e II do mesmo Código) podem qualificar-se como *terceiros* se forem coautores, com agente público, na prática de ato de

---

[23] Art. 942, parágrafo único, Código Civil.
[24] LUIZ GUILHERME MARINONI e DANIEL MITIDIERO, *Código de Processo Civil*, cit., p. 102.

improbidade administrativa. E, *por terem personalidade*, têm *capacidade de ser parte* em processo judicial. A variação corre por conta da responsabilidade civil: esta poderá ser pessoalmente do incapaz ou de seu representante, nas condições estatuídas na lei civil.

Num segundo plano, cabe observar, agora sim, os requisitos necessários à participação do incapaz na relação processual derivada da ação de improbidade. Ultrapassada a fase de sua capacidade de ser parte, cumpre definir a questão da capacidade processual, ou seja, da *legitimatio ad processum*. Aqui, duas podem ser as hipóteses: (1ª) o incapaz é parte no processo e, embora representado ou assistido (art. 71, CPC), tem responsabilidade própria para fins de aplicação das sanções (art. 928, CC, *initio*); (2ª) o incapaz, embora seja parte, não tem responsabilidade – que é atribuída ao responsável nos casos da lei civil (art. 928, CC, parte final), sobre ele incidindo os efeitos sancionatórios civis da Lei de Improbidade.

Para exemplificar e distinguir: incapaz, em coautoria com agente público e na qualidade de terceiro, se apropria de dois *laptops* pertencentes ao Estado. Na ação de improbidade, ambos figurarão como réus, embora seja o incapaz assistido ou representado. Contudo, na primeira hipótese acima, a condenação à devolução dos bens será dirigida diretamente ao incapaz, que tem responsabilidade própria. Na segunda, a condenação se dirigirá ao representante ou assistente, aos quais a lei atribui responsabilidade. Seja como for, haverá solidariedade entre todos os autores e os responsáveis legais, como registra o art. 942, parágrafo único, do Código Civil.[25]

9.7.2 PRESCRIÇÃO

Como o incapaz se enquadra como terceiro, incide a regra segundo a qual a prescrição da pretensão condenatória de improbidade ocorrerá no mesmo prazo e nas mesmas condições que a fixada para o agente público com o qual concorreu.

Supondo-se que o citado menor de 17 anos tenha prestado auxílio a um agente titular de mandato na prática do ato de improbidade, a prescrição reger-se-á pelo art. 23, I, da LIA, ou seja, em cinco anos. Caso a associação tenha sido com um servidor titular de cargo efetivo, aplicar-se-á o art. 23, II, remetendo-se à lei específica, ou seja, ao Estatuto.

É sempre oportuno ressaltar que a pretensão à reparação civil, em caso de prejuízo ao erário, é imprescritível tanto para o agente quanto para o incapaz coautor. Portanto, a prescrição, se consumada, atingirá a perda de bens acrescidos, a proibição de contratar ou receber incentivos fiscais – sanções que não têm relação com a obrigação de reparar prejuízos causados ao erário.

De acordo com o art. 198, I, do Código Civil, não corre a prescrição contra os absolutamente incapazes, relacionados no art. 3º do mesmo diploma. A norma, porém, não se aplica na situação *sub examine*. O dispositivo refere-se à prescrição *contra* o incapaz, diferente da situação que se examina, em que a prescrição corre *a seu favor*.

---

[25] É também a observação de SÍLVIO DE SALVO VENOSA, ob. cit., v. IV, 2003, p. 64.

9.8 PESSOA JURÍDICA

Para alguns estudiosos, é possível que a pessoa jurídica seja qualificada como terceiro para fins de improbidade. Aqueles que advogam esse entendimento afirmam, ainda, que, podendo ser coautora do ato, a pessoa jurídica pode ser alvo da aplicação de sanções, como, por exemplo, a proibição de contratar com o Poder Público.[26]

Lamentamos dissentir desse entendimento. Em nosso entender, a pessoa jurídica jamais se enquadra na categoria de terceiro. A razão fundamental consiste no fato de que a tipologia da improbidade comporta necessariamente a presença do elemento subjetivo, seja ele o dolo, seja a culpa, o que se torna inviável quando se trata de pessoa jurídica.

Ademais, o terceiro, segundo o art. 3º da Lei de Improbidade, é aquele que pratica três tipos de conduta: o induzimento, o auxílio e o recebimento de benefício decorrente do ato. Essas condutas reclamam a intenção do terceiro na prática do ato em conjunto com o agente, e tal intenção não pode recair sobre pessoa jurídica.

A responsabilidade pelo ato de improbidade deve ser atribuída às pessoas físicas, certamente aos dirigentes da pessoa jurídica que foram efetivamente os responsáveis pela conduta ilícita.

Sem dúvida, alguns atos de improbidade cometidos por pessoas físicas podem gerar efeitos que retratem benefícios indevidos para a pessoa jurídica. Serve como exemplo a hipótese em que um agente e um diretor de pessoa jurídica se associam para o desvio de recursos ou bens públicos para o patrimônio da pessoa jurídica. Os sujeitos da improbidade, com efeito, são o agente e o diretor da entidade, este figurando como terceiro.

Nessa hipótese, a ação, a ser proposta pelo Ministério Público ou pela pessoa jurídica interessada, terá caráter autônomo e será endereçada à pessoa jurídica beneficiária, figurando como objeto o pedido de devolução de valores ou de bens da pessoa lesada, indevidamente incorporados a seu patrimônio. Tal demanda, contudo, não se confunde com a ação de improbidade a ser proposta contra o agente e o diretor da pessoa jurídica beneficiária.[27]

Nessa linha, já se decidiu, corretamente a nosso ver, que entidades beneficiárias de atos de improbidade não ficam em litisconsórcio com os agentes responsáveis pela prática do ato, podendo, isto sim, sujeitar-se à responsabilidade civil e ao dever de indenizar. Assim julgou o STJ:

> "A conduta dos agentes públicos, que constitui o foco da LIA, pauta-se especificamente pelos seus deveres funcionais e independe da responsabilização da empresa que se beneficiou com a improbidade."[28]

Depreende-se, por conseguinte, que, não podendo a pessoa jurídica qualificar-se como terceiro para fins de improbidade, inexistirá pretensão contra ela e, consequentemente, não há que se falar em prescrição.

---

[26] É como pensam EMERSON GARCIA e ROGÉRIO PACHECO ALVES, ob. cit., p. 253.
[27] Tratamos do tema em nosso *Manual*, cit., p. 1.146.
[28] STJ, REsp 896.044, Rel. Min. HERMAN BENJAMIN, em 16.9.2010.

10

INCIDENTES DA PRESCRIÇÃO DE IMPROBIDADE

10.1 AÇÃO DE IMPROBIDADE ADMINISTRATIVA

Vimos anteriormente que a ação de improbidade administrativa se destina a condenar aqueles que se envolveram na prática de atos de improbidade, enunciados nos arts. 9º a 11 da Lei nº 8.429/1992, aplicando-se, quando procedente o pedido, as sanções previstas no art. 12 da mesma lei.

A Lei de Improbidade – adita-se nesta oportunidade – não deu qualquer denominação à ação, limitando-se a mencionar a expressão *ação principal* (art. 17, *caput* e § 3º). No art. 18, a lei refere-se à sentença que julgar procedente *ação civil de reparação de dano*. O art. 17, § 11, é o único que alude à ação de improbidade. Diante do texto legal, nada se pode inferir quanto à espécie de ação. Daí a confusão doutrinária e jurisprudencial que o fato tem ensejado, com afastamento das linhas técnicas que devem reger a matéria.

Para muitos – cabe reiterar –, trata-se de ação civil pública, regida basicamente pela Lei nº 7.347/1985.[1] Sempre divergimos desse entendimento. Em nosso entender, trata-se de ações diversas, calcadas em condições próprias e regidas por leis específicas. Pequeno símbolo desses elementos diferenciais é o procedimento, que se apresenta com identidade própria em cada uma das ações. Entretanto, limitamo-nos a essas breves considerações por não ser este o foro adequado para desenvolvimento da discussão.[2]

---

[1] ROGÉRIO PACHECO ALVES, com EMERSON GARCIA, *Improbidade administrativa*, cit., p. 667-671.
[2] Expusemos detalhadamente nosso entendimento no trabalho Ação civil pública e ação de improbidade administrativa: unidade ou dualidade?, inserido na obra coletiva *A ação civil pública após 25 anos*,

Quanto à fisionomia jurídica, domina, como já antecipamos, o entendimento de que a ação de improbidade tem natureza cível, muito embora pontualmente se assemelhe ao sistema adotado pela legislação penal.

10.2 AÇÃO DE IMPROBIDADE, PRETENSÃO E PRESCRIÇÃO

Vimos anteriormente que o art. 23 da LIA, ao tratar da prescrição, faz referência a *ações*. Diz o texto que as *ações* destinadas à apuração de improbidade podem ser propostas nos prazos especificados nos incisos I e II do mesmo dispositivo, matéria que já examinamos.

Adotando, porém, a mesma linha teórica que tem inspirado o presente estudo, e com fundamento no vigente Código Civil, temos que a prescrição não atinge diretamente a ação, mas sim a pretensão. Se esta não for oferecida no prazo que a lei determinar, o efeito será a sua extinção pelo decurso do tempo e pela presunção de desinteresse do titular do direito.

A pretensão – voltamos a enfatizar – origina-se da ofensa ao direito, como faz certo o art. 189 do Código Civil e, ao momento que o fato ocorre, cabe ao titular do direito diligenciar no sentido de restabelecer a situação de regularidade. Vale-se, então, da ação em sentido material, em que o titular sai do estado de inércia para a defesa de seu direito. Uma dessas formas de atuação consiste exatamente na ação em sentido processual, instrumento pelo qual o titular demonstra interesse na proteção a seu direito e impede que o transcurso do prazo possa extinguir a pretensão de tutela.

No caso da improbidade administrativa, o titular do direito subjetivo à probidade de seus agentes é o Estado. Quando um deles viola esse direito, propicia o surgimento da pretensão estatal. Cabe ao titular, pois, atuar, ou seja, desenvolver a ação material com o fim de manter íntegra a pretensão. A ação de improbidade, uma vez proposta, retrata essa diligência e simboliza a comprovação de ausência de inércia, vale dizer, representa a vontade expressa do Estado em deduzir a pretensão.

Na ação de improbidade administrativa, a pretensão consiste em restabelecer a legalidade através da condenação dos autores às diversas sanções fixadas na lei, inclusive a do restabelecimento *stricto sensu* de eventuais prejuízos decorrentes da conduta ilícita. A pretensão, por conseguinte, tem natureza eminentemente condenatória e visa a demonstrar o dever do Estado em resguardar um de seus valores precípuos, qual seja, a probidade na Administração.

Essas, portanto, as linhas básicas que aproximam a ação de improbidade e a pretensão estatal.

Até agora, vimos a matéria da prescrição em ângulo mais amplo, inclusive sem a propositura de ação. Neste capítulo, tencionamos tratar do tema à luz da própria ação de improbidade, analisando também os incidentes relativos à prescrição que podem surgir no tocante à ação.

---

coordenada por ÉDIS MILARÉ, Revista dos Tribunais, 2010, p. 483-499. Em abono de nossa opinião: MARINO PAZZAGLINI FILHO, *Lei de improbidade*, cit., p. 197.

10.3 INTERRUPÇÃO DA PRESCRIÇÃO

10.3.1 INTRODUÇÃO

A Lei nº 8.429/1992, já o vimos, tem caráter material e formal, vale dizer, não somente contempla a parte substancial relativa à improbidade administrativa, como prevê também o segmento instrumental idôneo à apuração das condutas dos ímprobos.

Tal segmento é repartido em duas modalidades de atuação: de um lado, o processo administrativo, em que a investigação tramita na via administrativa e nela tem seu desfecho e, de outro, o processo judicial, materializado pela ação de improbidade administrativa, em que a apuração se define com a sentença judicial.

Na parte em que trata do procedimento judicial relativo à ação de improbidade, a Lei de Improbidade é silente no que concerne aos fatos interruptivos do prazo prescricional. Por via de consequência, deverão aplicar-se as leis civil e processual civil, que funcionam, no caso, como leis gerais sobre a matéria.

10.3.2 SENTIDO

Embora já tenhamos feito os devidos comentários, não custa lembrar, neste momento, que a interrupção é o fato jurídico pelo qual o titular assume inequivocamente postura defensiva de seu direito e demonstra não ter a inércia que marca a prescrição. Com a interrupção, o titular destrói o efeito do prazo já decorrido e anula a prescrição iniciada.[3] O prazo, assim, tem reiniciada a contagem, ficando prejudicado o lapso que fluiu anteriormente.

O Código Civil vigente criou a inovação de que a interrupção só pode ocorrer uma vez.[4] Essa norma não estava prevista no Código de 1916, sob o manto do qual podia haver várias interrupções do prazo prescricional. Resulta, pois, que, uma vez presente o fato interruptivo, o novo prazo é peremptório e não mais se sujeita à paralisação.

10.3.3 INTERRUPÇÃO NA IMPROBIDADE

A norma geral contemplada no estatuto civil é aplicável à interrupção da prescrição no caso de improbidade administrativa.

Significa que, cometido o ato de improbidade e iniciado o prazo de prescrição, pode ser ele interrompido pelos fatos previstos na lei civil. Uma vez que o prazo seja alvo de interrupção, novo prazo prescricional será contado, abandonando-se o período transcorrido anteriormente a partir do respectivo termo *a quo* da contagem.

Para exemplificar, suponha-se que titular de cargo em comissão pratique ato de improbidade. Nesse caso, a prescrição da pretensão estatal é de cinco anos, contado o prazo a partir do término do exercício da função (art. 23, I, LIA). Se após dois anos sobrevier fato interruptivo, começará nova contagem de cinco anos para a prescrição.

---

[3] CAIO MÁRIO DA SILVA PEREIRA, *Instituições*, cit., v. I, p. 598.
[4] Art. 202.

Logicamente, com a interrupção amplia-se o prazo total da prescrição, correspondendo à soma do prazo já decorrido com o prazo a ser recontado.

O mesmo ocorrerá se o autor for servidor titular de cargo efetivo. Verificado o prazo prescricional na lei específica (no caso, o Estatuto), bem como o momento de início da contagem, eventuais fatos interruptivos ensejarão a paralisação do curso e exigirão o reinício da contagem.

A mesma linha há de ser adotada no concernente a qualquer dos demais possíveis autores de improbidade, inclusive terceiros. Ocorrendo interrupção, há de ser iniciado novamente o prazo integral fixado na lei.

10.3.4 CAUSAS DE INTERRUPÇÃO

As causas de interrupção da prescrição estão enumeradas no art. 202 do Código Civil, que assim dispõe:

> "Art. 202. A interrupção da prescrição, que somente poderá ocorrer uma vez, dar-se-á:
>
> I – por despacho do juiz, mesmo incompetente, que ordenar a citação, se o interessado a promover no prazo e na forma da lei processual;
>
> II – por protesto, nas condições do inciso antecedente;
>
> III – por protesto cambial;
>
> IV – pela apresentação do título de crédito em juízo de inventário ou em concurso de credores;
>
> V – por qualquer ato judicial que constitua em mora o devedor;
>
> VI – por qualquer ato inequívoco, ainda que extrajudicial, que importe reconhecimento do direito pelo devedor."

Sem dúvida, a hipótese mais importante e comum de interrupção da prescrição é a que consta do inciso I: o despacho do juiz que ordena a citação. Como a hipótese admite várias vertentes e suscita algumas controvérsias, sua análise será feita no tópico seguinte.

Aqui veremos a incidência ou não das demais causas sobre a matéria de improbidade administrativa.

Primeiramente, temos, no inciso II, o *protesto*, "*nas condições do artigo antecedente*". Essa expressão tem o escopo de aludir ao despacho do juiz que ordena a citação, como figura no inciso I do mesmo art. 202.[5] O CPC em vigor excluiu o termo "*protesto*" do título da seção, como constava no art. 867, do CPC/1973, mas manteve a *notificação* e a *interpelação*. Dispõe o art. 726 do Código vigente que "*quem tiver interesse em manifestar formalmente sua vontade a outrem sobre assunto juridicamente relevante poderá*

---

[5] GUSTAVO TEPEDINO et al., *Código Civil*, cit., v. I, p. 386.

notificar pessoas participantes da mesma relação jurídica para dar-lhes ciência de seu propósito". No § 2º do mesmo artigo, disse o Código: "*Aplica-se o disposto nesta Seção, no que couber, ao protesto judicial*". Por conseguinte, a despeito da alteração, ainda é cabível o emprego do protesto como meio cautelar de manifestação de vontade.

A hipótese, todavia, apenas remotamente será empregada para fins de improbidade, embora – é verdade – nada impeça que o Ministério Público ou a pessoa jurídica interessada utilize esse instrumento cautelar. Poder-se-ia conceber, em tese, a situação em que o ato de improbidade só tenha sido conhecido às vésperas do termo final do prazo de prescrição, hipótese em que o legitimado seria, de fato, compelido a promover a ação cautelar de protesto para evitar a consumação prescricional. Tal diligência – é forçoso reconhecer – lhe permitiria colher dados adicionais para a propositura da ação principal de improbidade. De qualquer modo – repita-se –, é situação que se afigura excepcional.

A lei aponta, ainda, como fato interruptivo o *protesto cambial* (inciso III). Ao contrário do que se costuma pensar, esse protesto não alcança apenas os títulos de crédito. A lei regente esclarece que a medida retrata o ato formal através do qual se comprova a inadimplência e o descumprimento de obrigação fundada em títulos e outros documentos de dívida.[6] A situação em tela é incompatível com a pretensão estatal de condenação por improbidade, de modo que o dispositivo não terá aplicação para tal fim.

Outra hipótese de causa de interrupção é a do inciso IV, qual seja, a *apresentação do título de crédito em juízo de inventário ou em concurso de credores*. Cuida-se de ação que demonstra a ausência de inércia do credor relativamente à defesa de seu direito, e, como a lei alude a concurso de credores de forma geral, a doutrina tem admitido a interrupção no processo falimentar.[7] Da mesma forma que na situação anterior, a hipótese é incongruente com o sistema alusivo à improbidade. Daí a inaplicabilidade do dispositivo em tela para o presente estudo.

No inciso V, o Código Civil considera causa interruptiva *qualquer ato judicial que constitua em mora o devedor*. Na interpretação do dispositivo, ensina a doutrina que se trata de norma aplicável às obrigações sem prazo fixo. Constituído em mora o devedor, fica interrompida a prescrição da pretensão pelo ato positivo do credor, que, ao fazê-lo, evidencia não se conduzir com inércia.[8] Pelo conteúdo da norma, é fácil constatar a sua inadequação ao regime da improbidade, sabido que nele não se inclui qualquer tipo de obrigação sem prazo fixo. Desse modo, essa causa de paralisação não incide no campo da improbidade administrativa.

A última causa de interrupção prevista no art. 202 é a que figura no inciso VI, ou seja, *qualquer ato inequívoco, ainda que extrajudicial, que importe reconhecimento do direito pelo devedor*. O fluxo da prescrição fica interrompido porque, com o reconhecimento pelo devedor, não há falar em inércia ou desinteresse do credor; ao contrário,

---

[6] Art. 1º, Lei nº 9.492, de 10.9.1997, diploma que regula o protesto de títulos.
[7] FÁBIO DE OLIVEIRA AZEVEDO, *Introdução*, cit., p. 482.
[8] GUSTAVO TEPEDINO e outros, ob. e v. cit., p. 369. Os autores lembram a crítica de LUÍZ CARPENTER, para quem a constituição em mora não interromperia o prazo de prescrição, mas refletiria o momento em que esse prazo começaria a correr.

o ato do devedor importa a confirmação da pretensão do credor, de modo que o prazo prescricional deve ter a sua contagem reiniciada a partir da manifestação do devedor. Importante, porém, é que se evidencie claramente a vontade *a parte debitoris* no sentido do aludido reconhecimento.[9]

Esse fato interruptivo da prescrição pode ocorrer quando cometido ato de improbidade administrativa. É verdade que não será usual; revela-se pouco provável, mas, inegavelmente, será possível. É o caso em que o agente autor da improbidade confessa a prática do ato no curso da prescrição, firmando declaração ou documento análogo.[10] A confissão ou a autoacusação substituem a ação do titular do direito, no caso o Estado, não se podendo falar em inércia deste. Desse modo, a declaração do autor interrompe o prazo prescricional, cuja contagem deve ser reiniciada.

Figure-se o exemplo em que o titular de mandato, após ter praticado ato de improbidade quando do exercício das funções, e tendo-se iniciado a contagem do prazo de cinco anos ao fim do mandato, faça declaração na qual reconhece a prática do ato no terceiro ano do fluxo prescricional. A declaração interromperá a prescrição quinquenal: será iniciada nova contagem, abandonando-se o período anterior de três anos.

10.3.5 INTERRUPÇÃO POR DESPACHO DO JUIZ

De todas as causas de interrupção, a mais usual e efetiva é a prevista no art. 202, I, do Código Civil, ou seja, o despacho do juiz que *ordena a citação*. O Código Civil de 1916 adotava critério diverso, estabelecendo que a interrupção ocorreria com a *citação pessoal* do devedor.

O CPC/1973 anunciava que a interrupção da prescrição se daria com a *citação válida*,[11] muito embora retroagisse à data da propositura da ação.[12] A ação considerava-se proposta pelo *despacho do juiz*, onde só houvesse uma vara, ou pela *distribuição*.[13] Havia, pois, dissonância entre o CC e o CPC/1973, entendendo alguns autores que deveria prevalecer a lei civil, porque (a) a prescrição é tema de direito material; e (b) o CC foi editado posteriormente ao CPC/1973.[14]

O Código de Processo Civil em vigor em bom momento solucionou a referida dissonância, alinhavando a matéria nos arts. 240, §§ 1º e 2º e 312. Indicou, de um lado, o fato interruptivo e a retroação e, de outro, a condição para a efetivação desse efeito. Dispõem os parágrafos 1º e 2º do art. 240 do CPC:

---

[9] CAIO MÁRIO DA SILVA PEREIRA, ob. cit., v. 1, p. 600.
[10] CAIO MÁRIO DA SILVA PEREIRA advoga que qualquer escrito do devedor produz esse efeito, seja uma carta, um pedido de tolerância ou de favor, o pagamento parcial da obrigação e outros do gênero (ob. e v. cit., p. 600).
[11] Art. 219.
[12] Art. 219, § 1º.
[13] Art. 263.
[14] TERESA ARRUDA ALVIM WAMBIER e outros, *Primeiros comentários*, cit., p. 417.

"Art. 240. ....

§ 1º A interrupção da prescrição, operada pelo despacho que ordena a citação, ainda que proferido por juízo incompetente, retroagirá à data de propositura da ação.

§ 2º Incumbe ao autor adotar, no prazo de 10 (dez) dias, as providências necessárias para viabilizar a citação, sob pena de não se aplicar o disposto no § 1º".

Noutro giro, consigna o art. 312 do CPC:

"Art. 312. Considera-se proposta a ação quando a petição inicial for protocolada, todavia, a propositura da ação só produz quanto ao réu os efeitos mencionados no art. 240 depois que for validamente citado".

Esse aspecto básico da interrupção aplica-se à conduta de improbidade. Estando em curso o prazo de prescrição, uma vez efetivada a citação do réu, a interrupção retroage à data da propositura da ação. Suponha-se, à guisa de exemplo, que o Ministério Público ajuíze ação de improbidade contra determinado agente público titular de cargo efetivo, sendo a prescrição de quatro anos, conforme o respectivo Estatuto. Se o termo final da prescrição ocorrer em 10 de abril e a ação for distribuída no dia 8 do mesmo mês, ainda que a citação válida somente se efetive em 20 de abril, não se terá consumado a prescrição, e isso porque a interrupção retroagirá à data de 8 de abril, dia da distribuição.

Entretanto, como se pode observar na lei regente, há ainda outros aspectos a considerar para a interrupção do prazo prescricional. O primeiro deles é o de que a citação interrompe a prescrição mesmo que o despacho tenha sido ordenado por juiz incompetente (art. 240, §1º). No exemplo que figuramos, ainda que seja incompetente o juiz que determinou a citação, fato que foi reconhecido em momento posterior a esta, configurou-se válida a interrupção do prazo prescricional ao momento da distribuição ou, se for o caso, do próprio despacho do juiz.

Para que possa haver a retroação do fato interruptivo ao momento da propositura da ação, cumpre que o autor não fique inerte: cabe-lhe adotar as providências que viabilizem a citação no prazo de dez dias após o pertinente despacho. Porém, estará isento de culpa se a demora decorrer de ineficiência do serviço judiciário, como estabelece o art. 240, § 3º, do CPC. Afinal, "*a parte não pode ser prejudicada por obstáculo judicial para o qual não concorreu*", como bem adverte Sílvio de Salvo Venosa.[15]

Tendo o autor cumprido as exigências a seu cargo, a interrupção, em última instância, ocorrerá ao momento do ajuizamento da ação, ainda que a citação se tenha efetivado em momento posterior ao lapso de cinco anos – interpretação irreparável, diga-se de passagem. Veja-se como decidiu o STJ a respeito:

---

[15] *Direito Civil*, cit., v. I, p. 635.

"A pretensão condenatória do Ministério Público foi manifestada com o ajuizamento da ação de improbidade, no prazo de 5 anos previsto no art. 23, I, da Lei n. 8.429/1992. Não há falar, então, que a pretensão tenha sido alcançada pela prescrição tão somente porque a citação não ocorreu no prazo de 5 anos do término do mandato.

É que, na melhor interpretação do art. 23, I, da Lei n. 8.429/1992, tem-se que a pretensão condenatória, nas ações civis públicas por ato de improbidade, tem o curso da prescrição interrompido com o mero ajuizamento da ação dentro do prazo de cinco anos após o término do exercício do mandato, de cargo em comissão ou de função de confiança."[16]

Na ação de improbidade, aplicam-se essas normas, com alguns temperamentos, porém. A ação de *adotar as providências necessárias*, prevista no dispositivo processual, significa diligenciar no sentido de ser expedido o mandado citatório, inclusive com o pagamento das custas, se for o caso. Ao autor cabe antecipar as despesas relativas a atos praticados de ofício pelo juiz ou a requerimento do Ministério Público,[17] sendo que a sentença condenará o vencido a reembolsar ao vencedor as despesas que antecipou.[18]

No entanto, o Ministério Público e a Fazenda Nacional receberam tratamento diferente, não tendo a obrigação de adiantar as despesas processuais: as despesas dos atos processuais que requererem serão pagas a final pelo vencido.[19] Consequentemente, sendo autor da ação de improbidade o Ministério Público ou a pessoa de direito público interessada (Fazenda Pública), a ação de *adotar as providências* para a citação, como dispõe a lei processual, não pode ter relação com o pagamento de custas. Como os demais atos preparatórios da citação são realizados *ex officio* pelo juízo, pouquíssima coisa restará como obrigação dos autores. Uma delas seria a de indicar novo endereço para a citação do réu não encontrado pelo Oficial de Justiça no endereço apontado na inicial. Enfim, o que a lei não admite é que o autor, depois de proposta a ação, demonstre desinteresse no desenvolvimento do processo.

Se a autoria da ação for de pessoa jurídica de direito privado, seja integrante da Administração Indireta, como é o caso de sociedade de economia mista ou de empresa pública, seja do setor privado, como uma fundação subsidiada pelo Poder Público, não incidirá a benesse atribuída ao Ministério Público e à Fazenda Pública quanto às custas para a citação, e por essa razão caberá à autora adiantar tais despesas e promover a citação, sob pena de não ser aplicada a retroação do fato interruptivo ao momento da distribuição.

O CPC/1973 admitia que o prazo de dez dias para a citação fosse prorrogado por mais 90 dias no máximo.[20] O Código vigente, contudo, não reproduziu a norma ante-

---

[16] STJ, REsp 1.391.212, Min. HUMBERTO MARTINS, j. 2.9.2014.
[17] Art. 82, *caput* e § 1º, CPC.
[18] Art. 82, § 2º, CPC.
[19] Art. 91, CPC.
[20] Art. 219, § 3º, CPC/1973.

rior, limitando-se a fixar apenas o prazo de dez dias em que o autor deve adotar as providências para a citação, sob pena de ser inaplicável a retroação à propositura da ação (art. 240, § 2º, CPC). A omissão do novo Código quanto ao citado prazo não acarretará mudança na interpretação, sobretudo nos termos do art. 240, § 3º, do CPC, segundo o qual a parte não será prejudicada pela demora atribuída exclusivamente ao serviço judiciário, o que, aliás, já constava da lei anterior.[21]

Sobre o prazo, ainda é atual o ensinamento de que a citação poderá ser efetuada fora do prazo, alterando-se apenas o efeito do ato, que, nesse caso, não retroagirá até a data da propositura da ação.[22]

A norma incide sobre a ação de improbidade administrativa. Se o autor da ação, mormente quando se trata da pessoa de direito privado interessada, não cumpre a exigência temporal prevista na lei processual, a citação extemporânea não admitirá a retroatividade da interrupção até o momento do despacho do juiz.

Figure-se que fundação privada ajuíze ação de improbidade, sendo que a prescrição de cinco anos se consumará na data de 12 de junho. Distribuída a ação em 10 do mesmo mês, a citação só se efetiva em novembro, além do prazo legal, por negligência do advogado. Nesse caso, não haverá retroatividade ao momento da distribuição e a prescrição, então, se terá consumado na data normal, ou seja, em 12 de junho.

Há um outro aspecto que merece análise. O procedimento adotado para a ação de improbidade, que, como visto, qualifica-se como especial, apresenta uma peculiaridade. O art. 17, § 7º, da LIA, estabelece que, estando a inicial nos devidos termos, o juiz ordena a *notificação* do requerido para oferecer manifestação por escrito no prazo de quinze dias. Depois de receber essa manifestação é que o juiz, verificando a aptidão para o prosseguimento da ação, determina a *citação* do réu para contestar (art. 17, § 9º).

Em tal cenário, cumpre indagar qual desses atos terá idoneidade para interromper a prescrição. O ato de notificação do requerido tem apenas o escopo de lhe dar ciência sobre os fatos que lhe são imputados, descritos na petição inicial, resultando daí a única obrigação do notificado: apresentar sua manifestação escrita. Portanto, tal ato não tem o condão de deflagrar propriamente a relação processual, e tanto isso é verdadeiro que, dependendo dos elementos do processo, pode o juiz rejeitar a ação, se for esse o seu convencimento (art. 17, § 8º).

Infere-se, pois, que a interrupção da prescrição somente se consumará ao momento em que o juiz proferir o despacho que ordena a citação do réu, hipótese que guarda consonância com o critério adotado no art. 240, § 1º, do CPC. Com esse ato é que estará realmente concretizada a relação processual litigiosa, com a formação da relação triangular autor-réu-juiz.

Não é dispensável acentuar, porém, que, diante desse rito especial da ação, os legitimados – sobretudo o Ministério Público – terão que redobrar as cautelas para evitar a ocorrência da prescrição. De fato, pode ocorrer que o prazo prescricional tenha seu término em momento situado após a notificação, mas antes do despacho de citação. Se

---

[21] Art. 219, § 2º, CPC/1973.
[22] HÉLIO TORNAGHI, *Comentários ao código de processo civil*, Revista dos Tribunais, v. II, 1975, p. 161.

isso acontecer, a prescrição estará consumada, pois o despacho que ordena a citação já será tardio em relação ao momento de consumação da prescrição.

10.3.6 CITAÇÃO VÁLIDA

O Código Civil de 1916 não considerava interrompida a prescrição com a citação nula por algumas causas específicas.[23] A regra, contudo, sofria atenuação ao ser interpretada, registrando a doutrina que a nulidade impeditiva não ocorreria se o vício fosse externo, fora do revestimento do ato citatório, como nos casos de incompetência ou suspeição do juiz, ou incompetência do oficial, ou ainda de incapacidade do destinatário.[24]

O CPC/1973 empregou, como critério interruptivo, a *citação válida*.[25] O Código Civil, no entanto, não adotou esse parâmetro, estabelecendo, no art. 202, I, que a interrupção ocorreria com o *despacho do juiz*, ainda que proferido por *juiz incompetente*. O legislador civil, como o reconhece a doutrina, preferiu esse critério diante da circunstância de que o ajuizamento da demanda pelo titular já significaria a ação, o movimento de defesa do direito, sem que se lhe pudesse acusar de inércia.[26] Apesar disso, havia entendimento de que o critério ainda seria o da citação válida, em face da expressa menção do CPC/1973.[27]

O vigente CPC, alterando o critério da lei anterior, passou a compatibilizar-se com o Código Civil, só mantendo o da citação válida para a litispendência, a litigiosidade da coisa e a mora do devedor. Para interromper a prescrição, disse o Código que o fato será operado *"pelo despacho que ordena a citação"*, ainda que incompetente o juiz, sendo retroativa a interrupção até o momento da propositura da ação (art. 240, § 1º), que ocorre quando é protocolada a petição inicial (art. 312).

Tal critério aplica-se também na ação de improbidade. Desde que nela tenha havido a oportuna protocolização da petição inicial ou o despacho do juiz ordenando a citação, eventual nulidade desta ou de atos processuais em virtude de incompetência, incapacidade e atos congêneres não afeta a validade da interrupção da prescrição, e isso pela óbvia razão de que o autor da pretensão – o Ministério Público ou a pessoa jurídica interessada – se terá conduzido sem inércia, demonstrando claramente a intenção de consolidar e manter eficaz a pretensão condenatória em face do ato de improbidade.

Não custa acrescentar, ainda, que a jurisprudência tem considerado que a prescrição se interrompe mesmo quando a decisão não resolve o mérito da causa, como é o caso de ilegitimidade da parte.[28] Exclui-se tal possibilidade, contudo, quando há inércia da parte, sendo o processo julgado sem resolução de mérito por ficar paralisado por

---

[23] "Art. 175. A prescrição não se interrompe com a citação nula por vício de forma, por circunducta, ou por se achar perempta a instância, ou a ação."
[24] CÂMARA LEAL, ob. cit., p. 180.
[25] Art. 219, *caput*, CPC/1973.
[26] É também a consideração de GUSTAVO TEPEDINO *et al.*, ob. cit., p. 386.
[27] Nesse sentido, HUMBERTO THEODORO JUNIOR, *Comentários ao Novo Código Civil* (organizada por Sálvio de Figueiredo Teixeira), Forense, v. III, t. 2, 2003, p. 260-261.
[28] STJ, Agr. no REsp 781.186, j. 21.6.2011.

mais de um ano por negligência da parte (art. 485, II, CPC) ou pela falta de iniciativa para promover os atos e as diligências, causando o abandono da causa por mais de trinta dias (art. 485, III, CPC).[29]

10.3.7 JULGAMENTO SEM RESOLUÇÃO DO MÉRITO

Sempre se entendeu válido o efeito interruptivo da citação, ainda que o juiz não resolva o mérito, nas hipóteses do art. 485 do Código vigente.

O fundamento não se afasta do já mencionado para outras hipóteses de admissibilidade: a evidente intenção do titular de não quedar inerte diante do fluxo do prazo de prescrição relativamente à sua pretensão. A circunstância de não haver resolução do mérito, como fenômeno ulterior, não contaminaria a citação efetuada no processo, nem a consequente interrupção da prescrição.

Em algumas hipóteses, no entanto, a intenção do titular não se compatibilizaria com sua conduta no processo. Na primeira, verificava-se a paralisação do processo por mais de um ano por negligência das partes[30] e na segunda o autor não teria promovido os atos e diligências a seu cargo.[31] Cuida-se de posturas omissivas incondizentes com a situação de diligência que se espera do titular do direito. Assim, no caso de não resolução do mérito por tais motivos, a citação, ainda que válida, não teria o condão de interromper a prescrição. Se o prazo final desta ocorresse no período, ficaria consumada a prescrição.

O STJ, corroborando o entendimento, à luz do CPC/1973, decidiu:

> "RECURSO ESPECIAL. PREVIDENCIÁRIO. PROCESSUAL CIVIL. PRESCRIÇÃO. INTERRUPÇÃO. AÇÃO DE REVISÃO DE BENEFÍCIO PREVIDENCIÁRIO. Art. 219 do CPC: A citação válida interrompe a prescrição ainda que o processo seja extinto sem julgamento do mérito, salvo as hipóteses do art. 267, incisos II e III do CPC. Recurso conhecido, mas desprovido."[32]

Outras hipóteses mencionadas pela doutrina são as de acolhimento da arguição de litispendência e de coisa julgada[33] e de alegação de ilegitimidade de parte.[34] Nos dois primeiros casos, a interrupção já se deu nas causas anteriores, não mais podendo repetir-se na causa nova. No último, a citação se dirigiu a pessoa apartada da relação de direito material e, pois, despida de interesse direto; por via de consequência, não alcançou a esfera jurídica do verdadeiro legitimado.[35]

A hipótese abarca a ação de improbidade administrativa. Se esta foi ajuizada e nela houve a citação com observância das formalidades legais, a superveniente sentença de

---

[29] STJ, AgRg. no Ag. 1.385.531, j. 10.5.2011.
[30] Art. 485, II, CPC.
[31] Art. 485, III, CPC.
[32] STJ, REsp 231.314, Rel. Min. JOSÉ ARNALDO DA FONSECA, em 19.11.2002.
[33] Art. 485, V, CPC.
[34] Art. 485, VI, CPC.
[35] FÁBIO DE OLIVEIRA AZEVEDO, com suporte em Humberto Theodoro Junior (ob. cit., p. 484).

não resolução do mérito não afasta o efeito da interrupção da prescrição. Se a decisão, para exemplificar, foi fundada em situações de negligência do autor (art. 485, II e III, CPC), ter-se-á por não interrompido o prazo prescricional.

Suponha-se que uma fundação pública de direito privado promova ação de improbidade, antevendo-se que o prazo prescricional findará em 20 de junho, e na ação tenha sido efetuada a citação em 15 de junho, com retroatividade do efeito interruptivo para 10 de junho, data do despacho do juiz. Se em outubro desse ano for proferida decisão sem resolução do mérito, por exemplo, em virtude de falta de interesse processual,[36] a prescrição terá sido interrompida na data do despacho do juiz (10 de junho). De outro lado, se a decisão se baseou em recusa da fundação em providenciar atos a seu cargo, o fato interruptivo será tido por inexistente e, por via de consequência, a prescrição se terá consumado.

10.3.8 REINÍCIO DA CONTAGEM DO PRAZO

Tendo sido objeto de interrupção o fluxo prescricional, cabe definir o termo *a quo* da contagem do novo prazo.

Dispõe o art. 202, parágrafo único, do Código Civil:

> "Art. 202. ....
>
> Parágrafo único. A prescrição interrompida recomeça a correr da data do ato que a interrompeu, ou do último ato do processo para a interromper."

O dispositivo reclama cuidadosa interpretação, eis que, pelos seus termos, duas são as situações jurídicas que disciplina.

Primeiramente, a lei regula a hipótese em que o reinício do prazo passa a correr *da data do ato que a interrompeu*. O sentido de *ato* nessa primeira parte do dispositivo é o de *ato extrajudicial*. Infere-se tal interpretação da circunstância de que a lei, na segunda parte, aludiu a *ato do processo*. Exemplo dessa hipótese é o protesto, cujo procedimento é todo extrajudicial.[37]

A segunda situação regulada na norma trata do reinício a partir do *último ato do processo*, de onde se depreende que o legislador pretendeu referir-se a *ato de processo judicial*. Aqui o critério legal é diverso: o prazo só será reiniciado a partir do último ato do processo. Desse modo, em sede de direito privado, a pretensão indenizatória deduzida na ação própria, no caso de interrupção, terá a contagem do prazo da prescrição reiniciado após o trânsito em julgado da decisão.[38]

O art. 202, parágrafo único, do Código Civil, é aplicável, em seus dois vetores, no campo da improbidade administrativa. Caso o autor do ato emita declaração reconhe-

---

[36] Art. 485, VI, CPC.
[37] Art. 202, II, Código Civil.
[38] Idênticas conclusões de FÁBIO DE OLIVEIRA AZEVEDO, ob. cit., p. 484.

cendo a prática do ilícito, estará formalizado ato extrajudicial com efeito interruptivo e dele se reiniciará a contagem do prazo de prescrição – aplicação da primeira parte do dispositivo.

A segunda parte do dispositivo também tem incidência. Proposta a ação de improbidade e tendo sido realizada regularmente a citação do réu, com retroatividade da interrupção ao momento da distribuição da ação, ou do despacho do juiz, o reinício do prazo prescricional somente se dará ao momento em que transitar em julgado a decisão condenatória, fato que estará formalizado por certidão exarada no processo, salvo, como se verá adiante, a hipótese de intercorrência da prescrição.

10.3.9 PRESCRIÇÃO INTERCORRENTE

Prescrição intercorrente é aquela que se consuma no curso do processo judicial em virtude de comprovada inércia do titular do direito e autor da ação. A inércia é verificada em todos os casos em que o autor deixar de praticar os atos ou adotar as providências a seu cargo, ensejando a paralisação indevida do processo e violando os princípios da segurança jurídica e da razoável duração do processo.

Como bem consigna Fábio de Oliveira Azevedo, o titular do direito, ao propor a demanda, mostrou não atuar com inércia – a *inércia originária*, ou seja, aquela que o mobilizou à propositura da ação. Entretanto, a inércia não pode ocorrer em nenhum momento. Assim, se o autor se revela desinteressado no regular desenvolvimento do processo, deixando de agir onde a lei exige que o faça, surge a *inércia superveniente* – aquela que decorre de presumido desinteresse do titular já no curso do processo.[39]

É compreensível, sob o aspecto lógico, a admissibilidade da prescrição intercorrente. Se o legislador paralisou o prazo de prescrição pela ação do titular (tanto a ação material, como a processual), e este quedou inerte depois de obter o efeito da lei quanto à interrupção, essa inação acaba por refletir a mesma inércia pelo não ajuizamento da ação. E o devedor, titular do dever jurídico, não pode ficar à mercê do capricho do titular – que, em última análise, seria o próprio juiz da fixação do prazo prescricional, o que a ordem jurídica tem que rechaçar.

A despeito de não haver previsão expressa, a prescrição intercorrente é admitida na doutrina e na jurisprudência, sendo que para alguns estudiosos teria fundamento no próprio art. 202, parágrafo único, do Código Civil.[40] O STJ confirmou o instituto, decidindo:

> "*Processo Civil. Prescrição intercorrente. Prazo. O prazo da prescrição intercorrente é o mesmo fixado para a prescrição da ação.*"[41]

---

[39] Ob. cit., p. 485.
[40] É o pensamento de ARRUDA ALVIM, apud FÁBIO DE OLIVEIRA AZEVEDO, ob. cit., p. 486.
[41] STJ, Ag. Rg. no REsp 983.803, Rel. Min. ARY PARGENDLER, em 27.5.2008.

Como se pode observar, a ação do titular com o fim de interromper a prescrição não se exaure com a propositura, devendo a sua diligência prosseguir durante a tramitação do processo. Embora não tivesse desídia originária, passou o autor a conduzir-se com desídia superveniente. Desinteressando-se do andamento da causa, tem início novo prazo prescricional, contado a partir do momento processual em que o autor deixou transparecer a sua inércia.

A prescrição intercorrente pode também consumar-se na ação de improbidade administrativa. Primeiro, porque nenhum dos legitimados para a ação tem o direito à inércia superveniente após ser proposta a ação. Em segundo lugar, porque o réu tem o direito à observância do prazo fixado legalmente para a prescrição da pretensão que é deduzida contra si. Exclui-se aqui – reiteramos mais uma vez – a pretensão ressarcitória no caso de prejuízos ao erário, a qual, como já dissemos e vamos desenvolver adiante, é imprescritível.

Suponha-se que o Ministério Público promova ação de improbidade contra determinado servidor efetivo, sendo que, no respectivo Estatuto, a que se fez remissão por força do art. 23, II, da LIA, a prescrição da pretensão punitiva esteja fixada em três anos. A ação foi distribuída no segundo ano do fluxo do prazo, sendo então interrompida a prescrição. Caso haja paralisação do processo por inércia do autor, contar-se-á novo prazo de três anos a partir da comprovação do abandono da causa e, após o transcurso desse prazo, consumar-se-á a prescrição intercorrente, e isso independentemente da gravidade da conduta.

Cabe aqui acentuar que nenhum legitimado para a ação, incluindo-se o Ministério Público ou pessoa de direito público, pode quedar inerte e desinteressado na ação de improbidade, por mais leve que possa ter sido o ato cometido. Antes de apenar o réu pela paralisação do processo, cumpre apurar as razões do comportamento omissivo do autor e imputar-lhe, se for o caso, a devida responsabilidade, haja vista ser inaceitável tal omissão na defesa de interesses difusos da coletividade.

10.3.10 TERCEIRO INTERESSADO

Dispõe o art. 203 do Código Civil que a prescrição pode ser interrompida por qualquer interessado. Como explica a doutrina, a prescrição pode acarretar a perda ou redução do patrimônio do titular do direito, de modo que poderá um terceiro ter interesse em interromper o prazo pelo fato de o efeito da prescrição irradiar nele os seus efeitos. Trata-se, pois, de interesse econômico, certo e atual.[42]

Todavia, não pode ser qualquer terceiro; urge que se qualifique como terceiro *interessado*, situação que o intérprete deve analisar no caso concreto. São enquadrados como terceiros interessados para interromper a prescrição, entre outros, (I) o credor do titular do direito, quando a prescrição causar, a ele, titular, o risco de insolvência, e (II) o responsável subsidiário em obrigação contraída pelo titular cujo direito atrai a possibilidade de prescrição da pretensão, com risco de redução patrimonial e imputa-

---

[42] GUSTAVO TEPEDINO et al., ob. cit., p. 395.

ção ao primeiro pela eventual inadimplência do devedor. Já o herdeiro não pode assim qualificar-se, vez que seu interesse depende de evento futuro e que pode até não se consumar, no caso de falecer antes do titular do patrimônio.[43]

Pela natureza específica da ação de improbidade, não há como aplicar-se o art. 203 do Código Civil. Na verdade, trata-se de demanda cujo escopo é a tutela de interesse difuso da coletividade, diverso do interesse individual que prevalece na lei civil. Soma-se a isso o fato de que não está em jogo apenas interesse patrimonial, como emana da lei civil, mas sobretudo o de restabelecimento da legalidade através da punição ao autor de improbidade, com aplicação de sanções de diversa natureza, e não somente patrimonial.

Portanto, o terceiro interessado para esse tipo de ação seria o próprio grupo social, e não um terceiro específico. É a sociedade que se configura como vítima de eventual prescrição da pretensão no caso de improbidade administrativa, e, por esse motivo, só se revela admissível postura de diligência dos legitimados para a constatação da ilicitude praticada contra a Administração.

10.3.11 INQUÉRITO CIVIL

Inquérito civil é o processo administrativo pelo qual o Ministério Público investiga a ocorrência de determinado ilícito, visando a formar normalmente a convicção sobre a possibilidade de adotar a ação ou medida adequada.[44] Cuida-se de mecanismo de atribuição exclusiva do Ministério Público.[45]

O instrumento tem previsão no art. 129, III, da Constituição, e sua adoção constitui uma das funções institucionais do Ministério Público. Na legislação infraconstitucional, é contemplado na Lei nº 7.347/1985, que regula a ação civil pública, e nas leis orgânicas do Ministério Público da União e dos Estados (LC nº 75/1993 e Lei nº 8.625/1993). O procedimento do inquérito civil foi delineado por Resolução do CNMP – Conselho Nacional do Ministério Público.

Tal como ocorre com o inquérito policial, o inquérito civil tem natureza inquisitória, ou investigatória, de modo que em sua tramitação não tem incidência o princípio do contraditório e da ampla defesa. Sua fisionomia está fora do que prevê o art. 5º, LV, da CF, que se refere aos litigantes em processo judicial ou administrativo e aos acusados em geral – situações essas não abrangidas pelo inquérito civil.

Embora o inquérito civil represente uma diligência, ou ação positiva, do Ministério Público, não tem ele o condão de interromper a prescrição da pretensão condenatória no caso de improbidade administrativa. Os casos de interrupção devem estar expressos na lei, e inexiste norma que confira a esse procedimento o efeito interruptivo do fluxo prescricional. Desse modo, o Ministério Público, se o inquérito visa a apurar ato de improbidade, deve adotar a máxima cautela em relação ao prazo de prescrição para impedir que esta venha a se consumar durante o período de apuração.

---

[43] GUSTAVO TEPEDINO et al., ob. e loc. cit.
[44] Nosso *Ação civil pública*, cit., p. 266.
[45] GIANPAOLO POGGIO SMANIO, *Interesses difusos e coletivos*, Atlas, 3. ed., 1999, p. 115.

Já comentamos anteriormente – mas repetimos agora por oportuno – que, na hipótese de estar muito próximo o final do prazo de prescrição para permitir o imediato ajuizamento da ação de improbidade, poderia o Ministério Público (ou mesmo a pessoa jurídica interessada) promover ação cautelar de protesto judicial, com a notificação do réu, tendo em vista ser tal medida apta à interrupção do prazo prescricional (art. 202, II, CC). O importante, como ensinam os tratadistas, é que o protesto não tenha caráter genérico ou inespecífico, mas, ao contrário, deve conter o propósito expresso do titular, no caso o Ministério Público, para o fim de interromper a prescrição.[46]

Uma outra observação se impõe. O inquérito civil não se confunde com o processo disciplinar (chamado por alguns de *inquérito administrativo*) previsto nos Estatutos funcionais. Como vimos em passagem anterior, alguns Estatutos preveem a ocorrência de fatos que interrompem a prescrição, caso do art. 142, § 3º, da Lei nº 8.112/1990, o Estatuto federal, que confere esse efeito à abertura de sindicância ou à instauração de processo disciplinar.

Entretanto, é sempre imperioso distinguir, como já o fizemos, as pretensões exauríveis administrativamente e as exauríveis judicialmente. Aquelas decorrem de relação jurídica interna, ao passo que esta última se projeta em relações jurídicas externas. Assim, ao lado da pretensão punitiva em sede exclusivamente administrativa, situa-se a pretensão dedutível na via judicial. A sindicância ou o processo disciplinar são fatos interruptivos previstos na lei para a pretensão exaurível administrativamente, ou seja, a pretensão de punir o servidor faltoso na via da própria Administração, atuando dentro do poder punitivo interno.

A interrupção da prescrição nesse caso não interfere no prazo prescricional relativo à pretensão exaurível judicialmente – aquela oferecida na ação de improbidade administrativa, decorrente de relação jurídica externa. Por conseguinte, a sindicância ou o processo disciplinar não interrompem a prescrição da pretensão condenatória para a propositura da referida ação. Em tese, pois, é viável admitir a hipótese em que ato de improbidade também tipificado como infração disciplinar tenha a prescrição interrompida para fins punitivos internos, sem interromper o prazo para a prescrição da pretensão de improbidade.

Suponha-se que servidor titular de cargo em comissão pratique ato de improbidade que seja também infração funcional, sendo que a prescrição da pretensão interna esteja fixada em três anos, enquanto a da pretensão externa, para a ação de improbidade, seja estabelecida em cinco anos, conforme art. 23, I, da LIA. Se for instaurada sindicância no segundo ano do prazo, a prescrição punitiva interna estará interrompida. Mas o prazo de cinco anos para a ação de improbidade continua fluindo. Ultrapassado esse período quinquenal, prescrita estará a pretensão dedutível na ação de improbidade, só remanescendo a possibilidade de punir o servidor com uma das sanções estatutárias, o que, é claro, não abrange uma série de sanções da Lei nº 8.429/1992, como, por exemplo, a suspensão de direitos políticos, a devolução de valores acrescidos ilicitamente ao patrimônio do autor e a proibição de receber incentivos fiscais.

---

[46] CÂMARA LEAL, *Da prescrição*, cit., p. 185.

10.4 IMPEDIMENTO E SUSPENSÃO

10.4.1 NOÇÕES INICIAIS

Os temas do *impedimento* e da *suspensão* do prazo prescricional já foram examinados em momento anterior, considerando-se os aspectos gerais da prescrição. Aqui abordaremos esses temas diretamente em relação à ação de improbidade administrativa.

De início, não custa refrescar a noção distintiva entre o impedimento e a suspensão. Ambos os institutos têm o condão de paralisar o fluxo do prazo prescricional. Mas, enquanto a suspensão pressupõe que o prazo da prescrição já se tenha iniciado, o impedimento constitui causa obstativa da própria contagem, o que significa que esta sequer se iniciou.

O vigente Código Civil tratou das duas figuras numa só seção, correspondente aos arts. 197 a 201. Na verdade, como bem registra Caio Mário da Silva Pereira, ambos os fatos se subordinam "*à concepção de uma unidade fundamental*".[47] Semelhante unidade origina-se exatamente do fato de que os fundamentos que inspiraram a suspensão têm o mesmo delineamento jurídico que aqueles que revestem o impedimento. Sendo assim, a causa que serve para impedir o início do prazo da prescrição é apropriada também para suspendê-lo, paralisando-lhe o curso.

10.4.2 SUSPENSÃO E INTERRUPÇÃO

A suspensão do prazo prescricional tem efeito paralisante, vale dizer, ocorrida a causa de suspensão, o fluxo do prazo deixa de ser contado.

Vimos que a contagem do prazo, após a ocorrência do fato paralisante, é um dos elementos distintivos entre a suspensão e a interrupção. Nesta, como foi visto, uma vez cessada a causa, reinicia-se a contagem de novo prazo, com a integralidade que a lei estabeleceu. Na suspensão, ao contrário, não se abandona o período já transcorrido antes do surgimento da causa paralisante, de modo que, cessada esta, prossegue-se na contagem do prazo, incluindo o período anterior; em outras palavras, fluirá apenas o período remanescente do prazo de prescrição.

Como exemplo, em prazo prescricional de quatro anos, caso advenha, após três anos, causa de suspensão, e esta tenha a duração de dois anos, a contagem final limitar-se-á ao período de um ano, que é o que faltava antes da causa de suspensão.

Além desse efeito, concernente à recontagem do prazo, Câmara Leal ainda aponta duas outras marcas distintivas: (1ª) a suspensão tem como fundamento a impossibilidade ou dificuldade para o exercício da ação, de acordo com a referência legal, ao passo que o fundamento da interrupção é o exercício do direito, afastando postura de inércia por parte do titular; (2ª) as causas de suspensão independem da vontade das partes (fa-

---

[47] *Instituições*, cit., v. I, p. 596.

tos objetivos), enquanto as de interrupção pressupõem a volição dos interessados (fatos subjetivos).[48]

10.4.3 RAZÕES INSPIRADORAS

Ao examinar-se as causas de suspensão do prazo prescricional, é mister destacar, como o faz a doutrina mais autorizada, que diversas são as razões que serviram de modelo e inspiração para esse tipo de paralisação temporal.

Primeiramente, as razões de *ordem moral*, evitando-se conflagração de litígios entre pessoas ligadas por vínculos mais afetivos, como é o caso dos cônjuges na constância do casamento e dos ascendentes e descendentes. A força do elo que liga essas pessoas é incompatível com o transcurso de prazo prescricional alvejando a perda de uma pretensão.

Em segundo lugar, há fundamento de *ordem protetiva* em favor de pessoas que, de algum modo, têm maior dificuldade nos mecanismos de proteção a seu direito e, por via de consequência, à pretensão dele derivada no caso de violação. É o que ocorre com os absolutamente incapazes e os ausentes do país em serviço público.

Por fim, temos as razões de *ordem lógica*, em relação às quais se revela incompatível o fluxo do prazo de prescrição. É o caso, por exemplo, em que está pendente condição suspensiva ou quando não está vencido determinado prazo. No primeiro caso, sequer se adquire o direito, ao passo que no segundo só será possível exercê-lo com a implementação da condição ou o esgotamento do prazo.[49]

10.4.4 CAUSAS DE SUSPENSÃO E IMPEDIMENTO

Assim como fizemos com as causas de interrupção, transcrevemos, para melhor análise, os dispositivos do Código Civil que apontam as hipóteses de suspensão e impedimento:

> "*Das Causas que Impedem ou Suspendem a Prescrição*
>
> Art. 197. Não corre a prescrição:
>
> I – entre os cônjuges, na constância da sociedade conjugal;
>
> II – entre ascendentes e descendentes, durante o poder familiar;
>
> III – entre tutelados ou curatelados e seus tutores ou curadores, durante a tutela ou curatela.
>
> Art. 198. Também não corre a prescrição:
>
> I – contra os incapazes de que trata o art. 3º;
>
> II – contra os ausentes do País em serviço público da União, dos Estados ou dos Municípios;

---

[48] *Da prescrição*, cit., p. 172-173.
[49] CAIO MÁRIO DA SILVA PEREIRA, *Instituições*, cit., v. I, p. 597.

III – *contra os que se acharem servindo nas Forças Armadas, em tempo de guerra.*

Art. 199. *Não corre igualmente a prescrição:*
I – *pendendo condição suspensiva;*
II – *não estando vencido o prazo;*
III – *pendendo ação de evicção."*

10.4.5 APLICABILIDADE NO CAMPO DA IMPROBIDADE

Vale a pena analisar, dentre as hipóteses de impedimento e suspensão, aquelas que se mostram incompatíveis com a pretensão estatal alusiva à improbidade e aquelas outras que, por sua natureza, seriam aplicáveis nesse campo.

As causas relacionadas no art. 197 não têm qualquer congruência com a matéria de improbidade. Todas decorrem de relação jurídica de direito privado em cujos polos também se situam pessoas de direito privado. São elas as relações jurídicas entre (I) cônjuges (na constância do casamento), (II) ascendentes e descendentes (quando em poder familiar) e (III) tutores e curadores, de um lado, e tutelados e curatelados, de outro, estando vigente a tutela ou curatela.

Por outro lado, as hipóteses de suspensão relacionadas no art. 199 também são inaplicáveis no campo da improbidade. A primeira (inciso I) refere-se à pendência de condição suspensiva, situação em que o interessado sequer adquiriu o direito. A segunda (inciso II) impõe a suspensão quando ainda não vencido o prazo; diversamente do caso anterior, o direito já existe, mas não tem exigibilidade, sendo inviável, pois, o fluxo da prescrição.[50] A hipótese *sub* inciso III prevê a suspensão quando pende ação de evicção, promovida por terceiro (evictor) contra o adquirente (evicto) reivindicando o bem; a pretensão do adquirente contra o alienante só será exercitável após a definição da contenda que reconheça o direito do evictor, e, por essa razão, não corre contra o evicto o prazo prescricional enquanto dura a demanda.

Todas essas situações que ensejam a suspensão e o impedimento do prazo de prescrição se relacionam a relações jurídicas tipicamente de direito privado e não têm base de aplicabilidade para a relação jurídica decorrente da prática de ato de improbidade, relação essa eminentemente de direito público.

10.4.6 ABSOLUTAMENTE INCAPAZES

Dispõe o art. 198, I, do Código Civil, que não corre a prescrição *"contra os incapazes de que trata o art. 3º"*. Essa causa de suspensão merece um breve comentário.

De plano, cabe lembrar que, segundo o disposto no art. 3º do Código Civil, são absolutamente incapazes de exercer pessoalmente os atos da vida civil os menores de 16 (dezesseis) anos.

---

[50] GUSTAVO TEPEDINO et al., ob. cit., p. 379.

As razões que inspiraram essas causas de suspensão e de impedimento repousam na condição de hipossuficiência dos titulares de direito. A incapacidade absoluta, como é sabido, priva o incapaz da administração de sua pessoa e de seus bens e, por isso, "*cria-lhes uma situação de inferioridade na vida civil, tornando-os impotentes para a defesa de seus interesses*", razão mais do que suficiente para a proteção legal.[51]

Entretanto, como adverte Fábio de Oliveira Azevedo, é equivocado afirmar, *a priori*, que não corre o prazo quando se trata de absolutamente incapaz. É preciso verificar a condição do incapaz. Se for credor, o prazo realmente não há de correr, mas se for devedor, o prazo fluirá normalmente. A lei suspendeu o prazo de prescrição apenas *em favor* do incapaz, e não contrariamente a ele.[52]

Transportando-se tais aspectos para o tema da improbidade, concluímos, no capítulo anterior, que o incapaz pode figurar como terceiro na prática de ato de improbidade. O que se precisa verificar, no caso concreto, é a situação do incapaz quanto à sua representação e o tipo de sanção, já que, evidentemente, algumas punições não são aplicáveis em tal hipótese.

Figure-se o exemplo em que um menor de 15 anos, ou uma pessoa com déficit mental, auxilie materialmente o agente público no procedimento de receber propinas, o que se caracteriza como enriquecimento ilícito. Esse menor, ou incapaz, será representado por seus responsáveis (pais, tutores ou curadores) no caso de estar sob sua autoridade e companhia, conforme dispõe o art. 932, I e II, do Código Civil, mas terá legitimidade passiva para a causa. Nada impede, pois, lhe seja aplicada a sanção de restituição dos valores indevidamente recebidos, embora a responsabilidade pelo cumprimento seja atribuída ao responsável.

Enfocando-se a prescrição, é mister concluir que não se aplicará, na hipótese, o art. 198, I, do Código Civil, ou seja, não será o caso de suspender ou impedir o prazo de prescrição. Aqui a prescrição corre a favor do incapaz, de modo que ela fluirá normalmente e, vindo a consumar-se, fica extinta a pretensão estatal de condenação pela improbidade.

10.4.7 AUSENTES DO PAÍS

Segundo o art. 198, II, do Código Civil, não corre a prescrição "*contra os ausentes do País em serviço público da União, dos Estados ou dos Municípios*".

O fundamento da norma – enfatizamos – reside na circunstância de que o agente público que está em outro país a serviço do nosso, para atender a interesses de qualquer das pessoas federativas (inclusive do Distrito Federal, não mencionado no dispositivo), não tem inteira capacidade de adotar medidas a fim de demonstrar que está isento de inércia na defesa de seu direito, para evitar seja consumada a prescrição. Assim, o prazo de prescrição, mesmo que já iniciado, fica suspenso.

---

[51] CÂMARA LEAL, ob. cit., p. 148.
[52] *Direito civil*, cit., p. 477.

A norma não faz distinção sobre o vínculo do agente, nem sobre a natureza do serviço: limita-se a dizer que o agente está em serviço público. Não cabe, pois, ao intérprete distinguir. São abrangidos todos os agentes com vínculo jurídico, ou seja, atrelados ao Poder Público por vínculo formal. Incluem-se aí agentes diplomáticos, adidos militares, delegados brasileiros para missões especiais, comissionados para estudos técnicos e pesquisas etc.[53]

Em outro vetor, é de interpretar-se serviço público em sentido amplo, para alcançar toda função do interesse do Estado a ser desempenhada no exterior. Inserem-se também interesses de autarquias e fundações de direito público, já que são sempre vinculadas a entes federativos, além de terem personalidade jurídica de direito público. Não se excluem determinadas funções específicas de empresas públicas e sociedades de economia mista, as quais, embora pessoas jurídicas de direito privado, atuam com frequência no interesse do ente federativo a que estejam vinculadas. O importante – insista-se – é que o vínculo jurídico que une o agente à entidade administrativa tenha cunho formal devidamente documentado.

Dois comentários sobre o tema parecem pertinentes. Em primeiro lugar, o início da suspensão do prazo ocorre ao momento da ida do agente para o país estrangeiro e a contagem do período remanescente recomeça quando retorna a sua função no Brasil. Caso retorne ao país por apenas alguns dias, a suspensão do prazo permanece; é que a função a ele atribuída ainda subsiste. Em segundo lugar, se a missão no exterior finaliza e o agente opta por continuar no estrangeiro, o prazo prescricional volta a fluir, eis que o prolongamento da ausência resulta de sua vontade própria. Na verdade, o agente não mais estará a serviço do Poder Público.[54]

Na prática, eis como se aplica a suspensão: suponha-se que o agente esteja no exterior a serviço do país e sofra a violação de certo direito no Brasil, nascendo então a sua pretensão; se isso suceder, haverá *impedimento* quanto ao prazo, vale dizer, sequer será iniciado o prazo de prescrição. Se, ao contrário, o titular sofreu a mesma violação *antes* de ir para o exterior, o prazo de prescrição se terá iniciado, mas seu curso ficará paralisado durante o período em que estiver fora do país; o caso então é de *suspensão*.

Todas essas hipóteses, no entanto, espelham causas de suspensão *em favor* do ausente, ou seja, ele é que é o titular do direito que sofreu a violação e da pretensão desta oriunda. Portanto, o alargamento do prazo lhe permite maior garantia de promover a ação com vistas a interromper o curso prescricional.

No caso da improbidade administrativa, porém, caso esse ausente tenha cometido ou venha a cometer ato de improbidade, o titular do direito à probidade é a sociedade representada pelo Ministério Público ou pela pessoa jurídica interessada. Por conseguinte, violado o direito à probidade e nascida a pretensão estatal, o transcurso direto do prazo de prescrição se processa em favor do ausente, de modo que qualquer suspensão se dirige *contra* seu interesse. A conclusão, pois, é a de que o art. 198, II, do Código Civil, não incide quando o ausente é autor de conduta de improbidade.

---

[53] São exemplos colhidos em GUSTAVO TEPEDINO et al., ob. cit., p. 375.
[54] CÂMARA LEAL, *Da prescrição*, cit., p. 161.

Um exemplo ajuda a esclarecer. Imagine-se que agente público tenha cometido ato de improbidade, sujeito à prescrição de três anos, e um ano após seja enviado ao exterior para a execução de certa função pública. O prazo prescricional será contado regularmente, ou seja, a partir do momento fixado na lei, e a ausência do agente não terá influência na contagem. Não haverá qualquer suspensão do prazo.

Caso permaneça no exterior por mais dois anos sem que tenha sido proposta a ação de improbidade, a prescrição se consumará dentro do prazo normal, ainda que nesse momento o agente esteja em outro país. Na hipótese, contudo, de o agente retornar após um ano, o prazo prescricional continuará a fluir regularmente, e a prescrição estará consumada um ano após o seu retorno, isto é, no prazo total de três anos, tal como estabelecido na lei.

A conclusão, desse modo, é a de que, sendo autor da improbidade o ausente para serviço fora do país, não há espaço para a suspensão do prazo prescricional; o prazo fluirá ininterruptamente. A explicação – repetimos – consiste em que o prazo da prescrição corre *a favor* do ausente, e não contra ele.

Por fim, é de observar-se que a interrupção desse prazo prescricional, eventualmente ocorrida em razão da propositura da ação de improbidade pelo Ministério Público ou pela pessoa jurídica interessada, poderá ocorrer legitimamente em qualquer situação em que se encontre o agente. Esteja ele ainda no exterior, ou tenha ele já retornado ao país, a interrupção da prescrição estará apta a produzir seus efeitos regulares, com destaque para o que enseja a paralisação da contagem do prazo.

10.4.8 SERVIÇO NAS FORÇAS ARMADAS

Não corre também a prescrição *"contra os que se acharem servindo nas Forças Armadas, em tempo de guerra"* (art. 198, III, CC).

O dispositivo deve ser interpretado de forma ampla. De um lado, não se exige que o indivíduo esteja em combate, mas apenas oferecendo seu serviço em prol das Forças Armadas. De outro, o destinatário da norma não se cinge ao militar, porquanto muitos civis servem nas Forças Armadas, como médicos, enfermeiros e engenheiros. O serviço pode ser executado no país ou fora dele, já que a lei não distingue; exige-se apenas que haja estado de beligerância. A doutrina tem admitido, com acerto, a nosso ver, que a norma se aplica aos que servem nas Forças Armadas em missão de paz ou de fiscalização, por acordo firmado com organismos internacionais.[55]

O que a lei quer dizer é que, se o titular sofre a violação do direito no período em que está a serviço das Forças Armadas, dá-se impedimento, ou seja, o prazo de prescrição não começa a fluir. Caso a violação ocorra antes de estar a serviço, o prazo prescricional será suspenso, e o reinício da contagem, observando-se o remanescente do prazo, só se processará após finalizar a função que desempenhava e para a qual foi convocado.

Na ação de improbidade, todavia, o prazo de prescrição corre *a favor* do réu, e não *contra*, que é a situação regulada no dispositivo em tela. Por outro lado, ao contrário do

---

[55] FÁBIO DE OLIVEIRA AZEVEDO, ob. cit., p. 477.

que ocorre no mesmo dispositivo, em que a pessoa é titular de direito, na improbidade ele é o responsável pelo dever jurídico.

É de se depreender, portanto, que o autor de improbidade está sujeito à contagem normal do prazo de prescrição, e isso independentemente do momento em que seja cometida a improbidade. Pode ocorrer (I) que o autor a pratique antes de ser convocado para servir às Forças Armadas ou (II) que o ato de improbidade tenha sido perpetrado durante o próprio período de exercício das funções. Seja qual for a situação, *a prescrição será direta, sem suspensão ou impedimento*, e se iniciará de acordo com o que a lei tiver estabelecido para a situação jurídica do agente.

Desse modo, eventual interrupção do prazo dependerá do ajuizamento da ação de improbidade pelo Ministério Público ou pela pessoa jurídica interessada, na qual se efetue a citação regular do réu. Não havendo fato interruptivo, a prescrição se consumará ao final do prazo, esteja onde estiver o agente da improbidade.

10.4.9 FATO APURADO NO JUÍZO CRIMINAL

A propósito de fatos sob apuração no juízo criminal, o Código Civil estabelece:

> "Art. 200. Quando a ação se originar de fato que deva ser apurado no juízo criminal, não correrá a prescrição antes da respectiva sentença definitiva."

O dispositivo constitui inovação no Código vigente, não existindo norma análoga no Código Civil de 1916. O legislador pretendeu realçar que a prescrição da pretensão indenizatória do lesado, oriunda da prática de ilícito penal, somente é contada a partir da sentença penal transitada em julgado. Por isso, não corre a prescrição *si et in quantum* tramita a ação penal.

O dispositivo deve ser conjugado com o art. 515, VI, do CPC, que inclui, dentre os títulos executivos judiciais para fins de cumprimento da sentença, "*a sentença penal condenatória transitada em julgado*". Como não podia deixar de ser, o cumprimento da sentença no caso inclui-se na competência do juízo cível, pois que se trata de pretensão de natureza indenizatória. Noutro giro, o Código vigente alude à sentença "*transitada em julgado*", espancando dúvidas existentes sob a égide da lei anterior, na qual era omitida a expressão (art. 575, IV, CPC/1973). Na verdade, mesmo àquela época, já se entendia exigível o trânsito em julgado para que rendesse ensejo à execução.[56]

A intenção do legislador é compatível com o sistema do Código. Como a prescrição nasce ao momento que se torna exigível a pretensão por parte de quem sofreu a violação do direito, urge que o titular já tenha os meios efetivos de proteção ao direito e ao exercício da pretensão.[57] A controvérsia na esfera criminal, por isso, deve ser devidamente definida para que o titular da pretensão possa exercê-la. Enquanto isso, não corre a prescrição.

---

[56] FREDDIE DIDIER JR., *Curso*, cit., v. V, 2009, p. 163.
[57] GUSTAVO TEPEDINO et al., ob. e v. cit., p. 380.

Não obstante, o dispositivo tem desafiado duas interpretações. No que tange a uma delas, sustenta-se que o prazo para a pretensão de reparação civil fluirá normalmente a partir da lesão, mas não se encerrará enquanto estiver pendente e sem definição o processo penal. Não se adotará tal solução, porém, se a sentença penal transitar em julgado antes de findo o prazo da prescrição civil.[58]

A outra considera que a pretensão só pode ser deduzida quando se torna exigível, e não pode haver ainda exigibilidade na hipótese em que no processo criminal ainda não existem meios de definir, com certeza, o autor do fato. É evidente que aqui inexiste inércia do titular, mas, ao contrário, sucede apenas impossibilidade jurídica para apresentar sua pretensão.[59]

Parece-nos, porém, deva destacar-se um aspecto importante quanto à correta interpretação do dispositivo sob comento. A prescrição não corre somente quando não se conhece claramente o autor do ilícito penal, fato que obriga o interessado a aguardar o desfecho da ação penal. Entretanto, se o autor do ilícito é identificado, sem que haja dúvida quanto à autoria do fato, o prazo da prescrição obedecerá à regra geral do art. 189 do Código Civil, vale dizer, a prescrição terá início a partir da vulneração ao direito, momento esse em que se torna exigível a pretensão. Desnecessário e ilógico, pois, aguardar a sentença penal para obter dado (a autoria) já evidentemente conhecido a partir da lesão.

O art. 200 do Código Civil aplica-se, da mesma forma, à pretensão condenatória no caso da prática de ato de improbidade, já que atos de improbidade podem caracterizar-se também como ilícitos civis, penais e administrativos. Todavia, é mister tecer algumas considerações sobre a incidência normativa.

O primeiro ponto a salientar reside na diferença entre os momentos da exigibilidade da pretensão e, pois, da contagem do prazo prescricional. A prescrição da pretensão punitiva no crime, antes de transitada em julgado a sentença, conforme já examinamos, admite vários momentos, sendo a regra geral a data em que o crime se consumou.[60] No cível, o início da contagem ocorre com a data da violação do direito.[61] E, no caso de improbidade, o início varia de acordo com as situações previstas no art. 23 da LIA, matéria também já estudada.

Considerando a observação que fizemos acima, urge distinguir duas hipóteses no que concerne ao impedimento previsto no dispositivo em foco.

---

[58] É o entendimento de HUMERTO THEODORO JUNIOR, *Comentários ao Novo Código Civil*, Forense, v. III, t. II, p. 247.
[59] Nesse sentido, FÁBIO DE OLIVEIRA AZEVEDO, ob. cit., p. 475, e GUSTAVO TEPEDINO et al., ob. e v. cit., p. 380.
[60] Art. 111, I, Código Penal. Só para relembrar, porém, esse momento pode ser o dia da cessação da atividade criminosa, no caso de tentativa (inciso II), ou o dia em que cessa a permanência, nos crimes permanentes (inciso III), a data do conhecimento do fato, em caso de bigamia ou de falsificação ou alteração de assentamento do registro civil (inciso IV) e, agora mais recentemente, a data em que a vítima completar 18 anos, nos crimes contra a dignidade sexual de crianças e adolescentes (inciso V, com redação da Lei nº 12.650, de 17.5.2012).
[61] Art. 189, Código Civil.

A primeira é aquela em que não há qualquer dúvida quanto ao autor da improbidade, situação que não é a contemplada no art. 200 do Código Civil. Caso o ato de improbidade se configure também como ilícito penal e civil, a prescrição será regida normalmente pela respectiva legislação, o mesmo ocorrendo com a contagem do prazo prescricional. No que tange à improbidade, aplicar-se-á o art. 23 da LIA, variando o prazo e a contagem conforme a natureza do agente: tendo este situação provisória, incide o art. 23, I, da LIA; ostentando situação definitiva, a fonte será o art. 23, II, do mesmo diploma.

Não custa lembrar que a solução acima atende ao princípio da independência das instâncias, de modo que, dependendo da natureza do ilícito, os prazos de prescrição podem ser diversos, assim como a contagem do prazo e o próprio termo inicial. Do mesmo modo, cumpre lembrar mais uma vez, com o perdão da insistência, que a pretensão do Estado à reparação civil contra o agente que lhe deu causa é imprescritível.

Um exemplo ajuda a esclarecer. Agente público pratica ato de improbidade de desvio de verbas públicas (art. 10, *caput*, Lei nº 8.429/1992), conduta essa que também se enquadra tanto como ilícito penal, constituindo o crime de emprego irregular de verbas públicas (art. 315, CP), quanto como ilícito civil, tendo em vista ter o agente provocado dano à Administração (arts. 186 e 927, CC). A prescrição para o crime será a normal, prevista na lei penal, fluindo o prazo, conforme a regra geral, a partir da data do delito, em nada interferindo o fato de a conduta ser de improbidade.

Já a prescrição da pretensão à reparação do dano, que decorre da prática do ilícito civil, será abarcada pelo ilícito de improbidade, também de natureza civil em alguns aspectos, entre eles a pretensão indenizatória. Portanto, aqui prevalecerá a prescrição prevista na Lei de Improbidade, aplicando-se o art. 23, I e II, conforme a hipótese. As instâncias, pois, são independentes. A prescrição da pretensão condenatória penal certamente ocorrerá em momento anterior ao fixado para a prescrição de improbidade, sobretudo se se tratar de titular de mandato ou cargo em comissão, em que a contagem do prazo só se inicia ao término das respectivas funções.

A outra situação é aquela em que há dúvida quanto à autoria do fato, ou seja, o ato de improbidade, caracterizando-se ao mesmo tempo como crime, não tem a sua autoria definida. Essa hipótese não tem previsão na Lei nº 8.429/1992, de onde se infere que nesse diploma a prescrição pressupõe que o autor da conduta de improbidade seja identificado. A consumação da prescrição depende da identificação do agente e da inércia dos legitimados para a propositura da ação.

Em nosso entender, incide aqui o art. 200 do Código Civil. Três ordens de razão podem ser alinhadas. Em primeiro lugar, o Código Civil é lei geral em relação à Lei nº 8.429/1992, sendo aplicável subsidiariamente naquilo em que não contraria a lei especial. Depois, é esse Código que trata da regência geral sobre a matéria de prescrição, fato que o torna aplicável relativamente à pretensão de improbidade no que se refere às sanções civis. Por último, não pode ser iniciada a prescrição se o titular do direito não sabe ainda contra quem exercê-la e, logicamente, se não sabe, é impossível acusá-lo de inércia. Sendo assim, a prescrição só se iniciará a partir da sentença proferida na esfera penal, quando estará definida a autoria do fato e viável o exercício da pretensão.

Na verdade, a solução não poderia mesmo abranger a pretensão reparatória, que, ressalvadas as polêmicas sobre o tema, como veremos adiante, é garantida pela imprescritibilidade e não depende da sentença penal. Mas, por certo, serviria para outras sanções civis de improbidade, como, para exemplificar, a devolução de bens indevidamente adquiridos ou a multa civil.

Cabe, neste passo, fazer uma observação. Se a sentença penal só for proferida após o momento inicial fixado na Lei de Improbidade para o fluxo da prescrição, será ele adiado para o momento do trânsito em julgado da sentença, na forma do Código Civil. Todavia, se a decisão penal for firmada antes do início do prazo previsto na Lei de Improbidade, o termo *a quo* da contagem desse prazo de prescrição para fins de improbidade será aquele regularmente já fixado nesse diploma. Ou seja: a identificação da autoria pela sentença penal não chega a afetar o sistema de prescrição da improbidade.

Vejamos um exemplo. Alguém, supostamente um agente público, apropria-se de determinado bem móvel público, ato de improbidade previsto no art. 10, *caput*, da Lei de Improbidade. A conduta tipifica-se também como crime de peculato (art. 312, CP). Se o autor do fato fosse conhecido de imediato, aplicar-se-ia normalmente a regra prescricional do art. 23 da LIA, mas, como não é, a pretensão estatal de improbidade não pode ser oferecida. Caberá, então, aguardar o desfecho da ação penal e a definição da autoria, de modo que só se iniciará a prescrição de improbidade a partir do trânsito em julgado da sentença penal – aplicação, portanto, do art. 200 do Código Civil.

11

PRECLUSÃO E PEREMPÇÃO

11.1 PRECLUSÃO

11.1.1 INTRODUÇÃO

A *preclusão* reflete fenômeno de índole eminentemente processual. Como o processo é, por natureza, o desenvolvimento dinâmico de atos e atividades, podem surgir fatos supervenientes à instauração que impedem a prática do ato, fato que comentamos no início deste trabalho. Daí a sua qualificação como *fato processual impeditivo*.[1]

O termo provém de *praeclusio*, substantivo derivado do verbo *praecludere*, cujo sentido é o de *vedar, fechar, proibir*. A ideia remanesce modernamente e inspira o sentido de obstáculo que aparece no processo e impossibilita a execução do ato, ou, remontando às origens, fecha o espaço para a sua prática.

A doutrina entende a preclusão em sentido amplo, alcançando toda a perda de uma situação jurídica ativa processual, quer se trate da perda do poder processual das partes, quer envolva a perda do próprio poder do juiz.[2] O importante é que haja o travamento da atuação de algum dos personagens do processo em função de barreira oposta durante o desenvolvimento de seus atos.

A preclusão é inerente ao princípio do formalismo no processo e espelha importante instrumento para seu regular desenvolvimento. Por essa razão, o fundamento principal da preclusão descansa na necessidade de impedir a abusividade no exercício

---

[1] JOSÉ FREDERICO MARQUES, *Manual*, cit., 2º v., p. 169.
[2] FREDIE DIDIER JR., *Curso*, cit., v. 1, p. 278.

dos poderes processuais das partes e do juiz, devendo salientar-se que, em relação a este, há a vedação de reexaminar questões já definidas para evitar o caos processual e a insegurança jurídica.

11.1.2 MODALIDADES

Costuma-se classificar as modalidades de preclusão em três grupos.

A primeira é a *preclusão temporal*, que, como a própria expressão indica, tem no fator tempo a sua marca principal. Aqui a perda da oportunidade de praticar o ato decorre da inércia do interessado em fazê-lo no prazo fixado em lei.[3] É bem a hipótese do art. 223 do Código de Processo Civil: "*Decorrido o prazo, extingue-se o direito de praticar ou de emendar o ato processual, independentemente de declaração judicial, ficando assegurado, porém, à parte provar que não o realizou por justa causa*".

A segunda modalidade é a *preclusão lógica*, em que a perda da faculdade ou do poder processual deriva da circunstância de o interessado ter praticado ato incompatível com seu exercício, evidenciando que, pela lógica, não deseja utilizá-lo.[4] Típica preclusão lógica é a prevista no art. 1.000 do CPC: "*A parte que aceitar expressa ou tacitamente a decisão não poderá recorrer*".

A última é a *preclusão consumativa*, pela qual se pretende evitar a repetição de ato. Ocorre essa modalidade quando o interessado já praticou o ato, consumando o exercício de seu poder processual. Por isso, independe de a decisão de praticá-lo ter-lhe sido favorável ou não. Simplesmente se consumou a oportunidade, emergindo daí a preclusão consumativa. Cuida-se da aplicação do adágio *ne bis in idem*, servindo como exemplo o art. 200 do CPC: "*Os atos das partes consistentes em declarações unilaterais ou bilaterais de vontade produzem imediatamente a constituição, modificação ou extinção de direitos processuais*".

Há alguns autores que admitem, ainda, uma quarta modalidade: a da *preclusão-sanção* ou *preclusão punitiva*. Sua característica teria como base o fato de a perda do poder processual advir da prática de ato ilícito.[5] Tal categoria, porém, não tem aceitação geral, como, ao contrário, sucede com as três clássicas categorias acima.

11.1.3 PRECLUSÃO, PRESCRIÇÃO E DECADÊNCIA

Embora já tenhamos adiantado o delineamento diferencial entre esses institutos, todos de caráter extintivo, parece oportuno recapitulá-los brevemente, visando à aplicação no âmbito da matéria de improbidade.

---

[3] JOSÉ FREDERICO MARQUES, *Manual*, cit., 2º v., p. 169.
[4] FREDIE DIDIER JR., *Curso*, cit., v. I, p. 282.
[5] É a opinião de FREDIE DIDIER JR., ob. e v. cit., p. 284-285. Entre outros exemplos, aponta o do art. 385, § 1º, CPC, em que a confissão ficta provoca a perda da oportunidade de a parte provar o fato confessado. O autor reconhece que essa modalidade não existe na classificação de Chiovenda, o grande elaborador da teoria.

A preclusão não se confunde com a prescrição. Esta acarreta a perda da pretensão que não é exercida no prazo legal, após ter sido violado o direito subjetivo. Portanto, a prescrição constitui elemento extrínseco ao processo, até mesmo anterior, frequentemente, à sua instauração. A preclusão é endoprocessual, vale dizer, atinge poderes e faculdades dentro do processo, o que independe da pretensão e do direito subjetivo violado.

Por outro lado, também não se confunde com a decadência, porque esta, da mesma forma, se perpetra fora do processo através da perda do direito potestativo pelo não exercício no prazo legal. A preclusão, contrariamente, tem evidente feição processual e atinge aspectos relativos à dinâmica do processo. Assim, pode não ter havido prescrição ou decadência, e ocorrer preclusão no processo pertinente, com a perda de faculdades ou poderes processuais.

11.1.4 PRECLUSÃO NA AÇÃO DE IMPROBIDADE

Os princípios e as regras sobre a preclusão aplicam-se normalmente à ação de improbidade. Na lei específica sobre esta – Lei nº 8.429/1992 – o legislador não incluiu normas próprias sobre a matéria, a despeito de ter expressamente previsto procedimento próprio para a referida ação. Como o processo nela previsto é de caráter civil, até porque a ação não objetiva apurar a prática de crime, há de buscar-se a incidência do Código de Processo Civil, que é a *lex generalis* sobre os procedimentos judiciais.

Poder-se-ia objetar com o argumento de que os interesses em jogo na ação de improbidade são públicos, já que envolvem a proteção do patrimônio público e de outros valores sociais. Mas, se esse escopo é verdadeiro, não menos verdade é que o processo deve seguir sua tramitação em conformidade com os cânones processuais de cunho geral. Por outro lado, cumpre realçar que na Lei de Improbidade inexiste qualquer benefício especial em favor dos legitimados ativos que implique tratamento privilegiado em seu favor durante o curso do processo.

É bem verdade que, por sua natureza híbrida, a Lei nº 8.429/1992 prevê normas de conteúdo específico que atingem a tramitação processual, e podem citar-se como exemplos a vedação de transação, acordo ou conciliação (art. 17, § 1º), a intervenção obrigatória do Ministério Público quando não atua como parte (art. 17, § 4º) e a notificação do requerido antes da citação (art. 17, § 7º).

Semelhantes especificidades, contudo, não têm nenhuma relação com a matéria de preclusão, uma vez que a perda de poderes e faculdades processuais pode ocorrer em qualquer processo, a menos que, em certas hipóteses, a lei expressamente impeça a consumação do instituto. Não havendo regras de exceção, aplicar-se-ão as normas ordinárias sobre a matéria.

11.1.5 PRECLUSÃO TEMPORAL

Primeiramente, é cabível a *preclusão temporal* na ação de improbidade. Significa que, não sendo o ato praticado dentro do prazo legal, preclui a oportunidade de o interessado fazê-lo extemporaneamente. Com efeito, não fora a consumação da preclusão, e o processo teria a sua tramitação paralisada ao alvedrio da parte titular do poder ou da faculdade processual. Além disso, sem a preclusão, a parte inerte e presumidamente desinteressada carrearia vantagem oriunda de sua própria omissão, em detrimento da outra parte e da própria função jurisdicional, e isso, obviamente, o direito não poderia tolerar.

Comporta ressalvar, neste momento, que, conforme a doutrina mais autorizada, os prazos processuais dividem-se em *próprios* e *impróprios*. Os prazos próprios rendem ensejo à ocorrência da preclusão temporal, daí decorrendo a perda do poder ou da faculdade processual. Já os prazos impróprios são aqueles cujo vencimento não provoca esse tipo de preclusão, permitindo ao interessado a prática do ato mesmo após o transcurso do prazo.[6]

Incide, pois, na ação de improbidade, o art. 223 do Código de Processo Civil, que espelha, como visto, a norma básica da preclusão temporal: não praticado o ato no prazo fixado na lei, extingue-se o direito de fazê-lo ulteriormente. A norma abrange ambas as partes na ação, ou seja, a preclusão atinge os sujeitos ativos da lide – o Ministério Público ou a pessoa jurídica interessada – e os sujeitos passivos, no caso, os autores da conduta de improbidade.

No procedimento da ação de improbidade, há um aspecto específico que acarreta a preclusão temporal. Trata-se do art. 17, § 7º, da LIA, pelo qual o juiz ordena a autuação da inicial e a notificação do requerido para manifestar-se por escrito sobre a petição inicial e juntar documentos. O prazo fixado no dispositivo é de 15 dias e constitui prazo próprio: caso o requerido não ofereça a manifestação no prazo legal, consumar-se-á a preclusão temporal, não mais lhe sendo possível oferecê-la extemporaneamente.

Dita o art. 17, *caput*, da LIA, que a ação de improbidade deverá ser proposta pelo Ministério Público ou pela pessoa jurídica interessada no prazo de 30 dias a partir da efetivação da medida cautelar. A norma, pois, pressupõe que o autor já tenha obtido tutela preventiva anteriormente com a efetiva produção de seus efeitos. Se não for proposta no referido prazo, a ação não será objeto de preclusão temporal, ou seja, poderá ser ajuizada ulteriormente. O efeito será apenas o da perda da eficácia da tutela cautelar, como, aliás, prevê o art. 309, I, do Código de Processo Civil.[7] Na verdade, nem a antiga ação cautelar, prevista como autônoma no CPC/1973, seria afetada no caso de caducidade da medida, quando deferida e efetivada.[8]

A Lei de Improbidade contempla, ainda, outro prazo específico: depois da manifestação do requerido, o juiz tem o prazo de 30 dias para rejeitar a ação, julgá-la improcedente ou considerar inadequada a via eleita (art. 17, § 8º). A preclusão temporal, no entanto, não atinge o poder do juiz de proferir julgamentos, e isso porque os prazos que lhe são atribuídos são impróprios, podendo gerar apenas, em algumas situações, infração disciplinar.[9] Corroborando tal circunstância, dispõe a lei processual que o juiz pode

---

[6] LUIZ GUILHERME MARINONI e DANIEL MITIDIERO, *Código de Processo*, cit., p. 206.
[7] Também ROGÉRIO PACHECO ALVES, *Improbidade*, cit., p. 809.
[8] STJ, REsp 58.535, Rel. Min. ELIANA CALMON, em 2.3.2000.
[9] DANIEL AMORIM ASSUMPÇÃO NEVES, *Preclusão para o juiz*, Método, 2004, p. 41.

exceder prazos, desde que haja motivo justificado.[10] Essa brecha, pois, denuncia que nenhum efeito de monta decorrerá da inobservância de prazos processuais pelo juiz.

11.1.6 PRECLUSÃO LÓGICA

A preclusão lógica, que indica a perda da oportunidade de praticar o ato em virtude de manifestação anterior antagônica, dar-se-á normalmente na ação de improbidade, eis que na lei específica inexiste qualquer disposição que lhe impeça a ocorrência.

Desse modo, é possível que o réu na ação de improbidade aceite expressa ou tacitamente a sentença do juiz. Caso o faça, precluirá a sua faculdade de interpor recurso contra a decisão (art. 1.000 do CPC). A aceitação do *decisum* configura-se como fato impeditivo do direito de recorrer, e a razão situa-se exatamente no surgimento da preclusão lógica.[11]

Da mesma forma, a parte que deu causa ao defeito processual perde a faculdade de postular a sua invalidação, conforme dispõe o art. 276 do Código de Processo Civil. Realmente, não teria lógica que, depois de gerar o defeito, viesse a parte a agir paradoxal e ilogicamente, reivindicando a anulação do ato defeituoso. Estar-se-ia permitindo que se beneficiasse de sua própria torpeza.

Nesse caso, a norma alcança qualquer das partes na ação de improbidade. Assim como pode ocorrer que o vício tenha sido provocado, por exemplo, pela pessoa jurídica interessada como autora, poderá também ser causado pelo réu na ação. Em qualquer dos casos se consumará a preclusão lógica, perdendo a parte o direito de corrigir o defeito.

11.1.7 PRECLUSÃO CONSUMATIVA

Da mesma forma que as modalidades anteriores, a preclusão consumativa é inteiramente cabível na ação de improbidade. Não custa reiterar o fundamento já expendido de que a lei regente da improbidade administrativa não contém dispositivo que possa elidir esse tipo de preclusão, depreendendo-se então que se aplicam as regras gerais do Código de Processo Civil.

Anotamos acima que a preclusão consumativa tem por principal escopo evitar a ocorrência do *bis in idem*, isto é, a repetição indevida de atos já praticados pelas partes, com o exaurimento de seus regulares efeitos. Ao praticar o ato, a parte já terá exercido seu poder ou faculdade processual, não lhe sendo lícito repeti-lo, ainda que venha a arrepender-se inteira ou parcialmente de sua manifestação.[12]

Na ação de improbidade, por conseguinte, irradia-se perfeitamente a norma geral prevista no art. 200 do estatuto processual, nela sendo peremptório que os atos das partes, resultantes de manifestações de vontade unilaterais ou bilaterais, provocam a

---

[10] Art. 227, CPC.
[11] LUIZ GUILHERME MARINONI et al., ob. cit., p. 519.
[12] FREDIE DIDIER JR., ob. cit., v. 1, p. 284.

imediata produção dos efeitos de constituição, modificação ou extinção de direitos processuais. Se o ato produz seus efeitos normais, não há mais espaço para serem reiterados pela parte que o praticou.

Para exemplificar, se o réu, na ação de improbidade, depois de recebida a inicial pelo juiz, oferece sua contestação, conforme estatui o art. 17, § 9º, da LIA, apresentando-a no décimo dia do prazo, antes, portanto, dos 15 dias regulamentares (art. 335, CPC), seu ato exauriu os efeitos tão logo praticado. Desse modo, revela-se incabível que apresente contestação complementar na qual acrescente ou exclua algum argumento ou fato não incluídos na peça contestatória.

A mesma preclusão consumativa ocorre quando, por exemplo, as partes recorrem da decisão. Se o Ministério Público, inconformado com a decisão, interpõe o recurso de apelação no curso do prazo, o ato produziu de imediato todos os seus efeitos, de modo que o recorrente não mais pode alterar os termos da peça recursal. Idêntica situação aparece quando recorrente é o réu. Assim, interposto o recurso por qualquer das partes, sua apresentação enseja a preclusão consumativa, já que o ato produziu imediatamente o efeito decorrente de sua prática.

11.2 PEREMPÇÃO

11.2.1 INTRODUÇÃO

Dispõe o art. 485, V, do Código de Processo Civil que não se resolverá o mérito quando o juiz *"reconhecer a existência de perempção, de litispendência ou de coisa julgada"*. A perempção, pois, configura-se como pressuposto processual necessário ao julgamento do *meritum causae*. Sem ele, o juiz há de proferir sentença meramente terminativa.

Conforme anotamos anteriormente, de acordo com o ensinamento de Moniz de Aragão, existem três modelos para a configuração da perempção, mas o legislador pátrio adotou o modelo de inspiração portuguesa, cuja característica consiste em considerar como base para o instituto o abandono reiterado da causa.[13]

A perempção atinge diretamente a ação, ou seja, uma vez consumada, o titular do direito subjetivo material, conquanto prossiga nessa titularidade, fica destituído do mecanismo efetivo para tutelá-lo no caso de violação, eis que se lhe impede de obter, em nova ação, a apreciação do mérito da causa – que, em última instância, corresponde à ofensa de seu direito. Há, pois, prejuízo para uma nova postulação.[14]

11.2.2 BASE NORMATIVA

O delineamento da perempção no direito brasileiro, além do citado art. 485, V, deriva de dois dispositivos do Código de Processo Civil: os arts. 486, § 3º e 485, III.

---

[13] E. D. MONIZ DE ARAGÃO, *Comentários*, cit., v. II, p. 427.
[14] MISAEL MONTENEGRO FILHO, *Curso de direito processual civil*, Atlas, v. I, 8. ed., 2012, p. 526.

Para melhor análise, vale a pena reproduzir esses dispositivos:

"Art. 486. *O pronunciamento judicial que não resolve o mérito não obsta a que a parte proponha de novo a ação.*

....

§ 3º Se o autor der causa, por 3 (três) vezes, a sentença fundada em abandono da causa, não poderá propor nova ação contra o réu com o mesmo objeto, ficando--lhe ressalvada, entretanto, a possibilidade de alegar em defesa o seu direito".

"Art. 485. *O juiz não resolverá o mérito quando:*

....

III – por não promover os atos e as diligências que lhe incumbir, o autor abandonar a causa por mais de 30 (trinta) dias;"

A interpretação conjugada dos dispositivos conduz à conclusão, primeiramente, de que o abandono da causa pelo autor por mais de 30 dias acarreta a extinção do processo sem resolução do mérito. Portanto, o efeito do abandono aqui é meramente de extinção do processo, mas esta não impede que o autor, preenchidas certas condições, renove a propositura da ação com o mesmo objeto.

A segunda conclusão reside em que a reiterada extinção do processo por esse fundamento provoca efeito significativamente mais severo: dando causa à extinção por três vezes, consuma-se a perempção. Nesse caso, além de dar azo ao julgamento do processo sem resolução do mérito, o autor fica despido do próprio direito de ação, sendo-lhe vedado propor nova ação com idêntico objeto. Em outras palavras, continua titular do direito material, mas perde o instrumento de proteção – a ação.[15]

Por outro lado, a despeito de perder o instrumento da ação para a tutela de seu direito, o autor não perde a titularidade deste. O art. 486, § 3º, do Código de Processo Civil, garante-lhe a possibilidade de tutela através da alegação em defesa. Quer dizer: impede-se-lhe a situação ativa de propor a ação, mas se lhe assegura que, em situação passiva, possa defendê-lo. Ainda: suprime-se a *defesa direta*, embora se mantenha a *defesa indireta*.

11.2.3 PEREMPÇÃO E PRECLUSÃO

A perempção e a preclusão revelam alguns pontos comuns. De um lado, ambos se apresentam como institutos de caráter processual e, de outro, ostentam natureza extintiva, caracterizada por alguma perda sofrida pelas partes. Cuida-se, no entanto, de institutos dotados de linhas conceituais diversas e, por isso, não se confundem.

A preclusão, como vimos anteriormente, rende ensejo à perda da oportunidade de ser praticado ato processual, e isso em decorrência de fatores previstos na lei processual, como o tempo (preclusão temporal), a coerência lógica (preclusão lógica) e a

---

[15] ELPÍDIO DONIZETTI, *Curso*, cit., p. 197.

consumação dos efeitos do ato (preclusão consumativa). Além disso, alcança as partes do processo e o próprio juiz.

A perempção tem natureza diversa e não representa meramente a perda de uma oportunidade processual, mas, ao contrário, provoca a perda da própria ação, ou seja, do mecanismo jurídico de proteção ao direito material, em virtude de substrato fático específico: o reiterado abandono da causa. Diversamente do que ocorre com a preclusão, a perempção não abrange todos os protagonistas do processo, mas tão somente o autor, o único que pode ser responsabilizado pelo abandono da causa e pela presumida falta de interesse na obtenção da providência jurisdicional. A perempção, como registra autorizada doutrina, afeta a *acionabilidade*, vale dizer, a possibilidade do uso da ação para a aludida tutela.[16]

11.2.4 PEREMPÇÃO, PRESCRIÇÃO E DECADÊNCIA

Vimos de passagem, mas não custa relembrar brevemente, que também não se confunde a perempção com a prescrição e decadência. Dois são os aspectos distintivos básicos.

O primeiro deles diz respeito ao objeto sobre o qual recaem os institutos. A prescrição tem por alvo a pretensão, sendo esta dedutível a partir da vulneração ao direito. A decadência, a seu turno, alveja o direito potestativo, cujo exercício está sujeito a prazo certo estabelecido em lei. Portanto, tanto a prescrição como a decadência, de uma forma ou de outra, relacionam-se com o direito material. A perempção, ao contrário, desfere seus efeitos sobre o instituto da ação, que se extingue para o autor em virtude de seu presumido desinteresse na causa. Portanto, nenhuma relação direta tem a perempção com o direito material em foco.

O outro aspecto consiste na linha diferencial relacionada ao fato gerador desses institutos. Enquanto a prescrição e a decadência não podem abdicar do fator tempo como elemento de impulsão para sua ocorrência, a perempção não tem qualquer relação com esse fator. Com efeito, aqueles institutos pressupõem a inércia do titular do direito em certo período de tempo fixado na lei. Na perempção, esse fator não tem relevância, uma vez que sua consumação pressupõe apenas a reiteração desnecessária de ações, erigindo-se o abandono das causas como o verdadeiro e único fato gerador.

11.2.5 PEREMPÇÃO NA AÇÃO DE IMPROBIDADE

Como se trata de instituto de natureza processual e sem disciplina própria na Lei nº 8.429/1992, a perempção aplica-se na ação de improbidade em conformidade com a regência do Código de Processo Civil.

É imperioso reconhecer que a hipótese é remota, mas é possível que ocorra na ação de improbidade. Caso o autor da ação abandone a causa por mais de 30 dias, provocando por três vezes o julgamento do processo sem resolução do mérito, o efeito será

---

[16] LUIZ GUILHERME MARINONI e DANIEL MITIDIERO, *Código*, cit., p. 263.

a consumação da perempção. Consequentemente, perderá o autor o próprio direito de ação para a tutela da probidade administrativa.

Se ainda assim a ação for proposta pela quarta vez, o juiz deverá proferir sentença sem resolução do mérito com fulcro no art. 485, V, do Código de Processo Civil, tendo em vista que faltante estará pressuposto de constituição e desenvolvimento válido do processo. Reitere-se aqui que, para não se admitir tal restrição, ter-se-ia que exigir norma expressa de lei, o que, como adiantamos, não sucede, eis que omissa a Lei de Improbidade a respeito.

Poder-se-ia objetar com o fato de que a ação de improbidade tem o escopo de proteger valores de ordem constitucional, sobretudo o relativo à probidade na Administração, o que seria incompatível com o instituto da perempção. A objeção, todavia, não procederia. Tal proteção, embora inegavelmente relevante, não está imune aos parâmetros restritivos da ordem jurídica. Quando o legislador deseja dar tratamento diverso à ação, menciona-o expressamente para que tenha eficácia, porquanto o silêncio da lei, nesse aspecto, não é eloquente, vale dizer, não indica disciplina privilegiada.

A objeção mereceria ainda outra contraposição. É que, a despeito da natureza dos interesses tutelados na ação de improbidade, a Lei nº 8.429/1992 foi expressa quanto à possibilidade de prescrição da pretensão punitiva dedutível na ação, dedicando o art. 23 à regência da matéria. Significa dizer que, consumando-se a prescrição, os autores legitimados sofrem a extinção da própria pretensão, sendo indiretamente afetado o direito subjetivo material, que, como já vimos à exaustão, tem como titular a Administração e a coletividade por ela representada. Ora, se a lei admite a perda da pretensão, nenhum espanto causará o fato de os autores estarem submetidos à perempção, sofrendo a perda da ação no caso de ser consumado o substrato fático previsto na lei processual.

Todavia, no entendimento de Rogério Pacheco Alves, o autor da ação de improbidade não poderia desistir dela nem abandoná-la, eis que, para interesses difusos, vigora o princípio da indisponibilidade da atuação do autor. Funda-se, também, o autor no art. 17, § 1º, da Lei nº 8.429/1992, que veda a transação, acordo ou conciliação nesse tipo de ação. Invoca, por fim, os arts. 42 e 576 do Código de Processo Penal como elementos impeditivos do abandono da causa.[17]

Lamentamos, porém, discordar do autor. A uma, porque desistência e abandono são fatos jurídicos processuais diversos, de modo que, apesar de inviável a desistência, nada impede a ocorrência de abandono provocado por desídia no curso da causa;[18] ali a parte se mobiliza por ação, ao passo que aqui o autor peca por omissão A duas, porque o abandono da causa também não se confunde com a transação, o acordo e a conciliação; estes institutos decorrem de elemento volitivo que conduz ao acertamento entre as partes, enquanto o abandono é fato que decorre da inação da parte. A três, porque os

---

[17] *Improbidade administrativa*, cit. (com Emerson Garcia), p. 708.
[18] Aliás, o próprio autor informa que Rodolfo de Camargo Mancuso, em certas hipóteses, admite a desistência da ação até mesmo pelo Ministério Público (ob. e loc. cit.).

arts. 42 e 576 do Código de Processo Penal aludem tão somente à desistência, mas não tratam do abandono da causa.[19]

11.2.6 CONCORRÊNCIA DE LEGITIMAÇÃO

A questão relacionada à perempção desafia a análise sobre um aspecto específico da ação de improbidade: a legitimidade concorrente, na forma do que dispõe o art. 17, *caput*, da LIA. Por esse dispositivo, são legitimados para a ação o Ministério Público e a pessoa jurídica interessada.

Em virtude de semelhante legitimação, caberia indagar como ficaria a questão da perempção na hipótese de o responsável pelo abandono reiterado da causa ter sido de apenas um dos legitimados.

A análise do tema deve iniciar-se pela situação jurídica dos legitimados concorrentes. A legitimação prevista na LIA é de caráter autônomo, permitindo que cada um dos legitimados possa tomar a iniciativa de propor a ação de improbidade independentemente do consentimento, da ciência ou da participação do outro. Podem ser litisconsortes, é verdade, mas litisconsortes facultativos.

O litisconsórcio facultativo forma-se pela vontade das partes, o que demonstra que o suporte jurídico do instituto se hospeda em seu elemento volitivo. Ao contrário, o litisconsórcio necessário "é sempre *fruto da exigência da lei, isto é, decorre de hipóteses em que o legislador obriga os vários demandantes a propor a causa em conjunto*", como ensina a doutrina.[20]

O CPC/1973 confundiu os litisconsórcios *necessário* e *unitário*, gerando muitas críticas dos autores.[21] O Código vigente, todavia, superou a confusão e separou os dispositivos. Assim, litisconsórcio é necessário "*por disposição de lei ou quando, pela natureza da relação jurídica controvertida, a eficácia da sentença depender da citação de todos que devam ser litisconsortes*" (art. 114, CPC). Já o litisconsórcio será unitário "*quando, pela natureza da relação jurídica, o juiz tiver que decidir o mérito de modo uniforme para todos os litisconsortes*" (art. 116, CPC).

No caso da ação de improbidade, a lei não faz qualquer menção à obrigatoriedade de participação conjunta entre o Ministério Público e a pessoa jurídica interessada. Infere-se, por conseguinte, que cada um desses legitimados pode atuar isolada e livremente no que diz respeito ao outro legitimado, motivo pelo qual se configura como facultativo o litisconsórcio e autônoma a legitimação para a causa.

Trazendo-se um exemplo para facilitar o entendimento, pode supor-se a hipótese em que associação subsidiada pelo Poder Público em percentual acima de 50% dos custos tenha sofrido ato de improbidade de determinado diretor. Tal entidade qualifica-se como pessoa jurídica interessada e, portanto, é parte legítima para propor a ação de improbi-

---

[19] "*Art. 42. O Ministério Público não poderá desistir da ação;*" "*Art. 576. O Ministério Público não poderá desistir de recurso que haja interposto.*"
[20] HUMBERTO THEODORO JUNIOR, *Curso de direito processual civil*, Forense, v. I, 26ª ed., 1999, p. 109.
[21] Art. 47, CPC/1973.

dade. Pode muito bem suceder que, em três ações seguidas, tenha abandonado as causas, consumando-se a perempção. Nesse caso, se deflagrar uma quarta demanda idêntica, o processo será extinto sem resolução do mérito, *ex vi* dos arts. 485, V, e 486, § 3º, do Código de Processo Civil.

Não obstante, esse desfecho gravoso para a pessoa jurídica interessada não estende seus efeitos ao outro legitimado autônomo, no caso o Ministério Público. Resulta que, mesmo depois de perempta a ação de improbidade para aquele legitimado, nenhuma barreira poderá ser oposta ao Ministério Público para que instaure a demanda, e isso pela singela razão de que seu direito de ação não sofreu o impacto de qualquer abandono reiterado, como naquele caso.

Na verdade, o objeto da ação é o mesmo, seja qual for o legitimado, mas as pretensões são autônomas, assim como é autônoma a legitimidade e a própria ação de improbidade. Desse modo, a perempção a que se sujeita um legitimado não contamina outro legitimado autônomo, se este não sofreu os efeitos do instituto extintivo em virtude de reiterado abandono de causas.

Registre-se, por oportuno, que o Ministério Público também pode sofrer os efeitos da perempção. É claro que a hipótese é mais remota do que a que envolve pessoa jurídica interessada regida pelo direito privado. Como regra, o Ministério Público é o legitimado que mais se empenha em investigar improbidade administrativa, não sendo concebível que abandone reiteradamente três ações e seja alvo da perempção. Em tese, porém, se esse fato ocorrer, a perempção se consumará, não sendo permitida ao autor a renovação da ação com o mesmo objeto.

Se os legitimados – o Ministério Público e a pessoa jurídica interessada – figurarem na ação de improbidade como litisconsortes facultativos, a situação de um não se estende necessariamente ao outro. Aplica-se aqui o art. 117 do Código de Processo Civil, pelo qual *"os litisconsortes serão considerados, em suas relações com a parte adversa, como litigantes distintos"*. No caso, trata-se de litisconsórcio simples, em que não há obrigatoriedade de decisão uniforme para os litisconsortes.[22] Infere-se, destarte, que, se um deles tiver dado causa à perempção, será extinto o processo sem resolução do mérito apenas em relação a ele, mas a ação prosseguirá normalmente com a participação do outro litisconsorte legitimado.[23]

11.2.7 EFEITO DA PEREMPÇÃO

Apesar de cabível a incidência da perempção na ação de improbidade, é inegável que o abandono seguido de causas pelo autor constitui fato gravíssimo, em virtude de ser extinto para o legitimado um instrumento que tem por escopo a tutela da probidade administrativa: a ação judicial.

---

[22] LUIZ GUILHERME MARINONI et al., ob. cit., p. 133.
[23] O STJ já decidiu não haver óbice a que se reconheça a decadência de algum ou alguns dos litisconsortes, permitindo concluir que o mesmo pode ocorrer com litisconsorte atingido pela perempção (RMS 16.295. Rel. Min. JOSÉ ARNALDO DA FONSECA, em 3.3.2005).

Consumando-se a perempção, será necessário que se investiguem as causas que ensejaram os abandonos reiterados das ações precedentes, porque, se na esfera privada a perempção indica o presumido desinteresse do autor, o que só é aceitável pelo fato de ser privado o interesse, na relação de direito público o abandono é inaceitável, sabido que na ação de improbidade é tutelado relevante interesse público.

O abandono da causa por três vezes reflete indiscutível desídia por parte do autor. Sendo autora a pessoa jurídica interessada, cumpre identificar quais foram os responsáveis por tal situação, sendo possível que seja o advogado da causa ou algum empregado dirigente da entidade, ou até mesmo ambos em conjunto. Quanto ao Ministério Público, a conduta omissiva é ainda mais grave e pode qualificar-se como infração de caráter institucional, dependendo das circunstâncias que revestiram a conduta.

O efeito oriundo da perempção, além de espelhar infração funcional, pode consistir na qualificação da conduta como de improbidade administrativa. De fato, variadas podem ser as situações que mobilizaram o sujeito responsável pela extinção da ação. Em tese, pode ter havido enriquecimento ilícito, se o agente desidioso auferiu vantagem indevida para abandonar a causa (art. 9º, LIA). É possível também que a conduta tenha provocado prejuízo à Administração (art. 10, LIA). E, ainda, pode supor-se a violação a princípio da Administração (art. 11, *caput*, LIA) ou, mais especificamente, a intenção de retardar ou deixar de praticar, indevidamente, ato de ofício (art. 11, II, LIA).

Se a investigação concluir que a perempção resultou da prática de ato enquadrado como de improbidade administrativa, o autor da conduta, que se conduziu com desinteresse na proteção aos valores da probidade, sujeitar-se-á a ser demandado em ação de improbidade, cuja causa de pedir será exatamente o fato de o responsável ter dado causa à perempção.

11.2.8 PRETENSÃO INDENIZATÓRIA

De acordo com o que dispõe o art. 37, § 5º, da Constituição, a pretensão do Estado para ser indenizado por prejuízos causados pelo autor da improbidade não se submete à prescrição. Cuida-se, assim, de pretensão imprescritível, como veremos adiante em capítulo à parte.

Diante de tal situação, inegavelmente excepcional dentro do cenário geral que rege a matéria, caberia indagar se, presentes os requisitos estabelecidos na lei processual, poderia ser decretada a perempção relativamente à ação de improbidade

A resposta deve levar necessariamente em consideração a natureza particular da ação de improbidade. É que, embora nela a pretensão genérica seja a de condenar o autor da improbidade, as sanções aplicáveis, relacionadas no art. 12 da LIA, têm feição diferenciada, descambando para campos diversos do sistema punitivo geral. De fato, a sanção de suspensão de direitos políticos guarda fisionomia diversa da que tem a sanção de devolução de bens adquiridos indevidamente. Ambas, a seu turno, têm outra natureza quando comparadas à condenação do réu a indenizar prejuízos ao erário.

Esse aspecto é fundamental para o exame do direito, da pretensão e da prescrição no caso da ação de improbidade. A pretensão genérica é a condenatória, mas dentro dela é possível vislumbrar a existência de pretensões condenatórias específicas, sendo elas correspondentes às variadas sanções previstas na Lei de Improbidade. E, dentro de todo esse conjunto sancionatório, é imprescritível a pretensão específica de indenização por prejuízos causados ao erário. As demais pretensões específicas sujeitam-se normalmente à prescrição.

Semelhante distinção causa reflexos no sistema da perempção. Quando a pretensão é sujeita à prescrição, a ação judicial, como instrumento de proteção ao direito subjetivo, pode também sujeitar-se a fatos extintivos, como é o caso da perempção. Ou seja: se a própria pretensão pode extinguir-se na hipótese de ocorrer a prescrição, a ação pode sofrer o influxo da perempção se por três vezes o autor abandonar a causa, conforme prevê o estatuto processual.

Contrariamente, se a pretensão for imprescritível, em virtude de tratamento especial firmado em lei, não haverá qualquer influência dos fatores *tempo* e *inércia do titular*, eis que a todo momento poderá ela ser deduzida pelo respectivo legitimado. A pretensão, portanto, é inextinguível, e o direito objeto da proteção não correrá risco de deparar alguma barreira de contenção para esse fim.

Nessa hipótese, inevitável será a conclusão. Se a própria pretensão é imprescritível, infere-se que o ordenamento jurídico intenta preservá-la a qualquer custo. Sendo assim, como a pretensão se revela perenemente protegida, não seria cabível suprimir a ação respectiva, pois que esta representa o mecanismo jurídico em que a pretensão é oferecida.

Com efeito, seria um paradoxo que, de um lado, a pretensão fosse imprescritível, a ela sendo dada sempre a oportunidade de ser preservada, e, de outro, se admitisse a extinção da ação, que é justamente o instrumento material e jurídico de que se vale o legitimado para oferecer a pretensão condenatória de improbidade. A conclusão, desse modo, não pode ser outra senão a de que é inaplicável o instituto da perempção na ação de improbidade, *no que concerne à pretensão específica de indenização por prejuízos causados ao erário*. Quanto às demais pretensões específicas, a perempção da ação poderá incidir normalmente.

Para exemplificar, suponhamos a hipótese em que o autor deduza, na ação de improbidade, a pretensão genérica de condenação do réu a todas as sanções previstas na Lei nº 8.429/1992 e que, por abandono anterior da causa por três vezes, se tenha consumado a perempção. Ao ser proposta a quarta ação e o réu objetar com o fato da perempção, o juiz só poderá julgar o processo sem resolução do mérito em relação às pretensões que visam às sanções de caráter não indenizatório, mas terá que permitir o prosseguimento da ação para apreciar a pretensão específica indenizatória, a qual, por ser imprescritível, não pode ser atingida (embora indiretamente) pela perempção.

A perempção, assim, atingirá a ação de improbidade no que toca, por exemplo, à pretensão de ser o réu sancionado com a ordem para devolução de bem adquirido indevidamente, ou com a multa civil ou, ainda, com a proibição de contratar com o Poder Público. Não afetará, contudo, a pretensão do autor de condenação do réu a indenizar a pessoa lesada no caso de ter havido prejuízo ao erário. Aqui será incabível a perempção.

12
IMPRESCRITIBILIDADE DA AÇÃO RESSARCITÓRIA

12.1 INTRODUÇÃO

Já vimos que a regra geral é a de que as pretensões são sujeitas à prescrição. Da mesma forma, antecipamos que a perpetuidade das pretensões agrediria o princípio da estabilidade das relações jurídicas, fato que propiciaria risco interminável para os indivíduos.

Como as regras comportam exceções, a prescritibilidade das pretensões, como regra geral que é, também comporta ser excepcionada por algumas situações jurídicas consideradas como hipóteses geradoras de grandes conturbações jurídicas e sociais. Nesses casos, impõe-se que o legislador aponte claramente tais exceções.

À guisa de recapitulação, vale a pena relembrar que, na esfera penal, a Constituição vigente consignou duas situações de imprescritibilidade da pretensão punitiva: uma, relativa ao crimes de racismo (art. 5º, XLII), e outra, consistente em ações de grupos armados contra a ordem constitucional e o Estado Democrático (art. 5º, XLIV). Por força de tais mandamentos, não há prazo determinado para ajuizar-se a pretensão punitiva, isto é, seja qual for o tempo que transcorrer, poderá ser proposta a respectiva ação penal, e isso pela circunstância de que as pretensões são imprescritíveis.

Neste passo, é oportuno destacar que a imprescritibilidade em tais hipóteses retrata verdadeira garantia constitucional, pois que não deixa perecer o instrumento de acionabilidade para a proteção das diferenças, no que toca ao racismo, e à tutela da ordem pública, no caso de ações de grupos armados.[1]

---
[1] LUIZ GUILHERME ARCARO CONCI, *Comentários*, cit., p. 200.

Em outra vertente, é acertada a afirmação de que as garantias constitucionais "*figuram como formalidades que asseguram o exercício dos direitos fundamentais*", adotando-se o mecanismo da coerção relativamente às condutas contra eles desfechadas, obrigando os indivíduos a permanecer nos limites da ordem jurídica.[2] Desse modo, é de concluir-se que são imperecíveis as pretensões condenatórias deduzidas contra condutas que ofendam o direito à igualdade e à paz social. A imprescritibilidade, nesses casos, espelha inegável garantia constitucional.

12.2 FONTE CONSTITUCIONAL

A Constituição Federal, contudo, prevê outra hipótese de imprescritibilidade, além das mencionadas nos dispositivos acima. Diferentemente destas, que têm caráter penal, a imprescritibilidade sob comento tem fisionomia civil-administrativa.

Dispõe o art. 37, § 5º, da vigente Constituição:

"*Art. 37. ....*

§ 5º A lei estabelecerá os prazos de prescrição para ilícitos praticados por qualquer agente, servidor ou não, que causem prejuízos ao erário, ressalvadas as respectivas ações de ressarcimento."

O dispositivo – é bom assinalar – situa-se dentro do capítulo destinado à Administração Pública, de modo que ao intérprete caberá extrair a *intentio* do Constituinte à luz dos princípios e regras que regem a matéria e, inclusive, com destaque à proteção do patrimônio público, o que se configura como evidente e constante preocupação da Lei Maior.

12.3 DUPLICIDADE NORMATIVA

Como registra, com acerto, Pedro Roberto Decomain, o dispositivo constitucional apresenta-se com dois comandos, vale dizer, em seu conteúdo existe uma duplicidade normativa, que se dirige ao legislador ordinário.

De um lado, a determinação é no sentido de que o legislador estabeleça prazo de prescrição para pretensões punitivas dedutíveis contra agentes públicos em razão da prática de atos que causem prejuízos ao erário. Nesta parte, o Constituinte seguiu a regra geral da prescritibilidade das pretensões, em consonância com o princípio da segurança jurídica.

De outro, a Constituição impõe que o legislador ordinário não fixe prazo de prescrição relativamente à pretensão de ressarcimento de prejuízos causados ao erário pelo agente, podendo observar-se que semelhante comando tem linhas antagônicas quando

---

[2] É a correta observação de GUILHERME PEÑA DE MORAES, *Curso de direito constitucional*, Atlas, 4. ed., 2012, p. 540.

comparado ao anterior.³ Sob esse aspecto, a Constituição, na parte final da norma, instituiu nova exceção à regra da prescritibilidade, e o fez, como comentaremos adiante, impulsionado pela necessidade de proteção de certos valores por tempo indeterminado.

Essa duplicidade de conteúdo normativo é de extrema relevância para que se possa identificar a correta interpretação do dispositivo, sobretudo porque, como já acentuamos, toda situação de imprescritibilidade deve ser analisada com maior precaução.

12.4 AÇÃO RESSARCITÓRIA

De plano, é mister destacar que o dispositivo, na parte em que trata da imprescritibilidade, alude à *pretensão ressarcitória* do Estado contra o agente, servidor ou não, que lhe causou danos em razão da prática de ato ilícito. Não custa lembrar que a pretensão de ressarcimento de danos se situa dentro das *ações indenizatórias*, e isso porque, em última análise, visa à reparação dos danos causados pela conduta ilícita.

Averba Sérgio Cavalieri Filho que a responsabilidade civil provoca a obrigação de indenizar, que é exatamente a de reparar o dano causado à vítima da conduta ilícita. Assim como encontramos as *obrigações voluntárias*, que têm os negócios jurídicos como nascedouro, podemo-nos defrontar também com as *obrigações legais*, aquelas às quais a lei confere vida e conteúdo e em que "*a vontade das partes só intervém como condicionadora, e não como modeladora dos efeitos jurídicos estatuídos na lei*".[4] Em tal cenário, a pretensão ressarcitória do Estado se enquadra na categoria das obrigações legais.

A pretensão indenizatória contra o responsável pelo comportamento injurídico não se contenta apenas com o ilícito e o nexo causal. Urge que a conduta tenha repercutido negativamente no acervo patrimonial do lesado, o que significa dizer que imprescindível se torna que o responsável pela conduta tenha provocado um *dano* ao lesado.[5]

Nos termos do art. 37, § 5º, da Constituição, a previsão normativa é de que aquele que causa algum prejuízo ao erário, seja agente público ou não, tem a obrigação de indenizar o ente estatal prejudicado. Essa pretensão é de caráter indenizatório (ou reparatório) e, mais especificamente, de feição ressarcitória, resultando daí a usual nomenclatura de *ação ressarcitória*, expressão da qual se infere o sentido de que o ente lesado deseja ressarcir-se do prejuízo que lhe foi causado.

É exatamente essa pretensão à indenização ou ao ressarcimento dos danos que, pela Constituição, merece o amparo da imprescritibilidade. A qualquer tempo, pode o Estado direcioná-la contra o causador dos prejuízos, sem que este possa objetar com a existência dos fatores *tempo* e *inércia do titular*, que delineiam o fenômeno prescricional. Como se observa, cuida-se de garantia outorgada constitucionalmente ao patrimônio público. É até pertinente considerar essa proteção como *interesse público indisponível*.[6]

---

[3] PEDRO ROBERTO DECOMAIN, *Improbidade*, cit., p. 392.
[4] SÉRGIO CAVALIERI FILHO, *Programa de responsabilidade civil*, Atlas, 10. ed., 2012, p. 4.
[5] No mesmo sentido, SÍLVIO DE SALVO VENOSA, *Direito civil*, cit., v. IV, p. 197.
[6] Idêntica observação foi feita por RAQUEL MELO URBANO DE CARVALHO, *Curso*, cit., p. 518.

Cuida-se – não custa acrescentar – de *relação jurídica externa*, diante da qual surge *pretensão exaurível judicialmente*. A matéria, pois, não poderia ter sido regulada por lei específica do ente federativo, mas por mandamento com âmbito global – exatamente o que ocorre com o citado dispositivo constitucional. Avulta notar, ainda, que, dispondo sobre a matéria, o Constituinte afastou do legislador ordinário a prerrogativa de legislar sobre prescrição da pretensão ressarcitória do Estado.

12.5 FUNDAMENTO DA IMPRESCRITIBILIDADE

A proteção do *patrimônio público* e, especificamente, do erário foi a *ratio* do art. 37, § 5º, da CF. Considerou o Constituinte que eventual inércia do Estado na busca do ressarcimento dos prejuízos que lhe foram perpetrados haveria de ceder diante de um valor maior – a proteção ao patrimônio público. Em outras palavras, a percepção do Constituinte foi a de que será preferível assegurar essa proteção a deixar o patrimônio público sob risco de prejuízos irreparáveis, por ficar inerme o Estado, atingido pela prescrição da ação indenizatória.

Já tivemos a oportunidade de consignar em outra oportunidade a correta observação de Landi e Potenza, segundo a qual o regime jurídico aplicável ao patrimônio estatal é de direito público e nele se incluem certas prerrogativas especiais de proteção inexistentes no campo do direito privado, onde o interesse privado sobreleva ao interesse público.[7] A imprescritibilidade da pretensão ressarcitória inclui-se nas prerrogativas especiais do Poder Público, porque, em última instância, espelha proteção a direito da própria coletividade.[8]

Pode até mesmo criticar-se a solução constitucional e defender-se que outra deve ser empregada, ao entendimento de que o patrimônio público, por mais relevante que seja, não retrata um valor inatingível e imune aos efeitos do tempo.

Não obstante, diante dos termos do art. 37, § 5º, da CF, o valor crítico deve ajustar-se à *ratio* constitucional, e esta não somente elevou o patrimônio público à mais densa proteção, como ainda, e por via de consequência, qualificou o instrumento protetivo – a ação de ressarcimento de prejuízos – com o símbolo da perenidade, atribuindo-lhe a garantia da imprescritibilidade.

Por fim, não custa trazer à tona o fato de que o erário, como parcela do patrimônio público, pertence a toda a coletividade, pois que todo o seu acervo só se constituiu em virtude dos esforços e sacrifícios dos administrados em geral. Daí a razão de não perecer a pretensão do Estado de defender seu erário contra aquele que o desfalcou pela prática de ilícito.

---

[7] GUIDO LANDI e GIUSEPPE POTENZA, *Manuale di diritto amministrativo*, Dott. A. Giuffré Ed., Milão, 6. ed., 1978, p. 99.
[8] Vide nosso trabalho "Imprescritibilidade da pretensão ressarcitória do Estado e patrimônio público", public. na *RBDP – Revista Brasileira de Direito Público*, IDBP/Forum, nº 36, jan./mar. 2012, p. 81-91.

12.6 REQUISITOS DA IMPRESCRITIBILIDADE

Cumpre ressaltar, contudo, que não é todo ato causador de prejuízo ao erário que redunda na imprescritibilidade da pretensão ressarcitória do Estado. Há alguns requisitos a serem observados.

Vejamos os requisitos, em conformidade com o texto constitucional: (1º) o causador do dano tem que se qualificar como agente público; (2º) o dano deve atingir o patrimônio de pessoa jurídica de direito público; (3º) a conduta deve caracterizar-se como ato ilícito.

Em relação ao primeiro, deve considerar-se que o autor do dano se qualifica como *agente público*, seja servidor ou não. O conceito de agente público é amplo e abrange todo aquele que exerça uma função pública, mediante vínculo jurídico formal com o Estado. Por conseguinte, a categoria de servidores públicos se inclui na de agentes públicos. Servidor é o agente que mantém vínculo de trabalho subordinado com o Estado (estatutário ou trabalhista). Assim, todo servidor se enquadra como agente público, mas nem sempre este se qualifica como servidor.[9]

O próprio legislador adotou a amplitude conceitual. Assim, dispõe o art. 2º da Lei nº 8.429/1992, que regula os casos de improbidade administrativa: *"Reputa-se agente público, para os efeitos desta lei, todo aquele que exerce, ainda que transitoriamente ou sem remuneração, por eleição, nomeação, designação, contratação ou qualquer outra forma de investidura ou vínculo, mandato, cargo, emprego ou função nas entidades mencionadas no artigo anterior".*

O sentido da lei é o de afirmar que a noção de agente público independe da natureza do vínculo que o atrela ao Estado – vínculo, diga-se de passagem, que pode ser dotado de características extremamente variadas. *Agente*, pois, é *aquele que age*, fazendo-o em nome do Estado. É aquele, enfim, que desempenha funções públicas como integrante da estrutura estatal.

O segundo requisito impõe que o prejuízo seja causado ao erário, ou seja, ao patrimônio das entidades de direito público, porquanto estas é que são, em sentido estrito, constituem a pessoa do Estado. A ideia de erário envolve o sentido de cofre ou tesouro público, bem assemelhada à que era transmitida na antiguidade, qual seja, o *"edifício onde se guardavam os capitais ou dinheiros públicos"*.[10] A agressão ao erário pode ser direta ou indireta, mediata ou imediata: desde que o ato lhe provoque prejuízo, presente estará o pressuposto para o pleito de ressarcimento.

O último requisito reclama que o ato causador do prejuízo consubstancie um ato ilícito. Como já se antecipou, ato ilícito é aquele por meio do qual seu autor viola dever legal. Se a lei contempla o dever a ser observado pelo indivíduo, sua ofensa caracteriza ato ilícito. Quanto à natureza da ilicitude, há um embate entre os intérpretes; o tema, porém, será examinado adiante.

---

[9] Essa clássica noção sempre foi apontada por HELY LOPES MEIRELLES (Direito administrativo brasileiro, cit., p. 75). No mesmo sentido, DIÓGENES GASPARINI, Direito administrativo, cit., p. 139. Também adotamos a mesma relação: nosso *Manual*, cit., p. 584.

[10] CALDAS AULETE, *Dicionário contemporâneo da língua portuguesa*, Delta, v. 2, 1958, p. 1816.

12.7 HIPÓTESES ESTRANHAS À IMPRESCRITIBILIDADE

Diante dos requisitos a serem observados para que se configure a imprescritibilidade da pretensão ressarcitória do Estado, merecem comento as hipóteses que refogem à incidência do art. 37, § 5º, da CF, hipóteses essas passíveis de prescrição.

A primeira delas consiste na prática de ato ilícito por *terceiro, não agente público*, que gera danos ao erário. É o caso, por exemplo, em que um indivíduo abalroa viatura pública de Município, causando prejuízos. Em tal ocorrência, a pretensão indenizatória do ente público está sujeita à prescrição, sendo inaplicável o referido mandamento constitucional. Como se trata de pretensão à reparação civil, incide o art. 206, § 3º, V, do Código Civil, que fixa o prazo de três anos,[11] embora haja entendimentos em contrário.[12] Se o Município queda inerte nesse prazo, fica extinta a sua pretensão de cobrar a reparação do dano causado pelo terceiro.[13]

Outra situação que escapa à norma do art. 37, § 5º, da CF, é aquela em que a entidade lesada é pessoa jurídica de direito privado da Administração Indireta, como empresas públicas e sociedades de economia mista, ou pessoa privada prestadora de serviços públicos, não integrante da Administração, servindo como exemplo os concessionários e permissionários de serviços públicos. De imediato, é de asseverar-se que tais entes, por sua natureza, não possuem erário, de modo que, por esse motivo, não podem mesmo sofrer a incidência daquele dispositivo constitucional. Significa dizer que, se alguma dessas entidades sofrer prejuízo por conduta ilícita de alguém, sua pretensão indenizatória para obter o ressarcimento dos danos sujeitar-se-á à prescrição.

Aplica-se, em semelhante situação, a Lei nº 9.494/1997, em cujo art. 1º-C (incluído pela MP nº 2.180-35/2001) se leem os seguintes termos: "*Prescreverá em cinco anos o direito de obter indenização dos danos causados por agentes de pessoas jurídicas de direito público e de pessoas jurídicas de direito privado prestadoras de serviços públicos.*"

A hipótese prevista no dispositivo pode ensejar duas situações: a titularidade da pretensão de terceiro contra esses entes ou a pretensão destes contra os autores do dano.

Vejamos um primeiro exemplo: empregado de empresa pública de Estado-membro (pessoa de direito privado), em conduta ilícita, causa danos em veículo de supermercado. A este se assina o prazo de cinco anos para oferecer sua pretensão indenizatória em face da empresa pública; não o fazendo nesse prazo, sua pretensão prescreverá.

Um segundo exemplo: empregado de sociedade permissionária de serviços públicos de Município emprega indevidamente valores pertencentes a seu empregador, provocando-lhe determinado prejuízo. A pretensão reparatória da sociedade permis-

---

[11] Essa sempre constituiu a nossa posição (*Manual*, cit., p. 1012-1013). No mesmo sentido: FLÁVIO DE ARAUJO WILLEMAN, *Responsabilidade civil das agências reguladoras*, Lumen Juris, 2005, p. 42, e CARLOS ROBERTO GONÇALVES, *Responsabilidade civil*, Saraiva, 8. ed., 2003, p. 190. Também: WALLACE PAIVA MARTINS JUNIOR, ÉRICO ANDRADE e LUIZ DUARTE DE OLIVEIRA, apud RAQUEL MELO URBANO DE CARVALHO, ob. cit., p. 525, nota de rodapé 89.
[12] É como pensa RAQUEL MELO URBANO DE CARVALHO, *Curso*, cit., p. 526-527.
[13] A jurisprudência também se consolida nessa esteira: v. STJ, REsp 1.137.354, Rel. Min. Castro Meira, em 8.9.2009.

sionária contra seu empregado deve ser deduzida no prazo de cinco anos; quedando inerte no prazo, sujeitar-se-á à prescrição, extinguindo-se sua pretensão.

O Código Civil é aplicável nas situações remanescentes. Caso um indivíduo, não agente de pessoa pública ou de direito privado prestadora de serviço público, cause prejuízo a um estabelecimento comercial privado, a pretensão indenizatória (ou de reparação civil) deste contra o autor do dano prescreverá em três anos, como prevê o art. 206, § 3º, V, do referido Código.

Impõe-se distinguir as hipóteses. Naquelas anteriores, a lei que regula a prescrição é específica, ou seja, é *lex specialis*. Para estas últimas, não alcançadas pela lei especial, é de aplicar-se o Código Civil, que é *lex generalis*. A despeito de o Código ser posterior, não revogou as disposições anteriores, por serem estas integrantes de lei especial. É de invocar-se aqui o conhecido brocardo: *lex posterior generalis non derogat legi priori speciali*. Conforme ensinamento de Carlos Maximiliano, o aparecimento de norma ampla não causa, por si só, "*a queda da autoridade da prescrição especial vigente*".[14]

12.8 RESSARCIMENTO E OUTROS EFEITOS DA IMPROBIDADE

Sempre é conveniente dar ênfase, para a correta interpretação do dispositivo constitucional, ao fato de que as condutas de improbidade, como temos visto até o momento, quando reconhecidas judicialmente na ação de improbidade, rendem ensejo a sanções de diversa natureza, o que é facilmente constatado pela leitura do art. 12 da Lei nº 8.429/1992.

Daí se infere que a imprescritibilidade alcança tão somente a pretensão ressarcitória do ente público, que é aquela que alveja a indenização a ser cobrada do agente público que praticou o ato ilícito causador dos prejuízos. O ressarcimento do prejuízo, no entanto, configura-se como um dos efeitos sancionatórios, e somente esse efeito é que gera a pretensão imprescritível do ente lesado.

Os demais efeitos sancionatórios do ato de improbidade, porém, não estão sujeitos à imprescritibilidade, ainda que o referido ato tenha ocasionado prejuízos ao erário. Esses efeitos são os de devolução de bens, suspensão de direitos políticos, perda de cargo, multa civil, proibição de contratar com o Poder Público e a perda de subvenções e outros benefícios fiscais análogos.

Ao tratar da prescrição da improbidade, prevista no art. 23 da LIA, Aluizio Bezerra Filho endossa essa mesma interpretação, consignando que a prescrição "*diz respeito às penas preceituadas nesta Lei com relação à perda de função, suspensão de direitos políticos, aplicação de multa e proibição de celebrar negócios com o Poder Público, isso porque o ressarcimento pelos danos causados ao erário é imprescritível, consoante dispõe a Carta Magna no seu art. 37, § 5º*".[15]

Para aplicar tal distinção a um exemplo, a fim de lhe dar maior clareza, imaginemos a hipótese em que um agente público, titular de mandato, praticou ato de improbi-

---

[14] CARLOS MAXIMILIANO, *Hermenêutica e aplicação do direito*, Forense, 10. ed., 1988, p. 360.
[15] ALUIZIO BEZERRA FILHO, *Lei de improbidade*, cit., p. 241.

dade grave que causou prejuízos ao erário. Ultrapassado o prazo de cinco anos, a pretensão condenatória da entidade lesada estará prescrita no que toca às várias sanções de improbidade, não mais podendo postular a condenação do réu à suspensão de direitos políticos, perda de função pública e as demais já mencionadas, sem caráter ressarcitório.

Apesar disso, subsiste íntegra a pretensão ressarcitória, o que permite à pessoa prejudicada, ou ao Ministério Público, propor a ação de improbidade em que seja o único pedido condenatório o de ser o réu obrigado a indenizar a pessoa lesada pelos prejuízos que o ilícito cometido lhe causou. Cuida-se da aplicação do sistema que distingue a pretensão genérica e as pretensões específicas na ação de improbidade.[16]

É comum que a ação de improbidade contenha pedido de condenação e aplicação de sanções diversas, incluindo o ressarcimento de prejuízos. Nessa hipótese, se ocorrer eventualmente a prescrição das sanções de improbidade, nada obsta ao prosseguimento da demanda quanto à postulação de ressarcimento dos danos causados ao erário, e isso porque é garantida pela imprescritibilidade.[17]

12.9 PREJUÍZO E DANO

O art. 37, § 5º, da Constituição, ao tratar da prescrição de ilícitos, faz referência a atos que causem *prejuízos* ao erário. O Código Civil, por outro lado, preceitua que aquele que comete ato ilícito fica obrigado à reparação do *dano* (art. 927). Vale a pena tecer breve consideração sobre esses termos jurídicos, a fim de poder interpretar-se devidamente o mandamento constitucional.

Preliminarmente, é forçoso reconhecer que, como regra, os vocábulos são empregados no mesmo sentido, entendendo-se que o ato que causa dano ou prejuízo a outrem obriga o autor à devida reparação, de forma a ser reposta a perda decorrente do ato.

O termo *dano* provém do latim *damnum*, significando "todo mal ou ofensa que tenha uma pessoa causado a outrem, da qual possa resultar uma deterioração ou destruição à coisa dele ou um prejuízo a seu patrimônio".[18] O sentido original, portanto, consistia na existência de prejuízo, ou perda patrimonial. Mais precisamente, a ideia do dano seria mais ligada à consequência produzida por ele, ou seja, o prejuízo.

Não obstante, o sentido primitivo, com o passar do tempo e a evolução dos institutos jurídicos, veio a sofrer mutação, na medida em que a noção de dano foi ampliada para muito além dos limites preteritamente concebidos. De fato, depois de ser univocamente aceito o dano patrimonial, veio a ser concebido o dano moral, que, embora também seja uma forma de dano, apresenta-se com linhagem diversa, o mesmo ocorrendo com os efeitos jurídicos decorrentes de comportamentos danosos.

Por muito tempo, não foi admitido o dano moral, e a jurisprudência, a princípio, relutante e resistente, passou a admiti-lo, inicialmente com algumas restrições e depois com sentido mais envolvente. A vigente Constituição espancou as poucas dúvidas que

---

[16] Vide a respeito o que dissemos no Capítulo 5.
[17] No mesmo sentido, STJ, AgRg no AREsp 663.951, j. 14.4.2015, e AgRg no REsp 1.481.536, j. 18.12.2014.
[18] DE PLÁCIDO E SILVA, *Vocabulário jurídico*, cit., p. 412.

ainda existiam e expressou o reconhecimento do dano moral no art. 5º, V e X, consolidando a classificação do dano, já antes aceita, em *dano material* e *dano moral*.[19]

Não cabe, em sede deste estudo, desenvolver os vários aspectos que cercam o instituto do dano moral. Não é demasia, contudo, sublinhar um aspecto fundamental que diferencia as modalidades de dano. Enquanto o dano material envolve sempre a perda de patrimônio, o dano moral atinge a personalidade, o foro íntimo, a reputação, enfim, valores que nenhuma relação imediata têm com o patrimônio material.

O dano moral, em princípio, ofende o patrimônio psíquico ou ideal da pessoa.[20] Por esse motivo, nem todos aceitam o dano moral causado à pessoa jurídica, muito embora já domine expressivamente tal entendimento. De qualquer modo, trata-se de interpretação extensiva do dano moral, considerando-se que aspectos subjetivos externos da pessoa jurídica podem ser afetados por conduta danosa. O foco central, todavia, como se vê em De Plácido e Silva, é o de que a ofensa *"não vem ferir os bens patrimoniais, propriamente ditos, de uma pessoa, mas os seus bens de ordem moral, tais sejam os que se referem à sua liberdade, à sua honra, à sua pessoa ou à sua família"*.[21]

De outro lado, o prejuízo, do latim *praejudicium*, exibe significado mais restrito que o de dano. Nele se pretende expressar a perda ou o desequilíbrio econômico causado pelo ilícito, indicando desfalque, redução patrimonial, desvantagem econômica. O termo não comporta ser empregado como ofensa psíquica ou à personalidade, ou seja, a valor imaterial. Assim, quando se define a reparação do prejuízo, afirma-se que a indenização é o montante ou importância paga ao prejudicado equivalente ao desfalque patrimonial.[22]

Diante desses elementos, o art. 37, § 5º, da Constituição, não pode ser interpretado de forma extensiva. Aludindo a atos que causem *prejuízos* ao erário, o texto constitucional pretendeu tratar apenas do dano material, de cunho patrimonial, isto é, aquele que causa efetivo desfalque ao erário. Excluiu, por via de consequência, o dano moral, sob a inspiração de que nenhum aspecto subjetivo haveria para ser tutelado, mas sim a real perda de patrimônio sofrida pelo erário em decorrência do ato.

Aplicando-se tais premissas à hipótese de improbidade, a interpretação adequada deve ser a de que é imprescritível a pretensão estatal de ressarcimento do prejuízo, ou dano material, causado pelo autor da improbidade, cabendo ao ente lesado buscar a cobertura de seu desfalque a qualquer momento. Entretanto, se a pessoa pública se julgar vítima de alguma lesão de ordem moral, poderá deduzir sua pretensão indenizatória, mas nesse caso incidirá a regra geral da prescritibilidade, de modo que, não exercida tempestivamente a pretensão, ficará ela extinta pelo decurso do prazo.

---

[19] Art. 5º, V: *"é assegurado o direito de resposta, proporcional ao agravo, além da indenização por dano material, moral ou à imagem"*; art. 5º, X: *"são invioláveis a intimidade, a vida privada, a honra e a imagem das pessoas, assegurado o direito a indenização pelo dano material ou moral decorrente de sua violação;"*.
[20] SÍLVIO DE SALVO VENOSA, ob. cit., v. IV, p. 203.
[21] *Vocabulário*, cit., p. 414.
[22] DE PLÁCIDO E SILVA, ob. cit., p. 1078.

12.10 DOUTRINA DOMINANTE

Alguma controvérsia tem sido suscitada quanto à previsão de imprescritibilidade contida no mandamento em tela. A despeito de considerarmos que a redação do texto é algo defeituosa, vislumbramos claramente que a intenção do Constituinte foi a de proteger, por prazo indeterminado, o patrimônio público representado por seu erário, impedindo que o transcurso do tempo e a eventual inércia de autoridades públicas acarretassem ofensa a tão prestigiado valor constitucional.

A propósito, deixamos assentado o seguinte:

> "*Consequentemente, no que concerne à pretensão ressarcitória (ou indenizatória) do Estado, a Constituição assegura a* **imprescritibilidade** *da ação. Assim, não há período máximo (vale dizer: prazo prescricional) para que o Poder Público possa propor a ação de indenização em face de seu agente, com o fito de garantir o ressarcimento pelos prejuízos que o mesmo lhe causou*" (grifo do original).[23]

Pinto Ferreira, a seu turno, registrou:

> "*As ações de ressarcimento ou as ações de responsabilidade civil, contudo, são imprescritíveis*". E conclui: "*Não ocorrendo prescrição, o direito do Estado é permanente para reaver o que lhe for ilicitamente subtraído.*"[24]

Na mesma senda, a conclusão de José Afonso da Silva:

> "*Vê-se, porém, que há uma ressalva ao princípio. Nem tudo prescreverá. Apenas a apuração e punição do ilícito, não, porém, o direito da Administração ao ressarcimento, à indenização, do prejuízo causado ao erário.*"[25]

Pedro Roberto Decomain adota o mesmo entendimento:

> "*Mas as ações de ressarcimento de danos ao erário foram tornadas imprescritíveis pelo mencionado parágrafo 5º do art. 37 da Constituição Federal, a despeito de algumas críticas dirigidas àquele dispositivo.*"[26]

O que se nota é que, mesmo desferindo algumas críticas à orientação do Constituinte, os estudiosos em geral sustentam que o art. 37, § 5º, da Constituição, registra

---

[23] Nosso *Manual*, cit., p. 616.
[24] *Comentários*, cit., 3º v., 1990, p. 397.
[25] *Curso*, cit., p. 653.
[26] *Improbidade*, cit., p. 392.

realmente hipótese de imprescritibilidade. Há, pois, um significativo domínio desse entendimento em sede doutrinária.[27]

12.11 DOUTRINA DIVERGENTE

A despeito do entendimento majoritário, alguns estudiosos insurgem-se contra a interpretação que conclui no sentido da imprescritibilidade das ações ressarcitórias das pessoas públicas.

Sérgio de Andréa Ferreira, ao analisar o dispositivo, conclui em sentido contrário e invoca como fundamento a razão histórica que levou à elaboração do texto. O autor faz uma resenha dos anteprojetos e projetos que precederam o texto definitivo da vigente Constituição e demonstra que, no Projeto de Constituição, conforme substitutivo do Relator (setembro de 1987), assim se estabelecia no art. 43, § 4º, que acabou por se transformar no atual art. 37, § 5º: "*A lei estabelecerá os prazos de prescrição para ilícitos praticados por qualquer agente, servidor ou não, que causem prejuízos ao erário, ressalvadas as respectivas ações de ressarcimento, **que serão imprescritíveis**"* (grifamos).

Por outro lado, esclarece que, em textos primitivos, a ideia era ainda mais radical: cobrir com o manto da imprescritibilidade todas as pretensões sancionatórias decorrentes da prática de atos de improbidade. O certo é que, segundo o autor, ao ser excluído o adjetivo *imprescritíveis* para as ações de ressarcimento, o efeito, para a interpretação, foi apenas o de que o prazo prescricional para tais ações passou a ser independente do prazo a ser estabelecido para as demais sanções punitivas.[28]

Com a devida vênia ao renomado jurista, não nos parece ser essa a melhor ilação. A um primeiro exame, poder-se-ia realmente supor que a supressão da parte final do texto do projeto – "*que serão imprescritíveis*" – estaria a significar que o Constituinte teria abdicado da imprescritibilidade das ações de recomposição patrimonial do Estado. Considerando, porém, o dispositivo em sua integralidade, diversa teria que ser a interpretação.

Sem dúvida, teria sido melhor que a oração fosse mantida, escoimando-se toda e qualquer dúvida, mas sua exclusão não desfigurou a *intentio* do Constituinte. Se a regra geral é a da prescritibilidade e esta se contém na parte inicial do dispositivo, a ressalva, ao final, só pode ser considerada como exceção à regra, ou seja, a ressalva só pode ser interpretada no sentido de que as ações de ressarcimento são imprescritíveis.

Pedro Roberto Decomain oferece a mesma interpretação no sentido da imprescritibilidade. Diz o autor, corretamente: "*Quando a regra, em sua primeira parte, ordena que o legislador fixe prazos, então está afastando qualquer possibilidade de imprescritibilidade. Todavia, já no passo seguinte, quando apresenta ressalva (a palavra utilizada é*

---

[27] Ainda a favor da imprescritibilidade, entre outros, MARCELO FIGUEIREDO, *Probidade*, cit., p. 328; CELSO RIBEIRO BASTOS, *Comentários*, cit., 3º v., t. III, p. 167; DIÓGENES GASPARINI, *Direito Administrativo*, cit., p. 899; MARIA SYLVIA ZANELLA DI PIETRO, ob. cit., p. 763.
[28] *Comentários à Constituição*, Bibl. Jur. Freitas Bastos, 3º v., 1991, p. 313.

justamente esta, 'ressalvadas'), então está pretendendo indicar conclusão diversa daquela à qual conduz a primeira parte do parágrafo."[29]

A observação do autor coincide com a linha de argumentação com a qual embasamos a interpretação no sentido da imprescritibilidade das ações ressarcitórias. A parte inicial do dispositivo marca a imposição de fixar prazos, ao passo que o trecho final expressa ideia antagônica, qual seja, a de imprescritibilidade. Sendo assim, parece-nos que a retirada da parte final constante do Projeto, como visto acima, não desnaturou o sentido da imprescritibilidade da pretensão indenizatória.

Outro autor que não admite a imprescritibilidade é Celso Antônio Bandeira de Mello. Sem embargo de sempre tê-la acolhido na dicção do mandamento constitucional, confessou ter mudado de opinião e passou a não mais advogar a interpretação que conduz à imprescritibilidade da pretensão ressarcitória.[30] Diz o renomado publicista que, já antes, aderia à tese da imprescritibilidade com grande desconforto, porquanto entendia desacertada a solução normativa. Reclamava contra o fato de que a pretensão subsistiria por gerações, chegando mesmo a alcançar os herdeiros do autor dos prejuízos.

Reconsiderou, contudo, sua posição ao assistir à exposição de Emerson Gabardo, que também adota a interpretação da prescritibilidade da pretensão.[31] O argumento do ilustre expositor centrou-se no efeito que teria a suposta imprescritibilidade da pretensão, efeito que consistiria na minimização ou supressão do direito de defesa subjetivado pelo autor do dano ao erário.

No entendimento do expositor, ninguém acomodaria documentação de caráter probatório por tempo excessivamente longo, vale dizer, além de período razoável. O particular só guarda elementos de prova por um período determinado, mas depois se desfaz deles. Não é o que sucede com os órgãos públicos, que podem fazê-lo *ad aeternum*. Em consequência, o responsável pelo prejuízo ficaria indefeso diante da perene exigibilidade da pretensão do Estado, o que ocorreria também ao momento em que este decidisse promover a ação ressarcitória.

Fundamentando seu novo entendimento, Celso Antônio Bandeira de Mello argumenta com o fato de que nem os crimes de racismo, nem as ações contra a ordem constitucional, também mencionados na Constituição, como visto anteriormente, têm a proteção da imprescritibilidade. Tais pretensões, aduz o autor, não se eternizam, eis que não ultrapassam uma vida.[32]

Ao interpretar a ressalva contida no art. 37, § 5º, da Constituição, o autor explica que o Constituinte, apesar de defeito na redação, teve o escopo apenas de "*separar os prazos de prescrição do ilícito propriamente, isto é, penal, ou administrativo, dos prazos*

---

[29] *Improbidade*, cit., p. 402.
[30] CELSO ANTÔNIO BANDEIRA DE MELLO, *Curso*, cit., p. 1064-1065. Seu antigo entendimento perdurou até a 26ª edição de sua obra, do ano de 2010.
[31] A exposição, conforme indica o autor, foi apresentada em maio de 2009, no Congresso Mineiro de Direito Administrativo.
[32] Ob. cit., p. 1065.

das ações de responsabilidade, que não terão porque obrigatoriamente coincidir". Em consequência – aduz – *"a ressalva para as ações de ressarcimento significa que terão prazos autônomos em relação aos que a lei estabelecer para as responsabilidades administrativa e penal".*[33]

Conclui com a interpretação de que os prazos prescricionais da pretensão indenizatória do Estado ocorrerão nos mesmos períodos fixados para a decretação de invalidade dos atos viciados: cinco anos, não havendo má-fé, e dez anos, no caso de má-fé, contados a partir do término do mandato do governante em cujo período foi praticado o dano ao erário.[34]

Lamentamos divergir de semelhante interpretação. Vimos que a própria razão histórica do dispositivo demonstrou a vocação do Constituinte em considerar imprescritível a pretensão ressarcitória. Não julgamos acertada a inteligência de que se tenha pretendido apenas separar os prazos de prescrição dos ilícitos comuns e os de improbidade. A separação intencionada, já vimos, visa apenas a colocar de um lado o efeito sancionatório de ressarcimento de prejuízo e de outro os demais efeitos punitivos, todos previstos no art. 12 da Lei de Improbidade.

O alvo do mandamento constitucional foi, sem dúvida, a proteção do patrimônio público, que, em última instância, pertence a toda a coletividade. A nosso ver, andou bem o Constituinte, que, com semelhante disposição, impede que a esperteza e a má-fé inspirem o agente autor dos prejuízos ao erário a escapar, pelo decurso do tempo, de sua responsabilidade indenizatória, socorrendo-se do instituto da prescrição, como costumam fazer muitos indivíduos com algum tipo de responsabilidade – fato, aliás, do conhecimento geral. Por conseguinte, o art. 37, § 5º, da CF, estatuiu, de fato, situação jurídica de imprescritibilidade, tornando inextinguível a pretensão ressarcitória do Estado.

Em outro ângulo, não procede, em nosso entender, o fundamento de que a imprescritibilidade ofenda o direito de ampla defesa e o da segurança jurídica. É mister, nessa matéria, empregar o método hermenêutico da *ponderação de valores*, em ordem a que, harmonizados os princípios (da segurança jurídica e da proteção ao patrimônio público), possa, em certas circunstâncias, prevalecer a incidência de um sobre o outro. No caso de ato lesivo ao erário, preferiu o Constituinte dar prevalência ao princípio da proteção ao erário.

12.12 JURISPRUDÊNCIA

Conforme se pode verificar em vários julgados, a jurisprudência tem-se revelado hesitante quanto à interpretação a ser adotada relativamente ao art. 37, § 5º, da vigente Constituição.

O STF já apreciou, de passagem, questão atinente ao dispositivo, rejeitando alegação de prescrição em ação ressarcitória promovida pela União, em hipótese em que pretendia o reembolso de importâncias pagas a título de bolsa de estudo.

---

[33] Ob. e loc. cit.
[34] Ob. e loc. cit.

Vejam-se os termos dessa parte do julgado:

"MANDADO DE SEGURANÇA. TRIBUNAL DE CONTAS DA UNIÃO. BOLSISTA DO CNPq. DESCUMPRIMENTO DA OBRIGAÇÃO DE RETORNAR AO PAÍS APÓS TÉRMINO DA CONCESSÃO DE BOLSA PARA ESTUDO NO EXTERIOR. RESSARCIMENTO AO ERÁRIO. INOCORRÊNCIA DE PRESCRIÇÃO. DENEGAÇÃO DA SEGURANÇA. I – O beneficiário de bolsa de estudos no exterior patrocinada pelo Poder Público, não pode alegar desconhecimento de obrigação constante no contrato por ele subscrito e nas normas do órgão provedor. II – Precedente: MS 24.519, Rel. Min. Eros Grau. III – Incidência, na espécie, do disposto no art. 37, § 5º, da Constituição Federal, no tocante à alegada prescrição. IV – Segurança denegada."[35]

Nessa hipótese, o reconhecimento da imprescritibilidade teve como lastro basicamente o prejuízo causado ao erário, mas a Corte não atrelou sua interpretação a atos de improbidade administrativa.

O STJ também já decidiu sobre a matéria, sendo realmente peremptório quanto à imprescritibilidade. A propósito, foram proferidas, entre outras, as seguintes decisões:

"A ação de ressarcimento dos prejuízos causados ao erário é imprescritível, mesmo se cumulada com a ação de improbidade administrativa 'art. 37, § 5º, da CF)'."[36]

"AGRAVO REGIMENTAL NO AGRAVO EM RECURSO ESPECIAL. AÇÃO CIVIL PÚBLICA. RESSARCIMENTO AO ERÁRIO. IMPROBIDADE ADMINISTRATIVA. LEGITIMIDADE DO MINISTÉRIO PÚBLICO. IMPRESCRITIBILIDADE. PRECEDENTES.

– O Ministério Público tem legitimidade ad causam para a propositura de ação civil pública objetivando o ressarcimento de danos ao erário, decorrentes de atos de improbidade.

– É imprescritível a ação civil pública de ressarcimento de danos causados ao erário por atos de improbidade administrativa (art. 37, § 5º, da CF). Precedentes.

Agravo regimental improvido."[37]

"PROCESSUAL CIVIL E ADMINISTRATIVO. EMBARGOS DE DECLARAÇÃO CONHECIDOS COMO AGRAVO REGIMENTAL. PRINCÍPIOS DA ECONOMIA PROCESSUAL, INSTRUMENTALIDADE DAS FORMAS E FUNGIBILIDADE RECURSAL. IMPROBIDADE ADMINISTRATIVA. DANO AO ERÁRIO. SÚMULA Nº 7 DESTA CORTE SUPERIOR. IMPRESCRITIBILIDADE. OFENSA AO ART. 535 DO CPC. AUSÊNCIA DE INTERESSE RECURSAL NA CARACTERIZAÇÃO DO ERRO MATERIAL.

....

---

[35] STF, MS 26.210, Rel. Min. RICARDO LEWANDOWSKI, em 4.9.2008.
[36] STJ, REsp 1.347.947, Min. ELIANA CALMON, em 20.8.2013.
[37] STJ, AgRg. no AREsp 76.915, Rel. Min. CESAR ASFOR ROCHA, em 3.5.2012.

> 2. A instância ordinária asseverou haver dano ao erário no caso concreto. Rever esta conclusão a fim de desconstituir a ocorrência de prejuízo esbarra na Súmula nº 7 desta Corte Superior.
> 3. Pacífico o entendimento do Superior Tribunal de Justiça de que a pretensão de ressarcimento é imprescritível, em razão do que dispõe o art. 37, § 5º, da Constituição da República. Precedentes.
> 4. Irrelevante o momento de finalização do mandato, porque a pretensão é imprescritível. Daí porque não existe interesse recursal no que tange à violação ao art. 535 do CPC.
> 5. Agravo regimental não provido."[38]

Tais julgados, como se pode verificar, são bastante elucidativos e, sem dúvida, consagram a imprescritibilidade da ação ressarcitória, numa correta interpretação do art. 37, § 5º, da Constituição. Não custa reconhecer que é compreensível eventual discordância do intérprete quanto à opção constitucional de imprescritibilidade, mas, acima de tudo, é importante perscrutar a real *intentio* do Constituinte.

O STF, depois de erigir a questão ao *status* de repercussão geral, interpretou o art. 37, § 5º, da CF, de modo mais restrito, limitando a imprescritibilidade às hipóteses de danos decorrentes de improbidade administrativa ou da prática de crime. Mas, no que toca à pretensão de ressarcimento de danos por parte de entes públicos, assinalou a Corte: "*É prescritível a ação de reparação de danos à Fazenda Pública decorrente de ilícito civil*".[39]

Vale a pena analisar o seguinte trecho da referida decisão:

> "Em suma, não há dúvidas de que o fragmento final do § 5º do art. 37 da Constituição veicula, sob a forma da imprescritibilidade, uma ordem de bloqueio destinada a conter eventuais iniciativas legislativas displicentes com o patrimônio público. Esse sentido deve ser preservado. Todavia, não é adequado embutir na norma de imprescritibilidade um alcance ilimitado, ou limitado apenas pelo (a) conteúdo material da pretensão a ser exercida – o ressarcimento – ou (b) pela causa remota que deu origem ao desfalque no erário – um ato ilícito em sentido amplo. O que se mostra mais consentâneo com o sistema de direito, inclusive o constitucional, que consagra a prescritibilidade como princípio, é atribuir um sentido estrito aos ilícitos de que trata o § 5º do art. 37 da Constituição Federal, afirmando como tese de repercussão geral a de que a imprescritibilidade a que se refere o mencionado dispositivo diz respeito apenas a ações de ressarcimento de danos decorrentes de ilícitos tipificados como de improbidade administrativa e como ilícitos penais." (grifo nosso).

Na prática, vejamos a diferença. Se o agente pratica ato de improbidade e causa danos ao erário, a pretensão do ente público lesado revela-se imprescritível. Assim, a

---

[38] STJ, REsp 1.159.147, Rel. Min. MAURO CAMPBELL MARQUES, em 3.8.2010.
[39] STF, RE 669.069, Rel. Min. TEORI ZAVASCKI, j. em 3.2.2016. A decisão foi, por maioria, vencido o Min. EDSON FACHIN. Também: RE 852.475, Min. TEORI ZAVASCKI, j. 19.5.2016 (Repercussão Geral).

qualquer momento pode exercê-la contra o autor da lesão, sem que se lhe possa opor o fato prescricional.

Em outra vertente, se um motorista privado, por imprudência ou imperícia no trânsito, provoca danos a um veículo pertencente ao ente público, a pretensão ressarcitória, nesse caso, será prescritível, já que se trata de ilícito civil. Consequentemente, é aplicável o art. 206, § 3º, VI, do Código Civil, que fixa o prazo de três anos para a prescrição da *"pretensão de reparação civil"*.

Na hipótese decidida, a União propôs ação de ressarcimento contra uma empresa de transporte rodoviário e um motorista a ela vinculado, em virtude de danos decorrentes de acidente automobilístico ocorrido em 1997. Como a ação foi proposta em 2008, a prescrição já se havia consumado. Na verdade, não havia ilícito de improbidade nem ilícito penal.

Numa demonstração de que o entendimento do art. 37, § 5º, da CF, tem realmente ensejado interpretações divergentes, o STF levou a questão a Plenário e, por maioria, decidiu no sentido da imprescritibilidade da pretensão ressarcitória se a conduta dolosa ocasiona danos ao erário.[40]

Muitos foram os debates travados na Corte. O Ministro Relator, cujo entendimento acabou sendo minoritário, apontou alguns argumentos em favor da prescritibilidade, incluindo aí o princípio da segurança jurídica. Apenas à guisa de informação, veja-se o excerto abaixo de sua lavra:

> *"Não bastasse isso, não seria razoável que, considerando-se as mesmas condutas geradoras tanto de responsabilidade civil como de responsabilidade penal, houvesse imprescritibilidade implícita de uma única sanção pela prática de um ilícito civil definido como ato de improbidade, e não houvesse na esfera penal, que é de maior gravidade. Em face da segurança jurídica, portanto, nosso ordenamento jurídico afasta a imprescritibilidade das ações civis patrimoniais. Como resultado, não deveria ter surgido qualquer dúvida quanto à prescritibilidade de todas as sanções civis por ato de improbidade administrativa, inclusive a de ressarcimento ao erário, pois a legislação observou o mandamento do próprio § 4º do art. 37, que exige a edição de lei específica para tipificar os atos de improbidade e estabelecer a forma e gradação de todas as sanções."*[41]

A tese vencedora, entretanto, adotou o entendimento no sentido da imprescritibilidade, dando relevo ao princípio da tutela da coisa pública, prevalecente, no caso, sobre o da segurança jurídica. Vale a pena anotar essa observação contida no voto vencedor:

> *"Faço uma reflexão – especialmente em homenagem ao eminente Ministro Relator e à sustentação feita, da tribuna, pelo Professor George Tomlin, bem como*

---

[40] STF, RE 852.475, j. 8.8.2018.
[41] Voto do Ministro Relator Alexandre de Moraes.

da nota técnica de extraordinário apuro teórico que recebi e subscrito pelo ilustre Professor Marçal Justen Filho – sobre a segurança jurídica, mas chegando a uma conclusão oposta, entendendo que a segurança jurídica nessa perspectiva não leva, necessariamente, nada obstante que seja tanto um princípio normativo quanto um ideal republicano, não leva a autorizar a proteção, pelo decurso do lapso temporal, a quem causar prejuízo ao erário e locupletando-se da coisa pública. Eu acolho o que consta do parecer da Procuradoria-Geral da República sobre esta matéria, que aqui reproduzo e me escuso de ler, e entendo que a imprescritibilidade constitucional não trata, aqui, de uma injustificada e eterna obrigação de guarda, pelo particular, de elementos probatórios aptos à conclusão de que inexiste o dever de ressarcir, mas, sim, da afirmação da importante proteção da coisa pública da qual cada um de nós também somos titulares e cada cidadão é, ainda que indiretamente, titular."[42]

Em se tratando de decisão classificada como Repercussão Geral, foi firmada a seguinte tese:

"São imprescritíveis as ações de ressarcimento ao erário fundadas na prática de ato doloso tipificado na Lei de Improbidade Administrativa."

Vencedora, portanto, a tese da imprescritibilidade, cabe anotar os destaques que emanam da interpretação fixada pela Corte.

Primeiramente, a imprescritibilidade só alcança a pretensão ressarcitória no que concerne aos danos oriundos da prática de *atos de improbidade*. A contrario sensu, e conforme já fora assentado anteriormente, a pretensão formulada com base em danos causados por ilícito civil é prescritível, aplicando-se, por conseguinte, as normas de direito privado.

Em segundo lugar, a pretensão ressarcitória só é imprescritível se a conduta danosa for produzida a título de *dolo*. Nesse caso, o agente teve a deliberação de praticar o ato de improbidade de forma consciente e intencional. Ficam afastados, todavia, os atos culposos de improbidade, como alguns tipos que constam do art. 10 da LIA. Para exemplificar, se o agente, ao praticar culposamente ato de *"permitir ou facilitar a aquisição, permuta ou locação de bem ou serviço por preço superior ao de mercado"* (art. 10, V, LIA), causa prejuízo ao erário, a pretensão da pessoa pública lesada sujeita-se a prescrição. A tese, assim, cinge-se a condutas dolosas.

Há dois aspectos que merecem realce, um deles, aliás, debatido na sessão da Corte. No caso da propositura de ação de improbidade, na qual o autor (quase sempre o Ministério Público) postule a aplicação de todas as sanções previstas no art. 12, o juiz deve, se for o caso, decretar a prescrição de todas as pretensões punitivas, menos a de

---

[42] Voto do Ministro Edson Fachin, redator para o acórdão.

ressarcimento do dano, que, por ser imprescritível, passa a ser o único objeto sancionatório do processo.

O outro aspecto diz respeito à verificação da prescrição das pretensões punitivas por ato de improbidade antes de ser proposta a ação. Alguns intérpretes alegam que, prescrita a improbidade, não mais haveria ensejo para a demanda, o que conduziria à conclusão da prescritibilidade da pretensão ressarcitória. Não obstante, essa não é a melhor linha de argumentação. Nada impede que, ante a prescrição das pretensões punitivas em conformidade com o art. 23 da LIA, subsista a pretensão indenizatória, por ser imprescritível, e, assim, seja proposta a ação pertinente. Não importa a denominação da ação, se de improbidade ou ressarcimento do dano; importa, isto sim, a pretensão formulada, independentemente do rótulo da demanda, irrelevante na espécie. E, para o acolhimento do pedido, o autor poderá, sim, discutir a conduta dolosa de improbidade, matéria que constitui a *causa petendi* da ação, sempre, é claro, em prol do pedido indenizatório.

REFERÊNCIAS BIBLIOGRÁFICAS

ALVES, Rogério Pacheco. *Improbidade administrativa* (com Emerson Garcia), Lumen Juris, 2. ed., 2004.

AMORIM FILHO, Agnelo. Critério científico para distinguir a prescrição da decadência e para identificar as ações imprescritíveis, em *RT*, Revista dos Tribunais, ano 86, v. 744, out. 1997.

ARAGÃO, Egas Dirceu Moniz de. *Comentários ao Código de Processo Civil*, Forense, v. II, 1974.

ARAÚJO, Edmir Netto de. *Curso de direito administrativo*, Saraiva, 5. ed., 2010.

AULETE, Caldas. *Dicionário contemporâneo da língua portuguesa*, Delta, 1958.

AZEVEDO, Fábio de Oliveira. *Direito civil. Introdução e teoria geral*, Lumen Juris, 2009.

BACELLAR FILHO, Romeu Felipe. *Processo administrativo disciplinar*, Max Limonad, 2003.

BASTOS, Celso Ribeiro; MARTINS, Yves Gandra. *Comentários à Constituição do Brasil*, Saraiva, v. 4, 2. ed., 1999.

BERTONCINI, Mateus. Direito fundamental à probidade administrativa, em *Estudos sobre improbidade administrativa*, obra coletiva organizada por Alexandre Albagli Oliveira et al., Lumen Juris, 2010.

BETANHO, Luiz Carlos; ZILLI, Marcos. *Código Penal e sua interpretação*, obra coletiva organizada por Alberto Silva Franco e Rui Stocco, Revista dos Tribunais, 8. ed., 2007.

BEVILÁQUA, Clóvis. *Teoria geral do direito civil*, Livraria Francisco Alves, 7. ed., 1955 (atualizada por Achilles Beviláqua e Isaias Beviláqua).

BEZERRA FILHO, Aluizio. *Lei de improbidade administrativa aplicada e comentada*, Juruá, 2007.

BEZNOS, Clóvis. *Poder de polícia*, Revista dos Tribunais, 1979.

BITENCOURT NETO, Eurico. *Improbidade administrativa e violação de princípios*, Del Rey, 2005.

BUENO, Cássio Scarpinella. *A nova lei do mandado de segurança*, Saraiva, 2009.

_____. *Novo Código de Processo Civil anotado*, Saraiva, 2015.

CAETANO, Marcelo. *Princípios fundamentais de direito administrativo*, Forense, 1977.

CAHALI, Youssef Said. *Prescrição e decadência*, Revista dos Tribunais, 2008.

CÂMARA, Alexandre Freitas. *Lições de direito processual civil*, Lumen Juris, v. I, 20. ed., 2010.

CAPEZ, Fernando. *Direito penal. Parte geral*, Saraiva, 2006.

_____. *Curso de processo penal*, Saraiva, 17. ed., 2010.

CARVALHO, Hilário Veiga de. *Compêndio de criminologia*, Ed. José Bushatsky, 1973.

CARVALHO, Raquel Melo Urbano de. *Curso de direito administrativo*, Ed. Podivm, 2008.

CARVALHO FILHO, José dos Santos. *Ação civil pública. Comentários por artigo*, Lumen Juris, 8. ed., 2011.

_____. Ação civil pública e ação de improbidade administrativa, em *A ação civil pública após 25 anos*, obra coletiva organizada por Édis Milaré, Revista dos Tribunais, 2010.

_____. *Comentários ao estatuto da cidade*, Atlas, 5. ed., 2013.

_____. Imprescritibilidade da pretensão ressarcitória do Estado e patrimônio público, publicado na RBDP – *Revista Brasileira de Direito Público*, IBDP/ Fórum, nº 36, jan./mar. 2012.

_____. *Manual de direito administrativo*, Atlas, 30. ed., 2016.

_____. *O Estado em juízo no novo CPC*, Atlas, 2016.

_____. *Processo administrativo federal*, Atlas, 5. ed., 2013.

CAVALIERI FILHO, Sérgio. *Programa de responsabilidade civil*, Atlas, 10. ed., 2012.

COÊLHO, Sacha Calmon Navarro. *Curso de direito tributário brasileiro*, Forense, 1999.

COLIN, Ambroise; CAPITANT, H. *Cours élémentaire de droit civil français*, Libr. Dalloz, Paris, t. 2, 8. ed., 1935.

CONCI, Luiz Guilherme Arcaro. *Comentários à Constituição Federal de 1988*, obra coletiva, Forense, 2009.

CRETELLA JUNIOR, José. *Dicionário de direito administrativo*, Forense, 3. ed., 1978.

_____. *Direito administrativo brasileiro*, Forense, v. I, 1983.

_____. *Comentários à Constituição de 1988*, Forense Universitária, v. IV, 1991.

DECOMAIN, Pedro Roberto. *Improbidade administrativa*, Dialética, 2007.

DEIAB, Felipe. Algumas reflexões sobre a prescrição e a decadência no âmbito da atuação dos Tribunais de Contas, Revista Brasileira de Direito Público nº 4, Belo Horizonte, ano 2004.

DENARI, Zelmo. Código Brasileiro de defesa do consumidor, obra coletiva, Forense Universitária, 7. ed., 2001.

DIAS, Maria Tereza Fonseca. Terceiro setor e Estado; legitimidade e regulação, Fórum, 2008.

DIDIER JR., Fredie. Curso de direito processual civil, Podivm, v. I, 11. ed., 2009.

DINIZ, Maria Helena. Teoria geral do direito civil, Saraiva, v. 1, 18. ed., 2002.

DONIZETTI, Elpídio. Curso didático de direito processual civil, Lumen Juris, 10. ed., 2008.

FAYET JUNIOR, Ney. Da interrupção do curso da prescrição penal, em Prescrição penal. Temas atuais e controvertidos, obra coletiva, Livr. Advogado, v. 2, 2009.

FELTRIN, Sebastião Oscar; KURIKI, Patrícia Cristina. Código Penal e sua interpretação, obra coletiva, organizada por Alberto Silva Franco e Rui Stocco, Revista dos Tribunais, 8. ed., 2007.

FERRAZ, Sérgio; DALLARI, Adilson Abreu. Processo administrativo, Malheiros, 2. ed., 2007.

FERRAZ JUNIOR, Tércio Sampaio. Introdução ao estudo do direito, Atlas, 6. ed., 2008.

FERREIRA, Pinto. Comentários à Constituição brasileira, Saraiva, v. 3, 1992.

FERREIRA, Sérgio de Andréa. Comentários à Constituição, Biblioteca Jurídica Freitas Bastos, v. 3, 1991.

FIGUEIREDO, Lúcia Valle. Curso de direito administrativo, Malheiros, 9. ed., 2008.

FIGUEIREDO, Marcelo. Probidade administrativa, Malheiros, 5. ed., 2004.

FRANCHINI, Luís Fernando Pereira. Suppressio e surrectio, (sítio: <http://www.grupos.com.br/blog/direitodoscontratos/permalink/15894.html>. Acesso em: 16 fev. 2011).

FREITAS, Juarez. Deveres de motivação, de convalidação e de anulação: deveres correlacionados e proposta harmonizadora, Revista Interesse Público nº 16, ano 2001).

FROEHLICH, Charles Andrade. Prescrição e decadência no novo Código Civil de 2002 (sítio: <http://jus2.uol.com.br/doutrina/texto.asp?id=4895>. Acesso em: 12 mar. 2011).

GALDINO, Flávio. Acesso à justiça, em Dicionário de princípios jurídicos, Elsevier, obra coletiva organizada por Ricardo Lobo Torres, Eduardo Takaoka e Flávio Galdino, 2011.

GARCIA, Basileu. Instituições de direito penal, Max Limonad, v. I, t. II, 4. ed., 25ª tiragem.

GARCIA, Emerson; ALVES, Rogério Pacheco. Improbidade administrativa, Lumen Juris, 2. ed., 2004.

GARCIA, Gustavo Filipe Barbosa. Curso de direito do trabalho, Forense, 4. ed., 2010.

GASPARINI, Diógenes. *Direito administrativo*, Saraiva, 11. ed., 2006.

GÓES, Gisele. A prescrição e a Lei nº 11.280/06, em *A nova reforma processual*, obra coletiva organizada por Gustavo Nogueira, Lumen Juris, 2006.

GOMES, Orlando. *Direitos reais*, Forense, 16. ed., 2000.

GONÇALVES, Carlos Roberto. *Responsabilidade civil*, Saraiva, 8. ed., 2003.

GRECO, Rogério. *Curso de direito penal. Parte geral*, Impetus, 2002.

GUSMÃO, Paulo Dourado de. *Introdução ao estudo do direito*, Forense, 42. ed., 2010.

JESUS, Damásio de. *Direito penal*, v. 1, 17. ed., 1993.

LANDI, Guido; POTENZA, Giuseppe. *Manuale di diritto amministrativo*, Dott A. Giuffrè Ed., Milão, 6. ed., 1978.

LEAL, Antônio Luís da Câmara. *Da prescrição e da decadência*, Forense, 3. ed., 1978 (atualizada por José de Aguiar Dias).

LENZA, Pedro. *Direito constitucional esquematizado*, Saraiva, 15. ed., 2011.

MADEIRA, José Maria Pinheiro. *Servidor público na atualidade*, Campus Elsevier, 8. ed., 2010.

MARINONI, Luiz Guilherme; MITIDIERO, Daniel. *Código de Processo Civil comentado artigo por artigo*, Revista dos Tribunais, 2008.

MARQUES, José Frederico. *Manual de direito processual civil*, Saraiva, v. 2, 1974.

MARTINS, Flávia Bahia. *Direito constitucional*, Impetus, 2. ed., 2011.

MATTOS, Mauro Roberto Gomes de. *Lei nº 8.112/90 interpretada e comentada*, América Jurídica, 2005.

_____. *O limite da improbidade administrativa*, Ed. América Jurídica, 2. ed., 2005.

MAXIMILIANO, Carlos. *Hermenêutica e aplicação do direito*, Forense, 10. ed., 1988.

MAZZILLI, Hugo Nigro. *Regime jurídico do Ministério Público*, Saraiva, 5. ed., 2001.

MEDAUAR, Odete. *Direito administrativo moderno*, Revista dos Tribunais, 8. ed., 2004.

MEIRELLES, Hely Lopes. *Direito administrativo brasileiro*, Malheiros, 29. ed., 2004.

MELLO, Celso Antônio Bandeira de. *Curso de direito administrativo*, Malheiros, 27. ed., 2010.

MELLO, Oswaldo Aranha Bandeira de. *Princípios gerais de direito administrativo*, Forense, v. I, 1979.

MELO, Marco Aurélio Bezerra de. *Direito das coisas*, Lumen Juris, 2007.

MESQUITA JÚNIOR, Sídio Rosa de. *Prescrição penal*, Atlas, 4. ed., 2007.

MIRABETE, Julio Fabbrini. *Código Penal interpretado*, Atlas, 2. ed., 2001.

MONTENEGRO FILHO, Misael. *Curso de direito processual civil*, Atlas, v. I, 8. ed., 2012.

MORAES, Guilherme Peña de. *Curso de direito constitucional*, Atlas, 4. ed., 2012.

MOREIRA, José Carlos Barbosa. *Comentários ao Código de Processo Civil*, Forense, v. V, 1974.

NEIVA, José Antônio Lisbôa. *Improbidade administrativa*, Impetus, 2. ed., 2011.

NERY JUNIOR, Nelson; NERY, Rosa Maria de Andrade. *Código de Processo Civil comentado*, Revista dos Tribunais, 10. ed., 2008.

_____. *Novo Código Civil e legislação extravagante anotados*, Revista dos Tribunais, 2002.

NEVES, Daniel Amorim Assumpção. *Preclusão para o juiz*, Método, 2004.

NIESS, Pedro Henrique Távora. *Direitos políticos*, Edipro, 2. ed., 2000.

NOHARA, Irene Patrícia; MARRARA, Thiago. *Processo administrativo*, Atlas, 2009.

_____. *Limites à razoabilidade nos atos administrativos*, Atlas, 2006.

_____. *Direito administrativo*, Atlas, 2. ed., 2012.

NORONHA, E. Magalhães. *Direito penal*, Saraiva, v. 1, 13. ed., 1976.

NUCCI, Guilherme de Souza. *Manual de direito penal*, parte geral e parte especial, Revista dos Tribunais, 7. ed., 2011.

PAZZAGLINI FILHO, Marino. *Lei de improbidade administrativa comentada*, Atlas, 3. ed., 2007.

PEDRO, Fábio Nadal. *Comentários à lei de processo administrativo*, obra coletiva coordenada por Lúcia Valle Figueiredo, Forum, 2. ed., 2008.

PEREIRA, Caio Mário da Silva. *Instituições de direito civil*, Forense, v. I, 23. ed., 2010.

PEREIRA JUNIOR, Jessé Torres. *Comentários à Constituição Federal de 1988*, obra coletiva e organizada por Paulo Bonavides et al., Forense, 2009.

PIETRO, Maria Sylvia Zanella di. *Direito administrativo*, Atlas, 23. ed., 2010.

PORTO, Antônio Rodrigues. *Da prescrição penal*, Ed. José Bushatsky, 2ª tiragem, 1972.

QUEIROZ, Paulo. *Direito penal*, Lumen Juris, 6. ed., 2010.

RUGGIERO, Roberto de. *Istituzione di diritto civile*, Casa Edit. Giuseppe Principato, Messina, v. I, 6. ed.

SILVA, De Plácido e. *Vocabulário jurídico*, Forense, 29. ed., 2012.

SILVA, José Afonso da. *Curso de direito constitucional positivo*, Malheiros, 20. ed., 2002.

SILVA, Ovídio Baptista da. *Curso de direito processual civil*, Revista dos Tribunais, v. I, 1998.

SMANIO, Gianpaolo Poggio. *Interesses difusos e coletivos*, Atlas, 3. ed., 1999.

SOUTO, Marcos Juruena Villela. *Direito administrativo contratual*, Lumen Juris, 2004.

TEPEDINO, Gustavo; BARBOZA, Heloisa Helena; MORAES, Maria Celina Bodin de. *Código Civil interpretado conforme a Constituição da República*, Renovar, v. I, 2. ed., 2007.

THEODORO JUNIOR, Humberto. *Comentários ao Novo Código Civil*, organizado por Figueiredo Teixeira, Forense, v. III, t. 2, 2003.

_____. *Curso de direito processual civil*, Forense, v. I, 26. ed., 1999.

TORNAGHI, Hélio. *Comentários ao Código de Processo Civil*, Revista dos Tribunais, v. II, 1975.

TOURINHO, Rita. *Discricionariedade administrativa*, Juruá, 2004.

VENOSA, Silvio de Salvo. *Direito civil*, Atlas, v. 1, 3. ed., 2003.

_____. _____, Atlas, v. 4, 3. ed., 2003.

WALD, Arnold; MENDES, Gilmar Ferreira. Competência para julgar a improbidade administrativa, *Revista de Informação Legislativa* nº 138, abr./jun. 1998.

WAMBIER, Teresa Arruda Alvim; CONCEIÇÃO, Maria Lúcia Lins; RIBEIRO, Leonardo Ferres da Silva; MELLO, Rogério Licastro Torres de. *Primeiros comentários ao novo Código de Processo Civil*, Revista dos Tribunais, 2015.

WILLEMAN, Flávio de Araújo. *Responsabilidade civil das agências reguladoras*, Lumen Juris, 2005.

ZAFFARONI, Eugenio Raúl; PIERANGELI, José Henrique. *Manual de direito penal brasileiro*, v. I, Parte geral, Revista dos Tribunais, 8. ed., 2009.

ÍNDICE ALFABÉTICO-REMISSIVO

(Os números referem-se aos itens)

C

CONSIDERAÇÕES INTRODUTÓRIAS – 1
- Fundamentos – 1.5
- Natureza dos institutos – 1.4
- Origem histórica e evolução – 1.3
- Outros fatos extintivos – 1.6
  - Caducidade – 1.6.1
  - Perempção – 1.6.2
  - Preclusão – 1.6.3
- Prescrição e decadência – 1.2
- Tempo e os direitos – 1.1

E

ENTIDADES ADMINISTRATIVAS COM MENOR SUPORTE – 8
- Agentes empregados – 8.4
- Atos de improbidade anteriores – 8.7
- Destinatários da norma – 8.3
- Emprego e funções subsequentes – 8.9
- Entidades não administrativas – 8.2
- Fonte normativa – 8.1
- Prestação de contas – 8.5
- Rescisão contratual – 8.8
- Termo inicial da contagem – 8.6

I

IMPRESCRITIBILIDADE DA AÇÃO RESSARCITÓRIA – 12
- Ação ressarcitória – 12.4
- Doutrina divergente – 12.11
- Doutrina dominante – 12.10
- Duplicidade normativa – 12.3
- Fonte constitucional – 12.2
- Fundamento da imprescritibilidade – 12.5
- Hipóteses estranhas à imprescritibilidade – 12.7
- Introdução – 12.1
- Jurisprudência – 12.12

- Prejuízo e dano – 12.9
- Requisitos da imprescritibilidade – 12.6
- Ressarcimento e outros efeitos da improbidade – 12.8

INCIDENTES DA PRESCRIÇÃO DE IMPROBIDADE – 10

- Ação de improbidade administrativa – 10.1
- Ação de improbidade, pretensão e prescrição – 10.2
- Impedimento e suspensão – 10.4
  - Absolutamente incapazes – 10.4.6
  - Aplicabilidade no campo da improbidade – 10.4.5
  - Ausentes do país – 10.4.7
  - Causas de suspensão e impedimento – 10.4.4
  - Fato apurado no juízo criminal – 10.4.9
  - Noções iniciais – 10.4.1
  - Razões inspiradoras – 10.4.3
  - Serviço nas Forças Armadas – 10.4.8
  - Suspensão e interrupção – 10.4.2
- Interrupção da prescrição – 10.3
  - Causas de interrupção – 10.3.4
  - Citação válida – 10.3.6
  - Julgamento sem resolução do mérito – 10.3.7
  - Inquérito civil – 10.3.11
  - Interrupção na improbidade – 10.3.3
  - Interrupção por despacho do juiz – 10.3.5
  - Introdução – 10.3.1
  - Prescrição intercorrente – 10.3.9
  - Reinício da contagem do prazo – 10.3.8
  - Sentido – 10.3.2
  - Terceiro interessado – 10.3.10

P

PRECLUSÃO E PEREMPÇÃO – 11

- Perempção – 11.2

- Base normativa – 11.2.2
- Concorrência de legitimação – 11.2.6
- Efeito da perempção – 11.2.7
- Introdução – 11.2.1
- Perempção e preclusão – 11.2.3
- Perempção na ação de improbidade – 11.2.5
- Perempção, prescrição e decadência – 11.2.4
- Pretensão indenizatória – 11.2.8
- Preclusão – 11.1
  - Introdução – 11.1.1
  - Modalidades – 11.1.2
  - Preclusão consumativa – 11.1.7
  - Preclusão lógica – 11.1.6
  - Preclusão na ação de improbidade – 11.1.4
  - Preclusão temporal – 11.1.5
  - Preclusão, prescrição e decadência – 11.1.3

PRESCRIÇÃO DA IMPROBIDADE ADMINISTRATIVA – 5

- Ação de improbidade administrativa – 5.7
- Ação e pretensão – 5.10
- Alterabilidade de prazos – 5.16
- Atos de improbidade – 5.3
- Disciplina da prescrição – 5.9
- Fontes normativas – 5.2
- Improbidade administrativa – 5.1
- Improbidade e prescrição – 5.8
- Legitimação para arguir a prescrição – 5.15
- Prescrição da execução – 5.19
- Prescrição e decadência – 5.20
- Prescrição e exceção – 5.14
- Prescrição *ex officio* – 5.12
- Prescrição intercorrente – 5.18
- Pretensão genérica e pretensões específicas – 5.11
- Processos de improbidade – 5.6

ÍNDICE ALFABÉTICO-REMISSIVO | 271

- Renúncia da prescrição – 5.13
- Sanções de improbidade – 5.5
- Sucessão e prazo prescricional – 5.17
- Sujeitos da improbidade – 5.4

PRESCRIÇÃO E DECADÊNCIA NA ESFERA CRIMINAL – 3

- Decadência – 3.2
  - Base legal – 3.2.1
  - Decadência e interesse privado – 3.2.2
  - Impedimento, suspensão e interrupção – 3.2.5
  - Objeto da decadência – 3.2.3
  - Pretensão condenatória e executória – 3.2.4
  - Redução de prazo – 3.2.7
  - Renúncia – 3.2.6
- Prescrição – 3.1
  - Base legal – 3.1.3
  - Conclusão – 3.1.14
  - Direito, pretensão e ação penal – 3.1.5
  - Evolução histórica – 3.1.2
  - Fundamentos – 3.1.4
  - Impedimento, suspensão e interrupção – 3.1.12
  - Introdução – 3.1.1
  - Objeto da prescrição penal – 3.1.7
  - Outros aspectos – 3.1.13
    - Concurso de crimes – 3.1.13.5
    - Imprescritibilidade – 3.1.13.1
    - Medida de segurança – 3.1.13.4
    - Pena restritiva de direitos – 3.1.13.3
    - Prescrição da multa – 3.1.13.2
    - Redução de prazos – 3.1.13.6
  - Prescrição da pretensão executória – 3.1.10
  - Prescrição da pretensão punitiva – 3.1.9
  - Prescrição e pena em concreto – 3.1.11
  - Pressuposto da inércia – 3.1.8

- Pretensões no campo penal – 3.1.6

PRESCRIÇÃO E DECADÊNCIA NO CÍVEL – 2

- Decadência – 2.2
  - Base legal – 2.2.1
  - Conceito – 2.2.2
  - Decadência convencional – 2.2.6
  - Decadência legal – 2.2.6
  - Direitos potestativos – 2.2.3
  - Distinção entre prescrição e decadência segundo a doutrina clássica – 2.2.4
  - Outros aspectos – 2.2.7
    - Decretação *ex officio* – 2.2.7.3
    - Renúncia à decadência – 2.2.7.2
    - Suspensão, interrupção e impedimento – 2.2.7.1
  - Teoria de Agnelo Amorim Filho – 2.2.5
- Prescrição – 2.1
  - Ação – 2.1.2
  - Base legal – 2.1.1
  - Conceito – 2.1.4
  - Direito subjetivo – 2.1.2
  - Doutrina de Câmara Leal – 2.1.5
  - Impedimento, suspensão e interrupção – 2.1.7
  - Imprescritibilidade – 2.1.8
  - Prescrição aquisitiva – 2.1.6
  - Prescrição extintiva – 2.1.6
  - Pretensão – 2.1.2
  - Outros aspectos – 2.1.9
    - Alterabilidade de prazos – 2.1.9.4
    - Arguição da prescrição – 2.1.9.3
    - Continuidade do curso da prescrição – 2.1.9.6
    - Decretação *ex officio* – 2.1.9.5
    - Direito intertemporal – 2.1.9.7
    - Prescritibilidade da exceção – 2.1.9.2
    - Renúncia – 2.1.9.1
  - Teorias – 2.1.3

PRESCRIÇÃO E DECADÊNCIA NO
DIREITO ADMINISTRATIVO - 4

- Decadência - 4.2
    - Atos nulos, anuláveis e inexistentes
      - 4.2.6
    - Autotutela e decadência - 4.2.4
        - Decadência da autotutela - 4.2.4.1
        - Natureza do prazo extintivo -
          4.2.4.2
    - Decadência do direito do
      administrado a ser exercido em face
      da administração - 4.2.2
        - Introdução - 4.2.2.1
        - Relações jurídicas externas -
          4.2.2.2
        - Relações jurídicas internas -
          4.2.2.3
    - Decadência do direito do Estado a ser
      exercido em face do administrado -
      4.2.3
        - Introdução - 4.2.3.1
        - Relações jurídicas externas -
          4.2.3.2
        - Relações jurídicas internas -
          4.2.3.3
    - Eficácia extrínseca - 4.2.5
    - Introdução - 4.2.1
    - Outros aspectos da decadência - 4.2.7
        - Decretação *ex officio* - 4.2.7.3
        - Renúncia - 4.2.7.2
        - Suspensão, interrupção e
          impedimento - 4.2.7.1
- Prescrição - 4.1
    - Introdução - 4.1.1
    - Prescrição da pretensão da Fazenda
      Pública em face do administrado -
      4.1.3
        - Competência legislativa - 4.1.3.4
        - Fontes normativas - 4.1.3.5
        - Pretensões no direito
          administrativo - 4.1.3.2
        - Relações jurídicas externas e
          internas - 4.1.3.3

- Sentido - 4.1.3.1
- Prescrição da pretensão do
  administrado em face da Fazenda
  Pública - 4.1.2
    - Base legal - 4.1.2.3
    - Fazenda Pública - 4.1.2.2
    - Impedimento, suspensão e
      interrupção - 4.1.2.7
    - Objeto da prescrição - 4.1.2.4
    - Prazo - 4.1.2.6
    - Pretensão originária (de fundo) -
      4.1.2.8
    - Pretensões derivadas - 4.1.2.8
    - Pretensões sujeitas à prescrição -
      4.1.2.5
    - Sentido - 4.1.2.1
- Poder de polícia e atividade punitiva
  - 4.1.4
- Poder punitivo interno - 4.1.5
- Prescrição administrativa - 4.1.7
- Prescrição intercorrente - 4.1.6

S

SITUAÇÕES FUNCIONAIS
PERMANENTES - 7

- Cargo efetivo - 7.1
    - Cargo efetivo e funções subsequentes
      - 7.1.19
    - Cargos vitalícios - 7.1.15
    - Contagem do prazo - 7.1.14
    - Demissão - 7.1.4
    - Demissão a bem do serviço público
      - 7.1.5
    - Demissão simples e demissão a bem
      do serviço público - 7.1.13
    - Diversidade de prazos penal e
      administrativo - 7.1.11
    - Faltas disciplinares - 7.1.3
    - Interpretação da norma prescricional
      - 7.1.6
    - Interrupção da prescrição na via
      administrativa - 7.1.16

ÍNDICE ALFABÉTICO-REMISSIVO | 273

- Lei específica – 7.1.7
- Limite temporal do processo disciplinar – 7.1.17
- Militares – 7.1.18
- Pareceres – 7.1.20
- Pena *in abstracto* – 7.1.12
- Pluralidade normativa – 7.1.8
- Prazo no estatuto federal – 7.1.10
- Prazos diferenciados – 7.1.9
- Prescrição – 7.1.2
- Emprego e emprego público – 7.2
  - Contagem da prescrição – 7.2.7
  - Emprego e funções subsequentes – 7.2.8
  - Emprego em entidades não administrativas – 7.2.5
  - Emprego nas pessoas privadas da administração – 7.2.4
  - Emprego público nas pessoas públicas – 7.2.3
  - Prazo da prescrição – 7.2.6
  - Regimes jurídicos e regime único – 7.2.2
  - Sentido – 7.2.1
- Servidores temporários – 7.3
  - Configuração jurídica – 7.3.1
  - Servidor temporário e funções subsequentes – 7.3.4
  - Servidor temporário e improbidade – 7.3.2
  - Servidor temporário e prescrição – 7.3.3

SITUAÇÕES FUNCIONAIS TRANSITÓRIAS – 6

- Cargo em comissão e função de confiança – 6.4
  - Cargo em comissão – 6.4.1
  - Cargo em comissão e cargo efetivo subsequente – 6.4.6
  - Cargo em comissão e emprego público subsequente – 6.4.7

- Cargo em comissão e função de confiança – 6.4.10
- Cargo em comissão e regime especial subsequente – 6.4.8
- Cargo em comissão ocupado por servidor de carreira – 6.4.5
- Cargos em comissão sucessivos – 6.4.4
- Destituição de cargo em comissão – 6.4.13
- Exoneração *ex officio* e a pedido – 6.4.12
- Função de confiança – 6.4.2
- Função de confiança e cargo efetivo subsequente – 6.4.11
- Licenças e afastamentos – 6.4.14
- Prazo e contagem da prescrição – 6.4.3
- Sucessão de cargo em comissão e mandato eletivo – 6.4.9
- Mandato – 6.3
  - Cassação do mandato – 6.3.12
  - Desincompatibilização – 6.3.4
  - Extinção do mandato – 6.3.13
  - Investidura a termo – 6.3.2
  - Mandato e cargo efetivo – 6.3.6
  - Mandato e cargo em comissão – 6.3.5
  - Mandato e emprego público – 6.3.7
  - Mandato e entidades administrativas – 6.3.9
  - Mandato e ordem urbanística – 6.3.17
  - Mandato e outras entidades privadas – 6.3.10
  - Mandato e servidor temporário – 6.3.8
  - Mandatos sucessivos – 6.3.3
  - Outros afastamentos – 6.3.16
  - Perda do mandato – 6.3.11
  - Renúncia ao mandato – 6.3.15
  - Sentido – 6.3.1
  - Sucessão de mandato e ministério – 6.3.14
- Norma prescricional – 6.1
- Prazo e termo inicial da contagem – 6.2

T

TERCEIROS – 9
– Condutas do terceiro – 9.4
– Incidência normativa – 9.2
– Pessoa jurídica – 9.8
– Prescrição – 9.5
– Pressuposto de incidência – 9.3
– Sentido – 9.1
– Terceiro e função pública sucessiva – 9.6
– Terceiros incapazes – 9.7
　– Imputabilidade – 9.7.1
　– Prescrição – 9.7.2

Impressão e acabamento
Rua Uhland, 307
Vila Ema-Cep 03283-000
São Paulo - SP
Tel/Fax: 011 2154-1176
adm@cromosete.com.br